인문학의 성격과 인문교육

인문학의 성격과 인문교육

초판 1쇄 인쇄 | 2023년 12월 12일
지은이 | 나일수
펴낸이 | 이재욱(필명:이승훈)
펴낸곳 | 해드림출판사
주　소 | 서울 영등포구 경인로82길 3-4(문래동1가 39)
　　　　센터플러스빌딩 1004호(우편07371)
전 화 | 02-2612-5552
팩 스 | 02-2688-5568
E-mail | jlee5059@hanmail.net

등록번호　제2013-000076
등록일자　2008년 9월 29일

ISBN　979-11-5634-568-8

인문학의 성격과 인문교육

나일수 지음

해드림출판사

머리말

오늘날 우리는 '인문학'이라는 말만 갖다 대면 어떤 내용이든 인문학이 될 수 있는 인문학 홍수 시대에 살고 있다. 그런데 아이러니하게도 아직 이 인문학이라는 용어의 의미는 불분명한 채로 명확히 합의를 이루지 못하고 있다. 인문학에 속하는 학문(學問)이나 교과(教科)의 성격도 모호하며, 인문학을 가르치는 목적에 대한 사람들 간의 의견 또한 여전히 분분한 실정이다. 이러한 현실은, 인문학의 의미와 성격이 불분명한 위상을 그대로 드러내고 있을 뿐만 아니라, 인문학의 쇠락과 퇴조를 이구동성으로 염려하면서도 정작 쇠퇴 일로에 있는 인문학의 소생과 부흥을 위한 제대로 된 타개책을 제시하기 어려운 안타까운 실상을 여실히 보여주고 있다.

인문학에 관한 정의와 그 본연의 성격을 규명하려는 과제 자체가 미궁에 빠져있고 이에 관한 본격적인 논의조차 미진한 상황에서, 인문학에 관한 논의가 학술적 토론의 대상이 되는 것은 언제나 '인문학의 위기'라는 맥락 안에서다. 그렇다면, 오늘날 인문학이 당면하고 있는 이러한 위기는 어디에서 유래하는 것일까? 인문학의 위기는, 공동체의 삶에서 '사람다움'의 이념이 흐려지고 다양화됨으로써, 결국 사람다움에 관하여 사회적으로 합의가 불가능한 상태, 즉 인문정신(人文精神)의 약화에서 유래하는 것으로 보인다.

그렇다면 인문정신의 실체는 무엇일까? 필자는 인문정신을 구성하는 두 가지 요인을, '도덕의식'과 '역사의식'으로 규정하고자 한다. '도덕의식'은 '지적, 도덕적으로 탁월한 사람이 되자'는 생각이다. 인문학은 출현할 때부터 그 기본 목표를 '인간다움(humanitas)'의 추구, 즉 '탁월한 인간성'의 함양에 두었다. 인문학의 공부와 인문교육 안에는, 전(全) 사회적으로 덕성과 교양을 함양하자는 도덕의식이 자리하고 있다. '역사의식'은 '현재적 삶의 기준을 과거에서 찾으려는' 경향이다. 인문학의 전통 안에는, 현세적 삶의 지침과 기준을 과거와 과거의 문화에서 찾으려는 역사의식이 붙박여 있다.

인문정신의 약화는, 도덕의식과 역사의식이 인문학과 인문교육 안에서 퇴장한 사실에서 비롯한다. '지적·도덕적 탁월성'을 뜻하는 '덕(virtue)'을 잃어버린 것, 그리고 '현재적 삶의 표준'으로서의 '과거(past)'가 사라진 것, 이것을 바로 인문학의 쇠락과 인문정신의 퇴조를 불러온 중대 요인으로 규정할 수 있다. 보편적인 도덕성을 거부하는 도덕적 상대주의와 '잘난 사람은 없다'는 도덕적 개방주의를 표방하고 있는 요즈음의 인문학은, 보편적인 인간다움을 추구하는 인문정신의 망각을 촉진하며, 나아가 인문학의 쇠락과 인문교육의 퇴장을 재촉하고 있다.

이 책의 구도에서 볼 때, 세계 속에 삶을 사는 인간의 '자아와 세계의 관련'이 바로 인문학의 성격에 담긴 이론적 의미를 드러낸다는 점이다. 인문학을, 자아와 세계의 관련성에 대한 모종의 가정(假定) 아래, 인간이 자신의 삶을 어떤 것으로 이해하고 그 이해에 맞추어 어떤 삶을 살아갈 것인가에 관한 모종의 학문적·이론적 탐구로 볼 수 있기 때문이다. 그렇다면 이 책에서 다루게 될 인문학의 세 가지 유형(고전적 인문학, 르네상스 인문학, 현대적 인문학)은, 인간이 자신의 삶을 이해하고 영위하는 관점의 차이로부터, 곧 자아와 세계를 관련짓는 방식의 차이로부터 생성되고 구분된다고 할 수 있다.

인문학이 본격적으로 그 모습을 드러낸 것은 르네상스 시기의 '르네상스 인문학'이다. 최초의 인문주의자 페트라르카에 의해 탄생한 르네상스 인문학은, 그 이전과는 상이한 '자아'와 '세계'의 발견과 맞물려 있다. 르네상스를 기점으로 하여, 서양인의 '자아'는 개인의 '밖으로 뻗어나가는 외향적 자아'에서 개인의 '안으로 파고드는 내향적 자아'로 변화하였고, '세계' 또한 형이상학적인 '초월세계'에서 경험적인 '현상세계'로 바뀌고 만다. 페트라르카가 발견한 내향적 자아에 상응하는 세계는 눈에 보이는 현상세계였고, 그 현상세계의 구체적인 형태는 고대인의 문화(이른바 '문화세계')였다. 그렇지만 페트라르카가 고대 고전 연구를 통해 복원한 것은 초월세계가 아니라 고대적 삶의 외양인 문화세계였다. 르네상스 인문학은 중세 이전 사람들의 초월세계는 놓쳐버리고 초월세계가 사상(捨象)된 고대 문화만을 복원한 것이다.

고대 고전의 학습과 고대 문화의 복원을 주창했던 르네상스 인문학의 교육목표는 〈도덕의식의 추구〉와 〈수사학적 문필력의 함양〉이다. 또한 '외향적 자아의 초월세계로의 합일'을 교육적 이상으로 삼았던 고전적 인문학 안에는 〈총체로서의 세계에 대한 관심〉이 제시된다. 반면에, 문화세계와 대비되는 '일상세계'와 '개별화된 내향적 자아'를 반영하는 '현대적 인문학'에서의 중요한 특징은, 무엇보다 고전과 전통 교과를 배척하고 전통문화를 새로운 문화 곧 '현대문화'로 대치하려는 점이다.

르네상스 인문학의 교육적 이상은 인문학의 성격이 불분명한 오늘날의 관념으로는 쉽게 공유할 수 없는지라 점차 망각되고 외면받고 있다. 통상적으로 인문학에 관해 말할 때, 이제까지는 그 기원을 르네상스 학자들의 인문주의운동에서 찾아온 것이 사실이다. 그렇지만 학문과 교육과 문화의 토대였던 형이상학적인 초월세계를 배제한 르네상스 인문학의 출현은, 바로 학문과 문화와 교육의 근원적인 원천과 토대에 대한 망각이고 절연(絶緣)이라 할 수 있다. 르네상스 인문학은, 한편으로는 고전과 문화의 학습을 표방함으로써 인문학과 인문교육의 성격을 분명하게 드러냈지만, 반면에 고전과 문화의 형이상학적 토대였던 초월세계를 배제함으로써 오히려 오늘날 인문학과 인문교육의 형해화를 예비하였다는 비판을 받고 있다.

르네상스 인문학이 쇠퇴한 이후 19세기 초반 '인문주의(Humanismus)'의 복원을 그토록 역설했음에도 불구하고 인문학과 인문교육을 수호해 내는 데 실패했던 역사적 사실은, 르네상스 인문학의 부흥을 내세우는 것만으로는 쇠락한 인문학과 인문교육을 소생시키는 것이 불가능하다는 사실을 알려준다. 그러므로 인문학과 인문교육을 수호하고 복원해 낼 방안은, 르네상스 인문학의 부활 아닌 다른 차원에서 모색해야 할 것이다. 필자는 오늘날 쇠락한 인문학과 인문교육을 소생시키고 복원하는 정도(正道)는, 〈총체로서의 세계를 지향하는 것〉과 〈학문의 탐구〉가 결합된 고전적 인문학과 그 교육적 이상의 복원에 있다고 본다.

인문학 본래의 성격을 현상세계 너머의 초월세계와의 관련성 아래서 모색할 때, 인문학과 인문교육은 본래의 형이상학적 토대를 복원할 수 있을 것이다. 이렇게 볼 수 있는 것은, 어쩌면 인문학은 경험을 초월하여 존재하는 실재(實在)와 인격신(人格神)을 '경험 수준에서' 보여줌으로써, 현상과 외양만을 바라보며 사는 사람들을 실재와 인격신에 안내하는 일에 그 본연의 성격과 교육적 이상이 있을지 모르기 때문이다.

이 책이 나오기까지 중대한 도움을 주신 김진규 장로님, 이홍우 선생님, 김안중 선생님께 큰 감사를 드린다. 국어교육과 교수이셨던 김진규 장로님은 필자의 대학 시절, 매주 화요일 청년부 예배 시간에 생명의 말씀을 증언하셨는데, 모인 청년들에게 학문과 신앙을 겸비한 삶의 최고 전형을 보여주셨다. 대학 시절부터 인생의 푯대가 되신 장로님은, 이 책에서 말하고 있는, "신앙과 교양과 문필력을 갖춘" 진정한 인문학자이시다. 이홍우 선생님은 필자의 대학원 박사과정 시절, '교육과정사' 강좌에서 이 책의 기본 아이디어가 된 프록터(R.Proctor)의 『*Education's Great Amnesia*(교육의 대망각증)』를 공부하게 하여 인문학 연구에 입문토록 하셨고, 과정을 수료한 후에도 인문학 연구에 진척이 없는 저를 염려하셨는지, '교육과정철학' 강좌의 교재로 부르크하르트(J.Burckhardt)의 『*The Civilization of the Renaissance in Italy*(이탈리아 르네상스의 문화)』를 채택하시고는 강의에 참여하도록 각별히 배려해 주셨다. 학위 논문 지도교수이셨던 김안중 선생님은 서양 고대와 중세 철학을 체계적으로 가르쳐 주셨고, 댁의 다락방에 교육철학연구회원들을 불러 피이퍼(J. Pieper)의 '철학과 여가와 아카데미아'에 관한 저술을 함께 읽고 번역하게 하심으로써, 고대 철학과 인문학에 관한 기본 구도를 형성하는 데 큰 도움을 주셨다. 이 책의 기본 바탕은 이홍우 선생님과 김안중 선생님으로부터 온 것이라고 해도 과언이 아니다.

또한 이 책이 이렇게나마 나올 수 있도록 여러모로 도움을 주신 많은 분께 감사드린다. 류은낭 수석선생님은 문장의 오류를 고쳐주시고 꼼꼼한 윤독을 통해 읽기 쉽게 가다듬어 주셨다. 이 책의 출판을 허락해주신 헤드림 출판사의 이승훈 사장님을 비롯한 직원들께도 사의를 표한다. 특별히 이 책이 나오기까지 오랫동안 기도하고 기다려준 존경하는 아내 조부형 선생님과 사랑하는 상현, 혜림, 혜성에게도 큰 감사를 전한다.

2023년 9월

산곡동 서재에서   나 일 수

목차

머리말   4

Ⅰ. 인문학 : 자아와 세계의 관련

스투디아 후마니타스	2
자아와 세계의 관련 속에서 영위(營爲)되는 인간의 삶	6
르네상스 인문학의 출현	8
개별화된 다양한 자아	17
현대사회의 인문교양교육	21
인문학사(人文學史) 연구의 의의	24

Ⅱ. 인문학의 유형

1. 르네상스 인문학   29

최초 인문주의자 페트라르카	30
고대 사장(詞章)의 복원	35
개인과 내향적 자아의 발견	42
개별적이고 자율적인 자아	48
인격신을 대체한 고대 위인	53
강하고 탁월한 자아의 조성(造成)	57
자연과학과 형이상학의 배제	64
교육목표 : 도덕성과 문필력의 함양	69
교양적 삶의 영위	74

2. 고전적 인문학　　　　　　　　　　　　83

　키케로의 후마니타스(humanitas)　　　83
　고대 고전과 초월세계　　　　　　　　87
　초월세계에 대한 관조와 모방　　　　　90
　고대인 키케로가 슬픔을 극복하는 방식　94
　개인과 전체의 관계　　　　　　　　　101
　고대 고전과 문화의 바탕, 초월세계　　106
　고대적 인식론 : 직접성과 궁극성　　　108
　덕성은 신의 선물　　　　　　　　　　116
　초월세계에 대응하는 외향적 자아　　　121
　사회의 규범과 미덕에 참여　　　　　　126

3. 현대적 인문학　　　　　　　　　　　　130

　르네상스 인문학이 쇠퇴한 내적 이유　　131
　르네상스 인문학 쇠퇴의 외적 원인　　　135
　신인문주의자의 문화와 교양적 자아　　142
　고전 문학과 보편적 문화에 대한 부정　146
　일상세계와 개별적 자아의 등장　　　　152
　자아의 개발과 표현　　　　　　　　　157

III. 인문학의 성격

1. 도덕의식의 추구   **163**
    인간으로서의 탁월함 추구   165
    교양의 추구   167
    역사의식과 선도의식   172

2. 수사학적 문필력의 함양   **179**
    말의 곡조와 울림이 지닌 치유 효과   182
    도덕적 자극과 감명을 주는 문장   186
    정서에 호소하는 설득으로서의 수사학   191
    수사학의 힘   196

3. 총체로서의 세계 지향   **200**
    총체(總體)로서의 세계   201
    일상세계를 '초월'하는 인문학   206
    '스콜레'로서의 여가   211
    신적 경배와 결합된 학문 탐구   215
    학문과 대학의 고전적 의미   219

4. 인문학 : 고전적 인문학과 르네상스 인문학의 결합   **226**
    총체와 교과의 관련   227
    총체와 문화의 관련   235
    철학적 전통과 수사학적 전통   241
    철학과 수사학의 관련   246

IV. 현대사회와 인문교육

1. 현대적 인문학의 성격과 한계 　　　　　　　　　**257**
　　보편적 문화와 보편적 자아에 대한 부정　　　257
　　현대적 인문학을 인문학으로 볼 수 있는가　　262
　　자유교육과 자아실현의 의미 변화　　　　　　265

2. 인문학과 인문교육의 위기 　　　　　　　　　　**269**
　　현대사회의 노동지상주의　　　　　　　　　　270
　　프로이트의 무의식이론　　　　　　　　　　　274

3. 인문학과 인문교양교육의 실상 　　　　　　　　**280**
　　인문교양교육의 실태　　　　　　　　　　　　281
　　인문학의 학문적 위기　　　　　　　　　　　　283
　　인문학 안에서 고전과 전통의 상실　　　　　　287

4. 인문교육의 성격과 학교 본래의 위상 　　　　　**291**
　　인문 정신을 상실한 중등학교의 실상　　　　　293
　　심성의 도야와 자아의 형성　　　　　　　　　296
　　본래의 학교 : 심성 도야의 장(場)　　　　　　 299
　　인문교육의 필요성　　　　　　　　　　　　　305

5. 인문학의 복원 : 고전적 인문학 　　　　　　　　**309**
　　인문주의만으로는 인문학과 인문교육을 수호할 수 없다　310
　　인문학과 인문교육 복원의 가능성 : 총체로서의 세계 지향　313

참고문헌　　321

◇ ◇ ◇

I
인문학
: 자아와 세계의 관련

'인문학(人文學)'이라는 용어는 오늘날 거의 일상화되어 쓰이고 있다. 사람들은 사회과학이나 자연과학에 대비되는 학문의 체계를 거론할 때나 교양교육의 주요 내용을 말할 때, 주저 없이 인문학을 들고나온다. 그러나 이렇게 인문학이라는 용어가 널리 사용되고는 있지만, 정작 이 용어의 의미는 불분명한 채로 아직 명확히 합의를 이루지 못하고 있다. 대학의 교양교육에서 인문학에 속하는 학문(學問)이나 교과(敎科)의 성격도 모호하며, 인문학을 가르치는 목적에 대한 사람들 간의 의견 또한 여전히 분분한 실정이다.

의미가 정확한 용어의 사용은, 사고의 내용을 명확하게 해줄 뿐만 아니라 사고가 일어날 수 있는 범주를 제공하기도 한다. 그러나 포괄적이고 막연한 의미를 지닌 용어의 사용은, 우리 자신이 실지로 이해하고 있는 것보다 훨씬 더 많이 이해하고 있다는 생각을 주기 때문에, 보다 진전되고 명확한 사고 행위를 가로막는 장애물일 수도 있다. 오늘날 인문학이라는 용어가 처해 있는 상황이 바로 이런 것일 것이다. 현재 이 용어가 분명한 의미를 제시하지 못하므로, 인문학이 무엇인가에 관한 다양한 언급은 많이 있지만, 그것이 정확하게 무엇인가에 관해서는 아무 말도 할 수 없는 상태에 있다. 이러한 현실은 인문학이라는 용어가 일반화된 개념임에도 불구하고 그 의미가 불분명하다는 것을 말해 주며, 무엇이 인문학이고 무엇이 인문학이 될 수 없는가에 관하여 합의된 기준을 찾을 수 없다는 것을 시사해준다.[1]

---

1) 미국의 인문학연구지원재단(NEH) 역시 인문학을 명확하게 정의(定義)하지 않으며, 단지 조성된 기금을 지원받도록 미국 의회가 앞서 규정해 놓은 학과(學科)의 종류를 나열하는 수준이다. NEH(National Endowment for the Humanities)는 인문학을 "현대어와, 고전어, 언어학, 문학, 역사, 법률학, 철학, 고고학, 예술론과 예술비평 및 인문학적 내용과 인문학적 방법을 포함하는 사회과학"이라 정의한다. 그러나 여기서

그렇다면 오늘날, 인문학에 대해 왜 분명한 정의를 내리지 못하는가? 그 주된 이유는 인문학 고유의 성격과 그 속에 포함된 교육적 이상(理想)이 오늘날의 교육에서 거의 망각되어 있으며, 그 빈자리를 다른 어떤 것이 채워주지 못한 데에 있다고 본다. '인문학'이란 용어 안에는 처음부터 오늘날 우리의 용법에서 보는 것과 같은 일반적이면서도 불명료한 의미가 들어 있었던 것은 아니다. 이 용어가 처음 사용된 때는 르네상스 시기였고, 이 시기에 이 용어는 비교적 명확한 의미와 교육적 이상을 가지고 있었다.

스투디아 후마니타스

 현재 인문학을 가리키는 'the humanities'는 라틴어 '스투디아 후마니타스'(*studia humanitas*; '인간다움의 공부'의 뜻)의 불어식 표현인 'les humanités'가 영어로 번역된 것이다. 서양에서 인문학의 어원에 해당하는 후마니타스(*humanitas*)라는 용어는 고대 로마의 키케로에서 시작된다. 키케로는 로마 법정에서 한 시인을 변호할 때 "소년기에 인간다움(*humanitas*)을 훈련하기 위한 학예(學藝)"라는 의미로 이 말을 처음 사용하였는데(Cicero, 1969, p.149), 르네상스 인문주의자들 중, '최초 인문주의자'로 알려진 페트라르카(Francesco Petrarch, 1304-1374)의 제자였던 살루타티(Coluccio Salutati, 1331-1406)가 이 말을 최초로 발견하여 채택하였다. 이 말이 새로운 교육과정(敎育課程)으로서 분명하고 체계적인 정의를 얻

는 "인문학적 내용과 방법"이 무엇인가에 관해서는 더 이상 언급하지 않는다(NEH, Report(September,29), 1965, Sec. 3a). 미국 인문학위원회의 보고서 역시 "인문학이 무엇인지 합의할 수 없다."는 사실을 대외적으로 공표하고 있다(Commission on the Humanities, *The Humanities in American Life*, 1980, p.19).

게 된 것은, 페트라르카의 제자였던 브루니(Leonardo Bruni, 1370-1444)가 당시 스콜라철학과는 다른 새로운 교육 프로그램을 지칭하고자 '스투디아 후마니타티스(studia humanitatis)'[2]라는 용어를 사용했을 때이다.

르네상스 시기에서 '스투디아 후마니타스'는, 고대(古代) 그리스와 로마의 고전들을 학습하는 학문적 활동을 가리키는 것으로, '암흑과 무지'의 시대로 파악되는 중세적 삶이나 교육과는 구별되는, 이른바 '고대 문화와 교양'을 추구하는 삶과 교육적 이상을 가리키는 용어였다. 르네상스 인문주의자(이하 '인문주의자'로 표기)들은, 현세(現世)와 인간(人間)이 홀대받고 내세(來世)와 신(神)이 중시됨으로써 문화와 학문이 쇠퇴한 중세(中世)에 대하여는 극도의 혐오감을 보였으나, 문화와 학문이 찬란하게 꽃피운 고대에 대해서는 이와는 정반대의 태도를 드러냈다. 중세에 대해 반기(反旗)를 든 인문주의자들에게 고대는 '문화가 화려하게 꽃피운 문명의 시대'로 다가왔으며, 이때 고대의 고전을 학습하는 학문적 활동으로서의 인문학은 중세에 단절된 고대인의 문화와 학문을 새롭게 복구하는 것을 의미하였다.

오늘날에 이르러 인문학이라는 용어의 의미가 혼미해졌다는 것은 곧 인문학을 통하여 실현하고자 하는 교육(이른바 '인문교육')과 그 교육적 이상(理想)이 현대사회의 교육적 상황 속에서 쇠락하였음을 보여준다. 즉, 이런저런 의미를 지닌 인문학은 존재하고 있으

---

[2] 인문주의자 브루니는, 자신의 교육론인 『사장학습론(詞章學習論 : De studiis et litteris(1424)』에서 르네상스 인문주의자들의 새로운 교육 프로그램을 가리키고자 '스투디아 후마니타티스(studia humanitatis)'라는 용어를 사용했다(Proctor, 1988, p.15). 'humanitatis'는 'humanitas'의 소유격 표현으로 명사(studia)의 뒤에 놓여 명사를 수식한다.

나, 인문학에 토대하여 전통적으로 유지되어 온 인문교육이 실종된 것이다. 르네상스 당시에 비교적 명확한 성격과 의미를 지니고 있던 인문학과 인문교육이 현대사회와 교육적 상황 속에서 어떤 이유로 실종 상태에 이르게 되었는가를 밝히는 것은 교육사에서 탐구해야 할 중요한 연구 과제이다. 르네상스 시기에서 인문학이라는 용어가 왜 출현하게 되었는지, 인문주의자들은 이 용어를 사용함으로써 어떤 교육적 이상을 실현하려고 했는지, 그리고 그것이 현대사회의 교육 상황 속에서 어떤 과정을 거쳐 실종 상태에 이르게 되었는지를 밝혀보려는 것이 본서의 주요한 목적이다. 이 목적을 달성하려면 우선 르네상스 시기에 출현한 인문학의 성격과 교육적 이상이 분명하게 규명되어야 할 것이며, 그렇게 규명된 인문학의 성격과 교육적 이상에 비추어 현대사회에서 인문학이 처한 모습과 인문교육의 위상은 어떠한지 또한 확인되어야 할 것이다.

인문학이라는 용어가 르네상스 시기에 처음 사용된 것은 사실이지만, 그렇다고 해서 인문학의 출발이 르네상스 시기에 있다고 보는 것은 잘못이다. 비록 '인문학'이란 용어의 사용이 르네상스 시기에 들어와 시작된 것이기는 해도, 인문학 그 자체는 그 훨씬 이전부터 있었다고 보아야 한다. 인문학은 특정한 내용과 성격을 지닌 모종의 특수한 학문적 활동으로 르네상스 훨씬 이전의 학자나 저술에서도 찾아볼 수 있기 때문이다. 르네상스 시기의 인문주의자들이 그들에 앞서 이 용어를 사용했던 고대 로마의 키케로를 뒤따르고 있었다는 것이나, 중세에 사장(死藏)되었던 고대 그리스와 로마의 고전들을 이 시기에 이르러 새롭게 학습하는 학문적 활동에 이 용어를 적용하였다는 사실에서 알 수 있는 바와 같이, 인문학은 르네상스 이전에도 존재했던 것이다.

고대 로마의 키케로와 아우구스티누스의 저술 안에 나타나는 인문학은 르네상스 인문주의자들의 인문학과는 다른 성격과 교육적 이상을 내보인다. 르네상스를 기점으로 하여 그 이전과 이후의 인문학의 성격에 나타난 중대한 차이는, 무엇보다 눈에 안 보이고 귀에 안 들리는 초월세계[超越世界; '천국' 또는 '이데아'의 세계, 외양(外樣) 아닌 실재(實在), 운명(*fortuna;* fortune)의 지배 아닌 신(*deus;* god)의 섭리]를 인식하면서 사느냐, 그렇지 못하느냐에 있었다. 눈에 보이는 현상세계(現象世界) '너머의' 눈에 보이지 않는 초월세계를 인식하면서 살았던 고대인의 사고방식과는 달리, 인문주의자들은 그들에 의하여 새롭게 발견된 세계관의 토대 위에서 현상세계만을 바라볼 뿐 초월세계를 간과하고 있었다. 르네상스 이전의 인문학은 초월세계를 인식하고 살았던 고대인과 중세인의 사유(思惟) 체계와 긴밀한 관련을 맺고 있으며, 인문주의자들이 현상세계만을 추구하고 초월세계를 저버린 것은 르네상스 시기에 출현한 인문학의 성격과 모종의 관련을 맺고 있다. 인문학은 서양인의 세계관에 큰 전환이 일어난 르네상스를 기점으로 하여 그 성격에 있어서 일대 변화를 겪은 셈이다. 본서에서는 인문학의 성격에 나타난 이러한 변화의 전형적인 특징을 탐색하며, 르네상스 시기에 나타난 인문학의 원형(原型)이라고 할 수 있는 르네상스 이전의 인문학이 인문학과 인문교육에 시사하는 교육적 의미를 밝혀보고자 한다.

여기에서 '인문학'이란 용어는 일단 르네상스를 전후로 한, 두 가지 인문학을 다 가리킨다. 그리고 르네상스를 기점으로 하여 이전의 인문학과 이후의 인문학이 그 성격에 있어서 어떻게 상이한가를 밝히는 것이 본서의 중요한 과제이다. 또한 근대 산업사회의 성립 이후 현대까지 나타난 또 다른 성격의 인문학도 있을 것으로 보고, 르네상스 전후의 인문학에 비추어 그 성격이 어떻게 규정될 수 있을지에 대한 탐색 작업까지도 시도하게 될 것이다. 이하에서 이 세 가지 인문학을 서로 구분할 때는, 르네상스 이전의 인문학은 '고전적 인문학'으로, 르네상스 시기에 나타난 인문학은 '르네상스 인문학'으로, 현대사회의 인문학은 '현대적 인문학'으로 부르기로 한다.

자아와 세계의 관련 속에서 영위(營爲)되는 인간의 삶

모든 생명체, 살아있는 존재는 하나의 세계(世界) 즉 자신의 '세계' 속에서 살아간다. 인간도 혼자 허공 속에 사는 것이 아니라 '세계 속'에서 살아가고 있고, 인간의 삶 또한 반드시 자신의 외부에 있는 세계와의 '관계' 안에서만 가능하다. 이때 진정한 의미의 '관계'는 인간의 내면으로부터 외면의 세계에 대하여 확립한 유대(紐帶) 속에서 성립한다. 이런 의미에서 인간의 '내면'은 바로 외면의 세계와 '관계하는 힘'이다. 우리는 보통 내면의 중심을 이루면서 세계와 관계하는 힘을 가리켜 '자아(自我)'라 부른다. 그러므로 자아가 세계에 대한 '관계능력(關係能力)'이라면, 세계는 자아의 '관계영역(關係領域)'이라고 할 수 있다.

인간의 삶은 인간 자신이 이미 하나의 세계 '안에' 들어와 있다는 것을 전제로 하여 성립하는 것이며, 인간이 영위(營爲)하는 삶은 그가 당면하고 이해한 세계의 경계를 벗어날 수 없다. 자아의 편에서 세계를 바라볼 때는, 세계는 한 자아가 지닌 인식능력과 관계능력에 따라 상이하게 파악된다. 역(逆)으로 세계의 편에서 자아를 바라볼 때는, 한 개인이 받아들인 세계의 영역은 그가 인식하고 관계하는 능력인 자아의 역량을 규정한다. 이와 같이 자아와 세계는 협응체제

(協應體制)를 이루고 있으며, 서로가 서로를 해명해 주는 관계에 있다. 이 점에서 인간의 삶을 이해하는 일은 〈자아와 세계의 관련〉을 묻는 것과 다른 것이 아니다. 이때 '인문학'은 인간의 삶에 대한 모종의 이해 방식을 나타내는 것으로, 인문학의 성격과 개념 또한 자아와 세계의 관련 아래서 규정될 수 있을 것이다.

인간의 삶을 자아와 세계의 관련성에서 이해하는 시각은, 현재 그 정체가 모호한 '인문학'의 성격을 파악하고 규정할 수 있는 하나의 '이론적 관점(理論的 觀點)'을 가능하게 한다. 역사적인 관점에서 인문학의 성격을 탐색하고자 하는 본서의 시각에서 볼 때, 고전적 인문학에서 르네상스 인문학으로의 변화, 르네상스 인문학이 현대적 인문학과 맺는 관계에서 시사되는 점은, 세계 속에 삶을 사는 인간의 '자아와 세계의 관련'이 바로 인문학의 역사적 변천에 담긴 이론적 의미(理論的 意味)를 드러내고 있다는 점이다. 본서는 〈자아와 세계의 관련〉이라는 시각 속에서 인문학의 성격에 관한 논의를 전개하려고 한다. 인문학을, 자아와 세계의 관련성에 대한 모종의 가정(假定) 아래, 인간이 자신의 삶을 어떤 것으로 이해하고 그 이해에 맞추어 어떤 삶을 살아갈 것인가에 대한 모종의 학문적·이론적 탐구로 볼 수 있기 때문이다.

인문학을 가리켜 인간이 영위하는 삶에 관한 이해이자 학문적 탐구라고 한다면, 인문학의 세 가지 유형(고전적 인문학, 르네상스 인문학, 현대적 인문학)은, 인간이 자신의 삶을 이해하고 영위하는 관점의 차이로부터, 곧 자아와 세계를 관련짓는 방식의 차이로부터 생성되고 구분된다. 〈자아와 세계의 관련〉이라는 차원에서 구분되는 세 가지 유형의 인문학은, 인간마다 자신의 삶을 이해하고 영위하는 방식이 다른 것에 상응하여, 세 가지 유형이 한 시대에 공존할 수도 있고, 시대에 따라 특정한 유형이 그 시대의 인문학을 설명하고 대표하는 형태를 취할 수도 있다. 자아와 세계의 관련성 아래 드러나는 이 세 가지 인문학의 성립과 존속, 그리고 쇠락과 복원의 과정이 바로 교육사 안에서 인문학이 전개되어 온 과정이라고 할 수 있다.

인문학과 인문교육의 의미가 혼미해지고 실종 상태에 이른 작금에 시점에서, 인문학의 역사적 전개 과정을 탐구하는 과업은 인문학의 정체성 규명과 인문교육의 위상 확립을 위해서는 긴요한 일이라 생각된다. 이렇게 볼 때, 인문학의 성격과 그 교육적 이상을 밝힌다는 본서의 탐구 주제에 비추어서 가장 중요하게 떠오르는 것은 르네상스라는 시기의 의미[3]와 이 시기에 나타난 인문학의 특징이라고 할 수 있다.

르네상스 인문학의 출현

인문학의 의미가 르네상스라는 시기를 기점으로 하여 커다란 변화를 거치게 된 것은 주지의 사실이다. 또한 이 시기 이후 현대까지 나타난 인문학의 성격과 그 의미는 그 이전의 그것과 비교해서 거의

---

3) 미국의 저명한 르네상스 연구가이자 고전 문헌학자인 크라이슬러(P.Kristeller)의 견해에 의하면, 르네상스는 "고대의 사장(詞章)과 학문이 재탄생하는 역사적 시기로서, 대략 1300년대에서 1600년까지의 기간"을 의미한다. 그리고 크라이슬러는 르네상스 연구에 하나의 획을 그어 놓은 스위스의 역사가인 부르크하르트(J.Burchhardt)의 관점, 곧 '르네상스의 중요한 문화적 특성들이 이탈리아에서 시작된 후 유럽의 다른 지역으로 확대된다. 르네상스 시기에 이탈리아는 문화적 지도력에 있어서 특별한 위치를 차지하며, 유럽의 다른 지역에서는 르네상스 문명을 구분 짓는 중요한 특징들이 이탈리아 보다는 뒤늦게 나타나거나 또는 이탈리아로부터의 직접적인 영향을 받은 후에 나타난다'라는 견해에 전적으로 동의(同意)한다.(Kristeller, 1990, pp.2-3).

정반대가 된다고 할 정도의 차이를 드러내고 있다.

역사적으로 볼 때, 르네상스는 흔히 '신 중심'의 문화와 학문으로부터 '인간 중심'의 문화와 학문으로 대전환이 일어났던 시기로 평가된다.[4] 르네상스는 서양인의 세계관에 심대한 변화가 발생한 시기였으며, 인간의 삶과 관련지어 말하자면 서양인의 삶의 축이 초월적인 것에서 현세적인 것으로 반전(反轉)했던 시기이다. 그러나 이런 표현만으로는 이 시기를 중심으로 해서 일어나기 시작한 삶과 교육의 변화가 어떤 성격의 변화인지를 정확하게 나타내기는 어려워 보인다. 이러한 변화를 바르게 이해하는 데에는 르네상스 인문학의 성격에 대한 세밀한 고찰이 필요하다. 르네상스 인문학의 성격이 분명하게 규명될 때, 비로소 고전적 인문학과 현대적 인문학의 성격도 제대로 파악될 수 있기 때문이다.

자아와 세계의 관련성 아래서 인문학의 역사적 변천 과정을 규명해 보려는 본서의 시각에 중대한 관점을 제공해 준 프록터

---

4) 르네상스에 관한 전통적이고 고전적인 견해는, 14~15세기의 이탈리아 르네상스에 초점을 두어 르네상스의 전반적 성격을 조망한 부르크하르트의 저술『이탈리아 르네상스 문화(1860)』를 통해 19세기 중반에 정립되었다. 부르크하르트는, 중세와는 확연히 구분되는 이탈리아 르네상스의 특징을 다음과 같이 기술하였다. 첫째는 개인주의(個人主義)의 출현이다. 중세까지 지속된 집단주의(集團主義)와 연대의식(聯帶意識)이 해체되는 반면에 르네상스에 이르러 비로소 자율적(自律的)인 개인이 출현한다는 점이다(pp.81-85). 둘째는 고대 고전 문화의 부활이다. 르네상스 시기의 학자들이 중세의 학문과 문화를 거부하고 대신 고대의 학문과 문화로 시야를 바꾸었음을 가리킨다(pp.104-169). 셋째는 세계[현상세계]와 인간의 발견이고(pp.171-215), 넷째는 유럽의 다른 국가에 비해서 보다 현실적(現實的)이고 반기독교적(反基督敎的)인 이탈리아의 도시국가와 국민성(國民性)이다. 신이 중심이 되었던 중세가 인간이 중심이 된 근대로, 그리고 중세의 초월적·천상적 세계관이 르네상스를 기점으로 하여 현세적·지상적 세계관으로 전환되고 있음을 의미한다(pp.217-341).

(R.E.Proctor)는 자신의 저술 『교육의 대망각증(*Education's Great Amnesia*), 1988)』에서 '르네상스 최초의 인문주의자'로 불리는 페트라르카의 자아관(自我觀)을 분석한 바 있다. 프록터는 중세에서 르네상스로의 변화라는 서양사의 급격한 시대적 전환을 '두 개의 대립하는 자아관의 변천'으로 읽는다. 서양인의 자아 인식이 르네상스를 시점으로 하여 개인의 '밖으로 뻗어나가는 자아(exward self)'에서 개인의 '안으로 파고드는 자아(inward self)'로 변화하였다고 보고 있는데(Proctor, 1988, p.56), 앞의 자아를 '중세적 자아' 혹은 '외향적 자아(外向的 自我)'라고 부른다면, 뒤의 자아는 '근대적 자아' 혹은 '내향적 자아(內向的 自我)'라고 부를 수 있다. 외향적 자아와 내향적 자아의 차이는 세계를 대면하는 자아의 상이한 자세에서 볼 수 있다. 외향적 자아를 지닌 고대인과 중세인은 초월세계를, 곧 개인 '바깥의' 더 넓고 열린 세계를 지향하려고 한다. 그러나 인문주의자들은 자신들이 새롭게 찾아낸 내향적 자아 안에서 초월세계를 간과하는 것과 아울러 마음 '안쪽의' 세계로 침잠(沈潛)하려는 자세를 취한다. 여기서 침잠은 '관조(觀照)', 즉 초월세계로의 '상승(上昇)'이라는 중세 이전 사람들의 삶의 자세와는 상반된 방향으로서의 삶의 태도를 가리킨다.

고대인 키케로에 있어서 초월세계로서의 우주(宇宙)는 완전하고 신성한 것이었다. 인간 존재는 우주의 한 부분이었고, 인간은 우주를 관조(觀照)하고 명상(冥想)함으로써 우주의 완전성에 참여할 수 있었다(Cicero, *De natura deorum*, Ⅱ,14, p.52.). 중세인 단테에 있어서 인간이란 장차 신의 영원한 본향으로 나를 수 있는 천상의 나비가 되도록 태어난 벌레에 불과하였다(Dante, *Purgatorio*. Ⅹ, p.126). 고대인 키케로와 중세인 단테는 인간 존재의 '중심점'(中心

點 : center), 즉 인간 존재의 최종 목적지와 귀착지가 인간 바깥의 영원하면서도 변함없는 천상(天上)에 - 아리스토텔레스의 말을 빌리자면 '달 위의(translunary) 세계'에 - 있다는 점에서 생각을 같이 했다. 초월세계와 구분되는 '달 아래(sublura) 세계'에는 지구가 속하는데, 이곳은 계속되는 생성과 소멸의 세계이며, 끊임없는 변화와 변천의 세계로서 '운명의 여신'(Fortuna)이 다스리는 영역이다. 키케로가 보기에, 현자(賢者)는 관조를 통해 '달 위의 세계로 상승함'으로써 운명의 여신의 손아귀에서 벗어날 수 있는 사람이다. 단테의 작품에 나오는 기독교 순례자도 하나님의 도움을 받아 이와 동일한 여정(旅程)을 밟는다.

그러나 페트라르카는 영원한 천상의 세계에 관해 '관조'하는 것을 즐거워하지 않았다. 그는 그 자신의 내면에서 인간 존재의 중심점과 영원한 귀의처를 찾고자 했다. 그는 『데카메론』을 저술한 친구 보카치오(Giovanni Boccaccio, 1313-1375)에게 쓴 편지에서, "인간은 달 아래의 현상세계에 머물러 사는 동안에도 인간에게 닥쳐오는 불행과 환난을 인간 자신의 힘을 통해 스스로 극복해 낼 수 있고, 이 땅 위에서도 천상의 지복과 동일한 행복을 누릴 수 있다."고 확신했다(Petrarch, *Familiariarium Rerum Libri*[*이하 '*Fam.*'으로 표기] Ⅳ, 2, pp.181-182).

페트라르카는 중세 말기의 삶을 사는 동안 끊임없이 불안과 공포를 느끼면서 살았다. 그는 시선을 천상이 아닌 지상에 두었고, 이 세상은 신(god)의 섭리가 아니라 운명(fortuna)에 휘둘리는 영역으로서, 자신이 변화와 우연에 압도되었음을 인식하고 있었다. 르네상스 인문학은, 고대인 키케로와 중세인 단테가 결코 생각하지 못했던 인간의 삶의 자세, 즉 자신의 '내적인 삶'으로부터 우연과 운명을 분리시키고 이를 스스로 힘으로 극복하고자 했던 페트라르카의 독특한 시도(試圖)에서 출현한 것으로 보인다. 페트라르카는 〈초월세계로의 상승〉이라는 고대적 경험을 상실하고는, 대신 〈내적인 연합과 개인적 통합〉을 위해 내면으로의 전향(轉向)을 시도하였다. 이러한 내면의 추구는 결국 일종의 내적인 깊이를 지닌 개인의 자아, 즉 〈내향적 자아〉에 대한 인식으로 발전한다.

고대인에게 초월세계는 형이상학적 의미로 볼 때 사물의 외양이 아니라 본질에 해당하는 '형상(形相)'이었으며, 우주론적인 의미로 볼 때 인간의 영혼이 궁극적으로 귀의할 본향(本鄕)으로서의 '달 너머 세계'[5]였고, 그리고 현세적인 의미로 볼 때 '부분'으로서의 개인을 넘어서 있는 '전체'로서의 공동체사회였다. 초월세계에 상응하는 자아인 '외향적 자아'는 형상과 '합일(合一)'하고 달 너머 세계로 '귀의(歸依)'하려는 자아이고, 부분인 개인을 넘어서 있는 전체로서의 공동체사회에 '참여(參與)'하려는 자아이다. 외향적 자아를 지닌 중세 이전의 사람들에게서, 부분인 개인의 존재 의의는 전체인 우주와 사회에 합일할 수 있을 때 비로소 찾아질 수 있었고, 그리고 〈인간이 된다〉는 것도 바로 개인이 그 전체인 우주와 공동체사회에 '참여'할 때라야 가능하였다. 이렇듯이 자아와 세계의 차원에서 바라본 고전적 인문학의 특징은 〈외향적 자아의 초월세계로의 귀일(歸一)〉로 파악된다. 고전적 인문학이 학습자에게 안내하고자 하는 세계는 이런 의미에서의 초월세계였고, 그 자아는 초월세계와 '합일'할 때 비로소 그 존재 의의를 갖게 되는 〈외향적 자아〉였다.

르네상스 이전의 삶은 다름 아닌 외향적 자아를 지니고서 초월세계를 바라보는 것이다. 따라서 고대 학자들의 저술과 문헌으로 구성

---

5) '달 너머 세계'에 관한 자세한 내용은 II장 2절(pp.91-92)을 참고.

된 고전적 인문학은 외향적 자아 안에서 초월세계를 지향하며 살았던 고대인의 삶과 그 문화가 기술된 것이다. 여기서 먼저 밝혀둘 것은, 인문주의자들이 복원하고자 했던 '고대 문화'(古代 文化)는, 초월세계를 삶의 근본 토대로 삼고 삶을 영위했던 고대적 삶의 외양(外樣)이고 결과(結果)이기 때문에, 고대 문화와 초월세계는 본래 분리하여 생각할 수 없다는 점이다. 그렇지만 내향적 자아를 찾아낸 인문주의자들은, 고대인과 다른 〈자아〉와 〈세계〉를 모색함으로써, 결국 고대 문화의 본질적 토대였던 초월세계를 망각한 채 고대 문화만을 복원하려고 했다.

르네상스 인문주의의 선구자인 페트라르카는, 자신의 내면으로 파고들면서 자신의 '내면세계'를 더욱 분명하게 인식하여 자신의 내면에서 역동적인 중심(中心)을 찾으려고 한다. 페트라르카에서 처음 볼 수 있는 이러한 〈내향적 자아〉가 출현한 사실은, 르네상스를 기점으로 한 세계관의 변화, 즉 초월세계의 상실과 맞물린 현상세계(現象世界)의 발견과 관련된다. 인문주의자 페트라르카가 발견한 내향적 자아에 상응하는 세계는 눈에 보이는 현상세계였고, 그 현상세계의 구체적인 형태는 바로 고대인의 삶의 자취이고 형적(形跡)인 고대 문화였다. 인문주의자들이 고대인 안에서 발견한 세계는 초월세계가 아니라 현상세계에 속하는 것으로서 그것은 고대적 삶의 외양인 고대 문화였다. 요컨대 인문주의자들은 고대인의 초월세계는 놓쳐버리고 초월세계가 사상(捨象)된 고대 문화만을 복원한 것이다. 이러한 의미의 고대 문화는 초월세계와 대비할 때, '문화세계'에 해당한다. 중세의 초월적 삶 아닌 고대인의 삶으로의 복귀를 염원한 인문주의자들이 생각하는 삶은 '고대 문화'와 '내향적 자아'의 관련 속에 영위되는 새로운 삶이었다.

르네상스 시기에서 내향적 자아와 현상세계가 출현한 것을 가리켜, 부르크하르트는 "인간과 세계의 발견"(Burckhardt, 1944, p.171)이라고 선언한다. 그렇다면 르네상스 이전에는 인간과 세계가 없었는가? 르네상스인의 관점에서 볼 때, 신과 종교가 전부였던 중세에는 인간도 없었고 세계도 없었다. 중세에서 인간이 없다는 것은 '내향적 자아'가 없다는 것을, 세계가 없다는 것은 '현상세계'가 없다는 것을 의미한다. 중세에 있는 것이라고는 신과 초월세계뿐이고, 중세적 삶이라는 것은 현세의 삶을 무시하는 '초월적 삶'에 불과했다. 내향적 자아와 현상세계에 주목한 인문주의자들은 급기야 중세를 '인간의 문화가 찬란하게 꽃피웠던 고대를 왜곡한 것', 따라서 인간의 역사에서 제외해도 무방한 것으로 취급한다. 나아가서 그들은 내향적 자아와 현상세계의 관점에서 고대인의 삶과 문화를 새로운 시각에서 바라보게 되고, 중세인과는 상이한 세계와 새로운 자아의 관련성 아래서 고대의 고전들을 연구하기 시작한다. 그렇다면, 르네상스 인문학은, 자아와 세계를 관련짓는 새로운 방식을 보여주는 것이며, 자아와 세계에 관한 새로운 관련성 아래서 인간의 삶을 새롭게 이해하고 영위한 결과라고 할 수 있다.

  고대인에게서 〈초월세계〉와 〈고대인의 삶과 문화〉는 분리하여 생각할 수 없는 것이다. 그렇지만 새로운 자아와 세계의 관점에서 고대의 고전들을 연구하게 될 때는, 고전의 연구를 통해 파악된 고대인의 삶과 문화는 원래 고대의 그것과는 차이를 갖게 된다. 내향적 자아를 지닌 인문주의자들이 고대인의 삶에서 보았던 것은 탁월한 덕과 지혜를 추구하며 살았던 고대인의 이른바 '교양적 삶'이었다. 인문주의자들이 보기에, 고대인의 교양적 삶이 '인간다움과 교양'[6]

---

  6) II장 2절(pp.84-87)에서 자세히 설명하겠으나, 교양은 '인간다움'을 의미하며, 고대사회에서 인간다움은 덕(德, *virtus*)을 지닌 것으로서 '탁월

을 추구하는 삶이고 '덕성과 지혜가 충만한, 탁월하고 고상한 삶'이었다면, 반면에 중세의 초월적 삶은 교양과 학문과 문화가 축출되고 사라진, 그야말로 '무지(無知)하고 야만(野蠻)스런 삶'이었다. 중세의 초월적 삶을 거부하고 고대의 교양적 삶을 추구하고자 했던 인문주의자들이 주목했고 세계관으로 삼은 것은, 초월세계가 아니라 고대인의 탁월하고 고상한 삶의 행적으로 이뤄진 '문명 세계'였고, '문화로서의 세계'였다.

인문주의자들은, 고대인의 탁월한 행위(行爲)와 사고(思考)가 체계적으로 집산(集散)된 고대 문화를 바로 고대인의 '세계'로 읽었다. 인문주의자들은 자신들은 고대와 동일하며 중세와는 다르다고 생각한다. 그렇지만 그들은 고대에 대하여 중대한 착각을 범하고 만다. 그들은, 중세와 다른 것(곧 중세 아닌 것)은 모두 다 고대라고 착각한다. 그래서 인문주의자들은 익히 알고 있던 중세와는 다른 고대의 독특한 측면 곧 〈현상세계 속의 문화로서의 세계〉를 찾아낸 후, 고대인의 '문화세계'를 전면에 내세우면서 중세인의 '초월세계'를 간과하고 이를 배제하고 만 것이다.

본서에서는 인문주의자들이 고대인에게서 배우고자 했던 고대 문화는 '교양적 문화'로, 인문주의자들이 고대인으로부터 수용하고자 했던 세계는 '문화세계'라 부르기로 한다. 이 교양적 문화와 문화세계는 인문주의자들이 고대인의 삶과 세계관으로부터 받아들인 것이기는 하지만, 무엇보다 고대인의 삶과 문화가 본래 토대로 삼고 있었던 초월세계에 대한 가정(假定)은 제외된 것이다. 인문주의자들은 고대인으로부터 받아들인 이 교양적 문화를 통하여 인간의 고상한 삶, 탁월한 삶을 기약할 수 있다고 믿었고, 이런 이유로 인해

한 인간성'을 가리켰다.

인문주의자들은 고대 고전의 복원과 공부를 통해서 중세인과는 다른 〈교양적 삶〉을 구현하고자 하였다. 그런데 인문주의자들은 고대 고전의 공부를 통해 고대적 삶과 문화를 복원하고 있다고 생각했지만, 실상 내향적 자아를 통해 그들이 받아들인 고대적 삶과 문화는 원래 고대의 그것과는 상이했다.

자아의 측면에서 고전적 인문학과 르네상스 인문학의 차이를 생각해 볼 때, 〈외향적 자아〉와 〈내향적 자아〉는 양대 인문학의 성격상의 차이가 나타나는 중요한 개념이다. 외향적 자아는 '초월세계'에 상응하는 자아이고, 내향적 자아는 '문화세계'에 상응하는 자아이다. 고전적 인문학과 르네상스 인문학은 모두 고대의 고전을 학습한다는 점에서 표면적으로는 동일한 것으로 볼 수 있지만, 서로 상이한 세계와 자아의 관련성 아래 고대 고전에 접근한다는 점으로 볼 때, 근본적으로 다른 성격을 갖고 있다. 인문주의자들은 문화와 교양(혹은 '탁월함' 또는 '인간다움')을 담지한 고대 고전을 학습함으로써 중세의 초월적 삶과는 다른 교양적 삶을 영위할 수 있다고 생각했고, 고전을 통해 고대인의 탁월한 삶과 문화를 학습함으로써 지적·도덕적으로 탁월한 자아('내향적 자아')를 형성(形成)할 수 있다고 생각했다. 인문주의자들에게 '문화'(고대 문화)는 인간이 역사적으로 이룩해 낸 탁월한 행위(行爲)와 사고(思考)가 체계적으로 축적된 것이고, 인간의 교양있는 삶을 밝혀주는 과거의 유산이었다. 그러므로 인문주의자들에게 '문화'는 본래 탁월하고 고상한 것으로서 비천하고 일상적인 것과는 반대되는 것[7], '인간다운' 인간의 조건

---

7) 서구사회의 지배적인 언어 체계는 '문화'를 대체로 '문명'과 동일시한다. 말하자면, 문명과 문화는 동의어 관계에 있다. 이들 두 관념은 저속하고 퇴행적이며 무지한 인간 상태와는 정반대의 의미로 사용된다. 그러므로 인문주의자들이 파악하는 '문화'는 다름 아닌 '인간 성취의 정수(精髓)'를 지칭

을 갖추기 위해서는 누구를 막론하고 학습하지 않으면 안 되는 보편적인 것이다.

인문주의자들이 고대 고전의 공부에 둔 목표는 〈교양적 문화의 복원과 학습을 통해 지적·도덕적으로 탁월한 자아를 조성(造成)하는 것〉이다. 르네상스인의 내향적 자아의 탁월한 형성에 규준(規準)이 되는 것은 이 의미에서의 문화(교양적 문화)였다. 르네상스 인문학은 고대 고전에 나타난 위인과 작가의 위업과 금언을 사고와 행위의 모델로 삼고서 〈내향적 자아를 탁월하게 형성하고 완성하려는〉 교육적 성격을 드러냈다. 그러므로 르네상스 인문학 안에서 자아 형성에 준거(準據)가 되는 문화(고대 문화)는 비록 고대의 초월적 세계관으로부터 떨어져나왔음에도 불구하고, 르네상스 이후 인문학과 교육 안에서 인간의 지적·도덕적 완성을 위한 분명한 기준(基準)이 되었을 뿐만 아니라, 또한 인문교육을 통해 양성해야 할 인간상(人間像)에 대한 사회적 합의를 가능하게 하는 보편적 규준(規準)이었다.

[고전적 인문학]　　외향적 자아×초월세계 = 초월적 삶 (총체적 삶)
[르네상스 인문학]　내향적 자아(교양적 자아)×문화세계 = 교양적 삶
[현대적 인문학]　　내향적 자아(개별적 자아)×일상세계 = 활동적 삶

개별화된 다양한 자아

르네상스 인문학은 사회적으로 보편성을 지닌 문화를 추구한다.

> 한다. 이런 의미에서 문화는 인간이 이룩해 낸 업적과 창조해 낸 성취 가운데서 '탁월하고 고상한 것'을 가리킨다.(C.Jenks(1993), *Culture*, II장. 참조.)

르네상스 인문학이 상정하고 있는 자아는 비록 내향적 자아였음에도 불구하고 문화의 학습을 통해 형성된 '교양적 자아'이고 '보편적 자아'이다. 그러나 르네상스 인문학의 쇠퇴와 맞물려 등장한 현대적 인문학 안에는 새로운 자아와 세계가 출현한다. 현대적 인문학에 나타난 세계는 인문주의자의 문화세계를 대치한 '또 다른' 세계이며, 그 자아는 교양적 자아를 대치한 '또 다른' 자아이다. 본서에서는 현대적 인문학에 등장하는 '세계'는 현대인이 나날이 살아가고 있는 '지금 이곳'에서의 세계로서, 이른바 '일상세계(日常世界)'라 칭한다. 또한 현대인의 일상세계에 대응하는 자아는 교양적 자아와 대비되는 '일상적 자아'(日常的 自我)라 부른다. 일상적 자아가, 교양적 자아와 다른 점은 동일한 내향적 자아임에도 불구하고, '개별성과 다양성'을 추구하는 자아라는 사실이다. 그리고 일상세계와 일상적 자아의 관련성 아래서 영위되는 현대인의 삶은, 인문주의자의 '교양적 삶'과 대비되는 삶으로서 이른바 '활동적 삶'이다.

현대인의 '세계'를 이루는 일상세계는 인문주의자의 〈문화세계〉와 대비된다. 소시민적 현대인의 일상세계는, 문화와 교양을 소홀하게 여기고 노동과 유용성(有用性)을 중시한다는 점에서, 인문주의자의 문화세계와 대비된다. 또한 현대적 인문학 안에 출현한 자아는, 보편성을 추구하는 교양적 자아와는 달리 '다양화되고 개별화된 자아'이다. 특히 현대적 인문학에서는 〈사회의 보편적 이상의 실현〉과는 대비되는, 〈개개인의 필요와 동기를 표현하고 실현하는 것〉을 중시한다.

현대적 인문학의 특징은, 내향적 자아의 개별적이고 다양한 필요와 동기의 실현에 영합하는 현대 문학을 권장한다. 현대적 인문학은 무엇보다 개별화되고 다양한 삶을 영위하는 데에 장애(障礙)가 되는 보편적 자아와 보편적 문화를 배격하며, 정형화(定型化)된 인간상과 교양적 자아를 소개하는 고전을 배척한다. 현대적 인문학에 나타난 개별화된 자아는, 교양적 자아와는 달리 문화와 고전이라는 보편적 규준과 준거를 거부하려 한다. 개별적 자아를 표방하고, 다양하고 개별화된 삶을 중시하는 현대적 인문학의 관점에서 볼 때, 탁월한 삶과 보편적 문화를 제시하는 고전은 오히려 개인 고유의 삶을 억압하고 왜곡하는 것이다. 그 대신 현대적 인문학은 개인마다 각기 다른 개성과 기질을 개발하고 표현하는 일에 초점을 맞춘다.

무엇인가를 형성(形成)하고 조성(造成)한다는 말은 이미 모종의 범례(範例)와 준거(準據)를 상정해놓고 있다는 말과 동일한 의미를 지닌다. 르네상스 인문학에서 내향적 자아의 '형성'을 위한 기준이 된 것은 바로 고전의 학습과 연계된 고대 문화였다. 그렇지만 현대적 인문학에서의 '개발'이나 '표현'의 개념은 개인의 〈내면에 있는 것을 밖으로 표출〉한다는 의미를 갖는 것으로, 여기서는 기준과 모델 같은 것은 처음부터 생각할 필요가 없다. 이런 까닭에 현대적 인문학은 〈고전의 학습〉과 〈자아 형성의 원리〉를 근본적으로 배격한다. 이렇게 볼 때 〈자아의 형성(形成)〉과 〈자아의 표현(表現)〉은 르네상스 인문학과 현대적 인문학의 성격을 구분 짓는 중요한 개념이다. 형성되어야 할 자아(교양적 자아)에 상응하는 세계는 〈문화세계〉이고, 표현되어야 할 자아(개별적 자아)에 상응하는 세계는 〈일상세계〉이다. 르네상스 인문학과 현대적 인문학은 모두 같은 내향적 자아를 상정하고 있음에도 불구하고 그 자아에 대한 규준과 모델을 수용하느냐의 여부에서 서로 다른 성격을 드러낸다.

르네상스 인문학의 교육적 이상은 인문학의 성격이 불분명한 오늘날의 관념으로는 쉽게 공유할 수 없는지라 점차 망각되고 외면받고 있다. 그럼에도 통상적으로 인문학에 대해 말할 때, 이제까지는 그 기원을 르네상스 학자들의 인문주의운동에서 찾아온 것이 사실이다. 중세 이후 계속된 신학 본위(本位)의 학문적 질곡 상태를 극복하고 새롭게 인간성의 회복을 기도(企圖)했던 인문주의자들의 학문적 노력의 결과를 바로 인문학의 출발점으로 보았다. 교육사 연구에서 흔히 인문학의 시작을 14~15세기 이탈리아에서 활약한 인문주의자들의 학문적 노력에서 찾고자 했던 것과, 인문교육의 근본 성격을 르네상스 시기에 인문주의자들에 의해 세워진 인문중등학교의 교육적 이상에서 찾으려고 했던 것도, 실은 고전적 인문학과 르네상스 인문학을 구분하지 않고 인문학의 성격을 탐색하려고 했던 데에서 유래한다.

인문학의 시작을 르네상스 인문학에서 찾으려는 일반적인 생각과는 달리, 필자는 인문학 본연의 성격과 기원을 그리스·로마의 고전과 초대기독교사회의 고전, 즉 〈고전적 인문학〉에서 찾고자 한다. 현상세계와 내향적 자아에 주목하여 중세의 학문을 배격하려는 인문주의자들의 새로운 학문적 활동으로 인해 인문학이 성립한 것이 아니라, 오히려 그들의 독특한 발상과 시도로 인해 원래의 인문학이 추구했던 본연의 학문적 성격과 교육적 이상이 변질된 것으로 보기 때문이다. 세계와 자아에 대한 인문주의자들의 독특한 발상은 어쩌면 인문학 본연의 성격이 최초로 변질되고 인문학이 장차 쇠락하게 될 계기가 된 것이다. 그렇다면 오늘날 인문학과 인문교육이 실종 상태에 이르게 된 근본적인 책임은 인문주의자들에게 있다 하겠다. 인문주의자들의 새로운 시도로 인해, 고전과 문화와 교육의 형이상학적 토대라고 할 수 있는 초월세계가 망각됨으로써, 어쩌면 인문학과 인문교육이 장차 실종되는 역사적·학문적·문화적 계기를 자초한 것으로 볼 수 있다.

현대사회에서 인문학과 인문교육이 실종 상태에 이르게 된 책임을 인문주의자들에게 묻고자 하는 본서의 시각에는 다음과 같은 가정(假定)이 들어 있다. 먼저 초월세계와 인문학은 모종의 관련성을 맺고 있는데, 양자(兩者)가 분리되어 논의될수록 인문학은 점점 더 그 본래의 성격과 교육적 이상을 상실하게 될 것이다. 이렇게 볼 수 있는 근거는, 고대에서 현대로 가까이 오면서 고전과 문화와 교육의 형이상학적 토대였던 초월세계가 점차 잊혀 온 만큼 인문학의 성격이 더욱 혼미해지고 인문학의 교육적 위상이 더욱 약화된 사실에 있다. 다음으로 인문학 본래의 성격을 현상세계 너머의 초월세계의 차원에서 모색할 때, 인문학과 인문교육은 본래의 형이상학적 토대를 복원할 수 있을 것이다. 이렇게 볼 수 있는 것은, 어쩌면 인문학은 경험을 초월하여 존재하는 실재(實在)와 인격신(人格神)을 '경험 수준에서' 보여줌으로써, 현상과 외양만을 바라보며 사는 사람들을 실재와 인격신에 안내하는 일에 그 본연의 성격과 교육적 이상이 있을지 모르기 때문이다.

현대사회의 인문교양교육

르네상스 인문학의 성격과 교육적 이상을 규명하는 일은, 그것을 대치하여 나타난 현대적 인문학의 성격을 규명하는 데에 시사하는 바가 크다. 오늘날 인문학의 성격이 모호하게 되고 인문학이 무엇인가에 관하여 사람들 간에 합의가 불가능하게 된 것은 무엇보다 현대적 인문학의 등장과 밀접하게 관련된다. 현대적 인문학이 출현하기 이전에는, 인문학에 관하여 정의할 수 있었고, 인문학의 성격이 무엇인가에 관하여 모종의 합의에 이를 수 있었기 때문이다. 현대적 인문학의 개념이 아직 분명하지 않았던, 19세기 중반에 출간된 옥스퍼드 영어사전에는 인문학을 '인간의 문화를 탐구하는 것이며, 그것은 특히 고대 희랍과 라틴 고전과 관련된 학문 또는 문헌이다'라고 정의한다. 르네상스 인문학의 정신이 아직 남아 있는 옥스퍼드 사전의 정의와 오늘날 인문학에 관한 일반적인 관념을 비교해 볼 때, 르네상스 이후 수백 년간에 걸쳐 서양의 인문학 내부에, 고전적 인문학에서 르네상스 인문학으로의 변화와는 또 다른 성격의 급격한 변화가 일어났음을 알 수 있다.

오늘날의 인문학은, 르네상스 인문학에서 명확하게 제시된 바와 같이, 고대의 고전과 관련된 것이 아니라 단지 과학의 반대편에 있는 것, 즉 과학 아닌 어떤 것으로 생각되는 정도이다. 과학은 객관적이고 수량적인 것으로서 그 학문적 성격을 분명히 하고 있으므로 이러한 추론을 따른다면 인문학의 영역은 주관적이고 질적인 것으로 남게 된다. 물리학과 화학은 과학에 포함되고, 윤리학과 미학은 인문학의 영역에 포함되는 정도이다. 그러나 르네상스 인문학은 단지 비(非)과학적인 것만을 의미하지 않았고, 또한 인간의 정신을 탐색하는 전(前)-과학적인 방법을 의미하지도 않았다. 르네상스 인문학은, 그 영역에 포함되는 명확한 교과(敎科)와 그 교과를 배우는 목적을 분명하게 인식하고 있었다. 그러나 현대적 인문학의 출현과 맞물려서 르네상스 인문학의 성격과 교육적 이상이 점차 망각된 이후로는, 대학의 인문교양교육에서 〈무엇을 가르쳐야 하는가〉와 어떤 것을 가르친다고 했을 때 〈그것을 왜 가르쳐야 하는가〉에 관해서 학자들 간에 일치된 견해를 갖기가 어렵게 되었다. 학생들 또한 이에 대한 문제의식 없이 인문학을 배우고자 하며 인문교양교육에 참여하고 있다.

르네상스 인문학과 그 교육적 이상이 점차 망각된 이후로, 대학의 인문교양교육은 초점도 없고 일관된 계획도 없는 것으로 점차 변질해 온 것이 사실이다. 이로 인해 대학의 인문교양교육을 개선하려는 어떤 논의를 시도할 때마다 교육학자들은 그 논의에서 가장 핵심이 되고 실질적인 문제인 교육내용의 문제로부터 쉽게 벗어나며, 그 대신에 지엽적인 문제인 교육방법론과 교수 기법(敎授 技法)에 대해 주로 논의한다. 내용의 문제는 논외로 하고 방법과 기법에 대해서 논의하는 것은 본질적인 문제는 접어두고 지엽적인 문제에 집착하는 것과 다를 것이 없다. 학생들이 공부해야 할 특정한 저술과 저자를 선정하는 일이 그것을 어떻게 읽어야 하는가를 결정하는 일보다 중요함은 더 말해 무엇하랴. 이것은 마치 우리의 건강을 위해서 먹어야 할 음식을 고르는 일이, 그것을 어떤 기구를 가지고 먹어야 하는가를 결정하는 일보다 우선이어야 한다는 것과 마찬가지이다.

오늘날 인문교양교육의 교육과정(curriculum)에 관해서, 특히 인문교양교육의 주요 영역인 인문학의 내용에 관해서, 합의를 이루어 내기 위한 모종의 규준을 갖는 것은 불가능하게 되었다. 심지어 인문교양교육에서의 이러한 초점의 모호함을 오히려 건강한 다원주의(多元主義)의 징후로서 만족스럽게 보려는 사람들도 있다. 르네상스 인문학과 대비하여 현대적 인문학의 성격을 규명하게 될 때, 우리는 왜 현대적 인문학에 이르러 인문학에 관한 정의가 불가능하게 되었는지, 그리고 대학의 인문교양교육과 인문학이 그 내용의 측면에서 초점을 상실하게 되었는지 그 까닭을 파악할 수 있을 것이다. 이러한 결과가 초래된 실질적인 과정은 후대로 오면서 르네상스 인문학에 가해진 여러 가지 침범(侵犯)을 탐색하는 과정에서 밝혀질 수 있을 것이다.

인문학사(人文學史) 연구의 의의

인문학이 최초로 구체적인 모습을 드러냈던 르네상스 인문학을 중심으로 한 인문학의 역사적 전개 과정을 탐구하려는 본서의 시도는, 인문학이 쇠락하게 된 역사적·학문적·문화적 계기를 확인할 수 있을 뿐만 아니라, 르네상스 인문학을 근간으로 하여 성립된 인문교육의 성격과 교육사조(敎育思潮)로서의 인문주의(人文主義)의 의미를 더 선명하게 인식하도록 할 것이다.

오늘날 인문학의 성격이 불명료해진 것과 비례해서 그 성격이 모호한 상태로 전락한 것이 인문교육이며, 현대 산업사회의 출현 이후 그 교육적 가치와 중요성이 위협받아 온 것이 인문주의이다. 한 가지 교육적 경향을 뜻하는 '인문주의' 혹은 '인문교육'이라는 명칭의 역사적 기원은, 르네상스 인문학의 교육적 이상이 약화되는 것과 맞물려서 현대적 인문학의 개념이 새롭게 등장하는 19세기 초기로 거슬러 올라간다. 19세기에 접어들면, 유럽의 대학과 중등학교에서, 실용적·과학적 교과의 비중과 영향력은 현격히 증대하였으나, 상대적으로 인문주의자들이 역점을 두었던 고전어와 문학, 수사학과 역사 등 스투디아 후마니타스의 비중과 영향력은 축소되었다. 이 당시 독일의 교육학자 니타머(F.J.Niethammer)는, 실용적·과학적 교과가 득세하는 이 새로운 교육사조를 개탄하면서 전통적인 고전 교육을 주장하였다. 그는 한 저술(1808)에서, 희랍 및 라틴 고전 교육을 중시하는 전통 교육의 중요성을 사회 및 교육 일반에 주지시키고자 '인문주의(humanism)'를 뜻하는 독일어 '후마니스

무스(Humanismus)'라는 용어를 처음 사용하였다(Kristeller, 1979, p.22). 19세기 서구의 교육사상가들은 학교 교육과정에서 고대 고전을 핵심적 위치에 둔 인문주의자들의 학문적 경향과 그 업적에 인문주의 혹은 인문교육이라는 용어를 적용한 것이다. 그러므로 '인문주의' 혹은 '인문교육'이라는 용어는, 지금은 거의 잊혀진 것이지만 르네상스 인문주의자들로부터 시작되어 19세기까지 지속되었던 인문중등학교의 교육을 지칭하는 것이며, 고대 고전의 학습에 토대를 두어 〈인간다움〉의 실현, 즉 〈지적 교양과 도덕성을 함양〉을 목표로 삼았던 교육과 교육사상을 가리킨다(*ibid.*, p.22).

  그렇지만, 현대사회에 이르러 인문교육과 인문주의라는 용어가 반드시 르네상스 인문학과 인문주의만을 가리키는 것은 아니다. 인문주의가 가리키는 '교육'과 '보편적 문화'의 의미가 현대사회에 이르러 모호해졌다는 사실보다 더 우려할 만한 점은, 인문주의 아래서 유지되어 온 '인문교육'의 형태가 현대사회에서 실종 상태에 이르렀다는 사실이다. 이 상황에서 우리가 생각해야 할 문제는, 오늘날 그러한 인문교육을 소생시키는 과업이 〈르네상스 인문학과 인문주의가 지향한 교육적 이상을 복원하는 수준에서 과연 달성될 수 있는가〉 하는 것이다. 아닌 게 아니라 르네상스 인문학에 토대를 두어 인문교육을 수호하려는 노력은, 니타머를 위시한 19세기 교육사상가들의 시도에서 볼 수 있는 바와 같이 '인문주의'라는 구호로서 이미 시도된 바 있었다. 그렇지만 단지 르네상스 인문학과 인문주의의 성격을 강조하는 일 그것만으로 현대사회에서 인문교육과 보편적 문화를 수호해 내기에는 역부족이었다는 사실이다. 이러한 역사적 사실은, 인문주의라는 용어가 본격적으로 제기된 19세기 초반 이후 오늘날에 이르기까지 점점 더 인문교육과 인문주의가 더욱 외면받고 쇠락해 온 과정을 회고해 보면 보다 쉽게 드러난다.

인문주의만으로 인문교육을 지켜내기에 역부족이었다는 사실은, 르네상스 인문학을 내세우는 일만으로는 오늘날 쇠락한 인문학과 인문교육을 복원하는 일이 불가능하다는 점을 시사한다. 이렇게 볼 때, 인문학이 최초로 본격적인 모습을 드러낸 르네상스 인문학은 처음부터 한계를 안고 있었다. 르네상스 인문학은, 한편으로는 고전과 문화의 학습을 표방함으로써 인문학과 인문교육의 성격을 분명하게 드러냈지만, 반면에 고전과 문화의 형이상학적 토대였던 초월세계를 배제함으로써 오히려 오늘날 인문학과 인문교육의 형해화를 예비하였다는 비판을 감수해야 할 것이다. 그러므로 오늘날 인문학과 인문교육을 수호하고 복원해 낼 가능성은, 르네상스 인문학이 아닌 다른 것에서 모색해야 할 것이다.

필자는 오늘날 인문학과 인문교육이 소생할 그 가능성을 고전적 인문학과 고전적 인문주의에서 찾고자 한다. 이에 앞서 인문학의 역사적 전개 과정을 탐색함으로써 인문학 본연의 성격을 규명하고 인문교육의 위상을 확인하고자 한다. 잠정적 결론이지만, 어쩌면 르네상스 인문학과 인문주의는 〈중세에 대한 긍정적 개선〉이 아니라 〈고대와의 단절(斷絶), 또는 고대의 개악(改惡)〉으로 평가될 수 있다. 그리고 오늘날 형해화된 인문학과 인문교육을 복구할 수 있는 혜안을 〈르네상스 인문학으로의 회귀〉 아닌 〈고전적 인문학의 복원〉에서 모색할 수 있을 것이다.

II
인문학의 유형

고대 로마의 키케로 이래로 인문학을 지칭하는 '스투디아 후마니타스'가 교육의 중심 아이디어로 제시되고 명확한 교육과정으로 자리 잡은 때는 르네상스 시기이다. 이 점에서 인문학의 역사적 전개 과정을 탐색하기 위해서는, 르네상스 인문학을 중심으로 놓고 그 이전과 이후에 나타난 인문학의 특성을 차례로 파악하는 것이 적절할 것이다. 르네상스 인문학을 먼저 검토하고 역(逆)으로 고전적 인문학을 추적해 나갈 때, 르네상스에 이르러 변형된 고전적 인문학의 모습이 더 선명하게 드러날 수 있고, 또한 르네상스 인문학과의 대조를 통하여 현대적 인문학의 성격 또한 더 구체적으로 규명될 수 있다. 먼저 르네상스 인문학의 출현 과정과 그 특성부터 파악해 보자.

1. 르네상스 인문학

르네상스 인문학이 오늘날의 인문학과 다른 점은 그것이 분명한 교육내용과 교육적 이상을 표방하는 것이다. 14-15세기 인문주의자들은 인문학의 성격이 어떤 것이어야 하는가와 인문학의 내용이 어떤 것인가에 관해 합의할 수 있었다. 르네상스 인문학의 출현과 관련하여 먼저 검토하려는 질문은 다음과 같다. 인문주의자들은 인문학의 영역 안에 어떤 교과를 포함하였으며, 인문주의자들에게 인문학은 어떤 학문적 경향을 뜻하는 용어였는가? 인문주의자들은 스투디아 후마니타스의 공부를 통해 어떤 삶을 추구하고 어떤 교육적 이상을 실현하려 했는가?

최초 인문주의자 페트라르카

초기 인문주의자들은 페트라르카를 스투디아 후마니타스의 창시자로 추대한다. 1372년, 페트라르카의 친구였던 보카치오는, 연하의 인문주의자에게 보낸 한 편지에서, 중세에서 사라진 라틴 문학과 라틴 시(詩)가 페트라르카에 의해 새롭게 부활했음을 밝힌다.

"페트라르카는 뜨거운 용기와 불굴의 열정과 지성의 통찰력을 가지고서 고대(古代)로의 길을 개척했다. 어떤 장애물도 그를 제지하지 못했고, 그는 온갖 고난을 겪으면서도 심지어 죽음도 불사한 채 이 허물어진 제방을 다시금 구축했다. 그는 그 자신을 위하여 그리고 그를 따르려는 후학(後學)들을 위하여, 가시와 검불로 뒤덮인 행적이 끊어진 길을 새롭게 열었다. 이로 인해 헬리콘산[*시적 영감의 원천이 되는 산]의 샘물은 흙탕물과 갈대를 거둬내고 순진무구한 청정함을 되찾았다. 그는 어둠 속에 묻혀있던 고대의 라틴 시를 광명의 세계로 불러냈으며, 고귀한 정신들 속에서 그동안 잊혀진 희망이 소생하도록 했다. 이제 파르낫소스산[*아폴로와 뮤즈의 신령스러운 산]은 접근이 가능하게 되었다."
(Boccaccio, 1928, pp.195-196)

가시와 검불로 뒤덮인 '행적이 끊어진 길'이라는 보카치오의 은유는, 바로 초기 인문주의자들이 바로 앞선 중세에서의 '고대 문학의 쇠락과 문예에 대한 무관심'을 지적할 때 사용한 전형적인 표현이다. 보카치오에 의하면, 고대 라틴 문학으로의 길을 개척한 사람은 페트라르카이다. 이로부터 30년 후, 인문주의자 브루니는 사라졌던 고대의 인문학을 다시 살려낸 자는 페트라르카임을 다시금 강조한다.

"이미 소멸된 스투디아 후마니타티스를 살려냄으로써 우리로 하여금 이를 통해 고대 학문을 다시 회복할 수 있도록 길을 열어

준 사람은 바로 페트라르카이다."(Bruni, 1952, p.94)

중세에서 사라진 고대 작가의 저술을 새롭게 복원하고 연구했던 페트라르카는 그 자신이 몸소 보여준 선구적인 모범을 통해 당대 학자와 지식인, 그리고 후학들에게 '고전 고대로 복귀하라!'는 강력한 권고와 깨우침을 주었다. 트링카우스(C. Trinkaus)는 "페트라르카는 르네상스에 끼친 영향력이라기보다는 르네상스의 전형(典型; paradigm)이다. 그를 계승한 학자들이 단지 그를 모방하는 데 머물지 않고, 오히려 그의 통찰력을 넘어서고 심지어는 그를 비판하면서도 그를 선구자로 받아들인 것은 그의 생애와 작품의 영향력이 그만큼 강렬했기 때문이다."라고 하였다(Trinkaus, 1983, p.147). 실지로 페르라르카는 고대로의 길을 개척하고 고대로 향하는 길을 안내했기 때문에, 그의 계승자들은 그 길을 따라서 보다 쉽게 고대를 향해 나아갈 수 있었다. 14세기 초엽 스투디아 후마니타스는 대학 밖에서 대학인이 아닌 인문주의자들에 의해 연구되고 가르쳐졌으나, 15세기 중엽 이후로는 인문주의자들이 유럽 각 곳에 세운 인문중등학교에서 고전어와 고전 문학을 중심으로 교수되었고, 인문주의자들은 인문중등학교를 통해 인문교육을 전 유럽 사회로 확산시켰다.

르네상스 인문학을 뜻하는 〈스투디아 후마니타스〉는 장차 학교의 정규 교과로 정착하고 제도화될 때마다 단순한 직업 교과로, 즉 '삶과 분리된 학문'으로 전락할 위험이 늘 따라다녔다. 그러나 페트라르카는 단지 직업으로서 르네상스 인문학을 가르치고 연구했던 후대의 학자와는 달리, 직업 아닌 삶으로서 고대 고전을 연구하였다. 페트라르카에게는 '고대 문학의 연구'와 '자신의 삶' 사이에 분리가 없었다. 그는 고전을 연구하고 전파하는 일에 전념하고자 세속 도시와 생업을 멀리하였으며, 자신의 삶을 영위하는 것과 고전 연구를 하나로 일치시켰다.

페트라르카 이전에는 아무도 그 자신의 '내적 정신세계'와 '자신의 삶', 그리고 '자신이 살고 있던 세계'를 그렇게 사실적이고 생생하게 표현한 사람이 없었다. 그는 '그 자신'을 알고자 했기 때문에 고대의 고전 속으로 빨려들어 갔다. 그는 자신의 마음(내향적 자아)을 완전하게 주형(鑄型)하고 조성(造成)하기 위해 고대 작가의 글을 탐독하였는데, 고대 로마의 작가 중에서는 특히 키케로를, 초대 교부 가운데서는 특히 아우구스티누스의 저술을 주로 읽었다. 여러 번 굴절을 겪는 페트라르카의 삶의 여정은 자신의 저술 속에 담긴 세계관 및 마음의 정조(情調)와 일관된 모습으로 나타난다. 페트라르카의 삶의 여정은 크게 세 부분으로 나눌 수 있다. 초기는 천상적 세계관과 현세적 세계관이 대립하고 갈등하는 시기이다. 두 번째 단계는 페스트(Pest)라는 전대미문(前代未聞)의 대재앙을 당한 후에 기독교 신앙과 수도원주의에서 탈피하여 현세적·인문주의적 세계관을 노정(露呈)하는 시기이다. 마지막은 페스트가 진정되고 유럽에 평화가 도래한 후에 다시 기독교로 귀의(歸依)하는 시기이다.[8]

---

8) 흔히 페트라르카를 '최초의 인문주의자' 또는 '최초의 근대인'이라고 부르면서도, 그가 중세의 전통에서 언제, 어떻게 결정적으로 이탈하였는가에 대해서는 별로 밝혀지지 않았다. 김영한은 페트라르카의 사상적 변천 과정을 설명할 때, "초기부터 이미 중세 기독교의 전통과 수도원주의에서 벗어났으나, 흑사병이 도래하기 이전인 1342년에 저술한 『영혼의 갈등(Secretum)』(이하 『갈등』으로 표기)을 계기로, 열렬한 고전주의와 현세주의를 표방했던 그의 관념은 크게 전환되어 성서적·중세적 색채가 짙은 수도원의 고독과 내면생활을 찬양하게 된다."라고 한다(김영한, 1989, pp.7-8). 그렇지만 페트라르카의 학문과 사상을 흑사병 발생 이전인 '1342년'을 기점으로 양분(兩分)하려는 김영한의 구분 방식에는 무리가 있다. 1342년 『갈등』을 계기로 하여, 현세주의적인 페트라르카가 다시 중세주의와 기독교로 복귀한다는 김영한의 관점은, 『갈등』 이후에 그의 작품에 종

종 나타나는 비성서적이고 반기독교적인 태도와 양립할 수 없는 것은 물론, 보다 본질적으로는 『갈등』 이후로 말년에 이르기까지 그의 저술에 쉬지 않고 등장하는 이중적인 태도, 즉 표면적으로는 기독교 신앙을 수용한다고는 하나 그 내면에 있어서는 여전히 비신앙적이고 인문주의적인 관점이 잔존하고 있는 사실과는 부합하지 않기 때문이다.

페트라르카는 『갈등』을 저술하기 5년 전에 이미 세속 도시와 세상적 용무에서 떨어져 나와 한적한 전원에서 스스로 '은둔적 삶'이라 불렀던 '교양적 삶'을 영위하기 시작했다. 페트라르카는 1337년에 세속 도시 아비뇽을 떠나 전원 마을 보클뤼즈에 정착하였고 그로부터 5년 후에 『갈등』을 저술했다. 1342년 교양적 삶을 영위하는 과정에서 저술한 『갈등』에는, 세속적 지혜(교양적 삶)와 기독교 신앙(초월적 삶) 간의 갈등과 대립이 극명하게 드러나 있는데, 그러면서도 페트라르카의 내면에는 기독교 신앙과 수도원주의 보다는 세속적 지혜와 고전주의가 여전히 우세를 점하고 있다. 이처럼 현세주의와 기독교 신앙 사이에서 갈등하던 페트라르카는, '1348년' 유럽을 휩쓴 흑사병을 계기로 인격신(god)에 대한 회의와 절망감에 이르게 되고 결국 기독교 신앙을 저버리고 온전히 고전주의와 세속주의로 전향한다. 이때 그의 내면에는 '천상과 초월세계'는 사라지고 '지상과 현상세계'가 전면에 떠오르며 '내향적 자아'가 출현한다. 따라서 그의 사상적 전환이 일어난 분기점을 '1348년 흑사병의 창궐 시기'로 보는 것이 타당할 것이다. 그 후 페트라르카의 사상은 흑사병이 진정되고 유럽에 다시 평화가 찾아온 1360년경에 이르러 다시 기독교 신앙으로 복귀한다.

따라서 『갈등』을 기점으로 하여 페트라르카가 고전주의와 인문주의를 포기하고 기독교와 중세주의로 복귀한 것이 아니라, 오히려 『갈등』 속에는 '천상적 지복'과 '현세적 행복' 추구 사이의 내면적 갈등이 최고조에 이르렀다고 보는 것이 온당할 것이다. 페트라르카의 전생애를 특징짓는 '은둔적 삶'은, 세속과 완전히 절연한 '수도원적 삶'과 다른 형태로서, 독서와 문필에 전념하고자 일상세계와 세속적 용무로부터 '격리되고 도피'하려는 이른바 '교양적 삶'이다.

페트라르카 사상의 변천 과정

구분	연대	삶의 모습	주요 저술	저술의 특징
초기	1330~1341년 (26~37세)	도시와 세속적 용무에서 벗어나 전원에서의 은둔 생활	자코모 콜로나에게 (1337)	활동적 삶과 교양적 삶 간의 대립
	1342~1347년 (38~43세)	현세적 행복과 천상적 지복 간의 갈등	영혼의 갈등 (1342)	인문주의와 기독교 신앙 간의 대립과 갈등
중기	1348~1354년 (44~55세)	흑사병을 당한 후 인격신을 불신하게 되고 강한 자아의 역량으로써 운명에 정면으로 맞서고자 함	자기 자신에게 (1348) 로마 영웅 위인전(1349) 방뚜산 등반기(1353)	현상세계와 내향적 자아의 출현
말기	1360년경 이후 (56세 이후~)	흑사병이 진정된 후 기독교로 복귀	운명대처론 (1366) 인간 무지론 (1367)	신의 사랑과 섭리 희구

페트라르카는 중세 말 자신의 처지를 폭풍우 속에서 정박지를 찾아 필사적으로 분투하는 돛단배로 기술하기를 즐겨 했다. 이 돛단배는 방향감각도 없이 항로를 잃고 칠흑같이 어둡고 광활한 바다 한가운데서 이리저리 휩쓸린다. 그러나 보다 심각한 것은 그가 성장해 온 사상적 토양인 중세 기독교 문화가 그에게 이 난국을 헤쳐 나갈 어떠한 나침판과 정박지도 제공할 수 없다는 사실이었다. '친근서한집(親近書翰集)'이라는 불리는 페트라르카의 서간문 총서인 『Familiariarium Rerum Libri(Letters on Familliar Matters), 이하 'Fam.'으로 표기』의 첫 부분을 읽자마자 슬픔과 절망, 불안에 휩싸인 음울한 세계를 접하게 된다. 흑사병의 습격이 시작된 지 2년 후인

1350년, '소크라테스'라고 불렀던 그가 아끼던 친구에게 보낸 한 편지에서, 페트라르카는 이렇게 뇌고 있다.

"우리 인간은 무엇인가? 나는 묻는다(What are we? I ask.)."
(*Fam.*, Ⅷ, 7., p.420)

이 땅에 페스트라는 전대미문의 '역병이 발생한 이유'와 이에 대한 '신의 섭리'에 대해서 어떠한 이해도 할 수 없었던 페트라르카의 무력감은, 결국 인간 존재의 의미와 목적에 대하여 궁극적인 질문을 하게 된다. 이 엄청난 재난에 대하여 납득할 만한 설명을 얻지 못한 페트라르카는 결국 절망스럽고 고통스러운 마음의 상태를 극복할 수 있는 새로운 방법을 모색한다. 그 방법은 천상을 관조하는 중세의 초월적인 자세와는 달랐다. 그는 기독교 신앙에서 탈피한 후 새로운 방식을 모색하였는데, 그것은 고대 로마에 관한 공부, 곧 〈고대 로마의 고전을 읽고 쓰는 일〉이었다.

고대 사장(詞章)의 복원

르네상스 인문학은 페트라르카를 위시한 일단의 인문주의자들에 의하여 추진된 르네상스 인문주의운동과 떼어놓고 이해될 수 없다. 르네상스 인문주의운동은 기독교화된 중세에서 소멸했던 사장(詞章)[9] 중심의 고대 고전을 새롭게 복원하려는 운동이다. 르네상스 인문주의운동을 대표하는 인물인 페트라르카는, 그의 학문적 권위와 영향력이 이 운동의 전반에 강한 충동을 주었기 때문에 흔히 "인문

---

9) 사장(詞章)은 문학과 시, 역사를 중심으로 한 교과와 학문을 말하며, 신학과 자연철학, 형이상학 등 철학을 중심으로 하는 학문과는 대비된 의미를 갖고 있다. 중세의 대학은 신학과 자연철학, 형이상학을 중시하였으나 문학 중심의 사장은 도외시하였다.

주의의 아버지"라 불린다(Kristeller, 1948, p.3).

페트라르카에게, 고대 고전은 "탁월한 천재들의 불면의 노고에 의해 만들어진 감미롭고 풍요로운 문학적 성과이며, 이 땅에서 가장 귀중한 것"이었다*(Fam.,* ⅩⅧ,12., p.64). 특히 고전 작품은 고대인의 뛰어난 '인간성(인간다움)'[10]과 중세에서 망각된 '고대 문화'를 가장 풍요롭게 표현한 것이었다. 페트라르카가 고전을 복원하고 연구하고자 할 때 제일 목표로 삼은 것은, 고대의 '탁월한 인간성'과 '고대 문화'를 현재에 생생하게 되살려내는 것, 즉 '고대의 학문과 문화'를 재생(再生)하는 일이었다. 그리고 페트라르카가 택한 고대를 재생하는 방법은 다름 아닌 〈고전 작품을 읽고 쓰면서 고대 위인·작가들과 대화하는 방식〉이었다.

페트라르카의 제자였던 살루타티와 브루니[11]는, 그 당시 중세 대학에서 유행한 교육과정과는 대립하는 새로운 교육 프로그램을 가리켜 '스투디아 후마니타스'(*studia humanitas*, 곧 '인문학')라는 용어를 사용한다. 인문주의자들에게, 스투디아 후마니타스는 무엇보다도 중세 대학에서 소홀하게 다루어진 고대의 사장(詞章) 중심의 고전을 공부하는 것을 의미하였고, 아울러 당시 대학의 교육과정을 지배했던 교과와는 대립하는 새로운 교과의 이름을 가리킨다. 당시 이탈리아의 여러 대학의 교육과정을 독점한 교과는, 신학과 논리학, 자연철학과 같은 형이상학적 교과와, 그리고 법학과 의학과 같은 직

---

10) 이하에서 자세히 설명되겠지만, '인간성'은 '인간다움'과 같은 것으로서, 보다 구체적으로 말한다면, '인간다운 성품'을 가리킨다.

11) 페트라르카, 살루타티, 브루니는 14-15세기 이탈리아 르네상스를 대표하는 인문주의자들이다. 14세기 이탈리아에서 시작된 르네상스 인문주의는 15세기에 그 정점에 이르렀다가, 16세기 이후 알프스를 넘어 북유럽의 인문주의를 촉진한다. 북유럽의 인문주의는 종교개혁의 발생에 영향을 끼쳤다.

업 교과이다(Kristeller, 1979, pp.35-38).

인문주의자들이 말하는 '스투디아 후마니타스'는 자신들의 새로운 학문을 기존의 중세 스콜라철학과 구별하려는 분명한 의도를 갖고 쓴 용어이다. 스콜라철학이 신학과 형이상학을 중심으로 한 '신에 관한 연구(studia divinitas)'라면, 르네상스 인문학은 고대의 고전을 중심으로 한 '인간에 관한 연구(studia humanitatis)'이다. 그러므로 르네상스 인문학과 동의어인 스투디아 후마니타스 안에는 중세 철학과 학문의 일반적 경향인 신학적·교의적(教義的) 연구와는 대립하는 학문이라는 의미가 분명하게 들어 있다. 또한 스투디아 후마니타스에는 인문주의자에 의하여 시작되고 현대에 가까이 오면서 점차 분명해진 의미이지만, 일체 실용적 교과 그리고 직업교육과 대비되는 '인문교육 혹은 인문교양교육'이라는 의미도 담긴다.

이러한 르네상스 인문학의 특성과 그 정신은 오늘날 인문교육 혹은 자유교육에 관한 일반적인 관념 안에 반영되어 있다. 오늘날 대체로 인문교육, 혹은 자유교육은 직업교육과 구별되는 교육, 곧 학문과 지식을 일상적인 유용성과는 무관하게 그 자체의 가치 때문에 가르치는 교육활동을 가리키는 말로 이해된다. 그리고 피터스(R.S.Peters)와 허스트(P.H. Hirst)의 자유교육에 관한 관점 안에 제시되고 있는 바와 같이 자유교육에서의 지식과 교과는 형이상학적 기반으로부터 분리된 후 현세적인 공적 경험(公的 經驗)의 토대 위에서 정당화된다.[12] 지식과 교과에 대한 정당화 방식이 형이상학적

---

12) 허스트는 지식이라는 것을 형이상학적 실재의 이해로서가 아니라 공적 경험의 이해로 보고 있다. '만약 지식을 마음 바깥의 실재에 근거한 것이 아니라고 생각하거나, 혹은 지식이 실재에 근거한 것이라는 생각에 심각한 의문이 생긴다면, 그러한 지식만으로 설명되는 자유교육이 어떻게 정당화될 수 있겠는가'라 하여 허스트는 지식을 실재론에 의하여 정당화하

실재(實在, reality)의 토대에서 벗어나게 되는 것을 우리는 인문주의자의 스투디아 후마니타스 안에서 처음으로 볼 수 있다.

인문주의자의 교육론[13] 안에서는, 인문학의 학문적 성격뿐만 아니라 인문학에 속하는 교과의 영역이 명확하게 제시된다. 살루타티의 제자였던 베르게리오(Pietro Paolo Vergerio, 1378-1446)는, 『*De Ingenius Moribius et studiis Liberalibus*(신사(紳士)의 처신(處身)과 자유교과)』에서 르네상스 인문학이 지향하는 교육목표를 밝히고 있다.

"우리는 교양인에게 가치 있는 저 학문을 스투디아 후마니타스라고 부른다. 이 공부를 통해 우리는 덕과 지혜에 도달하게 되고 또 이를 실천하게 된다. 이 교육이야말로 인간을 고귀(高貴)하게 만드는 것이며 정신과 육체의 재능이 최고도로 발휘되도록 <u>도야(陶冶)하고 형성(形成)하</u>는 것이다." (Vergerio, 1966, p.74)

15세기 전반의 인문주의자 브루니는 자신의 두 편의 서한문[14]에

는 방식을 지양하고 그 대신 지식을 공적인 경험에 근거하여 정당화한다 (Hirst, 1973, p.90).

13) 인문주의자들의 교육관을 대변하고 있는 르네상스 시기 최고의 교육 논설로는 브루니의 『사장학습론』과 베르게리오의 『신사의 처신과 자유교과』를 들 수 있다. 『사장학습론』은 브루니가 바티스타(Battista Montefeltro)라는 한 귀부인에게 드리는 서한문의 형식으로 기술한 교육론이다. 특히 브루니는 『사장학습론』에서 르네상스 인문학의 학문적 성격과 르네상스 인문학에 속하는 교과의 영역을 밝혀놓았다.

14) 인쇄술이 아직 보편화되지 않던 시절에 서한(書翰)은 단지 개인 간의 의사 교류의 수단만으로 그 가치가 한정되지 않았다. 서한은 처음 작성할 때부터 필사되어 사람들에게 두루 통용될 의도를 갖고서 작성된 일종의 논문이자 저술이었다. 그 당시 인문주의자들은 특정인에게 서한문을 헌정하는 형식을 빌려서, 자신들의 학문관과 교육론을 피력하였다(Kristeller, 1990, pp.8-9).

서 스투디아 후마니타스라고 불리는 새로운 교육 프로그램에 관해서 최초로 완벽하게 기술한다. 브루니는, 그 당시 한 군주의 아들로서 직업 선택의 문제에 봉착하여 고심하고 있던 니콜로 스트로찌에게 보낸 한 서한문에서, 인문학의 학문적 특성과 인문학의 영역을 비교적 명확하게 제시한다.

"우리의 공부는 두 가지 측면을 견지해야 하네. 첫째는 <u>어법(語法)</u>에 숙달되어야 하는데, 그것도 천박하고 일상적인 어법이 아니라, 보다 공(功)들이고 정곡을 찌를 수 있는 어법에 자네가 뛰어나기를 바라네. 둘째는, <u>현세적 삶과 도덕적 성품</u>에 관한 내용(內容)에 정통해야 하네. 그러므로 이 두 가지는 <u>인간 존재(homo)를 완성시키고 고귀하게 형성해 줄 수 있기</u> 때문에 스투디아 후마니타티스라 불릴 수 있네. (중략) 나는 자네가 책을 읽되 오직 내용과 어법 이 두 가지에 도움을 주는 책을 읽길 바라네. 그런 책은 바로 키케로이네. 나의 권고를 받아들인다면, 자네는 아리스토텔레스[의 윤리학으]로부터 <u>도덕에 관한 기본 지식</u>을 획득할 수 있을 것이고, 반면에 키케로에서는 어휘의 풍부함과 더불어 내가 <u>문필력(文筆力)</u>이라 부르는 문체(文體)의 찬란함을 획득할 수 있을 것이네. 나는 풍부한 지식과 더불어 아름다운 용어로 표현할 수 있는 능력을 소유한 훌륭한 사람을 알고 있네. 많이 읽고 폭넓게 공부하지 않는다면 여기에 이를 수는 없을 것이네. 그렇기 때문에, 자네는 이 공부의 기반이라 할 수 있는 도덕철학[혹은 '윤리학']15)을 공부해야 할 뿐만 아니라, 촌스럽고 투박한 문체에서 탈피하여 수려(秀麗)한 문체에 이르기 위해 시,

---

15) 인문주의자들은 당시 철학 가운데서 자연철학과 형이상학은 배제하였으나 도덕 문제를 다루는 도덕철학은 중시하였다. 인문주의자들이 내세웠던 도덕철학은, 아리스토텔레스의 『니코마코스 윤리학』과 같은 것으로, 요즈음의 '윤리학'과 유사하다.

수사학, 역사를 공부해야 하네." (Bruni, 1947, pp.251-252)

인문주의자 브루니는 르네상스 인문학에 속하는 교과의 영역 안에 〈문법, 도덕철학[혹은 윤리학], 시, 수사학, 역사〉의 5개 교과를 제시한다. 5개 교과를 '형식'과 '내용'의 두 측면으로 분류하자면, 내용의 영역으로는 문법과 역사, 도덕철학이, 형식의 영역으로는 시와 수사학이 해당된다. 특히 내용 면에서 볼 때, 요즘 흔히 인문학의 영역을 이른바 '문사철'[文史哲, 곧 문학·사학·철학]로 규정하는 경향은 르네상스 시기 브루니의 글에서 처음 볼 수 있다.

위의 인용문에 나와 있는 바와 같이, 브루니는 인문학의 학문적 성격으로서 두 가지 측면을 분명하게 제시한다. 먼저 인문학의 내용은 '실제적이고 도덕적'이어야 한다. 인문학은 현세의 삶에 적합한 실제적 학문이면서 인간의 도덕적 완성을 기약할 수 있는 학문이라는 점이다. 다음으로 인문학의 공부는 학습자로 하여금 '풍부한 어휘와 탁월한 문체'를 구사하는 데 도움을 주는 것이어야 한다. 그 당시 인문주의자들은 삼단논법과 같은 형식논리의 방법론적 기법에만 몰두함으로써 빈약한 어휘와 투박한 문체를 탈피하는데 역부족이었던 중세의 논리학에 대하여 극도의 저항감을 드러낸다. 인문주의자들은 논리학 대신 고대의 수사학을 공부함으로써 유려(流麗)한 문체와 문필력을 획득할 수 있다고 생각한 것이다.

여기서 주목할 점은 인문주의자들이 말하는 '실제적 지식' 혹은 '실제적 삶'이 가리키는 의미이다. 브루니의 서한문에 나타난 권고와 페트라르카의 견해는 인문주의자들이 생각하는 '실제적' 지식 혹은 '유용한' 교과라는 말이 의미하는 바가 오늘날 우리가 그 말에 부여하고 있는 통상적인 의미와는 확연히 다르다.

"만약 자네가 이러한 탁월함, 곧 도덕적 지식과 탁월한 문체를 겸비할 수 있다면, 그 어떤 공부의 유용성이 스투디아 후마니타스가 가져다주는 보상과 비교할 수 있단 말인가? 법학을 공부하는 것은 시류(時流)에 영합하고 잘 팔리고 있다는 것을 인정하겠으나, 법학은 유용성과 고결성의 측면에서 스투디아 후마니타스에 의해 압도당할 수밖에 없네. 인문학은 선인(善人)의 양성이라는 최고의 유용성에 도움을 줄 수 있으나, 법학은 선인의 실현과는 아무런 관계가 없네." *(ibid.*, 1947, p.252)

또한, 페트라르카는 『인간무지론(1367, *On His Own Ignorance*』에서, "고대 사장의 공부는 덕에 대한 사랑을 고무시키며 사악한 것을 혐오하게 한다."라고 말한다(Petrarch, 1948, p.105). 그리고 그는 친구 보카치오에게 쓴 한 편지에서, "덕과 지혜와 교양의 이상형은 고전 속에 들어 있으므로 고전 공부 그 자체가 덕을 사랑하고 교양을 쌓게 한다."라고 역설한다(Petrarch, 1989, p.392).

실용적, 직업적 교과를 신뢰하지 않는 인문주의자들이 생각하는 '실제적' 지식은, 한편으로는 직업 활동에 관련된 지식(법학·의학)과 대비되는 것이면서, 다른 한편으로는 형이상학적·교의적 지식(신학·자연철학·논리학)과도 대비된다. 그러므로 교과 학습의 유용성이라는 측면에서 생각해 볼 때, 인문주의자들이 내세우는 교과의 유용성은 직업 활동과 관련된 유용성은 아니다. 그것은 고대 사장의 공부가 가져다주는 유용성으로서 더 구체적으로 말하자면, 인간의 〈도덕성 함양과 지적 교양의 획득〉과 관련된 유용성이며, 우리가 흔히 말하는 '인문학적 소양'의 함양에 도움을 주는 유용성이다. 인문주의자들은 고대 사장을 공부하는 일이 인간을 '도덕적으로 선한' 존재로 변화시킬 수 있다고 생각한다. 또한 인문주의자들에게 고대 사장의 공부는 지적으로도 교양있는 인간의 형성에 없어서는 안 될 학습의 과정이기 때문에 그 공부는 '고결한' 것이다. 이처럼 인문주의자들이 고대의 학문 가운데서 복원한 것은 고대의 사장 교과이고, 인문학의 영역 안에서 배제한 것은 형이상학적 교과와 직업 교과이다.

개인과 내향적 자아의 발견

르네상스 인문학에서 시도된 '세계'에 대한 상이한 인식은 고대인과 중세인의 자아에서 볼 수 없었던 새로운 '자아'의 출현을 예고한다. 인문주의자들에게 가장 두드러진 특징은 그 전에 볼 수 없었던 '나(자아)'와 '개인(個人)'에 대한 자각이다.

르네상스 시기에 개인과 내향적 자아가 출현하기 이전 서구인의 자아는 구체적으로 어떤 모습을 띠고 있었을까? 중세인의 자아 상태를 분석한 부르크하르트는 르네상스가 도래하기 이전의 자아 상태를 이렇게 묘사한다.

"중세에 있어서 인간 의식의 양면[외계로 뻗어나가는 면과 인간 자신의 내부로 향하는 면]은 하나의 공통된 베일 밑에서 꿈꾸고 있든가, 혹은 반쯤 깬 것 같은 상태에 있었다. 이 베일은 신앙과 어린아이의 편집(偏執)과 망상(妄想)으로 짜여 있어서, 세계와 역사는 이 베일을 통해서 보면 이상한 빛깔로 사람들 눈에 비쳤다. 인간은 다만 종족으로서, 국민으로서, 당파로서, 가문으로서, 집합체로서, 혹은 그 밖의 어떤 일반적인 범주로만 자신을 인식하고 있었다. 그러나 이 베일은 이탈리아에서 최초로 제거된다. 국가를 비롯한 이 세상의 모든 사물에 대한 객관적으로 바라보고 다루는 눈이 싹튼 것이다. 이와 더불어 주관적인 면도 충분히 강조되어, 인간은 정신적으로 독립된 개별적인 존재가 되며, 자기 자신을 개인으로 인식하게 된다."(Burckhardt, 1944, p.81)

르네상스 이전 중세적인 자아의 상태는 똑같은 옷을 입고 똑같은 가면을 쓴 사람의 모습과 흡사한 것으로, '나'라는 것이 아직 의식되지 않은 상태이다. 근대인과는 달리 중세인은 외부 세계와 종족과 집단으로부터 '개인'을 분리해 낼 수 있는 자아인 〈내향적 자아〉를 인식하지 못했다. 반면에 의식의 외계로 뻗어나가는 〈외향적 자아〉를 지닌 중세인은 의식의 내면에 중심을 둔 '나'(개인)를 외부 세계에서 분리해 낼 수 없었다.

이어서 부르크하르트는 서구인은 르네상스 시기에 이르러 최초로 '개인'과 더불어 그 개인의 독특성인 '개성(個性)'을 발견했다고 주장한다.

"르네상스 문화는 처음으로 인간의 참된 본성을 발견하고 그것을 우리에게 보여줌으로써 '세계'의 발견 외에 또 하나의 위대한 업적을 남겼다. 이미 보았듯이 르네상스는 '개인주의(個人主義)'를 극도로 발전시킨 시대였다. 또한 개인주의를 통해 사람들로 하여금 모든 단계에서 열심히 다방면에 걸쳐 '개성'을 인식하도록 이끈 시대였다."(*ibid.*, p.184)

나아가 부르크하르트는, 개인 내면의 심리 상태와 움직임을 가장 명확하게 드러낸 인물이 바로 페트라르카라고 말한다.

"우리는 페트라르카가 내미는 다양한 인간 내면의 모습과 행·불행의 순간에 대한 뛰어난 내면의 심리 묘사에 감탄하게 된다. 이전의 그 누구도 보여준 적이 없기 때문에 페트라르카의 이 묘사는 그만의 독자적인 재능의 발로이며, 이탈리아뿐만 아니라 전 세계에도 커다란 의미를 주고 있다."(*ibid.*, p.190)

페트라르카가 개인과 새로운 자아를 의식하고 포착하게 된 결정적인 계기는, 그가 프로방스 지방의 방뚜산 정상에 오른 후, 초대교회의 교부 아우구스티누스(Augustinus, 354~430)가 쓴 『고백록(Confessiones)』을 주머니 속에서 꺼내 읽었을 때이다. 페트라르카로 하여금 자신의 내면세계를 발견하도록 했던 『고백록』 10권의 한 구절을 살펴보자.

"사람들은 높은 산, 바다의 큰 물결, 대양의 주변, 천체의 운행을 바라보면서 넋을 잃고 경탄하면서도, 정작 '자기 자신'에 대해서는 너무도 소홀히 하고 있다." (Augustine, *Confessions*, X,8.15)

『고백록』의 이 문장을 읽고 정신적으로 큰 충격을 받은 페트라르카는 방뚜산 정상에서의 심적 동요와 새로운 성찰을 자신의 『방뚜산 등반기(The Ascent of Mount Ventoux)』를 통해 흥분된 어조로 밝힌다.

"만일 그대가 지상과 천국에 대하여 모든 것을 알고 있고, 그리고 자연의 신비에 관한 모든 것을 안다고 할지라도 '너 자신'에 대하여 알지 못한다면, 많은 사물을 안다는 것이 무슨 도움이 되겠는가? 솔직히 나 자신에게 화가 치밀어 올랐다. 그리고 더 듣고자 하는 동생에게 나를 더 이상 괴롭히지 말도록 당부하고는 책을 덮어버렸다. 이렇게 자연의 아름다움과 지상의 것에 심취해 있는 내가 이미 이교도 철학자[아우구스티누스]도 알고 있는 진실을 아직 깨닫지 못했다는 사실 때문이었다. 인간의 정신, 내면의 세계보다 더 감탄할 것도 없고 내면의 아름다움에 비하면 아무것도 위대한 것이 없는데도 말이다. 눈에 보이는 바깥세상의 아름다움은 실제로 대단한 것이 아니다. 솔직히 나는 아름다운 산을 충분히 보게 된 것으로 만족했다. 이제 나는 '내면으로' 눈을 돌려 '나 자신'을 바라보았다. 아우구스티누스의 그 말에 완전히 사로잡힌 그때부터 나는 산 아래로 내려올 때까지 단 한마디도 입술에서 내뱉지 못했다. 나는 그 말과의 만남이 우연이었다고 생각할 수가 없었다. 그때 내가 읽은 그 말은 다른 누구도 아닌 나에게 말하는 것으로 생각했다. 그리고 아우구스티누스도 과거에 자기 자신에 대해 같은 생각을 가졌다는 것이 뇌리에 떠올랐다. 나는 긴 침묵 속의 내면적 성찰에 빠졌다. 인간은 어리석게도, 자신의 가장 고귀한 부분[내면세계]을 소홀히 하여 여러 가지 일에 신경을 쓰고, 헛된 생각에 넋을 잃고는 '안에서' 찾아낼 수 있는 것을 '밖에서' 구하는 것이다." (Fam., Ⅳ,1., pp.178-179)

개인과 내향적 자아의 발견은, 페트라르카가 방투산을 내려오면서 "단 한마디도 입술에서 내뱉지 못했다."라고 한 고백 속에서 일어난 것이다. 페트라르카는 하산하면서 인간의 삶에 진정 필요한 것은 외부 세계에 대한 인식이 아니라 인간의 내면세계에 대한 자각임을 깨닫는다. 의식의 외면에만 집착하여 신과 공동체사회에 귀일함으로써 나를 사상(捨象)시키는 〈외향적 자아〉가 아니라, 내면세계를 바라보면서 '나(내향적 자아)'와 '개인'을 발견한 페트라르카의 이러한 성찰을 통해 르네상스 인문학과 인문주의가 출현한 것이다.

그렇지만 페트라르카로 하여금 개인과 내향적 자아를 발견하게끔 했던 아우구스티누스의 『고백록』에는 정작 개인의 내면세계가 존재하지 않을 뿐만 아니라, 그 내면의 주체이자 주관자로서의 '나(자아)'조차 아직 드러나지 않는다. 아우구스티누스가 막상 시선을 외면으로부터 내면으로 전환했을 때, 그의 내면에는 자신의 중심이고 자신의 주체로서의 '나(자아)'는 부재했다. 아우구스티누스가 시선을 내면으로 향했을 때, 그곳에는 내면의 주인이고 그 자신의 진정한 주체가 되는 또 다른 존재가 내주(內住)하고 있었다. 이 내면의 주인은 '나(자아)'가 아니라 하나님[의 아들]이신 그리스도(Christ)였고, 더군다나 그 그리스도는 본래 '나'의 외면세계에 존재한다고 여겨진 분이었다. 고대인 아우구스티누스의 내면세계에는, '나'의 영혼과 생각의 주관자로서 그리스도가 살아 계셨고, '나(자아)'보다는 그리스도가 우위를 점하고 있었다.

"저는 저 자신에게 돌아가라는 권유를 받았고 당신[그리스도]의 이끄심으로 저의 내면 깊숙이 들어갔는데 그 일이 가능했던 것은 당신께서 저를 돕는 이가 되었기 때문입니다. 들어가고 나서 저는 제 영혼의 어떤 눈으로 보았습니다. (중략) 그리고 까마득히 높은 데서 당신의 이런 음성이 들리는 듯했습니다. '네가 나[그리스도]를 네 속에서 변화시킬 것이 아니고 네가 내[그리스도] 속에서 변화되리라.'" (*Confessions*, Ⅶ,10,16 ; 성염 역주, 2016, pp.253-254)

'나'는 문의만 할 뿐 나의 정신과 생각을 주관(主管)하고 주재(主宰)하는 존재는 '나'가 아니라 그리스도이다. '나'와 그리스도 사이의 관계는 주종관계(主從關係)에 있다. 아우구스티누스는 인간 내면에 거주하는 나의 진정한 주인인 그리스도에 관해『교사론(*De magistro*, 389.)』에서 분명하게 피력한다.

"우리가 이해하는 모든 것에 대해서 우리가 문의(問議)하는 대상은 '외부에서 소리를 내어 말하는 사람'[곧, 고대 위인과 작가]이 아니라 '내면에서 나의 지성 자체를 주재(主宰)하는 진리', 곧 그리스도이시다. (중략) 우리에게 문의(問議)받는 저분은 '인간 내면'[곧 '내 안에'[16)]에 거처(居處)하신다는 그리스도이시다. 다

---

16) 아우구스티누스가 애독했던 사도 바울의 서신「에베소서」와「갈라디아서」에는 '나(내향적 자아)'를 죽이고 그리스도를 자신의 주인으로 세우려는 '외향적 자아'가 제시된다. 바울의 서신에는, 내면에서 주인처럼 행

시 말해서 우리의 '내면'에 거주(居住)하시는 그리스도는 하나님의 불변하는 능력, 영속하시는 지혜이시다."(Augustine, *De Magistro*, ⅩⅠ,38. ; 성염 역주, 2016, p.253)

초대기독교사회의 사도 바울과 교부 아우구스티누스의 내부에는, 자신의 주체이자 중심으로서의 자아, 곧 〈내향적 자아〉는 없다. 내향적인 시선으로 내면을 바라보았을 때, 그곳의 주인으로 존재하는 분은 하나님이고 '나'는 종(從)이다. 아우구스티누스의 『고백록』 안의 자아는, 페르라르카의 생각처럼 '나'를 찾고 나를 주체로 여기는 자아(곧 내향적 자아)가 아니다. 『고백록』과 바울 서신 속에 기술된 자아는 시선을 내면으로만 향했을 뿐 철저한 〈외향적 자아〉이다.

사도 바울의 서신을 통해 고대인의 사유 방식 안에 자리 잡은 외향적 자아의 실체를 더 선명하게 확인할 수 있다. 고대인의 외향적 자아는 사도 바울의 서신 속에 기술된 〈그리스도인 안의 그리스도〉의 의미를 더욱 쉽게 이해하도록 한다.

"[하나님께서] 그 아들[그리스도]을 이방 사람에 전하기 위하여 그[그리스도]를 '내 안에' 나타내시기를 기뻐하실 때에

세하고 육체와 정신의 주관자로 서고자 하는 '내향적 자아'는 죄악시되며 사멸(死滅)되어야 할 대상으로 선언된다.

"믿음으로 그리스도께서 '너희 마음에 계시게' 하옵시고..."(Christ may 'dwell in your hearts' through faith). [에베소서 3:17]

"나는 그리스도와 함께 십자가에 못 박혔습니다. 이제 사는 것은 내가 아닙니다. 그리스도께서 '내 안에서 사시는 것'입니다. 그런즉 내가 육체 안에서 사는 것은 나를 사랑하셔서, 나를 대신하여 자기 몸을 내주신 하나님의 아들을 믿는 믿음 안에서 사는 것입니다."(I have been crucified with Christ and I no longer live, but Christ lives in me. The life I live in the body, I live by faith in the Son of God, who loved me and gave himself for me.) [갈라디아서 2:20~21]

(to reveal his Son in me so that I might preach him among the Gentiles)," [갈라디아서 1:16]

희랍어 성서본의 'to reveal in me'는, 르네상스 이후 제임스 왕 번역본(1604)에서는 'in me(내 안에)'가 'to me(나에게)'로 바뀐다. 이렇게 바뀐 사실은, '근대인의 내향적 자아가 하나님께서 바울의 마음 안에 그리스도를 나타내신 것'을 이해하는 데 어려움을 겪고 있다는 증거이다. 그렇지만 외향적 자아의 관점에서 볼 때, '내 안에(in me)'의 의미는 더욱 쉽게 파악된다.

사유의 시선을 내향적으로 잡은 페트라르카의 내면세계에는 '그리스도'는 부재하고 '나(개별적인 자아)'가 출현한다. 그리고 이 개별적 자아인 '나'가 문의하는 대상은 그리스도가 아니라 고전 속에 등장하는 '고대 위인과 작가'이다. 페트라르카의 귀에 들려온 것은 내면에서 '나(자아)'에게 명령하는 〈그리스도의 음성〉이 아니라 내면의 새로운 주인으로 등장한 '나(자아)'에게 권고와 가르침을 주는 〈고대 위인과 작가의 소리〉였다. 그리고 페트라르카에게 고전의 소리를 들려주는 고대인은, 나와 주종관계에 있는 그리스도와는 달리 동등관계에 있다.

개별적이고 자율적인 자아

과학혁명 이전에, 더 멀게는 갈릴레오가 물리적 우주에서의 변화와 운동을 수학 공식으로 나타내고 망원경을 이용하여 '달 위의' 세계 역시 '달 아래' 세계와 별로 다를 바 없다는 사실을 발견하기 이전에, 초기 인문주의자들, 그중에서도 특히 페트라르카는 안식과 평안이 없는 불안한 세계 속에 살고 있음을 심리적으로 감지하였다.

그는 이 새롭게 등장한 '인문학' 안에서 휴식처와 도피처, 그리고 가혹한 운명을 이겨낼 힘의 근원을 발견한다. 르네상스 시기의 창조물인 '내향적 자아'를 놓고 볼 때, 페트라르카와 그의 추종자들은 실제로 〈고대인들 속에서 이와 동일한 자아를 자신들이 발견했다〉고 믿고 있었다. 그러나 나중에 고대인의 자아를 검토할 때 밝혀지겠지만, 이는 페트라르카와 인문주의자들의 중대한 착각이었다. 내향적인 자아의 개념은 고대인들의 사유 체제 안에서는 부재했고, 특히 〈인간다움의 의미〉와 〈인간이 된다는 것〉에 관한 고대인의 경험 안에서 '내향적 자아'는 아주 낯선 것이었다.

트릴링(Lionel Trilling, 1905-1975)은 언젠가 페트라르카가 창안해 낸 내향적 자아의 형성과 도야(陶冶)를 기술하고자 독일어 '빌둥'[Buildung; '형성'과 '도야' 혹은 '교육'과 '교양'의 뜻으로 사용됨]이라는 말을 사용한 적이 있다(Trilling, 1982, pp.161-162). '형성'과 '교육'을 뜻하는 독일어 '빌둥'이란 용어가 사용되기에 앞서, 1400년대에 이미 페트라르카의 제자였던 브루니는 고대 사장의 공부는 "인간 존재(*homo*)를 완전하게 하고 품위 있게 형성(形成)하고 장식(裝飾)해 주기 때문에 스투디아 후마니타티스라 부른다."라고 기술하였다(Bruni, 1947, p.7).

그렇다면, 일련의 문학·사장 교과로 구성된 고전 연구 프로그램이었던 스투디어 후마니타스가 인간성 형성과 어떤 관련을 맺고 있었을까? 또한 스투디아 후마니타스의 공부는 과연 인간의 성품을 완전하게 하고 완성할 수 있을까? 앞선 글에서 브루니는 고대 사장으로서의 인문학은 형식 면에서 〈언어와 문체에 관한 재능〉을 길러 주고, 내용 면에서 〈도덕·윤리에 관한 지식〉을 제공한다고 하였다. 그렇다면 〈키케로의 라틴어 스타일에 숙달하는 것과 아리스토텔레스의 윤리학을 공부하는 것이 어떻게 인간 자아의 완성과 관련을 맺고 있는가)에 대해 규명해 보아야 할 것이다.

이 질문에 대답하기 위해서는 먼저, 완성되는 것은 무엇이며, 또한 어떻게 완성되는가부터 검토해야 한다. 브루니는 이 문제에 관해 예비적인 대답을 시도한 바 있다. 브루니는 니콜로 스트로찌에게 보낸 서한에서, 고대 사장을 통한 힘든 공부를 통해 문장에 숙달하게 되고, 이로 인해 성품을 도야하고 완성할 수 있다고 적는다.

"[장차] 완성해야 할 것은 타고난 성품[ingenium : natural talent]이네. (중략) 타고난 성품은 오직 힘든 노고와 도야된 학문을 통해서만 완성될 수 있네. (중략) 사람의 문장은 노고와 근면의 결과라고 할 수 있는 '훈련받은 공부와 도야된 성품'을 그대로 드러내고 있네. (중략) 탁월함을 목표하는 사람은 '능숙하면서도 신중하게, 광범위하면서도 심원하게' 말할 수 있도록 문장에 숙달해야 하네. 문장에 숙달하기 위해서는 힘든 공부와 섬세한 노력이 필수적이네." (Bruni, 1947, p.5)

또한 브루니는 바티스타에게 쓴 편지에서, 자양(滋養)이라는 그림을 활용하여, 천박하게 쓴 책을 읽지 말라고 권고한다.

"조잡하고 서투르게 쓴 책은 읽는 자의 마음에 상처를 남기고 그 정신을 오염시킵니다. 책을 통해 마음이 배부르게 되고 영양분을 공급받는 것이므로, 독서는 그야말로 정신에 양식을 공급하는 것과 같습니다. 위장을 염려하여 아무 음식이나 먹지 않는 것과 같이, 마음의 순결함을 보존하려면 아무 책이나 읽어서는 안 될 것입니다." (Bruni, 1969, p.5)

이어서 브루니는 건축(建築)이라는 그림을 사용하여 바티스타에게 "우리 인간은 조형되고 조성될 수 있다."라고 힘주어 말한다

(*ibid.*, p.5). 브루니는 자양과 건축이라는 두 가지 표상을 통해서, 자신의 마음속에 품어왔던 '형성(形性)'이라는 관념을 분명하게 드러낸다. 힘든 노고와 도야된 학문을 통하여 타고난 성품뿐만 아니라 마음과 정신(*animus*), 그리고 그것의 중심부를 차지하고 있는 자아까지도 의식적·의도적으로 자양하고 완전하게 조성할 수 있다는 것이다.

그런데 브루니가 활용한 표상인 '조형과 자양'의 개념은 학습자의 '개별적(個別的)인 주관성(主觀性)'이라는 경험을 전제(前提)할 때라야 그 의미가 성립할 수 있다. 조형과 자양은 〈자기 자신을 사고와 감정의 자율적인 중심으로 의식(意識)할 수 있는 경험〉을 상정할 때라야 성립하는 개념이다. 다시 말해 자기 자신을 〈자신의 사고와 감정의 중심〉으로 의식하는 이 '개별적인' 경험은, 객관화(客觀化)할 수 있고 그것에 따라 행위할 수 있으며 의식의 또 〈다른(타인의) 자율적인 중심〉과 비교할 수 있다는 것을 가정(假定)할 수 있을 때만 성립되는 것이다. 또한 이 개별적·주관적인 경험은 자기 자신이 중심이 되어 사고하고 행위하는 '자율적(自律的)인 자아'를 전제로 할 때만 성립한다. 이렇게 '조성과 성품', '자양과 정신'의 관계를 활용하는 방식을 통해 브루니는 페트라르카에서 최초로 나타난 〈내향적 자아〉의 실체를 〈개별적이고 자율적인 자아〉로 규정한다.

브루니는 바티스타에게 "타고난 성품은 자기 자신에게 개별적인 것"이라고 설명하면서 "이 성품은 '평범함'에 만족해서는 안 되며, 완벽하게 조성되어야 할 것"을 덧붙여 주문한다(Bruni, 1969, p.6). 또한 니콜로 스토로찌에게는, "자네가 자신을 포기하지 않는다면, 자네는 가장 탁월한 인물이 될 것"이라고 말한다(Bruni, 1947, p.7).

결국 스투디아 후마니타스의 공부를 통해 탁월하고 고상하게 형성하려고 한 것은 보통 우리가 말하는 '자아'였고, 이 자아는 '내향적' 자아이면서도 '개인적이고 자율적인' 자아이다. 브루니가 스투디아 후마니타스를 기술할 때 제시한 이 '개인적인' 자아는 르네상스 인문주의의 일반적인 특징이라 할 수 있다. 브루니에 앞서, 페트라르카는 개별적·자율적 자아를 인식하고서 자신의 글을 로마 위인들의 수많은 예화와 범례로 가득 채운다.

"위인들의 탁월한 행위는 나의 정신이 잠에서 깨어나도록 합니다. 위인들의 삶을 경험하는 것, 이것만큼 확실한 스승은 없습니다. 그리고 이러한 일은 내가 닮고 싶은 고대 위인의 정신과 나의 정신을 비교(比較)하는 일보다 더 좋은 방법은 없을 것입니다." (*Fam.*, VI, 4., p.314)

인간이 개인적·개별적 자아를 소유할 뿐만 아니라 실질적으로 그것을 창조하고 조형할 수 있다는 믿음은 인문주의자 피코 델라 미란돌라(Pico della Mirandola, 1470-1533)의 '인간'에 관한 설명 속에 명확하게 제시된다. 그는 〈신이 왜 인간을 온전히 천상의 존재도 아니고 온전히 지상의 존재도 아닌 것으로 창조하였는가〉에 대해 다음과 같이 기술한다.

"우리[삼위일체의 하나님]는 그대 인간들을 온전한 땅의 존재도 아니고 그렇다고 온전한 지상의 존재도 아니며, 불멸의 존재도 아니고 멸망의 존재도 아닌 중간자적이고 미결정의 존재로 만들었다. 왜냐하면 마치 그대 자신이 그대의 창조자이고 조형자인 것과 같이 선택의 자유와 자존심을 가지고서, 그대 자신이 원하는 바대로 자신을 조성하고 조형하도록 하기 위함이다." (Pico Mirandola, 1948, p.224)

요컨대, 교육 프로그램으로의 르네상스 인문학은 세 가지 독특한 특징을 가지고 있다. ①개별적이고 자율적인 자아를, ②고대 고전 공부를 통해 완벽하고 고상하게 형성하고 도야하고자, ③문학적·사장적 성격을 지닌 학문과 교과를 공부하는 일이다.

르네상스 인문학의 이러한 세 가지 특징 가운데서, 지금까지 온전하게 보존된 것은 첫 번째와 세 번째이다. 〈개별적이고 자율적인 자아〉와 이른바 〈문사철(문학-사학-철학)로 불리는 문학적·사장적 성격을 지닌 학문과 교과〉는 지금도 남아 있다. 그렇지만 현대사회에 이르러 '고대 고전'과 '자아 형성의 논리'는 인문학과 인문교육 안에서 사라지고 말았다. 첫 번째 특징인 '개별적이고 자율적인 자아'는 여전히 우리의 생각과 의식 속에 남아 있으나, 자아를 고상하고 완벽하게 꾸미고 완성하려는 〈자아의 형성〉이라는 교육적 이상은 사라진 것이다. 이로 인해 〈자아를 탁월하게 조성하고자 하는〉 생각과 〈지적·도덕적으로 뛰어난 인간이 되고자 하는〉 의식, 이른바 '도덕의식(道德意識)'은 인문학과 인문교육 안에서 대체로 망각되고 만다.

인격신을 대체한 고대 위인

페트라르카가 가혹한 운명 앞에서 자신의 영혼을 강하게 만들고자 내부로(자신의 '안쪽'으로) 전향했을 때, 그는 자신의 스승이자 안내자인 고대 로마 위인의 '안쪽'에는 자신의 것과 유사한 내적 자아가 있다고 믿었다. 그렇지만 로마인들은 이런 종류의 내적인 자아와 내적인 투쟁이 벌어지는 내적인 삶을 갖고 있지 않았다. 페트라르카가 닮고자 원했던 고대 로마인의 탁월함과 용기는 실로 '내향적 자아'가 부재한 강인함과 용기였다.

그렇다면 어떤 계기로 인하여 최초 인문주의자 페트라르카는, 초월세계를 멀리하고 고대 위인과 영웅들의 내면을 향하게 되고 그들의 탁월함에 주목하게 되었을까? 페트라르카는 1348년 서유럽에서 유행한 흑사병(Pest)으로 인하여 죄 없는 의인이 환난을 당하고 절친한 친구들의 갑작스러운 죽음을 수차례 목격한 후에 인격신[17]의 존재에 대하여 극도로 회의한다. 페트라르카는 1348년 '소크라테스라'고 불리던 친구 루드비히(Ludvig)에게 쓴 서한문에서 흑사병이 당대의 지식인들에게 가한 충격과 절망감을 토로한다.

"형제여, 우리는 이제 무엇을 해야 하는가? 보게나. 우리가 온갖 노력을 해 보았건만, 평화라고는 어디서도 찾아볼 수가 없네. 언제쯤이나 평화를 기대할 수 있겠는가? 세상은 이미 우리 손을 떠난 것 같네. 예전에 우리가 지녔던 희망은 가버린 친구들과 함께 땅에 묻혀 버리고 말았네. 인도양과 카스피해를 가지고서도 메꿀 수 없는 소중한 것을 앗아가 버린 1348년은 우리에게 끝없는 외로움과 무력감을 가져다주었네. 최근의 죽음들은 도저히 만회할 수 없고, 죽음이 가한 상흔은 결코 치유될 수 없을 것이네." (*Fam.* I, 1., p.1)

페트라르카는 1348년, 손아래 친척 알비찌가 자신을 만나려고 파르마로 향하던 중 페스트에 걸려 객사했다는 소식을 듣고는 친구 지

---

[17] 인격신(人格神, personal god)은 만물을 창조한 창조주이며 지성과 의지, 희노애락의 감정과 같은 인간적인 정감을 지니고서 인간의 마음과 생각을 감찰하며 인간의 일에 직접 관여하는 신이다. 기독교의 하나님은 인격신에 해당한다. 반면에 비인격신(非人格神, impersonal god)은 우주 만물의 생성 근거이고 운행 원리일 수는 있으나 창조주는 아니며 인간의 일에 관여하거나 인간의 마음과 행동을 감찰하거나 규제하지 않는 존재로서 이법신(理法神)이라 불린다. 서양 철학의 이데아 또는 실재, 성리학의 이(理), 불교의 태극(太極)은 이법신에 해당한다.

오반니에게 쓴 편지 속에, 인간이 당면한 비참한 조건에 대하여 증오로 가득 찬 비난을 퍼부어 댄다.

"아, 이게 도대체 무엇이란 말인가. 내가 지금 무슨 소리를 듣고 있는가. 오, 거짓된 희망이여! 오, 쓸데없는 염려여! 저주받은 인간 존재의 무상함이여! 이제 인간에게는 어떠한 평안도 안전도 없네. 오직 있다면 운명(fortuna)의 잔인함만이 있을 뿐이네. 이 땅에는 죽음의 사탄이 먹이를 찾아 울부짖고 있네. 우리는 지금 사방에서 공격을 받고 있네." (*Fam.*, Ⅶ, 12., p.361)

1349년, 페트라르카는 수많은 친구와 친지들의 죽음을 목도한 후, 루드비히에게 보낸 「전례 없는 역병을 애도하면서」라는 제목의 서한문을 통해 자신에게 닥쳐온 무시무시한 공포와 고독감, 그리고 인격신에 대한 절망감을 다음과 같이 적고 있다.

"언제 우리가 이것[흑사병]과 유사한 것을 목격했거나 들어본 적이 있었던가? 누가 도대체 어떤 연대기(年代記)에서 텅 빈 가옥들, 버려진 도시, 폐허가 된 농토, 시체로 가득한 벌판, 그리고 온 세상을 뒤덮은 무겁고도 매서운 절망을 읽어본 적이 있었는가? 의사에게 물어보게! 그는 벙어리가 되었네. 철학자를 불러보게! 그는 손으로 입을 가린 채 침묵에 기대고 있네. 그것을 직접 목도한 우리가 못 믿을 정도인데 후손들은 과연 이 일을 믿을 수 있겠는가? 우리가 제정신을 가졌다면 눈 뜨고는 도저히 볼 수 없는 참상을 그들은 틀림없이 꿈이라고 생각할 것이네. 주검으로 뒤덮인 도시를 가로질러 집에 돌아왔을 때 이미 집안에는 아이들이 모두 사라져 버린 비참한 상황을 보면서, 우리는 이것을 진짜 현실이라고 믿어야만 할 것인가? (중략) 위대한 지성들이 의심하고 있는 바와 같이, 신이 우리 인간을 더 이상 보살펴 주지 않는지도 모르네." (*Fam.*, Ⅷ, 7., pp.417-418.)

"나는 자네보고 멀리 되돌아보라고 말하지 않겠네. 최근 몇 날을 돌이켜 보면서, 우리가 지금 어떤 처지에 있는가를 생각해 보라는 것이네. 우리의 사랑하는 친구들은 다 어디에 있는가? 그 정답던 얼굴들은 다 어디로 가버렸는가? 그 따스한 음성들은 어느 곳에 있으며, 그 즐겁고 흥겨웠던 덕담(德談)들은 다 어디로 사라져 버렸는가? 어떤 벼락이, 어떤 지진이, 어떤 태풍이 이보다 더 심하게 파괴할 수 있단 말인가? 나는 이제 겁쟁이가 되어 버렸네. 정말로 외로우며, 새로운 친구들을 사귀어야겠네. 인류는 거의 멸종되어 가고 있고, 세상에는 종말이 다가오고 있네. 정말 두렵고 쓸쓸할 뿐이네."(ibid., p.419.)

인간 세상의 아비규환(阿鼻叫喚)과 생지옥(生地獄)을 직접 목도한 페트라르카는, 이제 세상은 인격신(God)이 지배하는 곳이 아니라 무자비한 운명의 여신(Fortuna)이 지배하는 곳이라고 확신한다. 그에게 이 세상은 신의 섭리가 아닌 운명이 지배하는 영역이다. 따라서 무자비하고 변덕스러운 운명(*fortuna*)에 맞서고 운명의 여신을 제압하기 위해서는 남성 다운 용맹함과 강력한 자아가 요구된다.[18] '신은 인간을 만드셨지만 더 이상 인간 세상의 일에 관여하지 않으며 인간을 보호해주지 않는다'라는 신에 대한 절망감으로 결국 페트라르카는 기독교도로서 자신이 이제껏 믿어왔던 〈인격신〉에게

---

18) 이탈리아 르네상스 시대를 살았던 인문주의자 마키아벨리(1469-1527)는 『군주론(1513)』에서, 용기와 결단력, 강인함 같은 탁월함['비루투스(virtus)', 곧 덕]을 발휘하여 영웅적인 삶을 살아간 여러 인물을 등장시킨다. 마키아벨리는 주장하기를, '이 세상을 지배하는 것은 신의 섭리가 아니라 운명이다. 운명의 신['포르투나'; Fortuna]은 여신(女神)이므로 그 여신을 제압하려면 남자다운 기세로 난폭하게 다루어야 하고, 결단력과 용기 같은 남자다운 비루투스를 가지고 거칠게 몰아붙일 때 길들여진다'라고 한다. 그는 탁월하고 용기 있는 영웅들의 삶을 예로 들면서, '운명에 순응하지 말고 담대하게 맞서서 운명의 여신을 사정없이 제압하라'고 강권한다.

의뢰하는 생각을 포기하고, 그 대안으로 인간으로서의 탁월한 행위와 사상을 보여준 〈고대 영웅과 작가들〉을 의지한다. 이렇듯 페트라르카는 성경과 교리에서 벗어나 이제 고대 위인들의 빛나는 삶과 금언이 기술된 고대의 고전으로 귀의한다.

무자비하고 잔악한 재난이 발생한 까닭에 관하여 기존의 기독교 신앙과 그 교리로부터 만족할 만한 설명을 얻지 못한 페트라르카는 혼란스럽고 고통스러운 마음의 상태를 극복할 수 있는 새로운 방식을 모색한다. 이 새로운 방식은 천상의 세계를 관조하는 초월적인 태도와는 다른 것으로, 〈고대의 고전을 공부하는 방식〉이다. 그는 고전을 읽고 고대인에게 편지를 쓰는 일 속에서 현실의 슬픔과 고난을 이겨낼 수 있는 새로운 해결책을 모색하는데, 구체적으로는 고전을 공부하는 과정에서 내향적·개별적인 자아의 역량을 강화하고자 하며, 또한 이렇게 강화된 자아의 탁월함으로써 현실의 어려움과 슬픔에 정면으로 맞서려고 한다. 이때 주목할 점은, 그가 고대의 고전을 읽었음에도 불구하고, 고전 안에 담긴 '정신' 곧 개인을 초월세계로 안내하려는 고전의 진정한 의도를 간과했다는 사실이다. 그는 초월세계와 관련짓지 못한 채 고전을 읽었으며, 행간에 담겨 있는 신의 음성, 즉 저세상의 소리를 듣지 못한 채 고전을 읽었다.

강하고 탁월한 자아의 조성(造成)

페트라르카는 자신의 생각을 온통 고대 로마 위인들의 삶과 전기(傳記)들로 꽉 채우고 있었다. 이는 페트라르카가 고대 위인과 자신의 용기(勇氣)를 비교하는 방식을 통해 자신의 정신(내향적 자아)의 힘을 강화하려고 했기 때문이다. 그는 고대 위인의 강한 정신과 위대한 행위를 모방(模倣)하고 필적(匹敵)하는 방식을 통해 자신의 자아를 강하고 탁월하게 조성함으로써, 중세 말에 닥친 가혹한 운명의 칼날을 정면에서 맞서려 했다. 결국, 페트라르카와 그 추종자들에 의하여 추진된 스투디아 후마니타스에 관한 공부는, 고대 로마인의 행위와 삶을 공부하는 방식을 통해 자신의 내적 자아를 강하고 탁월하게 형성하려는 목적의식 아래서 이뤄졌던 것이다.

천상적 지복과 현세적 행복 사이에서 갈등하던 1342년의 『갈등』에서와는 달리, 1348년 페스트가 횡행한 이후의 페트라르카는 탁월하고 강한 자아의 조성을 통해 가혹한 운명(fortune)에 당당히 맞서고자 한다. 이때 페르라르카의 저술에는, 인격신에 대한 신앙과 천상의 은혜를 희구하는 아우구스티누스의 권면은 사라지고, 대신 키케로와 스키피오 등 로마의 위인·작가의 탁월한 행위와 호소력 있는 권고가 등장한다. 페트라르카가 내적 자아를 강하게 단련하고 조성하고자 시도한 방법은, 고대 영웅과 위인들이 보여준 모범적 행위를 통해 '도덕적 영감(moral inspration)'을 받고 그들의 행위를 모방하고 따르려는 방식이다.

"고전을 읽고 글을 쓰는 동안 점점 더 고대의 위대한 작가와 밀접하게 만날 수 있었고, 어떤 식으로든지 나의 불운한 별에 운명 지어진 상황을 잊어버리고 그것들에서 벗어나 대신 고대 위인들을 따르는 데 나의 힘을 집중할 수 있었다." (*Fam.*, VI, 4., pp.314-315)

페트라르카는 당시 로마교회 주교이자 친구인 지오반니 콜로나에게 보낸 편지의 서두부터 걸출한 고대인들의 본보기(examples)로 가득 채운다. 고대인이 보여준 여러 범례(範例)를 기술하고 있는데, 그가 제시한 첫 번째 경우는 수술을 받을 때 몸이 밧줄에 묶이기를 거부했던 로마의 장군 마리우스(Carius Marius, B.C.156-86)의 예화이다.

"마리우스 이전에는, 외과 수술을 받을 때 몸을 밧줄로 묶는 것이 통상적인 관례였네. 그때까지 '정신의 강인함'은 '신체의 고통'을 이길 수 없다고 – 신체의 고통은 정신의 강인함만으로는 극복될 수 없다고 – 믿어왔기 때문에 사람들은 수술을 받을 때 밧줄의 도움을 빌려야만 했네. 그렇지만 마리우스는 묶이지 않고 수술받은 최초 인물이었고, 마리우스 이후로는 많은 사람이 묶이지 않고 수술을 받을 수 있었네. 나는 감히 말하겠네. 이처럼 용감하고 강인한 '한 인간'의 범례가 다른 사람으로 하여금 이를 모방하고 따르게 할 수 있었던 까닭은, '그의 권위'가 힘을 지니고 있었기 때문이네."(*Fam*., Ⅵ, 4., p.315)

페트라르카는 어떤 의도를 갖고서 마리우스의 모범적 행위를 거론하는 것일까? 그는 로마 위인의 정신이 지닌 강인함을 탐색한 후, 자신의 정신과 비교하고 견줌으로써 자신 내면의 강인함을 검증하고 강화하려고 한다. 여기서는 행위와 행위 사이의 비교가 아니라 마음의 내적 상태 사이의 비교가 일어난다. 페트라르카는, 마리우스의 정신이 지닌 강인함을 탐색하는 방식을 통해 자기 정신의 강인함을 시험한 후, 나아가서 내적 자아의 강인함을 키우려고 한다. 페트라르카는 로마 위인의 정신을 탐색하는 과정에서 자신의 내적 자아를 강인하게 단련하려는 도덕적 탐색을 시도한 것이다. 그래서 그는 고대 위인의 정신적 탁월함과 그 성격의 강인함을 배우고 닮으려는 의도 아래 고대인의 생애를 폭넓게 공부한다. 그는 고대 위인의 생애를 공부하는 동안 그들이 보여준 본보기와 범례에 주목하는데, 이를 통해 자신의 성격(character)을 강화하고 자신의 정신을 강하고 단련하고자 한다. 내향적이고 자율적인 자아를 의식하고 있던 페트라르카가 고대 위인전을 활용하는 태도는, 로마 위인들이 처한 실제 장면을 '상상(想像)'하고, 그들의 '내면 상태'를 파악한 후에, 자신의 '내면 상태'와 비교하는 것이다. 고대 위인의 내향적·자율적 자아와 자신의 내향적·자율적 자아를 비교하고 견주어보는 방식이다. 그렇지만 페트라르카가 닮고자 했던 고대 위인들은 페트라르카가 생각하는 그런 내면의 세계와 내향적·자율적 자아를 지니고 있지 않았다.

페트라르카는 앞의 글에서, '위인들의 삶을 경험하는 것 이상의 확실한 스승은 없고, 위인의 정신과 자신의 정신을 비교하는 것이 최적의 방법'이라고 말한 바 있다. 여기서 중요한 점은, 고대 위인과 영웅들이 보여준 본보기는 내향적 자아를 감화·감동케 하는 〈예증(例證)의 힘(the power of examples)〉을 지니고 있었고, 또한 고대인이 보여준 이러한 예증은 페트라르카가 내향적 자아를 단련할 수 있도록 강력한 도덕적 자극으로 작용했다는 사실이다.

"책 속에서 본보기를 보여줌으로써 그 책을 읽는 동안 예증을 체험할 기회를 준 저자들에게 감사드리며, 저의 독자들 또한 예증을 인용한 제게도 감사하게 될 것이라 기대하고 있습니다."
(*ibid.*, p.314.)

페트라르카는 강인한 성격의 범례로서 고대의 자료를 활용하고 있으므로, 우리는 쉽게 고대인의 기록과 페트라르카 자신의 번역 간의 차이를 비교할 수 있다. 이때 주목할 점은, 페트라르카가 그 자신의 말로 로마 위인의 행위를 재진술 했을 때는 원자료에 없던, 즉 고대인에게는 본래 없던 〈개별적인 자아〉가 출현하는 것을 찾아볼 수 있다. 마리우스에 관한 이야기는 페트라르카가 가장 애독했던 키케로의 저술, 『투스쿨룸 논변(*Tusculianae Disputationes*), 이하 '*Tusc.*'으로 표기』의 제2권에서 유래한다. 마리우스의 행위에 대한 키케로의 설명은 페트라르카의 그것과는 사뭇 다르다.

"그러나 가이우스 마리우스는 농촌 출신임에도 불구하고 앞서 언급한 바와 같이, 수술을 받을 때 자신을 묶지 말라고 하였는데, 그는 묶이지 않은 채 수술받은 진정한 '인간(vir)'이었습니다. 마리우스 이전에는 누구도 그렇게 한 사람이 없었는데, 어찌하여 마리우스 이후의 사람들이 그의 뒤를 따를 수 있었는가? 그것은 [로마 사회의] 범례(範例)가 힘이 있었기 때문입니다 - 범례가 그렇게 한 것입니다 -. 그러므로 고통은 '의견(意見)'의 문제('생각'에 달린 문제)이지, '본성(本性)'의 문제(' 본성'에 달린 문제)는 아니지 않습니까? 그럼에도 마리우스는 수술의 고통이 신랄했음을 보여주고 있는데, 왜냐하면 그는 [덜 아픈] 다른 쪽 다리는 수술받겠다고 내놓지 않았기 때문입니다. 이런 행위를 통해서 볼 때, 마리우스는 한편으로 '인간'(vir, 로마 사회의 이상적·보편적 인간)으로서는 그와 같이 힘든 고통을 참아냈지만, 다른 한편으로 '사람'(homo, 개체로서의 인간)으로서는 필연적인 것이 아닌 고통받는 것을 거절했던 것입니다." (Tusc., Ⅱ,22,53)

"덕(virtus)은 '인간(vir)'이라는 단어에서 유래하였습니다. 인간에게 다른 무엇보다 고유한 것은 용기(fortitudo)이고, 용기가 맡는 일은 크게 두 가지인데, 그것은 '죽음'과 '고통'을 가볍게 '생각'하는 것입니다." (Tusc., Ⅱ,18,42.)

『투스쿨룸 논변』 2권에서, 키케로는 인간이 어떻게 고통을 참아내는가, 즉 '사람(homo)'이 어떻게 '인간(vir)'이 되는가에 관하여 철학적 분석을 한 바 있다. 키케로가 묶이지 않고 수술받은 마리우스의 범례를 소개한 원래의 의도는, 스토아철학의 교훈, 즉 "용맹스럽게 고통을 참아내는 능력은 '본성(nature)'에 달린 것이 아니라 '의견(opinion)', 즉 '생각'에 달려 있다."라는 스토아적 가르침의 한

예를 보여주려는 것이었다. 고통을 당당하게 극복하는 능력은 '타고난 본성'에서 기인하는 것이 아니라 '누군가의 생각'에서 기인한다는 고대 철학의 명제, 이 점이 바로 키케로가 『투스쿨룸 논변』에서 주장하고자 한 주요 요지였다.

"고통에 대한 '잘못된 의견과 그릇된 생각'[곧, 억견(臆見); *parva opinio*]으로 인해 사람들(*homo*)은 흔들리겠으나 고통은 무엇이든 견뎌낼 수 있는 것입니다." (*Tusc*., Ⅱ, 18, 42.)

스토아철학이 강조하는 바는, 모든 도덕적 타락과 심리적 혼란은 잘못된 생각인 '억견'에서 비롯하는 것이고, 행복은 영혼의 저급한 욕망을 통제할 수 있는 '바른 생각'에서 온다는 점이었다. 키케로가 마리우스의 범례를 소개한 본래 의도는, 마리우스 '개인'을 찬양하려는 것이 아니라 당시 로마 사회의 가치와 규범, 그리고 용기와 강인함과 같은 로마인이 숭상하는 '덕목(德目)'을 소개하고자 함이었다. 그렇지만 페트라르카는, 독자의 시선이 마리우스 개인을 향하도록 마리우스 '내면'의 위대성에 초점을 두어 마리우스 '개인'에 관한 이야기를 전개한다. 페트라르카가 기술한 문장들, 즉 "마리우스 전에는 어떤 사람도 묶이지 않고 수술받은 사람은 없었다. 그때 왜 다른 사람들이 그의 뒤를 따를 수 있었는가? '그의 권위'가 힘이 있었기 때문이다."라는 문장은, 키케로의 전체 문장과 그 맥락과 비교해 볼 때, 페트라르카가 의도적으로 삽입한 문장임을 쉽게 알 수 있다.

키케로가 신봉한 고대 로마의 스토아철학에서는 본래 '사람'(*homo*; person) 아닌 '인간'(*vir*; man)이 된다는 것은, 좋은 '의견'(좋은 '사고와 판단')을 갖게 된다는 것을 의미했고, 본성(本性)대로 사는 것이 아니라 사회(社會)가 가치롭게 여기는 덕목과 범례를 따라 살아가는 것을 의미했다. 그러나 페트라르카의 기술에 나타난 마리우스는

'자율적인 자아'를 지닌 인물로 부각된다. 왜냐하면 마리우스는 신체의 고통과 영혼의 강인함 사이에서 '내적' 투쟁을 겪었으며, 그 결과 묶이지 않고 수술을 받은 최초의 사람이었기 때문이다. 페트라르카가 보았을 때, 마리우스는 '정신의 강인함'을 지녔고, 마리우스의 행위는 다른 사람들이 장차 그를 따라서 행할 수 있도록 신체의 고통은 능히 극복될 수 있다는 적절한 예증을 보여준 것이다. 이로 인해 페트라르카는 마리우스를 "가장 용맹스럽고 강인한 한 인간(vir)"이라고 기술한다.

그렇지만 키케로의 원래 설명에 의하면, 마리우스는 페트라르카가 생각하는 것과 같은 자율성은 없었으며, '내적인' 차원을 지니고 있지도 않았다. 키케로는 마리우스의 행위를 기술할 때, '정신의 강인함'과 같은 구절을 사용하지 않았고, 마리우스를 '용맹스럽고 강인한 한 인간(vir)'으로 평가하지도 않았다. 키케로의 기술에 따르면, 마리우스의 자아는 페트라르카가 가정(假定)하는 개인적이고 개별적인 자아와는 정반대의 위치에 있었다. 키케로의 설명에서, 마리우스란 이름을 지닌 '구체적이고 역사적인 개인'은, 그가 한 예시(例示)를 드러냈던 '로마 사회 혹은 로마인'이라는 사회적·도덕적·존재론적 범주보다 더 중요한 존재가 아니었다. 마리우스는 '사람(homo)'으로서는 고통을 이겨낼 수 없었으나, 로마 사회가 생각하는 '인간(vir)'으로서 고통을 이겨낸 자였다. 본성으로는 연약한 '사람'이었으나, 바른 의견을 지니게 된 강성한 '인간'으로서 고통을 참아낸 자였다. 마리우스는 묶임 없이 수술을 받음으로써 강인함을 규범과 미덕으로 삼는 로마인의 대열에 참여할 수 있었고, 로마 사회가 바라는 '인간(vir)'이 될 수 있었다. 그렇지만 그는 덜 아픈 다른 편 다리를 내놓기를 거절한 한 '사람(homo)'이었다.

결국, 마리우스는 힘든 고통을 '사람'으로서가 아니라 '인간'으로서, 곧 '로마인'으로서 참아낸 것이다. 페트라르카가 마리우스를 기술할 때 행한 오류는, '사람'으로서의 마리우스와 '인간'으로서의 마리우스 간의 대비를 빠뜨린 점이다. 그렇지만 키케로에게는 이러한 대비가 결정적이다. 키케로가 설명하고 있는 바와 같이 마리우스가 그러한 행위를 할 수 있었던 근원적인 힘은, 마리우스 '자신과 그 내부'에 있는 것이 아니라, '그의 외면에' 있는, 그가 한 예시(例示)를 드러낸 강인함이라는 로마 사회의 '미덕'이었고 그 강인함을 숭상하는 로마인의 '덕성'이었다.

자연과학과 형이상학의 배제

고대의 사장 교과만을 인문학의 영역으로 받아들인 인문주의자들로 인하여 고대 그리스 시대 이래 중세 말기에 이르기까지 교과의 전형이었던 7자유학과(seven liberal arts)는 이제 붕괴의 길로 접어든다. 인문주의자들은 고대 사장을 중심으로 한 르네상스 인문학의 영역으로 5개 교과를 새롭게 제시하였다. 7자유학과는 본래 3학(三學, 문법·수사학·논리학)으로 불리는 문학 교과(혹은 사장 교과)와 4과(四科, 산수·기하학·음악·천문학)로 불리는 수학 교과로 이루어졌다. 인문주의자들은 인문학의 영역에서, 7자유학과의 수학 교과 전부와 그리고 3학에서는 중세 대학에서 강조된 논리학(혹은 '변증법')을 제외하였고, 대신 역사, 시, 도덕철학을 새롭게 포함시켰다. 르네상스 인문학의 영역으로 새롭게 등장한 교과를 통해 알 수 있는 사실은, 신학적·철학적 성격이 강한 논리학을 배제한 반면에 문학·사장의 성격을 지닌 교과들을 대거 포함시킨 점이다. 그렇다면 인문주의자들은 어떠한 이유에서 사장 교과만을 중시하고 그 외 다른 교과는 배제하였는가? 그리고 인문주의자들은 사장 교과가 위주로 된 교육과정을 통해 과연 어떤 교육목표를 실현하려고 하였는가?

먼저, 인문주의자들이 사장 교과만을 중시한 이유를 파악하기 위해서는, 당시 중세 대학에서 유행했던 교과들과 비교하여 르네상스 인문학의 성격을 보다 구체적으로 검토해 보는 일이 필요하다. 사장 교과를 위주로 한 르네상스 인문학의 특성은 인문주의자의 저술과 교육론 안에서 다음과 같이 제시된다.

(1) 인문주의자들은 신학적·형이상학적 주제가 중심이 된 스콜라철학을 인문학의 영역 안에서 배제한다. 페스트가 발병하기 이전인 1342년에 쓴 『갈등』[19]에서, 페트라르카는 경험적 진리와 계시적 진리라는 두 가지 형태의 진리를 제시하는데, 그는 현세를 살아가는 인간에게 보다 중요한 것은 경험적 진리라고 말한다(Sec., 1911, pp.4-5). 페트라르카의 이 저술 안에서, 경험적인 현상세계의 진리를 상징하는 자는 '진리(*Veritas*)의 여신'이고 계시적인 초월세계의 진리를 대변하는 자는 '교부 아우구스티누스'이다. 그는, 베리타스 여신이 지닌 경험의 진리는 천상의 아우구스티누스에게는 중요하지 않아도, 지상의 인간에게는 매우 중요한 것이라고 말한다. 그러면서 천상의 진리와 경험의 진리가 상충하거나 양립할 수 없을 때,

---

19) 페스트 이전에 페트라르카가 쓴 『갈등(Secretum; Petrarch's Secret), 이하 'Sec.'으로 표기』에는, 신앙적인 천상의 아우구스티누스와 현세적인 지상의 페트라르카 사이의 대립과 갈등이 생생하게 기술되어 있다. 『갈등』은 천상 생활의 지복(至福)과 지상 생활의 매력(魅力)이라는 두 가지 이상(理想) 속에서 방황하는 최초의 르네상스인 페트라르카 자신의 심적 갈등이 절실하게 묘사된, 그 자신만의 비밀 고백록이다. 『갈등』에 제시된(페트라르카가 이해한) 아우구스티누스의 주장은 신플라주의적인 수도원주의의 관점을 대변하고 있다.

양자 간의 진리성을 판가름해 주고 그 정당성을 부여해 주는 기준은 베리타스라고 선언한다(*ibid.*, p.191). 또한, 선을 지향하고 선을 행하려고 할 때 선과 악이 무엇인가를 인식시켜 주는 것 또한 베리타스이므로, 만일 베리타스가 없다면 천상의 진리라 할지라도 인간에게 이해되기가 어렵다고 말한다. 결국 초월적인 진리가 인간에게 납득이 되려면 경험 세계의 진리에 의하여 재조명·재해석되어야 한다는 것이다.

> "만일 진리의 여신이 우리에게서 그의 얼굴을 돌린다면 우리는 암흑 속을 방황하게 될 것입니다. 그때에는 당신[아우구스티누스]의 천상의 강론도 아무런 진리를 내포하지 못하게 되며, 나 또한 진리를 이해하지 못하게 될 것입니다."(*ibid.*, p.191)

여기서 우리는 초월적 진리와 경험적 진리, 천상의 진리와 지상의 진리 사이에 명백한 양립을 볼 수 있고, 그리고 두 가지 진리가 서로 조화할 수 없거나 갈등 관계에 처했을 때, 인문주의자들에게 이를 해결하기 위한 기준은 경험의 진리, 인간의 진리임을 확인할 수 있다.

페트라르카를 위시한 인문주의자들은, 현세의 삶을 살아가야 할 인간들에게 중세의 초월적 진리보다 더 긴요한 경험적 진리는 고대의 사장을 통해 학습할 수 있다고 주장한다. 또한 페트라르카는, "궁극적으로 우주를 지배하는 것은 신(God)의 섭리이지만 신과 인간 사이의 거리가 너무 멀어 인간의 실생활에 직접적으로 영향을 미치는 것은 운명의 여신(Fortuna)이라고 생각했으며, 진리에서도 궁극적이고 절대적인 것은 신의 진리, 천상의 진리이지만, 천상과 지상과는 너무 멀리 떨어져 있어서 지상의 인간에게 필요한 것은 인간의 진리, 경험의 진리라고 판단했던" 것이다(Trinkaus, 1970, p.6). 이

점은 인문주의자들의 세계관이 천상에서 지상으로, 초월세계에서 현상세계로 전환되었음을 가리킨다.

(2) 인문주의자들은, 자연과학은 사물과 자연을 탐구하는 학문이기 때문에 인간의 정신 탐구와 덕성 함양과는 무관한 것으로 간주함으로써, 인문학의 영역에서 자연과학을 배제한다. 페트라르카는 『방뚜산 등반기(1353)』에서 중세의 대학에서 유행한 자연철학과 자연과학을 다음과 같이 꼬집는다. "사람들은 고산(高山), 바다의 큰 물결, 대양(大洋)의 주변, 천체의 운행 등에 대하여는 끊임없이 경이(驚異)하면서도 자기 자신의 내면에 대해서는 너무도 소홀히 하고 있다."(*Fam*,. Ⅳ, 1., p.178.) 또한, "만일 그대가 천국과 지상에 대하여 모든 것을 알고 있고 광활한 대양과 천체의 운행, 식물과 광석의 속성 그리고 자연의 신비에 관한 모든 것을 알지라도 자기 자신의 정신에 관하여 알지 못하면 그 많은 사물을 안다는 것이 무슨 도움이 되겠는가?"라고 하여(*ibid*., p.178), 자연과학과 자연철학은 인간의 내부와 인간의 정신에 관한 이해와는 직접적인 관련이 없다고 선언한다. 자연과학을 인문학의 영역에서 배제하는 페트라르카의 이러한 관점을, 브루니는 『사장학습론』에서 보다 발전시킨다.

"어떤 분야의 공부는 권장되고 칭송받아야 하지만, 또 어떤 분야의 공부는 억제되어야 합니다. 심도 있게 배우지 않으면 안 될 교과가 있는 것과 마찬가지로, 많은 시간을 허비하여 그 정상에 굳이 도달한다고 해도 별로 영광스러울 것이 없는 교과, 예를 들자면, 기하학과 산수, 천문 등이 있습니다. 누군가가 이것의 미묘함과 복잡함을 파헤치고자 많은 시간을 허비하여 덤벼든다면, 저는 당장 그를 제지하고 끌어내겠습니다." (Bruni, 1987, p.244)

이와 같이 인문주의자들은, 인간의 내면과 정신에 관한 이해와는 관련이 없는 것으로 여겨진, 따라서 도덕성과 교양의 함양과는 무관하다고 생각된, 자연과학 교과의 교육적 가치를 인정하지 않는다. 브루니의 위의 진술은, 인문학의 입장에서 자연과학의 교과로서의 가치를 평가 절하하는 아마도 가장 최초의, 그리고 가장 직접적인 언명일 것이다.

(3) 자연과학(산수·기하학·천문학)과 실용적 교과(법학·의학), 그리고 교의적 교과(신학)를 모두 배격한 인문주의자들은, 나아가서 그 당시 대학에서 확고한 위치를 차지한 영역인 철학 교과[20], 즉 논리학과 자연철학, 형이상학을 인문학의 영역에서 배제한다. 그들은 도덕철학(혹은 윤리학)만을 인문학에 포함시키고는 그 외 나머지 철학을 모두 배제하였다.

인문주의자들에게 철학이란 특별한 의미를 지니고 있다. 그들이 생각하는 철학이란, 〈형이상학적인 문제〉와 관련된 것이 아니라 〈현세적인 삶의 문제〉와 관련된 것이고, 보다 구체적으로는 인간의 도덕성과 지적 교양의 함양과 관련된 것이다. 르네상스 인간관을 연구한 나코드(Nachod. H)에 의하면, "페트라르카에게 있어서 철학은 삶의 기술을 적절하게 가르쳐 주는 전적으로 실천적 훈련이었고, 그는 자신을 동료 인간에게 이 삶의 기술을 가르치고 실천해 보게 하는 도덕철학자로 자처하였다. 그는 이러한 의미의 도덕철학자로서 당대인에게 인식되었고, 당대인에게 '생존한 가장 위대한 도덕철학자'로 간주되었다."라고 한다(Nachod, 1948, p.24). 인문주의자들이 철학을 배제한 까닭은 중세의 철학이 인간의 실제적인 삶의 문제를 소홀하게 다루고 오로지 초월적·신학적인 문제의 탐구에만 몰두하였다는 데에서 찾아볼 수 있다. 반면에 인문주의자들은, 도덕철학은

20) 중세 말기에 이르기까지 고대의 철학은 자연철학, 윤리학(혹은 도덕철학), 변증법(혹은 논리학)의 세 부분으로 이루어졌다.

인간의 현세적인 삶의 문제를 해결하는 데 유용한 것으로 간주하고 선호하였다.

교육목표 : 도덕성과 문필력의 함양

인문주의자들이 고대의 철학 가운데서 유일하게 도덕철학만을 선호했던 사실과 관련해서 보다 주목해 보아야 할 점은, 인문주의자들이 인간의 도덕성 함양이라는 그 기준을 스투디아 후마니타스에 속한 모든 교과에 적용한다는 사실이다.

먼저 인문주의자들은 시인(詩人)이 담당해야 할 주요 과업의 하나를 도덕적 교화(敎化)에 두었다. 이 점에 관해, 페트라르카는 「계관 연설(Coronation Oration), 1341」에서 "시는 시적 허구의 베일 아래 있는 물리적·역사적·도덕적 진실을 밝히는 데 그 목적이 있다."라고 선언한다(Perarch, 2011, p.301). 시의 기능을 '사상 혹은 도덕적 주제 등을 시의 형태를 빌어 의도적으로 표현'하는 것으로 규정하는 것이다. 페트라르카의 주장에 따르자면, 사실상 시는 그 자체의 가치나 기능을 상실하고 다른 무엇을 위한 수단이나 방편에 불과하다. 인문주의자 브루니가 『사장학습론』에서, "시의 가치는 도덕적 유용성에 있다."라고 밝힌 점에서 단적으로 간파할 수 있듯이(Bruni, 1987, p.250), 인문주의자들이 생각하는 시는 "교훈시, 도덕시였고, 시의 기능은 덕을 예찬하고 악을 질책하는 것"이었다(Aguzzi-Barbagli, 1988, p.90). 산문 아닌 운문 형식의 시가 도덕교육에 있어서 다른 학문 특히 철학보다 우월했던 점은 진리 전달에서의 직접성과 용이성이었다. 이렇듯 인문주의자들은 시의 역할을 윤리·도덕적 주제를 비유적으로 표현한다거나 도덕적 교훈을 주입

(注入)하는 일로 파악함으로써, 시의 위치를 도덕교육과 도덕철학에 예속시켰다.

둘째, 근대 역사학을 태동시킨 인문주의자들은 역사 연구에도 도덕적 의미를 부여하였다. 브루니의 말과 같이 "시대의 증인이고 진리의 등불이며 생활의 안내자인 역사는 탁월한 행위의 전례(典例)들이 비축된 가장 편리한 보고이자 원천이었으므로"(Bruni, 1987, p.245), 사장으로서의 역사는 "모방할 가치가 있는 모델을 독자에게 제시하려는" 의도 아래 기획된 것이었다(ibid., p.246.). 『신사의 처신과 자유교과』에서 인문주의 교육의 목적과 방법을 전체적으로 요약했던 베르게리오 또한 인문중등학교의 교과 가운데서 가장 우선권을 준 것은 역사였다. 이처럼 인문주의자들은 역사 연구의 가치를 과거의 경험을 토대로 현재의 생활에 도덕적 교훈을 주는 것에서 찾았다.

셋째, 수사학의 목표는 처음부터 도덕적 감화와 도덕적 설득에 있었다. 브루니는 "누가 그들[수사학자]보다 더 강력하게 덕을 권장할 수 있으며, 누가 더 철저하게 악을 응징할 수 있습니까?"라고 하면서(ibid., p.246), "덕을 예찬하고 악을 질책하는 일은 수사가(웅변가) 고유의 임무"라고 힘주어 말한다(ibid., p.246).

특히 베르게리오는 '학문과 품행을 공부의 2대 공동 목표로 내세우면서도 학문은 도덕에 종속되는 것'으로 보았다(Boyd, 1994, p.248). 인문주의자들은 지적·도덕적 품성의 함양이라는 그 기준을 심지어 예술과 예술가에게까지 적용하였다. 이로 인해 지적으로 내용이 빈약하거나 도덕적으로 문제가 있는 예술을 혐오하고 배척한 것이다. 당시의 예술은 르네상스 인문주의운동의 영향을 받았고 그 지배력에서 벗어날 수 없었으므로,, 레오나르도 다빈치와 미켈란젤로, 루벤스의 예에서 보는 바와 같이, 예술은 지적 내용과 상상력을 상실하지 않았고, 예술의 내용과 예술가의 삶 또한 보다 고상했고 높은 품격을 유지할 수 있었다(Kristeller, 1990, pp.50-51).

또한, 어법과 문체의 측면에서, 인문주의자들은 신학적·교의적 주제를 논증하기에 적합했던 〈논리학〉을 거부하고 그 대신 〈수사학〉을 중시하였다. 교육사 연구에서, 중세의 학문과 르네상스 인문학의 대립은, '내용의 측면에서는 스콜라철학과 도덕철학의 대립이고, 문체의 측면에서는 논리학과 수사학의 대립'[21]으로 규정된다. 스콜라 철학이 강조점을 〈형이상학적·교의적 주제에 대한 이해〉에 두었다면, 인문주의자들의 도덕철학은 그 강조점이 현세적 삶에서 요구되는 〈덕성과 교양의 함양〉에 있었다. 중세 학자들이 생각한 지식은 실재(實在, reality)와 초월세계에 관련된 것이고, 인문주의자들이 생각한 지식은 실제(實際, practice)와 현상세계에 관계된 것이다. 중세 학자들은 교리에 대한 이해와 이로부터 연역되는 것에 대한 가장 타당한 학문과 방법론은 각각 형이상학과 논리학이라고 생각하였다. 반면에 인문주의자들은, 수사학이 실제와 인간 경험의 세계를 분명하게 표현하는 데 가장 적절한 학문이며, 또한 사람을 도덕적으로 설득하는 데 가장 적절한 기예라고 생각하였다.

앞에서 전개한 내용을 종합하면, 르네상스 인문학의 특성은 〈내용〉과 〈문체〉라는 양대 측면으로 정리할 수 있고, 내용과 문체에

---

21) 르네상스 연구가 시이겔(J.E.Seigel)은 스콜라철학과 스투디아 후마니타스의 대립을 철학과 수사학의 대립으로 설명한다. 그는 자신의 저술『르네상스 인문주의의 수사학과 철학(Rhetoric and Philosophy in Renaissance Humanism), 1968』에서, 중세 스콜라철학에서 르네상스 인문학으로의 전환을 '논리학에 입각한 이론적 사변(思辨)으로부터 수사학에 입각한 실천적 도덕성으로'라고 규정한다.

각각 상응하는 핵심 교과는 도덕철학과 수사학이다. 여기서 도덕철학은 키케로나 아우구스티누스와 같은 고대 위인과 작가들의 구체적인 도덕적 위업, 즉 모범이 될 만한 행위의 전례를 기술한 것이고, 수사학은 수려한 문필력을 구사하여 그러한 고대 위인과 작가의 모범적인 행위를 미화하고 드높임으로써 독자를 설득하고 감화하는 것이다. 도덕철학과 수사학에 관한 인문주의자의 관점은 베르게리오와 브루니의 교육론 안에서 분명하게 드러난다.

"진실로 수사학이야말로 스투디아 후마니타스 가운데 독특한 위치를 점하고 있다. 도덕철학을 통해 우리가 사물의 근본 진리를 배운다면, 수사학을 통해 그 진리를 체계 있는 표현으로 나타냄으로써 다른 사람들을 설득할 수 있다."(Vergerio, 1966, pp.77-78)

"우리가 아는 것을 효과적으로 이용할 수 있기 위하여 우리는 [도덕에 관한] 지식에 [수사학을 통해 얻는] 설득력을 첨가해야 합니다. 학문의 이 양면성(곧, 도덕적 지식과 수사학적 설득력)은 진실로 분리되어서는 안 됩니다. 수사학과 도덕철학 간의 상호보완을 통해 학문의 탁월성이 나타나게 됩니다. 사실과 진리에 관한 광범위한 숙지가 수반되지 않은 문체의 숙달은 쓸모없는 재능입니다. 반면에 표현의 미덕을 결여한 지식은 그것이 아무리 방대할지라도 그릇 속에 감추어진 것이거나 또는 버려진 것과 다름이 없습니다. 만일 사람들이 심원하고 다양한 지식을 소유하고서도 합당한 문장으로 그것을 표현할 수 없다면 그것이 어떤 유익이 있는가를 묻지 않을 수 없습니다. 그러므로 두 가지 능력(도덕성과 문필력)이 존재하는 곳에서 우리는 영원한 영광과 명예의 최고 자격을 인정받게 됩니다. (중략) 저의 마지막 말은 이렇습니다. 최선을 희망하는 지성은 언제나 양자[도덕성과 문필력]

를 목표로 해야 한다는 것입니다." (Bruni, 1987, p.251)

도덕적으로 가치 있는 내용을 문학적으로 뛰어나게 표현할 것을 강조하는 르네상스 인문학의 이러한 특성은 다음 세대에 가서, '최초의 근대적 교사'라는 칭호를 받는 비토리노(Vittorino Da Feltre, 1378-1446)에 의해 계승된다. 인문주의자 비토리노에 있어서 '지적 교육의 기본은 고대의 고전 작품을 세밀하고 광범위하게 공부하는 것이었는데, 이 작품들은 문학적인 면에서도 훌륭할 뿐 아니라 그 내용 면에서도 도덕적으로 의혹의 여지가 없는 주제를 다룬 것이어야' 했다(Boyd, 1994, pp.249-251). 또한 베르게리오는 '덕성의 함양은 도덕적인 주제를 수사학적으로 적절하게 표현함으로써 독자에게 감명을 줄 때야 가능하다'라고 주장하였는데, 이 점은 결국 진정한 사장이 〈도덕철학과 수사학의 결합〉에 있음을 의미한다.

이렇게 볼 때, 르네상스 인문학이 지향한 교육목표는 〈도덕적 성품〉과 〈수려한 문필력〉의 함양 두 가지로 요약할 수 있다. 이때 르네상스 인문학의 영역으로 제시된 5개 교과는, 도덕성과 문필력의 함양이라는 두 가지 교육목표에 부합하는 것이고, 또한 이러한 교육목표의 달성에 필요한 교과였다. 그러므로 인문주의자들은 〈도덕적 주제와 수사학적 문필력〉, 이 두 가지의 결합을 바로 인문학이 될 수 있는 조건으로 제시한 것이며, 이 가운데 하나라도 결여하면 인문학이 될 수 없다고 생각한 것이다. 만약 오늘날에 이르러 인문학에 관한 정의가 불가능하다면, 우리는 그렇게 된 한 가지 이유를 르네상스 인문학이 지향했던 〈도덕성과 문필력의 함양〉이라는 교육목표가 오늘날의 교육에서 점차 망각된 현실에서 찾아볼 수 있다.

교양적 삶의 영위

　인문주의자의 시각으로 볼 때, 당시 중세사회는 초월적 세계관 아래서 현세의 삶과 인간의 문제를 도외시하고 있었다. 학자들은 오로지 저 하늘과 천상의 세계만 바라보았고, 신학과 형이상학 위주의 학문은 형이상학적·교의적 주제만을 연구대상으로 삼았으며, 심지어 도덕성과 교양의 문제를 포함하여 일체 현세적 삶의 문제를 교육과 학문의 영역 안에서 배제하였다. 학자들은 신학적인 문제들, 예컨대 삼위일체론, 천사론, 본체론, 영혼론, 성체성사론(聖體聖事論) 등에 관한 논증과 사변에만 몰두했고, 반면에 인간의 현세적 실존의 문제는 도외시함으로써, 학문과 문화는 쇠퇴하고 사회적으로는 무지와 야만에 직면하게 되었다는 것이, 바로 인문주의자들이 바라본 중세 말기의 시대상이었다.

　인문주의자들은 고대와 중세는 다르며, 중세는 고대를 왜곡한 것으로 생각했다. 당시 중세 사상가들은 그들이 오늘날 '암흑'으로 상징화된 '중세'라 불리는 시대에 살고 있다는 것을 전혀 인식하지 못하고 있었다. 페트라르카의 서한을 분석하는 방법을 통해서 르네상스 시기의 역사의식을 연구한 몸젠(T.Mommsen)에 의하면, 고대와 구별되는 '중세'라는 시대를 최초로 발견한 사람이 페트라르카였다. 페트라르카는 '로마의 몰락 및 서유럽의 기독교화와 함께 암흑시대가 세상에 도래하여 14세기 당시까지 계속되었음을 최초로 주장한 서구인'이었다(Mommsen, 1948, p.8). 페트라르카는 서구 역사를 「문화가 찬란히 빛났던 고대 로마 문명의 시대, 어둠과 질곡의 중세, 그리고 새롭게 부활한 인문주의의 시대」로 3 등분함으로써, 르네상스라는 새로운 시대적 개념의 기초를 놓았다(*ibid.*, p.8). 이렇듯 「고대-중세-근대」의 삼분법(三分法)은 인문주의자들의 역사 인식에서 유래한다. 인문주의자들의 역사 인식은, 모든 시기가 병렬적인 등가치(等價値)를 갖고 있다고 생각하지 않았고, 자신들의 시대인 '근대'를 우위에 두고서 그런 우월감으로써 '중세'를 평가 절하한 것이다.

인문주의자들은 "르네상스 시대를 일찍이 가장 우수했던 고전 문화(古典 文化)가 부활한 시기로 보았고, 반면에 로마 멸망 후의 중세를 암흑과 야만의 시대로 멸시하는 편견을 갖게 되었다. 그 결과 고대와 르네상스 사이의 시기를 '중세', 즉 단순히 '중간에 끼어있는 시대'(Medium Aevum)라고 부르고 그 문화를 평가 절하한 것"이다(차하순, 1991, p.7). 기독교화된 중세를 혐오하고 배척한 인문주의자들은 급기야 '중세'가 아닌 무엇인가를 '고대'라고 생각하게 되었고, 그로 인해 그들은 익히 아는 중세와는 다른 고대의 독특한 측면을 찾아냈다. 그러면 인문주의자들이 중세에서는 볼 수 없고 고대에서만 볼 수 있는 독특한 측면은 무엇이었을까? 그것은 '현세적인 인간의 세계'였는데, 그중에서도 '고대라는 찬란한 문화'와 '문명화된 인간들의 삶의 모습'이었다. 그들은 '인간의 문화'가 가장 찬란하게 꽃피웠던 고대를 숭상하였고, 이로 인해 중세 시기에 쇠락한 문화와 학문을 고대의 찬란한 문화와 학문으로 대치하고자 했다.

르네상스 인문학은 그보다 앞선 중세인의 삶에 대한 거부의 표현이며, 인간의 삶에 대한 새로운 지각(知覺)의 산물이다. 인문주의자들이 고대와 고대 문화를 복원하려고 한 것은 중세와 구별되는 〈새로운 삶의 형식〉을 추구하려고 한 것과 관련된다. 삶에 대한 새로운 지각이 학문과 교과의 성격을 새롭게 이해하도록 했고, 이러한 이해로부터 르네상스 인문학이 출현하였다. 그렇다면, 고대를 찬미하고 중세를 혐오한 인문주의자들이 추구한 삶의 형식은 어떤 것이었을까? 인문주의자들이 추구한 삶의 형식과 관련하여 페트라르카가 처음 시도한 삶의 방식은 역사적으로 중대한 의미를 지닌다. 1348년 페스트 이전의 『갈등』에서 볼 수 있는 페트라르카의 삶 안에는, 기독교적 고전주의자(곧 '기독교 신앙'과 '고대 문화 숭배'의 이중성을 지닌 자)들이 겪을 수밖에 없는 내적 갈등을 최초로 해결하려는 시도가 나타난다. 중세 말기를 살았던 사람들이 주로 겪은 갈등은 〈세속적인 일에서 벗어나 신을 섬겨야 한다는 것〉과 〈세속 생활에서 재산과 명예를 추구해야 한다는 것〉 사이의 갈등이었다. 중세 기독교의 수도원적 전통은 지상에서의 활동적인 삶 저편에 있는 명상적이고 초월적인 삶에 대한 예찬에 있었다. 그렇지만 육체를 지닌 인간은 이 땅에서의 생존과 생활을 위한 활동적인 삶에서 도저히 벗어날 수는 없는 처지에 놓여있었다.

수도원적인 '초월적 삶'을 살 것인가, 아니면 육체를 지닌 존재로서 '활동적 삶'을 살아야 할 것인가. 이러한 두 가지 삶의 양식이 대립하는 가운데, 페트라르카가 찾아낸 해결책은 제3의 양식이다. 그 삶은 내세적·초월적 삶이 아닌 〈지상에서의 현세적 삶〉이면서도, 그렇다고 〈세속 직업과 용무에 매여 있는 활동적 삶〉은 아닌, 독특하고 새로운 방식이다. 페트라르카가 택한 새로운 방식은 수도원의 초월적 삶과 세속 도시의 활동적 삶 모두에서 벗어나, 〈전원(田園)에서 학문 연구와 저술, 독서에 전념하는 문인·학자의 삶〉이다. 페트라르카는 수도원의 생활을 칭송하는 책을 썼음에도, 정작 그가 예찬하고 추구한 것은 수도원적 생활이 아니라 학문과 문필에 전념하는 문인적·교양적 삶이다. 이로 인해 페트라르카를 본받은 인문주의자들이 추구한 삶은, 중세의 초월적·종교적 삶과 구별되면서도 또한 현대인의 활동적·직업적 삶과도 구별되는, 〈교양적 삶〉이다. 인문주의자 안에서, 교양적 삶은 현대인의 삶의 모습과 비교할 때 두 가지 상이한 양상을 내보인다. 첫째는 인간의 도덕적 품성과 지적 교양의 함양을 통해서 영위(營爲)되는 〈탁월하고 고상(高尙)한 삶〉이며, 둘째는 직업과 용무에서 벗어나 고대 고전에 관한 독서와 문필 활동에 전념하는 〈문인(文人)의 삶〉이고 문필적(文筆的) 삶〉이다. 인문주의자들이 영위하고자 했던 문인적·문필적 삶은 벼슬길과 직업 종사에 초연했던 조선 시대 선비의 삶과 유사한 모습을 보인다.

르네상스 시기의 제 사상(諸思想)을 연구했던 크라이슬러에 의하면(Kristeller, 1979, pp.21-65), 14-15세기 이탈리아 르네상스 안에는 세 가지 주요한 사상적 경향이 상호 대립하며 공존하였다. 그 가운데 하나가 페트라르카, 살루타티, 브루니로 대표되는 '르네상스 인문주의'이다. 고대 사장을 공부함으로써 고매한 덕성과 지적 교양을 함양하고자 했던 인문주의자들은, '교양적 삶'을 추구하고 영위하고자 했다. 르네상스 인문주의에 대비되는 사상적 경향으로는, '르네상스 플라톤주의'와 '르네상스 아리스토텔레스주의'가 있다. 피치노(Marsilio Ficino, 1433-1499)를 대표로 하는 르네상스 플라톤주의는 형이상학과 신학, 자연철학을 주된 연구대상으로 삼았으며, 당시 이탈리아의 플라톤주의자들이 영위하고자 한 삶의 양식은 '초월적·관조적 삶'이다. 반면에, 피에트로 폼포나찌(Pietro Pomponazzi, 1462-1525)를 대표로 하는 르네상스 아리스토텔레스주의자는 의학과 법학, 자연과학과 같은 직업 교과를 중시하고, 당시 그들이 추구한 삶의 양식은 '활동적·직업적 삶'이다.

인문주의자와 플라톤주의자가 일상의 직업과 용무에서 벗어난 정태적(靜態的) 삶을 추구한 반면에, 아리스토텔레스주의자는 세속

사회 안에서의 활동적 삶을 중시한다. 인문주의자들은 교양적 삶이 바로 중세의 초월적 삶과 구별되는 고대인의 삶이라고 믿었고, 교양적 삶은 중세에서 단절된 고대의 학문과 문화를 복원하고 학습함으로써 영위된다고 생각했다. 이러한 교양적 삶이 바로 르네상스 이후의 인문교육과 교육사조로서의 인문주의가 실현하고자 한 교육적 이상이다. 인문주의자들은 고대의 문화와 학문의 토대 위에서 교양적 삶을 누리려고 했고, 또한 고대 고전을 공부하고 가르침으로써 교양적 삶을 사회적으로 확산하고자 했다.

일상적 용무와 도시 생활에서 벗어나 고전을 읽으면서 자아의 내면적 완성을 시도하는 교양적 삶이 구체적으로 드러나는 최초의 모습이자 전형적인 모습은, 페트라르카가 처음 시도한 삶에서 볼 수 있다. 남프랑스 몽펠리 대학과 당시 유럽 최고의 법과대학인 이탈리아 볼로냐 대학에서 10년간 법학을 공부했던 페트라르카는 대학 공부를 하는 동안 법학 공부는 등한시하고, 대신 고대 라틴 문법과 문학 공부에 심취했다. 법률을 담당하는 서기나 공증인이 되길 바랐던 부친의 뜻과는 달리, 그가 진정으로 하고 싶은 것은 고전 문학을 탐독하고 고전시를 쓰는 일이었다. 22세(1326년)가 되었을 때, 로마 교황청이 소재한 '아비뇽'에서 서기로 근무하던 부친이 사망한 것을 계기로, 페트라르카는 볼로냐에서의 법학 공부를 중단하고 남부 프랑스의 아비뇽으로 귀환한다. 아비뇽으로 돌아온 그는 26세 때 (1330년), 직업과 세속 용무에서 벗어나 '고전 연구와 집필'에만 전념할 수 있는 여가와 재정적 후원을 받고자 성직록에 이름을 올리고 성직자가 되었다. 그렇지만 그는 정작 성직을 맡지는 않았다. 성직자로 등록한 것은 단지 생계를 위한 수단이었다. 이에 반해 그의 동생 게라르도는 연인과의 이별을 계기로 세속적 삶과 완전히 절연하고 수도원에 들어가 수도사가 된다.

23세 때(1327년) 아비뇽에서 우연히 만난 유부녀 라우라(Laura)에 대한 연정(戀情)과 애욕(愛慾)으로 인해 10년 넘게 갈등하고 번민하던 페트라르카는, 33세 때(1337년) 결국 아비뇽을 떠나 그곳에서 20여 km 떨어진 '보클뤼즈'라 불리는 한적하고 조용한 골짜기에 은거한다. 페트라르카에게 세속 도시 아비뇽은 혼잡과 떠들썩함, 퇴폐와 향락, 번거로움과 바쁨을 의미하는 곳이다. 반면에 보클뤼즈는 정적과 소박, 한가함과 여유로 다가왔고 무엇보다 복잡한 세속으로부터의 '격리'를 의미한다. 또한, 한적한 전원 속의 보클뤼즈는 번잡한 도시 아비뇽의 모든 사욕과 허영과 악으로부터의 벗어나서 고전 읽기와 저술 활동에만 전념할 수 있는 '여가'의 장소이다. 페트라르카가 도시를 떠나 전원으로 피신했던 동기는 세상사와 용무에서 벗어나 한가로움과 자유를 누리면서 고전 연구와 저술에 몰두하려는 것이다.

"도시에서 떠도는 것보다 무익한 것은 없습니다. 저는 공직과 대중의 생활 방식[곧, 활동적 삶]을 경멸하였고, 숲속의 휴식과 초원의 정적을 사랑하며 살아왔으며, 분명히 세속에서의 헛된 명예를 혐오해 왔습니다." (*Sec.*, 1911, p.73)

그는 이러한 생활을 스스로 "고독한 삶, 은둔의 삶"이라 부르고(Petrarch, 2014, p.313 ; 김효신, 2020, p.55), 자신의 저술에서 자주 예찬한다(*Sec.*, 1911, p.64). 그러나 이 삶은 실상인즉 세속과 용무를 피해 고전 문학과 문필에만 전념하는 '문인의 삶'이고, 고전 공부와 저술을 통해 지적 교양과 덕성을 함양하려는 '교양적 삶'이다. 도시에서 벗어난 전원에서의 이러한 문인적·교양적 삶은, 이후 그가 일생을 통해서 지속적으로 추구한 삶의 형태를 이룬다. 그는 은둔과 함께 로마 위인들의 행적을 담은 역사서 『저명인전 : 로마위인전』의 저술을 시작한다. 이듬해(1338년)에는 제2차 포에니 전쟁의 영웅 스키피오 아프리카누스를 주인공으로 하는 서사시 『아프리카』의 저술에 착수한다. 독서와 저술에 전념하는 이러한 교양적 삶은, 세상과 영원히 등진 수도원에서의 '초월적 삶'과는 다른 것으로, 고전 연구와 문필 활동에 몰두하고자 '일정 기간' 세속과 세상으로부터 떨어져 나온 '문인적 삶'이라고 할 수 있다. 한편 보클뤼즈에 은거하는 동안에도 그는 세속과 세상과의 인연을 여전히 끊지 못했고, 연인 라우라의 환상도 지속적으로 출현하여 그를 괴롭혔다(Petrarch, 2016, pp.67-68).

보클뤼즈에 은거한 2년째(1338년)에 당시 대주교이자 재정적 후견인이었던 자코모 콜로나에게 쓴 서한문에는, 고전 작품에 둘러싸여 고대의 위인들과 함께 사는 문필적·교양적 삶의 즐거움이 잘 묘사되어 있다.

"학예의 여신들이 긴 망명 [중세 암흑시대]에서 되돌아와 이 촌스러운 은신처에서 저와 함께 살고 있습니다. 겨울의 긴 밤에는 난로 앞에 혼자 앉아있는 저와 이야기를 나누고, 더운 여름날에는 시원한 나무 그늘에서 저와 담소합니다. 제가 세속의 열락[悅樂; '허영적·활동적 삶']에 등을 돌리고 있는 것을 보고 마을 사람들은 이상하게 여깁니다. 그들은 마음속으로 세상에서의 열락을 최고의 신이라 믿는 것입니다. 그들은 고전과 함께하는 저의 은밀한 기쁨과 이질적인 즐거움을 알지 못하며, 비밀 친구들 [고전 작가와 고대 위인들]이 함께하고 있음을 눈치채지 못합니다.

과거로부터의 모든 세대가 전 세계로부터 저에게 데려다준 비밀스런 친구들, 언어나 지성이 탁월하거나 강인함과 정치에 뛰어났던 위인들이, 조금도 꺼리지 않고 소박한 저의 집 한구석에 사는 것에 만족하여, 제가 시키는 대로 행동할 뿐 거부할 줄 모릅니다. 조금도 방해가 되지 않게 늘 제 곁에 있으면서, 저의 신호 하나로 물러났다가 부르면 바로 되돌아옵니다. 이 사람 저 사람에게 저는 말을 걸었고, 그들은 교대로 대답해 줍니다. 아낌없이 흥겹게 노래하고, 많은 것을 알려줍니다. 혹은 자연의 비밀을 밝히거나, 혹은 삶과 죽음에 대해 깊은 생각을 털어놓으며, 혹은 옛사람의 위업이나 자신의 업적을 말하고, 지난 시대의 일들을 불러일으켜 눈앞에 세워 놓습니다. 저마다 뛰어난 지도자와 위정자이고 전략가, 농경의 스승과 변론가, 또 바닷길의 선구자와 인재들이, 제가 역경을 만나 의기소침해지면 격려해주고 잘 나갈 때는 오만해지지 말라고 주의를 줍니다. (중략) 세월의 빠름과 인생의 무상함을 잊지 말라고 충고합니다.

　자유롭게 우리 집을 드나들며 저와 함께 사는 것일 뿐, 불행하게도 그들은 이 세상에 의탁할 곳도 없고 따뜻하게 대해줄 친구도 없습니다. 겨우 저의 허락을 받고 한쪽 구석에 몸을 숨기고는 화려한 궁궐에 있다고 생각하고 불안에 떨면서 애타게 저를 기다리고 있는 것입니다. 오직 얼어붙은 구름이 지나가고, 학예 하기에 좋은 시대가 돌아오기를 고대하고 있을 뿐입니다. 이 소박한 무리는 이러한 생활에 자족(自足)하고 이곳에 옹기종기 모여 저와 가진 것을 서로 나눕니다. 그리고 지친 저를 그 장밋빛 침상에서 위로해 주고 굶주리고 목마른 저를 그 식탁에 앉혀 놓고는 생명의 양식과 감미로운 마실 것으로 생기를 더해 줍니다. 단지 우리 집에서 친구일 뿐만 아니라, 제가 가는 숲과 냇물, 맑은 초원까지, 어디라도 따라와 줍니다. 그리고 수다스러운 세상 사람과 시끄러운 마을을 싫어합니다. 종일토록 세상 사람들을 피해 저와 함께 숨어다닙니다. 저의 오른손에는 펜이 있고, 왼손에는 종이 쪼가리가 쥐여 있습니다." (Petrarch, 2016, pp.70-74 ; 김효신, 2020, pp.47-52)

인문주의자들은 어떤 이유에서, 초월적 삶과 활동적 삶을 배격하고 교양적 삶을 선호하게 되었는가? 인문주의자들은, 〈교양적 삶〉을 통해서만 인간성을 조화롭고 탁월하게 완성할 수 있다고 생각한다. 신에 예속된, 원죄(原罪)의 탈을 쓰고 난 중세의 인간성(인간다움)과는 구별되는 새로운 인간성을 추구한 인문주의자들은 〈인간성의 완성〉을 다음과 같은 세 가지 측면으로 이해한다. 먼저, 인간성의 완성은 인간성의 모든 측면의 조화롭고 원만한 완성을 의미하였다. 초월적 삶은 인간성을 종교와 교리라는 편협한 영역으로 제한시킴으로써 인간성을 왜곡시킨다고 본 것이다. 둘째로, 완성해야 할 것은 인간의 외면이 아니라 내면이다. 활동적·직업적 삶은 인간 내면의 완성과는 무관한 것으로서 인간의 내면에 대한 겉치레에 불과하다. 인문주의자들이 인문학의 영역 안에서 자연과학과 직업 교과를 배제한 이유를 바로 이 점에서 찾을 수 있다. 셋째로, 인간성의 완성은 사회 안에서 '보편적·일반적'으로 이뤄질 때 진정으로 완성되는 것이다. 인문주의자들은 교양적 삶을 전 사회적으로 구현하려고 했고, 이를 위해 인문 중등학교를 세워 인문교육을 서구사회 전체로 확대한다.

인간성의 완성을 이러한 세 가지 측면에서 모색했던 인문주의자의 관점에서 볼 때, 초월적 삶은, '관조'(觀照 : contemplation)를 통해 극히 소수의 사람이 극히 짧은 순간 신적 세계를 향유하는 것으로서, 모든 인간이 추구해야 할 보편적 삶이 될 수 없었다. '관조는 신으로부터 특혜받은 소수의 사람만이 누릴 수 있는데 반하여, 윤리적 덕성과 교양의 함양은 모든 사람에게 가능한 것이므로, 따라서 교양적 삶만이 인간으로서 추구해야 할 보편적인 삶의 형식'이었다 (Kristeller, 1948, pp.15-16). 현세를 기피하고 부정하는 중세의 초월적 삶은 관조와 사변(思辨 : speculation)이라는 한정되고 일면적인 영역에 더 넓고 충만한 인간성을 매몰하고 제한한다는 것이다. 또한 인문주의자들은, 활동적·직업적 삶을 인간 내면의 조화롭고 원만한 완성과는 전혀 다른 삶으로 인식한다. 활동적·직업적 삶은, 사람으로 하여금 속물근성과 사욕만을 부추기는 것으로서, 인간 내면의 덕성과 교양의 함양에 장애가 될 뿐만 아니라, 인간을 무지와 야만의 상태로 전락시키는 것에 불과했다.

2. 고전적 인문학

르네상스 인문학이 복원하고자 한 것은 고전적 인문학이다. 그렇지만 르네상스 인문학은 고전적 인문학과는 상이하다. 서양의 인문학은 르네상스라는 시기를 기점으로 하여 커다란 변화를 겪는다.

르네상스 인문학과 대비되는 고전적 인문학의 학문적 특성은 무엇이고, 고전적 인문학의 교육적 이상은 무엇이었으며, 고대 이래로 중세까지 지속된 고전적 인문학이 르네상스에 이르러 인문주의자에 의해 어떻게 변질되었는지 살펴보자.

키케로의 후마니타스(humanitas)

고전적 인문학은 고대 로마의 학자인 키케로나 세네카 등에서 분명한 형태를 드러낸다. 고전적 인문학이 인문학으로 성립할 수 있었던 것은 키케로와 세네카 등의 학문적 활동 덕분이다. 특히 키케로는 인문학을 뜻하는 '스투디아 후마니타스'라는 용어를 최초로 사용하였다. 키케로와 세네카를 인문학자로 부르며, 그들의 학문적 활동과 저술을 인문학으로 보는 데는 아무런 문제가 없을 것이다. 문제가 되는 것은, 그들보다 시대적으로 앞서 있는 플라톤과 아리스토텔레스의 저술을 과연 인문학으로 볼 수 있는가이다. 그도 그럴 것이, 플라톤과 아리스토텔레스는 인문학자라기보다는 철학자로 받아들여지는 것이 일반적인 경향이다. 그렇다면, 플라톤과 아리스토텔레스의 인문학에 대한 관계는 어떻게 이해해야 하는가? 인문학과 관련하여 플라톤과 아리스토텔레스가 주목되는 것은, 그들의 저술에는 키케로의 스투디아 후마니타스가 구현하고자 하는 교육과 학문의 중심 아이디어가 제시되어 있다는 점이다. 키케로나 세네카가 스투디아 후마니타스의 표본으로 삼았던 문헌과 저술을 제공한 사람은 바로 플라톤과 아리스토텔레스였다. 이 점에서 플라톤과 아리스토텔레스의 저술은, 넓은 의미로 보면 고전적 인문학에 포함될 수 있다.

인문주의자들이 가장 흠모하였고 애정을 쏟았던 키케로의 학문과 그의 삶을 통해 고전적 인문학의 특징을 파악해본다. 먼저 주목해야 할 것은, 인문주의자들이 자신들의 새로운 학문적 활동을 지칭하는 용어로서 〈스투디아 후마니타스〉라는 용어를 고대인 키케로의 저술에서 빌려 오긴 했으나, 이 용어의 르네상스적 의미가 고대인들 안에서 원래 지니고 있었던 의미와는 다르다는 사실이다. 문자적으로 번역할 때, 〈인간다움(*humanitas*)에 관한 공부〉를 뜻하는 〈스투디아 후마니타스〉를 키케로는 어떤 의도를 갖고서 사용하였을까? 기원전 62년, 키케로는 친구이자 동시에 자신의 스승인 희랍 시인 아르키아스를 재판정에서 변호하게 되었을 때, "소년기에 '인간다움(humanitas)'을 함양할 수 있는 학예"라는 의미로 이 말을 사용하였다.

"사람들은 인간다움(hamanitas)을 습득하고 훈련하기 위해 이런 학예[자유학예]의 도움을 받았습니다." (Cicero, 『Pro Archias』[1], p.148).

서구 인문학의 기원을 이루는 '후마니타스'라는 말은 로마의 키케로가 그리스어의 이 의미에 해당하는 라틴말을 찾아내어 사용한 용어이다. 이 점에 관해, 기원후 2세기경 로마의 학자 겔리우스(Aulus Gellius, 125-165)는 부연하여 설명한다.

"로마의 옛 어른들은 그리스인들이 파이데이아(paideia)라 부르는 것을 후마니타스(humanitas)라 불렀다. 우리 로마인들은 유익하고 선(善)하고 좋은 학문을 배우는 과정인 '교육'[혹은 그 수련 과정인 '교양']을 후마니타스라 부른다. 후마니타스를 열망하고 추구하는 자들이야말로 가장 인간다운 자들이다. 왜냐하면 이 학문에 열정을 갖는 것과 배우고자 함은 모든 생물 중 인간에게만 주어진 본성이기 때문이다. 이런 이유에서 '후마니타스'[인간다움]라 불리게 되었다. 옛 어른들은 모두 이 의미로 사용했다. 다른 어떤 사람보다도 키케로가 바로 그러했다." (Gellius, 2019, XIII,17 ; 안재원, 2006, p.33)

키케로의 학문을 계승했던 겔리우스에 따르면, '후마니타스'라는 말은 원래 '교육 혹은 교양' 또는 '탁월함(arete)'[22]을 뜻하는 그

---

22) 고대 그리스의 교육에서 선(善; goodness)이라고 하는 것은 그리스어 '아레테(arete)'의 번역이다. 아레테는 '도덕적 의미의 선'뿐만 아니라

리스어 '파이데이아'(πειδεια; paideia)에 근원을 두고 있다. 후마니타스는 무엇보다 '교양(教養)'을 뜻하는데, 문자 그대로 경작(耕作; culture)을 뜻하는 교양(cultura)은 자유학예의 배움을 통해 마음을 함양하고 수련한 상태로서, 〈올바른 교육을 받은 품성〉을 가리키는 개념이었다. 교육 혹은 교양을 뜻하는 그리스의 파이데이아는 원래 아이들을 기르는 것을 의미했으나, 헬레니즘 시대에 이르러서는 '아레테', 곧 '인간(vir)으로서의 탁월함'을 뜻하는 '덕'(德, virtus)과 결부되었다. 교양은 두 가지 차원의 의미를 지니고 있었는데, '제도(制度)'로서의 교양은 〈덕(탁월함)을 지향하는 교육〉을 의미했고, '인간성(人間性)'으로서의 교양은 〈인간으로서의 탁월함을 갖춘 상태〉를 의미했다.

이렇듯, 고대 그리스와 로마에서 '인간다움'은 '인간으로서의 탁월함(virtus)을 갖춘 상태', 곧 '교양'을 의미하였다. 고대 시대에서 '인간다운' 사람은 덕을 지닌 사람이었고, 덕은 '인간다움(humanitas)' 또는 '인간으로서의 탁월함(arete)'을 의미한다. 키케로는 아레테, 곧 탁월함을 의미하는 그리스어 '파이데이아'를 '후마니타스'로 번역하여 사용했고, 로마인들은 〈인간이 되게 하는〉 곧 〈인간으로서의 탁월함을 추구하는〉 의미를 지칭하고자 '후마니타스'라는 말을 사용한 것이다.[23]

'탁월성(excellence)'의 의미도 지니고 있었다(Boyd, 1994, p.46).

23) 로마의 라틴 작가들은 파이데이아를 후마니타스로 번역하여 사용할 때, 후마니타스(humanitas; 인간다움)를 바르바리타스(barbaritas; 야만)에 대조되는 개념으로 사용하였다. 그러므로 후마니타스는 일면에서는 동물과, 다른 면에서는 '야만하고 무지한 인간'과 구분되는, '인간다운 인간(homo humanus)'의 '도덕성과 지적 교양'을 의미하였다. 참다운 인간을 특징짓는 '도덕성과 지적 교양', 이것이 바로 라틴 작가들이 볼 때는 인간의 탁월성(arete)이고 덕성(virtus)이었다(김영한, 1989, p.87).

그렇다면, 키케로에게 인간다운 덕과 교양을 습득하기 위해 배워야 할 이 학예는 구체적으로 어떤 것이었는가? 키케로는 자신의『웅변가론(De oratore)』에서 이 학예의 의미를 밝히고 있다.

"한 사람은 전적으로 시에 헌신하며, 다른 사람은 기하학에, 그리고 또 다른 사람은 음악에 헌신하는 반면에, 변증가는 새로운 연구와 유희에 전념한다. 이와 같이, 그들 모두는 소년들의 마음에 장차 인간다움과 덕을 심어주도록 의도된 이 학예를 연마하는 일에 모든 정력과 시간을 바치고 있다." (De oratore. Ⅲ,15,58.)

키케로는 소년들에게 인간다움을 함양시켜줄 학예와 교과의 영역으로서 시, 기하학, 음악, 변증법을 제시한 후에, 이어서 그는 '기하학, 음악, 일반교과(letters), 시'를 자유인의 교육에 적합한 자유교양 교과라고 한다. 이 점에서 볼 때, 키케로의 스투디아 후마니타스는 그 당시에는 자유교과(自由敎科 : artes liberales)와 동일한 의미로서 사용되는 것이고, 중세에 이르러 3학과 4과로서 보다 체계적인 형태를 갖추게 되는, 일반적인 고대 교육과정을 가리키는 용어임을 알 수 있다.

고대 고전과 초월세계

키케로의 스투디아 후마니타스가, 보다 광범위한 교과의 영역을 포함했던 것과 비교해 볼 때, 몇 가지 사장 교과만을 지칭하는 인문주의자의 스투디아 후마니타스(곧, 르네상스 인문학)는, 브루니가 인간성 함양을 위한 키케로의 교과 목록 가운데서 중요한 위치를 점하고 있던 기하학과 산수를 배제한 사실에서 간과할 수 있는 바와 같이, 고대의 자유교과가 대폭 축소된 것이다.

르네상스 인문학 안에서 나타났던 이러한 자유교과의 축소는 어떻게 설명될 수 있을까? 고대의 교육과정에 대한 르네상스 인문학의 축소성, 그 가운데에서도 플라톤이 가지계(可知界)[24]로의 접근을 위한 최고 교과로 내세우는 기하학을 배제한 것은, 무엇보다도 '세계'와 '삶의 형식'이 르네상스기에 이르러 급격하게 변화한 데서 나타난 결과로 볼 수 있다.

고대의 자유교과에 대한 르네상스 인문학의 축소성은, 무엇보다 인문주의자들이 고대의 고전을 공부한다고 하면서도 실은 고전 전부를 공부한 것이 아니라 그것의 일부(몇 가지 사장 교과)만을 공부한 것을 가리킨다. 특히 인문학의 영역 안에 사장 교과만을 포함시킨 것은, 인문주의자들이 고대 고전을 있는 그대로 파악한 것이 아니라, 초월세계를 배제하려는 그들의 현세적 세계관 아래서 고대인과는 다르게 고전을 다루었음을 보여준다. 이러한 사실은 결국, 인문주의자들이 고대의 학문과 문화를 복원한다고 내세웠지만, 그것을 온전하게 복원할 수 없었다는 것과, 특히 고전 고대와 초대기독교사회에서 학문과 문화와 삶의 형이상학적 기반이라고 할 수 있는 실재(reality)와 인격신(god)을 복원할 수 없었음을 나타낸다.

이렇게 보면, 인문주의자들이 복원한 고대의 문화와 학문은 원래의 그것과는 성격이 다른 것이다. 그렇다면, 우리가 일반적으로 알고 있는 생각, 곧 〈르네상스 인문주의는 중세에 단절된 고대의 고전 연구를 부흥시켰으며, 그것을 기준으로 삼아 중세 말의 문화와 학문을 개혁하려고 했다〉는 생각이 너무도 안이한 것이었음을 깨닫게 한다. 고전의 연구는 중세에서도 끊임없이 지속되었기 때문에, 고전

---

24) 플라톤에서, 가지계(intelligible world)는 이성으로 접근하는 지식(episteme)의 세계이고, 반면에 가시계(可視界, sensible world)는 경험으로 파악하는 현상세계이다(Nettleship, 1989, pp.155-156).

연구 그 자체는 르네상스의 특징이자 르네상스의 독점물이 될 수는 없다. 고전의 연구가 중세를 거치는 동안에도 중단되지 않았다면, 중세까지의 고전 연구와 르네상스 시기의 고전 연구 사이에는 어떤 차이가 있을까? 그 차이는 고전을 연구하는 자세의 차이, 곧 '순수하게' 고전을 보았는가 아니면 '세계와 삶의 형식에 대한 새로운 관점 아래서' 고전을 보았는가에 있다. 인문주의자들은 중세인의 세계관과 삶과는 구별되는 〈문화세계〉와 〈교양적 삶〉의 관점 아래서 고대 사회와 고전을 파악한 것이다.

그렇다면, 인문주의자에게 고전 연구는 그 자체가 〈목적〉이 될 수는 없을 것이며, 새로운 세계와 삶의 형식을 복원하고 옹호하기 위한 〈수단〉으로서 고대 고전을 연구한 것으로 볼 수 있다. 이 점과 관련하여, 부르크하르트는 르네상스에서 고대 고전의 부활은 르네상스 인문주의운동의 본질적인 요소라기보다는 오히려 '이차적인 요인'이라고 규정한다. 부르크하르트는 르네상스 인문주의에 있어서 고대 고전과 고대 문화가 차지하는 역할에 큰 비중을 두지 않는다. 그리고 부르크하르트의 관점 가운데 주목할 만한 것은, '고전 고대의 부활'을 르네상스 인문주의운동의 원인으로 간주하려는 일반적인 관점과는 다르게, 오히려 인문주의자들이 "중세적 초월주의와 당대의 비천한 세속주의에서 벗어나고자 했던 르네상스 인문주의운동 그 자체의 번성을 위하여 고대 고전을 수단으로 활용했다"는 견해를 피력한 점이다(Burckhardt, 1944, pp.104-105). 또한 차하순의 연구는, 사실상 "고전 고대의 부활을 르네상스 인문주의운동을 촉발시킨 원인으로 파악하려는 일반적인 관점은 바로 인문주의자들의 르네상스관에서 유래한 것이고, 고전 고대의 부활이나 재생을 거의 독점적으로 역설한 사람들은 바로인문주의자들"이라 하여

(차하순, 1975, p.240), 인문주의자들이 고대 고전을 자신들의 목적 달성을 위한 수단으로 활용했음을 시사한다.

부르크하르트는 14세기 이탈리아에서의 고전 고대의 부활이 어느 정도는 르네상스 운동을 촉진하고 새로운 정신운동의 변화를 촉진했다는 것을 인정한다. 그렇지만 그는 르네상스 운동에 대한 고대의 영향력이 크다는 것을 받아들이면서도, "설사 고대 없이도 새로운 정신적 경향이 충분히 가능했다."라고 함으로써 고대의 부활이 곧 르네상스가 아니라는 점을 강조한다(Burckhardtd, 1944, p.140). 특히 이 점과 관련하여, 부르크하르트는 종교적 색채가 강한 북구(北歐)에서의 고대 부활, 곧 '기독교 인문주의'는 고전을 종교적이고 사변적으로 이용한 데 반하여, 페트라르카 등 인문주의자들이 주도한 이탈리아 인문주의에서의 고전 연구는 현세적 관점 아래 이루어졌다는 점을 비교하여 제시한다(*ibid.*, p.303). 요컨대, 인문주의자들은 외면적으로는 고대적 삶과 고대 고전을 부활시킨 것으로 볼 수 있으나, 근본적으로는 고대 고전과 문화와 학문에 대하여 새로운 해석을 한 것이다.

초월세계에 대한 관조와 모방

고대에는, 비록 인문학이라는 용어는 없었다고 할지라도 그 용어가 지칭하는 학예와 교과는 있었다. 그렇다면 고전적 인문학, 곧 인문주의자들에 의하여 그 영역이 축소되고 변질되기 이전의 인문학은 어떤 것이었으며 어떤 교육적 이상을 포함하고 있었을까? 고전적 인문학이라고 할 때는 쉽게 고대 그리스와 로마의 고전, 즉 그리스인과 로마인이 쓴 저술을 지칭하는 것이므로, 그것은 무엇보다도 고대인의 삶과 분리될 수 없을 것이다. 고전적 인문학은 〈고대인의 삶에 관한 기술이며 그러한 삶을 영위한 결과〉로 볼 수 있다.

고대 그리스 시대로부터 갈릴레오의 지동설이 출현하기 이전까지 대다수 서구인은, 천상의 우주는 정지된 지구를 중심으로 하여 아홉 개의 원(圓)으로 휘감겨 있다고 생각했다(Kren, 1984, pp.218-247.). 가장 낮은 곳인 달에서 시작하여 점차 수성, 금성, 태양, 화성, 목성, 토성, 은하수를 거쳐 최종적으로 다른 모든 것을 통할하고 운동력을 부여하는 항성천(恒星天)인 제10천으로 둘러싸인 우주의 구조를 생각했다. 달은 이곳을 중심으로 하여 큰 분리가 나타나는 경계 영역이다. '달 아래(sublunar) 세계'에는 지구와 4원소-화·토·수·기(火·土·水·氣)-가 있다. 달 아래 세계는 탄생과 죽음, 소멸과 생성의 영역이며, 4원소의 영속적인 조합과 결합에서 산출되는 끊임 없는 변화의 세계이다. 그러나 '달 너머(supralunar) 세계'는 모든 것이 온전하고 영원하며 영속적이다. 이곳에서는 천상계의 완벽한 순환 운동을 제외한다면 아무런 변화가 없다. 인간은 달 위의 세계에서만 영혼이 진정한 평안과 안식을 누린다고 믿었고, 달 위의 세계는 바로 인간의 영혼이 영원히 거주할 곳이었다.

키케로는 『공화국(De re publica)』의 제6편인 「스피키오의 꿈」에서 고대인의 우주관을 구체적으로 밝혀놓았다. 여기서 키케로는, 스키피오가 자신의 입양 손자인 아에밀리아누스에게 하늘의 구조에 관하여 이야기해 주는 방식을 통해, 자신의 우주관을 설명한다.

"가장 낮은 영역에서는 태양 광선에 의해 불이 붙은 달이 돌고 있다. 그러나 '달 아래'에는, 신의 시혜(施惠)로 인간에게 부여된 영혼을 제외하고는, 모두가 다 사멸하고 죽음을 면할 수 없는 것들뿐이다. 그러나 '달 위'에서는 모든 것이 영원하다." (De re *publica*, 17[4],17.)

또한 로마의 세네카는, "현자(賢者)의 영혼은 달 위의 우주와 닮았다. 달 위의 세계에는 항상 평안이 있다."라고 한다(*Epistulae morales*. LIX,16.). 마지막 중세인(中世人) 단테의 『신곡(神曲)』에서, 천국으로의 순례자는 '달의 세계'를 넘어서 하나님의 본향(本鄕)으로 귀환한다. 고대의 우주관에 의하면, '달 아래' 세계에서 발생한 어떠한 변화도 '달 위'의 영원하고 영속적인 세계와는 상관이 없다. 고대인에게, 진정한 평안과 행복은 달 아래 세계인 이 땅으로부터 눈을 들어 영원하고 영속적인 '달 너머의 우주'를 바라볼 때만 가능하였다. 이러한 우주관 안에서, 중세 기독교는 자연철학과 철학 사이의 고전적 융합을 그리고 〈초월세계로서의 우주와 인간 영혼 사이의 조화〉라는 고전적 이상을 보존할 수 있었다.

키케로의 저술에 나타난 고대인의 우주관과 삶의 방식을 살펴보자. 키케로는 『신의 본성에 관하여(*De natura deorum*), 이하 '*natura.*'로 표기』에서 우주와 신에 관한 자신의 신념을 드러낸다.

"우주[세계]는, 그 안에 모든 것을 포함하고 있기 때문에, 완전하다. 전체인 우주는 완전하고 완성된 것이다. 인간은 전체가 아니다. 따라서 인간은 완전하지 못하며 미완성이다. 그러나 인간은 전체의 한 부분이기 때문에, 인간은 완전한 존재의 일부이다." (*natura.*, II,11,30.)

키케로는 먼저 초월세계로서의 우주가 전체이고, 인간은 그 전체의 한 부분이라 선언한다. 고대인 키케로에 의하면, 전체로서의 우주는 완전하고 완성된 것이다. 반면에 전체의 한 부분으로서의 인간은 '완전함의 일부'(*quaedam particula perfecti*)이므로 아직 완전하지 못하고 미완성의 존재다. 이어서 키케로는 우주는 가장 빼어난 이성과 감각을 지니고서 만유를 지배하는 원리이고, 현명하며 최고의 이성을 지닌 존재이며, 신(god)으로서 가장 신성한 존재라고 한다.

"만유(萬有)를 지배하는 원리를 지닌 우주는, 틀림없이 모든 사물 가운데 가장 빼어난 것이고 모든 사물을 지배하는 세력 가운데서 가장 강력한 것이다. 우리는 우주의 부분들 속에서 감각과 이성을 볼 수 있다. 그 부분 속에도 우주의 지배 원리가 담겨 있으므로, 우주에는 가장 완벽하고 순수한 형태의 감각과 이성이 있는 것이다."(ibid., Ⅱ,11,29.)

"우주는 틀림없이 현명하며, 그 안에 만유를 담고 있는 우주의 본성(nature)은 가장 뛰어난 이성(reason)이다. 그러므로 우주는 틀림없이 신(god)이며, 우주가 지닌 모든 힘(force)은 그 신성한 본성과 더불어 작용하고 있다." (ibid., Ⅱ,11,32.)

키케로는, 우주는 그 본성(nature)으로 최고의 덕과 지혜를 구비하고 있다고 말하면서, 인간의 덕과 지혜라는 것은 완전하지 못하고, 단지 우주가 지닌 덕과 지혜의 일부일 뿐이라고 한다. 우주보다 완전하고 완성된 존재는 있을 수 없으므로, 우주만이 최고로 완전하고 완성된 덕을 갖고 있으며, 만약 덕이 인간 본성 안에서 실현된다고 해도 그 덕은 완전한 것은 아니며, 완전하고 온전한 덕은 우주 안에서 더욱 용이하게 실현될 수 있다고 한다.

"우주보다 완전한 존재는 없기 때문에, 우주보다 우수한 덕을 구비한 존재는 없다. 더욱이 인간 존재는 완전한 것이 아니며, 따라서 인간 안에서 덕은 장차 계발되어야 한다. 그렇지만 우주는 얼마나 손쉽게 덕을 실현하는가! 온전한 덕은 우주 안에 있다. 그러므로 우주는 현명하며, 결론적으로 우주는 신이다." (ibid., Ⅱ,11,38-39.)

그렇다면, 부분으로서의 인간이 어떻게 전체인 우주에 '참여'할 수 있겠는가? 다시 말해, 불완전한 덕과 지혜를 소유한 인간이 어떻게 우주의 온전한 덕과 지혜에 참여할 수 있겠는가? 이에 대해 키케로는 불완전한 덕과 지혜를 갖고 태어난 인간일지라도 신적 세계로서의 우주를 '관조하고 모방함(contempler et imitare)'으로써, 완전하고 신성한 우주의 덕과 지혜에 '참여(particeps)'할 수 있다고 한다.

"우주만 빼놓고는 모든 것이 다른 것을 위해 생겨났다. 이를테면 말은 짐을 싣기 위해서, 소는 밭을 갈기 위해서, 개는 사냥하고 집을 지키기 위해서 생겨났다. 하지만 인간 자신은 이 우주에 대하여 관조(觀照)하고 그것을 모방(模倣)하기 위해서 생겨났다. 그러나 아주 완전하게는 아니지만 완전한 것의 한 부분으로 참여(參與)할 수 있다."(ibid., Ⅱ,14,37.)

우주를 관조한다는 것은 만유를 지배하고 통할하는 '완전한 이성' 인 우주를 '사변(思辨)하고 명상(冥想)한다'는 의미이다. 그리고 우주를 모방한다는 것은 이 완전한 이성에 '일치하는 삶을 산다'는 뜻이다. 우주를 관조하고 모방하는 일은, 무엇보다도 격정(激情)으로 흔들리고 슬픔에 빠진 인간 영혼에 진정한 평안과 안식을 가져오는 방식이었다.

고대인 키케로가 슬픔을 극복하는 방식

키케로는 기원전 46년에 이혼했고, 그다음 해에는 각별하게 아끼던 외동딸 툴리아가 아이를 낳고는 한 달 만에 죽고 말았다. 딸 툴리아의 갑작스런 죽음은 키케로의 생애 가운데 가장 큰 시련을 안겨준 사건이었다. 딸의 죽음으로 인한 비애와 슬픔에서 벗어나고자, 키케로는 그 해 온전히 저술 활동과 철학에만 몰두한다. 키케로의 주요 저서들이 이 슬픔의 와중에서 저술되었는데, 페트라르카의 애독서였던 『투스쿨룸 논변』이 출간된 것도 바로 이때였다. 이 기간에 쓴 저술과 편지의 내용을 보면, 키케로는 결코 슬픔과 비통함에 자신을 내맡기지 않았고, 오히려 친구들에게 슬픔과 고통을 넉넉하게 이겨 내는 의연한 모습을 보이려고 한다. 키케로는 이상적인 로마인이 행해야 할 자세라고 자신이 믿어 왔던 방식에 맞추어 슬픔을 처리한 것이다. 슬픔을 대하는 로마인의 이상적인 방식은, 현상세계와 인간사를 하찮게 여기면서 천상계를 관조하고 우주의 영원함에 참여하는 자세였다.

고통에 직면한 키케로의 독특한 자세는, 자신의 존재를 보다 큰 존재의 일부로 파악하며, 자신의 '내부'가 아니라 '바깥', 즉 '우주와 로마 사회'를 바라봄으로써 슬픔을 극복하려는 모습이다. 그가 슬픔을 극복하는 방식은 자기의 생각을 딸 툴리아에 집착하는 자기 자신으로부터 떼어 놓는 일인데, 구체적으로는 자신의 '내면을 강화하는' 방식이 아니라 로마 시민에게 공적으로 부여된 '규범과 미덕을 생각하고 우주를 관조하는 방식'이다. 슬픔의 기간에 그가 쓴 편지를 보면, 어느 구석에서도 〈내향적·개별적 자아〉를 암시한다거나, 〈자기 내면의 자율적인 생각〉과 〈주체적인 감정〉을 드러내는 용어를 찾아볼 수 없다. 인문학과 관련지어 중요한 점은, 슬픔에서 벗어나려는 것과 동시에 친구들에게 자신이 비통함에 함몰되지 않고 이를 잘 통제하고 있음을 인지시키고자, 키케로가 이 시기에 쓴 저술들이 나중에 르네상스 시기의 〈스투디아 후마니타스〉라는 새로운 교육과정의 중심부를 차지하게 된다는 사실이다.

스토아철학의 특성을 구체적으로 보여주는 키케로의 『투스쿨룸 논변』의 구성은, 「죽음, 고통, 상심(傷心; 정신의 괴로움과 고통), 영혼의 격동(激動; 영혼의 동요)」에 관한 네 가지 대화와 마지막은 「행복」에 관한 대화로 이루어져 있다. 네 번째 부분인 「영혼의 격동」에 관한 대화에서, 키케로는 "현자(賢者)는 상심에서 벗어날 수 있고, 현자의 영혼은 늘 고요하다."(*Tusc.*, Ⅳ,4,8.)라고 말한다. 이어서 키케로는 상심을 "정신적 괴로움(*aegritudo*)의 한 형태로 규정"하면서(*ibid.*, Ⅳ,8,18.), 결론적 주장으로 "현자는 관조와 사변이라는 철학적 사고를 통해 상심에서 벗어날 수 있다."고 힘주어 말한다(*ibid.*, Ⅳ,4,8.).

『투스쿨룸 논변』에서 말하는 현자는 인생살이에서의 슬픔과 애통과 욕구, 분노를 포함하는 모든 격동으로부터 자유롭게 된 자이다. 그렇다면 격동은 어디에서 비롯하는 것이며, 현자는 어떻게 격동으로부터 해방되고, 자신의 영혼을 자유롭게 할 수 있는가? 피타고라스와 플라톤의 생각을 계승하는 스토아주의자 키케로는, 영혼(*animus*)은 두 부분으로 구성되었는데 하나는 〈이성(理性)이 참여하는(*rationis particeps*) 부분〉이고, 다른 하나는 〈이성이 참여하지 못하는 부분〉이라 생각한다. 이때 영혼의 윗부분, 즉 '정신'(*mins*; mind)이라는 이성이 참여하는 부분은, "평안하고 고요한 항상성"을 뜻하는 평정(平靜; tranquility)을 향유할 수 있다(*ibid.*, Ⅲ,5,10-11.). 그러나 영혼의 아랫부분으로, 이성이 참여하지 못하는 부분에서는, 분노와 욕구의 "소란한 흔들림"이 일어난다. 여기서 영혼 아랫부분의 작용은 이성에 반대하거나, 또는 적대적이다. 아랫부분에서의 이러한 소란한 흔들림을 키케로는 '동요(動搖)', 즉 "바른 이성과 본성에 적대적인 영혼의 격동(激動)이라" 부른다(*ibid.*,

Ⅳ,15,34.). 키케로에 의하면, 영혼 아랫부분에서의 소란한 흔들림인 격동은, 마리우스에 관한 논의에서 이미 논의했던 바와 같이, 〈왜곡되고 타락한 의견(*prava opinio*, 곧 '억견')〉에서 비롯한다. 키케로는, "영혼의 모든 동요와 정신의 고통은 억견에서 비롯하는 것"인데(*ibid.*, Ⅳ,15,34.), '생각을 바꿈'으로써 영혼이 평정을 얻고 괴로움에서 벗어날 수 있다고 거듭 주장한다(*ibid.*, Ⅲ,33,80. ; Ⅳ,13,29. ; Ⅳ,23,51.).

그러면 사람은 어떻게 해서 자신의 〈생각〉을 바꿀 수 있는가? 어떻게 거짓된 신념과 억견으로부터 자유로울 수 있는가? 이에 대한 해답은, 고대인이 인지하고 있었고 실지로 실행했던 바와 같이, '철학을 통해서' 가능하다는 것이다. 키케로에 의하면, 철학은, '이성'(*mens; ratio*)이 영혼 윗부분에서 제대로 작용함으로써(*ibid.*, Ⅱ,21,4.7), 인간으로 하여금, 영혼의 평정을 깨뜨리는 일은 바로 '판단에서의 오류와 그릇된 신념'에서 비롯한다는 사실을 깨닫도록 하고, 나아가 "바른 사고"를 하게끔 하는 것이다(*ibid.*, Ⅱ,4,11.).

키케로가 『투스쿨룸 논변』에서 "영혼의 윗부분에 이성이 참여한다."라고 말한 것은 은유가 아니다. 플라톤이 가지계(可知界)를 사변할 수 있다고 한 '이성'은, '달 위의'의 영원하고 조화롭고 완벽하게 위계화된 천상계(天上界)와 연관되어 있다. 고대인들은 우주와 신체 사이의 연계성을 파악하고 있었다. 키케로는, 플라톤을 인용하여, 이성은 머리에, 분노는 가슴에, 그리고 욕구는 횡격막 아래에 배치하고 있는데, 머리에 해당하는 이성은 분노와 욕구를 제어(制御)할 수 있다고 한다.

"인간의 영혼에는 모든 것들을 다스리는 지배자인 이성이 있다. 이성은 그 자체로 추구되어야 할 것이나 더 발전하는 경우에

는 완벽한 덕(德)이 된다."(*ibid.*, Ⅱ,21,47)

영혼의 위계[이성-기개-욕망]와 우주의 위계[가지계-가시계]는 서로 대응하고 연계되어 있는데, 이성은 유일하게 달 너머의 천상계에 참여할 수 있다. 사람은, '철학적 사고' 즉 '이성의 바른 작용'을 통해, 천상계를 관조하고 모방하며, 천상의 질서에 참여하고, 우주의 영원함에 귀의(歸依)할 수 있다. 신학적인 용어로써 표현하자면, 〈철학적 사고〉를 통해 '달 너머에 있는' 인간 영혼의 종착점으로 귀일하게 된다. 슬픔에 맞서 키케로가 투쟁할 때 그가 활용하였던 이성은, 자신의 내부로 침잠하거나 함몰되지 않고 천상을 올려 볼 힘이었는 데, 이 힘에 추진력을 제공한 것은 바로 〈철학적 사고〉였고, 〈천상계를 관조하는 일〉이었다.

"상심은 모든 불행의 원천이며 시작이다. 상심과 그 밖의 영혼의 질병에 대한 유일한 치료법이 있다. 모든 질병은 모두 지식과 구별되는 억견과 의지에서 비롯한다. '철학'은 모든 사악함의 원천이 되는 이 판단의 오류와 결함을 뿌리째 뽑아내겠다고 장담한다."(*ibid.*, Ⅳ,38,83)

"철학 하는 일의 효과는 영혼의 격동을 치유하고 쓸데없는 근심을 덜어주며 욕망을 제압하고 두려움을 쫓아내는 데 있다(*ibid.*, Ⅱ,4,11.). 철학은 우리의 생각 어딘가에서 오류가 생겨나면 없애준다(*ibid.*, Ⅲ,33,82.). 우리 생각에서의 결함과 오류는 전적으로 철학으로 치료될 수 있는데(*ibid.*, Ⅴ,2,5.), 덕의 발견자이고 오류의 추방자인 철학은 우리에게 삶의 평정을 선사하고 죽음의 공포를 없애준다."(*ibid.*, Ⅴ,2,6.)

스토아학파의 주장을 따르면, 〈이성〉은 욕망과 격정을 제어함으로써 세상사를 초월하여 천상계를 관조하도록 하며, 또한 이성이 적절하게 기능하게 함으로써 올바르게 사고하고 바른 의견을 갖게끔 한다. 키케로에 의하면, 〈철학〉은 이성이 영혼 윗부분에 참여하도록 함으로써 의견과 생각에서의 오류를 발견하도록 하고 잘못된 생각을 바꾸도록 한다.

『*Laelius de amicitia*(우정론)』와 『투스쿨름 논변(Ⅰ권 죽음편)』에서 키케로는, 사람을 슬픔에서 벗어나게 하는 탁월한 치유법을 제시한다. 키케로는 절친한 친구 스키피오 아이밀리아누스의 죽음에 관하여 가이수스 라일리우스에게 이렇게 말한다.

"그렇지만 나에게 치유법이 없는 것은 아니라네. [그 치유법으로 인해] 스스로 나를 위로할 수 있고, 특히 친구가 죽었을 때 대부분 사람을 괴롭히는 그 잘못된 관념에서 자유로울 수 있네. 나는 스키피오에게 나쁜 일이 일어난 것이라고 생각하지 않네. 나쁜 일이 일어났다면 그것은 나에게 – 나의 생각 속에 – 일어난 것이지." (Laelius de amicitia, Ⅱ,10.)

키케로가 제시하는, 죽음으로 인한 슬픔을 제거하는 치유법은 죽음에 관한 〈생각을 바꾸는 일〉이다.

"죽음은 결코 악이 아니고(*Tusc.*, I,8,16.), 모든 것의 파괴와 소멸에 따른 멸망이 아니라 다만 거처의 이동과 변화일 뿐인데, 영혼이 거처를 지상에서 하늘의 세계로 옮기는 것이다(*ibid.*, I,12,27.). 하늘은 인간 종족으로 가득 차 있는데(*ibid.*, I,12,28.), 영혼은 죽음을 통해 육체로부터 해방되어 우주에 이르게 되고 (*ibid.*, I,20,47.), 이곳 신들의 영역에서 영원한 삶을 누린다(*ibid.*, I,16,36.). 그러므로 죽음은, 신들이 내려주는 최상의 선물인데 (*ibid.*, I,40,118.), 우리 인간을 돌보는 신적 존재가 성취한 과업이며, 신께서 우리를 위한 안전한 항구, 영원한 피난처로서 예비한 것이다."(*ibid.*, I,40,96.)

그러면 인간이 어떻게 철학을 할 수 있는가? 철학은 영혼의 윗부분에서 이성이 활동하는 것이고, 이를 통해 영혼 아랫부분의 방해를 제압하는 것이다. 철학의 방법, 곧 영혼 아랫부분의 작용을 제압하는 방법으로, 키케로는 우주에 대한 '관조'를 제시한다. 그는 격정과 억견으로부터 영혼을 자유롭게 하기 위해서는, 각자의 생각에서의 오류를 〈찾아내는 것〉만으로는 부족하며, 반드시 죽어야 할 존재인 인간은 〈신성하고 영원한 것에 관한 관조〉를 통해 〈이성이 올바르게 작용하도록 해야 한다〉는 것이다. 요컨대, '철학하는 것'은 바로 '관조'이고, 관조는 육체와 세상만사에서 오는 유혹과 이로 인한 번민에서 초월하여 우주의 신성함과 광대함으로 들어서는 것이다.

"우주에 대한 관조를 통해 모든 인간사를 능히 무시할 수 있으며, 그 영혼은 영원하고 신성한 곳을 바라볼 수 있다."(*De republica*, I ,17,28.)

"[신성하고 영원한 것에 대한 관조를 통해] 우주의 영원함과 세계의 광대함을 알고 있는 사람에게 인간사의 그 어떤 것이 중대한 것으로 보여질 수 있겠는가?"(*Tusc.*, Ⅳ,17,37.)

고대인들은 〈영혼의 질서〉와 〈우주의 질서〉 사이의 본질적인 조화와 대응 관계를 믿고 있었다. 이성이 저급한 영혼의 소란한 격동을 통제할 수 있는 〈철학적 사고〉를 통해, 사람은 '달 너머 세계'를 관조함으로써-인간사를 하찮게 봄으로써- 격정에서 벗어나 영원하고 변함없는 우주의 평안, 조화 그리고 영속성에 참여하게 된다. 고대인은 초월세계에 대한 관조, 즉 우주로의 상승(上乘)과 귀일(歸一) 속에서 진정한 평안과 안식을 누리고 있었다. 결국, 키케로가 중시한 현자는 초월세계를 관조하고 본받는 존재였고, 고대인은 〈인간이 된다〉는 의미를 인간 존재의 내부에서가 아니라 외부에 있는 우주(초월세계)에 대한 관계 속에서 찾고 있었다.

요약하면, 키케로에서 볼 수 있는 고대 로마인이 슬픔을 이겨내는 방식은, ⓐ'철학적 사고'에 해당하는 초월세계로의 관조와 상승·합일을 통해, ⓑ우주와 공동체사회 속에 '자기 자신을 함몰'시킴으로써, ⓒ자신의 '생각을 바꾸려는' 자세이다. 그러나 르네상스인 페트라르카의 방식은 이와 다르다. 슬픔과 시련을 이겨내고자, ⓐ내부세계로 침잠(沈潛)하고 하강(下降)한 후, ⓑ고대 위인의 범례를 견줘보고 모방하는 방식을 통해 내향적 자아를 강하게 도야하고 조성함으로써, ⓒ가혹한 운명에 과감하게 맞서려 한다.

개인과 전체의 관계

키케로에게, 개인은 전체 중 일부였다. 반면 페트라르카에게는 개인이 전체가 된다. 다시 말해 개인 이외의 전체는 없다. 인격신에 대한 불신앙과 절망감에 빠진 페트라르카는, 운명이 가해오는 고통과 시련에 맞서도록 내향화하여, 강인한 자아의 조성과 탁월한 성격의 형성을 시도한다. 그렇지만 슬픔 속의 키케로는, 외향화하여 신성하고 영원한 세계에 대한 관조를 통하여 세상사를 초월함으로써, 영혼을 격정과 욕망에서 해방시키려고 한다.

개인을 부분으로 생각하는 키케로의 관점에서, 개인에게 우주가 종적인 전체였다면 공동체사회는 횡적인 전체였다. 개인에게 또 다른 전체로서의 공동체사회는 초월적인 우주의 지상적·현세적 구현물이다. 우주의 현세적 대응물로서의 공동체사회가 담당해야 할 가장 주된 과업은, 이것은 또한 고대 교육의 주된 과업으로 볼 수 있는데, 개인으로 하여금 현상세계를 초월하여 영원하고 신성한 우주를 관조하도록 하는 일과 우주의 완벽한 덕과 지혜에 참여(參與)토록 하는 일이다. 고대인 안에서 '인간이 된다'는 의미는, 키케로의 말처럼 "현상세계를 벗어나서 그 바깥의 영원하고 신성한 세계를 바라봄으로써 우주가 지닌 덕과 지혜에 참여하는 것"이다(De republica, I ,17,28.). 그래서 만약 개인이 '인간이 되는 일'에 무능하거나 태만할 경우에는, 초월세계의 현세적 구현물로서의 공동체사회가 그 과업을 떠맡아야 했고 그 과업에 관여해야만 했다.

키케로는 자기 자신보다는 먼저 전체로서의 로마 사회를 생각했고, 자기 자신보다 로마인을 생각했다. 그는 자신이 일부분인 이 땅에서도 이성을 찾아낼 수 있었다. 영혼의 위계와 우주의 위계 사이에서 대칭을 발견할 수 있었던 것과 같이, 이성이 주도적인 역할을 발휘하는 키케로의 세계관 안에는, 또 다른 연계, 즉 '마음'과 '사회' 간의 연계가 있다. 동일한 이성이 세 가지(영혼·사회·우주)를 모두 통할·지배한 것이다. 키케로에 있어서 '인간(vir)'은 무엇보다도 이성이 영혼 아랫부분의 분노와 욕망을 제압할 수 있는 자이다.

"사람(homo)과 대비되는 인간(vir)은, 의식적인 훈련과 습관과 마음의 각오와 이성을 통해서, 정화되고 획득한 강인하고 고결한 성품을 소유한 자이다."(Tusc., II, 18,4.)

"인간(vir)은, 이성이 영혼의 다른 부분들에 대하여 주도권을 지니고서, 주인이 노예를 다루듯이, 혹은 지휘관이 사병을 다루듯, 혹은 부모가 자식을 다루듯, 그것들을 복종시킬 수 있는 자이다."(ibid., II,21,48.)

사람이 우주의 완전하고 진정한 덕으로 상승할 수 있는 것은 철학적인 관조를 통해서 가능한 것이 사실이지만, 또한 도시국가라는 공동체사회 또한 모든 남자가 '인간'으로 행위할 수 있도록 감시·감독을 했다. 이성이 영혼 아랫부분에 대한 통제에 실패하면, 도시국가가 이성의 자리를 대신하여 참견하게 된다. 개인 영혼의 이성이 그 역할을 제대로 수행하지 못하게 되면, 공동체사회가 이성의 역할을 담당한 것이다.

"만약 영혼의 윗부분(이성)이 제 일을 제대로 해내지 못하여 슬픔과 나약함에 빠졌다면, 그래서 여인네들처럼 통곡하고 울부짖고 눈물을 질질 짤 때는, 친구들과 친척들의 감시와 감독을 통해 규제받고 억제되어야 한다. 우리는 자신의 이성으로는 어찌할 수 없었던 사람들이, 체면(pudor:shame) 때문에 수치를 피하고자 통제되는 것을 종종 보아왔기 때문이다." (ibid., Ⅱ, 21, 48)

키케로는 체면(pudor)과 이성(ratio)을 연계시킨다. 부끄러움과 수치를 알도록 하는 체면을 활용하는 일은, 로마 사회가 구성원으로 하여금 이성의 질서와 조화에 순응하도록 했던 중요한 방법 가운데 하나였다. 고대 공동체사회가 서로 권면하고 감시하는 이러한 모습은, 키케로가 사랑하는 딸 튤리아를 잃고서 절망하고 있을 때 그의 친구들이 보인 반응 속에서 찾아볼 수 있다. 키케로가 비통에 빠져있는 동안 친구 브루투스 등은 '또 다른 이성'의 역할을 담당한다. 안절부절못하고 있던 키케로에게, 친구들은 로마인의 가치기준(價値基準)으로 볼 때 정말 나약하고 창피스러운 비탄과 슬픔에서 벗어나라고 권고한다. 키케로가 비통에 잠겨 어찌할 바를 모르고 있을 때, 친구 아티쿠스는 혹시 키케로의 이러한 행동이 그의 명성과 덕망에 손실이 되지 않을까, 아울러 로마 사회의 용맹함과 절제라는 미덕을 훼손하지는 않을까 염려하면서, 키케로에게 우정어린 질책을 한다. 다른 친구 부르투스는 키케로의 그런 행동을 못마땅하게 보아 꾸짖는 편지를 보내온다. 그리고 2년 후에 키케로 역시 브루투스의 아내 폴리아가 죽었을 때 실의에 빠진 브루투스에게 위로의 편지를 보낸다. 이 편지의 서두를 보자.

"지금 나는, 나의 애도(哀悼) 기간에 자네가 편지로서 나를 위로하고자 했던, 그 의무(*officium*)를 실행하고자 하네." (*Ad Brutus*, 18:1. [17(1.9)])

로마인들은 구성원 간에 〈이성의 역할〉을 맡는 것을 의무(*officium*)로 인식하였다. 오피키움(*officium*)은 강력한 말이다. 이 말은 로마 사회 안에서 종교·도덕 및 법률에 의하여 구성원이 당연히 해야 하는 의무를 가리킨다. 아티쿠스와 브루투스, 그리고 2년 후의 키케로는 상대방을 향하여, '현자의 영혼'과 '공동체'와 그리고 '달 너머의 천상계'를 통할·지배하는 그 이성의 가치 기준에 맞추어 처신하며 체면을 지킬 것을 권장한 것이다. 이렇듯이, 고대사회는 규범을 지키고 미덕을 세우기 위하여 상호 간에 견제하고 권면하고 위로하는 일에 사회적으로 관심과 역량을 집중하였다. 단적으로 표현해서, 고대사회는 〈사회적 미덕의 실현을 위한 공동체〉라 부를 수 있다.

고대인이 개인을 부분으로 생각했다는 것은, 고대인에게 〈개인은 우주와 사회의 한 부분〉으로 인식되었다는 뜻이다. 먼저, 〈개인이 우주의 한 부분〉이라는 것은, 개인을 포함한 현상세계의 모든 존재와 삼라만상이 그것들을 통할하고 지배하는 어떤 이법(理法)의 질서 아래 묶여 있다는 의미이다. 우주의 모든 것에 조화와 통일성을 부여하는 이러한 이법의 질서를 인식했다는 것은 바로, 고대인이 현상세계 너머에 있는 초월세계의 실존과 작용을 감지하면서 살았음을 가리킨다. 고대인의 세계관에 의하면 초월세계는 삼라만상을 움직이는 작용 원리였을 뿐만 아니라, 개인의 영혼이 육체를 갖고 살아갈 때 겪게 될 세속적인 번민과 고통으로부터 온전히 벗어나서 진정한 평안과 안식을 얻을 수 있는 영혼의 본향(本鄕)이고, 궁극적 귀의처(歸依處)였다.

또한 〈개인이 사회의 한 부분〉이라는 것은, 고대인 안에서 개인의 존재는 오직 다른 사람과 사회 속의 관계에서만 제대로 파악될 수 있다는 의미이다. 독립된 주체로서의 개인은 생각할 수조차 없을 뿐만 아니라, 부분인 개인이 전체인 사회를 떠난다는 것은 아마도 '개인의 죽음'의 경우를 제외하고는 생각해 볼 수도 없다는 뜻이다. 고대인이 개인보다 사회를 우선시하는 것은, 소크라테스가 아테네 사회를 떠나는 것보다는 기꺼이 독배(毒盃)를 택한 사실에서 그 예를 찾아볼 수 있다. 고대 종교를 연구하는 한스 요나스(H.Jonas)는 자신의 한 저술에서 고대사회 안에서 '개인과 사회와 우주'의 관계를 이렇게 설명한다.

"우주에 대한 인간의 관계는 고대적 사고에서 가장 근본적인 주제였던 부분-전체 관계 가운데서 한 가지 특수한 경우이다. 고대적 교의(敎義)에 따르면, 전체는 부분보다 우선하고 우월한 것이다. 그러므로 전체를 위하여 부분이 있는 것이며, 전체 안에서라야 부분은 존재할 수 있는 의미와 이유를 지니게 된다. 이와 같은 전체와 부분 관계의 생생한 보기로는 고대의 도시국가를 들 수 있다. 이 도시국가에서 시민들은, 부분은 전체에 의존할 뿐만 아니라 또한 부분이 전체를 유지한다는 인식 안에서, 전체를 공동으로 소유하고 그 전체인 도시국가를 수월한 상태로 보존하였다. 이 상태는 마치 전체의 상태가 부분의 실존과 그 완전성에 중대한 영향을 주면서도 동시에 부분의 행위가 전체의 존립과 수월성에 심대한 영향을 주고 있는 관계라고 할 수 있다. 개인의 삶을 가능하게 하고 개인의 선한 삶을 가능하게 하는 이 전체는 이와 동시에 개인의 각별한 보호 아래 위탁되어 있었다."(Jonas, 1963, p.248)

서양 윤리학의 흐름을 연구했던 맥킨타이어(A.MacIntyre)의 한 저술에 의하면, 고대사회는 무엇보다도 '공적(公的)으로 덕과 지혜가 추구되는 사회'였다(MacIntyre, 1984, pp.131-164). 이 말은 즉, 전체 사회 구성원의 공통적인 삶의 목표와 가치가 덕과 지혜의 실현으로 모아졌다는 것과, 덕행의 실천이라는 과업이 개인에게 맡겨졌다기보다는 구성원 전체가 공명(共鳴)하는 공동사업으로 추진되었다는 의미이다. 사회 구성원 모두가 "그 사회의 미덕과 규범을 준수하고 덕행을 확립하기 위해서 서로 격려하고 감시하고 충고하는 모습은 고대사회 자유민들 사이의 일반화된 관례"였다(Jaeger, 1970, p.415).

고대 고전과 문화의 바탕, 초월세계

고대사회의 구성원들이 탁월한 삶과 문화를 구현해 낼 수 있었던 그 힘은 어디에서 비롯하였을까? 다시 말해 인문주의자들이 복원하려고 했던 고대의 찬란한 문화와 학문은 어떻게 가능하였는가? 그 근원적인 힘은 고대인들의 삶의 자세와 관련지어 파악될 수 있을 것인데, 더 구체적으로 말하자면, 초월세계를 인식하고 감지하며 살았던 고대인들의 삶의 태도에서 유래하였을 것이다. 키케로의 저술에 나타난 고대인의 독특한 자세, 곧 인문주의자와 다른 삶의 태도는, 우주를 관조하고 모방하려는 자세이다.

그렇다면, 관조와 모방의 대상으로서의 우주 곧 초월세계는 고대인에게 어떻게 비쳐 있었을까? 고대인에게 우주는 지고지선(至高至善)의 덕과 지혜가 응결된 것으로서 덕과 지혜의 원천으로 보였다. 이러한 우주를 〈관조하려는 자세〉는, 본질적이고 영원한 세계, 곧 영혼이 최종적으로 귀의할 본향으로서의 초월세계를 느끼고 인식하면서 점점 더 그 신성한 세계로 접근하려는 삶이다. 우주를 〈모방하려는 자세〉는, 최고의 덕과 지혜를 구비한 초월세계를 닮아가기 위하여 부단히 사회의 미덕과 덕행을 준수하려는 삶이다.

이렇게 보면, 고대사회의 〈미덕과 덕행의 실현 공동체〉로서의 역할을 온전히 담당할 수 있는 그 힘과 운동력은 고대인의 세계관, 곧 초월세계로부터 생성되고 유래한 것이다. 이렇게 볼 때, 고대의 문화와 고전은 초월세계를 바라보며 살았던 고대적 삶의 결과이므로, 고대 문화와 고전 또한 초월세계와 분리되었을 때는 그 진정한 의미를 제대로 이해할 수 없을 것이다. 고대 작가의 저술, 곧 고전적 인문학은 초월세계를 지향하는 가운데 사회적 미덕을 실행하며 살아가는 고대인의 삶을 기술해 놓은 것이므로, 고전적 인문학 본연의 가치와 정신은 고대인의 삶의 기반이 되었던 초월세계와 관련지어 파악할 때만 적확하게 파악될 수 있는 것이다.

고대인에게 인문학이 지닌 교육적 가치는, 육체에 갇혀 현상세계를 살아가고 있는 사람들로 하여금 눈을 들어 초월세계를 바라보고 점점 더 그곳에 가까이 다가서도록 권면하는 것이다. 고대의 공동체 사회가, 초월세계가 요청하는 삶을 구현해 내는 사회이며, 초월세계의 역사적·현세적 대응물로서의 사회가 그것의 존재 의의를 초월세계와 개인을 매개하는 일에서 찾고 있었다면, 그러한 삶을 기록해 놓은 고전적 인문학의 교육적 이상은, 눈에 안 보이는 초월세계로 구성원들을 안내하는 것이다. 이와 같이, 고전적 인문학은, 사람들에게 경험을 초월하여 존재하는 초월세계를 '경험 수준'에서 보여줌으로써, 현상세계 안에서 살아가는 사람들로 하여금 초월세계를 지향하도록 하는 일에 그 본연의 교육적 이상과 가치를 둔 것이다.

인문주의자들이 초월세계를 배제하고 고대 문화만을 중시한 것은, 르네상스 시기에 출현한 자아의 '내향적 지향성'에서 그 이유를 찾아낼 수 있다. 내향적 자세를 갖고서 고전을 대면하게 될 때, 고전은 원래의 그것과는 다르게 파악된다. 〈초월세계와 고대사회의 규범과 미덕〉은 도외시하고, 개별적 존재인 〈고대 영웅과 작가들의 내면적 위대성〉에만 주목하게 된다. 이렇듯, 내향적 자세를 갖고서 고대인 '개인'의 탁월한 행위와 심리에 주목하게 될 때, 고대 고전은 눈에 안 보이는 초월세계와 천상의 진리를 경험 수준에서 보여주고자 했던 원래의 성격에서 벗어나게 되고, 결국 고대 위인과 영웅들의 탁월한 위업과 금언을 들려주는 위인전과 교훈서의 일종으로 격하되고 만다. 인문주의자의 스투디아 후마니타스 안에서 도덕철학과 수사학이 그 핵심부를 차지하게 되었던 것도 실은 인문주의자들이 고대인 개인들의 위업과 강인한 정신에 주목했던 사실과 무관하지 않다.

고대적 인식론 : 직접성과 궁극성

그리스·로마 시대에 살고 있던 고대인들은, 자신이 인식하고 지각하는 '대상'과 '자기 자신'을 분리하지 않았다. 고대인들이 이처럼 인식대상과 인식주체를 분리하지 않은 것은, ①모든 존재와 삼라만상을 통할하는 '단일한 이법질서(理法秩序)'를 경험하고 있었고, ②

자기 자신을 이러한 '이법질서의 한 부분'으로 파악했으며, ③단일한 이법질서를 '하나의 통합질서'로 즉 '부분이 모여 전체를 구성하는 질서'로 경험했기 때문이다. 고대인이 자기 자신을 이법질서와 전체의 한 부분으로 파악하게 된 것은 고대인의 〈외향적 자아〉와 밀접하게 관련된다. 인식주체의 중심체라고 할 수 있는 〈내향적 자아〉의 부재로 인해, 인식 자체를 인식주체가 인식대상에 합일되고 흡수되는 〈외향적 방식〉으로 파악한 것이다.

이러한 고대적 경험 안에서, '아는 것'(앎; knowledge)과 '이성(ratio)'은 모종의 '직접성'(直接性; immediacy)과 '궁극성'(窮極性; ulitimacy)에 도달할 수 있었다. 직접성은 '감각 자료의 매개를 거치지 않고 마음의 눈으로' 인식한다는 의미이고, 궁극성은 '인식대상의 본질에 해당하는 실재[가지계, 사물의 본질인 '형상(形相)']에 도달하는 경험'을 의미한다. 요컨대, 고대적 인식은, '감각 자료의 매개 없이 마음으로 궁극적 실재와 연합하는 경험'을 뜻한다. 고대인은, '앎'과 '이성'을 '예지'(叡智; *vision*) 혹은 '직관'(直觀; *intellectus*)으로 묘사하고 있는데, 예지(혹은 직관)의 작용 안에서, '마음의 눈'과 '그것이 보는 대상'은 서로 연합하고 결합할 수 있었고, 외향적 자아는 인식대상으로 합일할 수 있었다.

아리스토텔레스는 인식자와 인식대상이 결합하는 '예지'의 작용에 관하여 말할 때, "감각 자료인 질료(質料;matter)가 없어도, 인식자와 인식대상은 한 가지(the same)로 되고, 인식 과정과 인식대상도 한 가지가 된다."라고 한다(*De anima*, Ⅲ,4,430a2.). 아우구스티누스는 인식자와 인식대상 사이의 연합이라는 '직관'에 관한 논의에서, "영혼은 진리 그 자체와 연합하는 방식을 제외하고는 진리를 파악할 수 없다."라고 한다(*De Trinitate*, 3,4.). 고대인들이 인식대상과 하나로 연합될 수 있는 것은, 단일한 이법질서와의 연합을 통해 그것과 한가지로 될 가능성이 부여된 〈외향적 자아〉를 지녔기 때문이다. 고대인들은, 인식 작용을 단일한 이법질서에, 즉 존재하는 모든 것을 통할하는 총체적 질서에, 의식적으로 참여하는 것으로 간주한 것이다.

그렇지만 인식 작용을 단일한 이법질서와 총체적 질서에 '참여'하는 것으로 간주한 이러한 인식방식은, 근대로 오면서 거의 망각되고 만다. 〈참여〉로서의 인식은 〈감각 자료의 매개 없는 직접적인 인식〉과 〈실재에 도달하는 궁극적인 인식〉을 특징으로 한다. 고대인은 이렇게 마음의 눈으로 진리와 본질에 도달하는 경험을 보통 '관조(*contemplatio*)' 혹은 '직관(*intellectus*)'이라 부른다. 인식 방법으로서의 관조와 직관이 지닌 특성은, 〈마음의 눈으로 가지계를 인식한다〉는 의미에서의 직접성과 궁극성이다. 고대적 인식 방법으로서의 직관과 관조의 특성은, 한 마디로 〈직접적이고 궁극적인 경험〉이다. 그리하여 인식자(부분)는 인식대상(전체)에 참여하고, 인식자[마음의 눈]와 인식대상[진리/실재/가지계/신]은 하나가 된다.

'직관과 관조'로서의 인식(앎)과 관련해서 주목해야 할 사항은, 이때의 앎이, 내향적 자아의 부재로 인하여 〈인식자의 능동적이고 주체적인 인식 자세〉와는 상관이 없다는 점이다. 반면에, '이성(*ratio*)'은 앎을 향한 〈인식자의 주체적이고 적극적인 인식 자세〉라는 점이다. 〈예지와 직관〉을 통한 앎은 인식자의 〈수용적이고 기다리는 자세〉와 관련된 것으로, 이때의 앎은 일종의 신의 시혜(施惠)처럼 위로부터 하사(下賜)되는 형태로 일어난다. 하지만 〈이성〉을 통한 앎은, 인식자의 〈주체적이고 적극적인 인식 작용〉을 통해 얻어낸 산물의 모습으로 나타난다.[25] 그러므로 고대적 인식에서의 앎, 곧 관조와 예지로서의 앎은, 인간 이성(ratio)의 〈주체적이고 능동적인〉 자세 아닌, 신의 선물과 은혜를 바라는 일종의 〈수용적이고 기다리는〉 자세에서 일어난다. 고대인의 기다리고 수용하려는 인식 자세는, 인식자가 인식대상에 하나로 연합되는 〈외향적 자아〉의 특성이었다.

르네상스 인문학은 개인과 우주, 개인과 사회 사이의 '고대적인 외향적 통합'을 '내향적·개인적 통합'으로 대치하려는 기도(企圖)에서 탄생한 것이다. 르네상스 인문학은, 직접성과 궁극성 대신 강렬한 내적인 경험을 통해서 중세에서 망각된 '고대 문화'를 다시 붙잡고 복원하려는 의도 아래, 서구 사상 안에서 행해진 중대한 시도(試圖)였다. 인문주의자들이 인식 방법으로 〈마음의 눈으로 실재를 파악하는 직관과 관조〉 대신 〈내적인 경험과 내면의 통합〉을 시도

---

25) 앎에 있어서 이성(ratio)과 직관(intellectus)의 차이는, 불교 이론에서의 교종(敎宗)과 선종(禪宗)의 차이, '불경 공부를 통한 불법의 인식'과 '참선을 통한 깨우침'의 차이, '혜(慧)'와 '정(定)'의 차이로 읽을 수 있다. 교종의 방식은 부처가 한 말과 진리를 적어 놓은 경전을 연구함으로써 불법의 진리를 밝힐 수 있다는 것이고, 선종의 방식은 말과 경전은 필요 없이 참선을 통해 마음으로 깨달음을 얻는다는 것이다. 따라서 교종은 진리를 깨우치고자 불경 공부와 부처가 했던 말의 의미를 파악하는 데 주력하지만, 반면에 선종은 마음을 순화시키고 본성을 찾음으로써 깨달음을 얻고자 한다. 교종에서의 '혜'는 인식자가 주체적으로 사물의 이치를 파악하고 깨우치려는 것으로 인식자가 능동적으로 사물의 이치에 다가가려는 모습이다. 반면에, 선종에서의 '정'은 산란한 마음을 한곳에 모아 조용히 기다리면서 사물의 이치가 마음에 다가오기를 바라는 자세이다.

교종과 선종은 인식 태도에 있어서, 각각 인식자의 '주체적·적극적 자세'와 '수용적·수동적 자세'로 구분할 수 있다. 교종에서의 앎은 인식자의 주체적이고 능동적인 노력의 산물이고 결과이다. 그러나 선종에서의 앎은 마음을 안정시키고 기다리는 가운데 신의 시혜처럼 위로부터 하사되는 방식으로 나타난다. 따라서 앎에서의 주도권은, 교종에서는 인식자에게, 선종에서는 인식대상인 진리에 있다.

한 것은, '인식자와 인식대상을 분리'하며 '개인을 전체로 생각'하는 〈내향적 자아〉의 특성과 관련된다.

서구사회에서 '인식자와 인식대상을 분리하려는 태도'는 '직관(*intellectus*)' 대신 '이성(*ratio*)'을 중시한 스콜라철학에서 시작된다. 11세기 말 스콜라철학의 정립자로 불리는 안셀름(Anselm Canterberry, 1033-1100)의 「존재론적 신 증명」의 요지는, '인식대상 가운데 더 이상 큰 것이 있을 수 없는 신의 의미(또는 신에 관한 정의)가 "이성(*ratio*)에 의하여" 사유되고 이해될 수 있다'는 점이다(*Opera omnia*, I, p.101). 스콜라철학은 신의 존재와 의미를 직관 아닌 이성으로 파악하고자 한다. 따라서 신의 존재에 관한 안셀름의 존재론적 증명은, 〈모든 존재 사이의 통합〉이라는 고대적 경험이 이미 종말에 이르렀음을 단적으로 보여준다. 안셀름은 서구적인 '이성(*ratio*)'의 영역 안에서, 즉 '의미'(인식자의 인식)의 영역과 '인식대상'의 영역이 완전히 분리된 존재의 세계 안에서, 〈인식자와 인식대상 사이의 이분법〉으로 특징지을 수 있는, 인지와 지각의 경험을 최초로 표현한 철학자이다(Proctor, 1988, p.80). 이렇게 인식자와 인식대상이 분리된 세계의 질서 안에서는, 부분은 더 이상 전체를 구성할 수 없고, 부분(요소)은 단지 전체의 각기 분화된 '기능(機能)'의 역할-예를 들어, 갈릴레오의 물체 낙하의 법칙에서 볼 수 있듯이, 모든 낙하하는 물체는 그 법칙의 기능으로 파악된다는 의미에서의 기능-을 담당하는 데 그치고 만다. 각기 다른 '요소'로서의 부분은 전체 속의 '여러 기능을 수행'할 뿐이다.

이처럼 스콜라철학 안에서는, 〈인식자와 인식대상 간의 분리〉가 시도되며, 이제 〈인식자의 사유 능력인 이성(*ratio*)〉이 출현한다. 아울러 이성(*ratio*)은 〈추론(推論)하는 능력〉으로 파악되며, 앎은 〈지적인 노력의 결과〉로 인식된다. 앎은 신의 은혜처럼 위로부터 하사되는 것이 아니라 인식주체가 획득해 내는 것으로 여겨진다. 이제 추론하는 능력으로서의 이성(ratio)이 강조되면 될수록, 그 결과 점점 인식대상의 〈실재성 여부〉보다는 인식대상에 이르는 추론의 과정에서의 〈논리적 일관성〉, 즉 삼단논법과 같은 방법론을 중시한다. 고대인은 '이성'을 인식자가 그의 인식대상과 하나로 연합한다는 이른바 〈직관〉으로 파악했으나, 스콜라 철학자 안셀름의 '이성'은 〈언명된 말의 논리적 일관성〉에만 의존한다.

그렇지만 논리와 추론상의 내적 일관성은 직관이 아니다. 이렇게 〈직관〉에서 〈추론 이성〉으로의 방향 전환이 일어난 이후, 서구사회의 인식 과정에서는 결국 〈직접성〉과 〈궁극성〉을 상실하고 만다. 스콜라철학이 등장했던 1100년대 이후, 유럽의 사상은 이분화 경향을 띤다. 먼저, 안셀름의 신학적 사변에서 최초로 나타난 이 '새로운 이성'(곧, ratio로서의 이성)의 활기찬 진보가 있었다. 이 이성은 스콜라 신학의 골격을 형성했으나 얼마 안 되어 세속화되고 만다. 새로운 이성의 작용, 곧 인식자와 인식대상을 분리하는 인식 방법은, 서구 사상에서 전형적이고 고유한 수학적·방법론적 형식을 띤 사고로 발전한다. 이 새로운 방법론에 토대하여 천문학은 갈릴레오의 천문학을 향해, 경제학은 복식 부기를 향해, 그리고 정치학은 관료주의와 마키아벨리를 향해 나아간다.

그렇지만 아우구스티누스의 인식론에 영향을 준 키케로는, 인식에서 직접성과 궁극성을 특징으로 하는 〈직관〉으로서의 이성을 중시한다.

"오직 물질적인 측면에서 생각하는 사람들은, 마음으로는 아무것도 볼 수 없으며, 모든 것을 감각적인 눈과 관련짓고자 한다.

실로 이들에게는, 감각에 휩싸인 마음을 구출해낼 수 있는, 가지계(可知界)를 볼 수 있는 이성이 요구된다."(*Tusc.*, Ⅰ, 16, 37)

아우구스티누스는 『진정한 종교에 관하여(*De vera religione*)』에서 사도 바울이 쓴 로마서 1장 20절 인용하여 말하길, 사람은 하나님이 지으신 만물을 보고서 마음의 눈인 예지와 직관을 통해서 하나님의 능력과 신성(神性)을 깨닫는다고 한다.

"이 세상 창조 때로부터, 하나님의 보이지 않는 속성, 곧 그분의 영원하신 능력과 신성은 그 만드신 만물에 분명히 보여 알게 된다. '마음으로' 볼 수 있는 것은 '감각의 눈'으로는 볼 수 없다. 신성은 감각적이고 물질적인 것이 아니라 마음으로 이해되는 (intelligible) 것이다."(*De vera religione*, LⅡ, 101)

'마음으로' 또는 '내향적 자아'의 입장에서 사물을 보려는 점은, 페트라르카의 생각 가운데서 가장 핵심적인 자세였다. 페트라르카는 〈감각의 눈〉이 아닌 〈마음의 눈〉으로 보았으나, 그렇지만 그 시선이 향하는 곳은 〈실재(가지계)〉의 축이 아니라 〈실제(고대 문화)〉의 축이었다. 페트라르카는, 『갈등』에서 '마음으로 보는 것'에 관해 기술한 바 있다. 그러나 페트라르카가 '마음으로' 본 것은 고대인이 본 것(가지계)과는 다른 것이다. '마음으로 보는' 대상에 관해서, 고대인 키케로와 아우구스티누스, 근대인 페트라르카 간에는 현격한 차이가 있다. 『투스쿨룸 논변』에서, 키케로가 마음으로 본 대상은 '영혼'과 같은 것으로서 눈으로는 볼 수 없고 형체를 지닌 것도 아니다. 키케로에서 마음으로 본다는 것은, 〈천상을 관조함으로써 달 아래 세계를 넘어선 후 완전한 지혜와 덕을 소유한 우주의 이성과 하나로 연합〉하는 것을 의미했다. 아우구스티누스 또한 『진정한 종교에 관하여』에서, 마음으로 보는 것에 관해 말할 때, 〈유형의 것에서 무형의 것으로, 감각을 통한 경험에서 마음을 통한 인식으로 넘어서고자 온 힘을 다하는〉 인간 존재를 서술하였는데, 그는 인간의 영혼이 '하나님으로부터 선물로 하사받는 은총으로 인하여, 변화하는 것에서 불변하는 것으로 초월할 수 있다'고 선언하였다(De vera religione, Ⅶ,24).

그러나 페트라르카에서 마음으로 본다는 것은, 구체적인 대상을 마음으로 '상상(想像)'하는 방식이다. 페트라르카는 경험적이고 현세적인 것을 '초월'하여 존재하는 것을 마음으로 보려는 것이 아니라, 내향화하여 자신의 내부로 '침잠'한 후 구체적인 대상을 상상하려고 한다. 그가 마음속으로 〈상상〉한 것은 영존하는 정신적 실재가 아니라 〈생생하고 감각적인 영상이었고, 구체적인 역사의 장면〉이었다. 페트라르카가 상상한 것은 우주와 고대사회의 미덕과 범례가 아니라 구체적인 본보기가 있는 실제(practie)였는데, 그것은 바로 〈고대 위인과 작가들이 보여준 탁월한 사고와 위업〉이었고, 그것들이 체계적으로 집산된 고대 문화였다. 페트라르카는 '감각'과 '영상'을 통해 감지된 고대 위인의 위업을 모방하고 고대 문화를 복원하려는 의도를 갖고서 '상상력(想像力)'을 사용한 것이다. 페트라르카는 고대 위인들이 지닌 〈미덕과 규범〉을 찾아낸 것이 아니라, 실지로 처한 역사적 장면에서 그들이 지녔던 〈마음의 상태와 내면의 심리〉를 상상했다. 페트라르카는 『갈등』에서 아우구스티누스에게, "자신을 죽어가는 사람의 자리에 놓고 죽음의 순간에 자신의 마음에 떠오를 죽음의 고통과 지옥과 사탄의 말 등 그 모든 공포스러운 것을 심각하게 상상한다."라고 토로하였다(Petrarch, 1955, p.58).

결국, 키케로와 아우구스티누스를 숭배하고 닮고자 했던 페트라르카가 바라본 대상은, 키케로와 아우구스티누스의 본래 의도와는 전혀 다른 것이다. 페트라르카는 『방뚜산 등반기』에서 아우구스티누스의 『고백록』을 읽고 내면세계를 인식하게 되었으나, 그가 바라본 내면세계는 〈탁월함과 전례로 가득한 키케로 등 로마 위인의 심리〉였고, 〈죄악과 악한 습관에 빠져 번민하면서 하나님의 은혜만을 희구하는 아우구스티누스의 내면〉은 아니다. 고대인에게 있어서, 마음으로 본다는 것은 '가지적 존재(可知的 存在)와의 연합'이라는 '관조'를 의미했고 '외향적 자아의 가지적 존재와의 합일'을 의미했으나, 페트라르카에게는 그런 관조도 없었고 또한 그런 가지적 존재도 없었다.

키케로와 아우구스티누스의 자아와 비교해 볼 때, 특히 20세기 관점에서 알아챈다는 것은 거의 불가능하겠지만, 페트라르카의 자아(내향적 자아)에 대한 의식(意識)은, 정신적·무형적인 것과 대립하는 감각적·유형적인 것에 집착하는 과정에서, 그리고 의식적으로 달 아래 세계의 존재로만 사고(思考)를 제한하려는 과정에서, 탄생한 것이다. 페트라르카의 〈자아〉에 대한 인식은 〈외향적 자아의 관조를 통한 전체로의 합일〉이라는 고대적 사유에 대한 근본적인 변형이고 왜곡이다.

덕성은 신의 선물

중세를 포함하여 고대에서 우주를 '관조'하는 것은, '고대적' 의미의 여가(餘暇) 곧 '스콜레(*schole*)'[26] 안에서, 완전한 덕과 지혜를 갖추고 있는 신성한 세계를 지향하고 대면하는 인간의 자세를 의미한

---

26) 고대로부터 중세까지 여가(餘暇)를 가리켰던 '스콜레(schole)' 또는 '오티움(otium)'은 '초월세계에 대한 관조적 행위 또는 신에 대한 예배(禮拜)'를 뜻한다.

다(Pieper, 1952, p41). 고대인의 사유체계 안에서 우주를 관조하고 대면하는 일은, 인간 영혼에 진정한 평안과 안식을 가져오는 것으로 생각되었다. 고대인은 우주를 관조할 때, 현실의 인간 존재가 당면할 수밖에 없는 격렬한 불안과 정욕, 그리고 슬픔과 제어할 수 없는 쾌락에서 벗어날 수 있다고 생각했다. 특히, 키케로는 만약 덕과 지혜가 인간 안에서 실현된다고 해도 그 덕과 지혜는 완전한 것은 아니라고 하며, 인간의 온전한 덕과 지혜는 초월세계로서의 우주를 바라봄으로써 가능한 것이고, 또한 우주를 대면하려는 인간의 자세 안에서 덕과 지혜는 보다 용이하게 실현될 수 있다고 보았다.

여기서 우리는 고대인의 덕과 지혜에 관한 관념을 엿볼 수 있다. 고대인의 관점에서, "인간이 덕과 지식을 획득한다는 것은 명백히 '인간 이상(以上)'의 일이고 '인간의 능력을 넘어서는' 일이며, 덕과 지혜는 인간이 원하거나 노력한다고 해서 모두 가질 수 있는 것이 아니고, 그것은 신의 '은혜'로서 하사(下賜)되는 '신이 주는 선물'과도 같은 것"이다(김안중, 1994, p.56). 덕과 지혜는 '직관(intellctus)'과도 같이 초월적 존재로부터 하사되는 것이지 '이성(ratio)'을 통한 인간의 추론과 지적 노력의 결과로 획득하는 것은 아니다. 덕과 지혜를 얻기 위한 인간의 수고와 노력은 덕과 지혜를 얻기 위한 조건일 뿐 직접적인 원인은 아니다. 고대인은 덕과 지혜를 인간에게 신의 선물과 같이 주어지는 것으로 여겼으나, 인문주의자들은 르네상스 인문학의 공부를 통해 의도적으로 덕성과 교양을 함양하려고 했다. 도덕성을 함양하는 방법에 관하여, 중세 이전의 사람과 인문주의자는 서로 다른 입장을 취한 것이다.

그렇다면, 〈도덕적 주제와 수사학의 결합〉을 내세운 르네상스 인문학이 도덕성 함양의 문제에 관해 시사하는 바는 무엇일까? 먼저,

르네상스 인문학에 이르러서 종래의 〈형이상학적·교의적 주제〉가 〈도덕적 주제〉로 대치된 점은, 인문주의자들이 도덕성 함양의 문제를 인문학이 직접 담당해야 주요한 학습 과제로 삼았음을 보여준다. 또한, 논리학에서 수사학으로 전환된 점은, 도덕성 함양은 〈수동적·수용적인 자세〉에서 이뤄지는 것이 아니라 〈적극적·능동적인 방식〉으로 획득해야 하는 것으로, 인문주의자들의 생각이 바뀌었음을 보여준다. 초월세계를 간과한 인문주의자에 의하여 도덕교육의 성격이 변화된 것이다. 인문주의자에게, 덕성의 함양은 도덕적으로 교훈이 될만한 내용을 수사학적 기법을 사용하여 유려하고 힘차게 표현함으로써 상대방의 의지를 설득할 수 있을 때 비로소 가능한 것이다.

〈도덕적 주제와 수사학을 결합〉하는 인문주의자의 관점이, 그 이전의 관점과 다른 것은 무엇일까? 인문주의자의 관점 가운데 새로운 것은 덕성과 교양의 함양이라는 교육적 과업이 〈인간의 의지와 노력에 달린 문제〉로 인식된다는 점이다. 중세까지만 해도 인간이 덕과 지혜를 획득하는 일은 인간 스스로 노력과 의지만으로는 가능하지 않고, 여기에는 신의 은총과 같은 초월적 요소가 있어야 가능한 것으로 생각했다. 현대사회에서 스콜라철학을 연구한 피이퍼(Josef Pieper, 1904-1997)에 의하면, 르네상스 이전 고대와 중세 학자들은 대체로 인간의 정신 활동을 두 가지로 구분하고 있다. 라티오(*ratio*)와 인텔렉투스(*intellectus*)가 바로 그것이다(Pieper, 1952, pp.26-27). 라티오는 논리적으로 사고하거나 추론하는 정신작용으로서, 탐색하고 검사하는 능력, 추상하고 정의 내리고, 전제로부터 결론을 도출하는 능력 같은 것을 말한다. 이때의 정신작용은 모종의 '능력' 또는 '힘'으로 여겨진다. 그러므로 라티오는 인간의 의식적인 노력이나 의지가 요구되는 〈능동적인 활동〉이라고 부를 수 있다. 이에 비해서, 인텔렉투스는 〈단순 직관〉으로서의 정신 활동을 말한다. 이것은 마치 눈을 뜨면 주위 경치가 두 눈에 들어오듯이 진리가 있는 그대로 우리 눈에 들어오는 것, 그 의미에서 진리를 보는 능력을 말한다. 그러므로, 이것은 인간적인 '능력'이나 '힘'의 능동적인 작용과 적극적인 관여로서의 활동이라기보다는, 일종의 직관과 같은 것으로서 고요하게 관조하는 가운데 힘들이지 않고도 주어지는 〈일종의 통찰〉이라고 할 수 있다.

피이퍼에 의하면, 고대와 중세에서 지식이라는 것은 이 두 가지 능력, 즉 라티오와 인텔렉투스가 '동시에 하나로' 되어있는 상태를 가리키며, 지식의 획득과정은 이 두 가지 정신 활동이 '함께' 일어나는 것을 의미한다(Pieper, 1954, p.26). 그러므로 인간이 덕과 지혜를 얻는다는 것은 〈인간적 노력〉을 뜻하는 라티오만으로는 불가능하며, 여기에는 반드시 〈신의 은총〉이라고 할 수 있는 인텔렉투스가 요구된다고 생각했다. 이처럼, 중세까지 덕과 지혜는, 인간이 능동적으로 활동하고 적극적으로 관여하여 획득하는 것이 아니라 신적인 세계로부터 부여받는 것, 곧 수동과 수용의 관점에서 파악되었다. 그렇지만 도덕적 주제와 수사학을 결합하려는 르네상스 인문학에 이르러 덕과 지혜의 함양은, 〈인간의 의도적인 관여와 노력〉을 통해 일어나는 것으로 파악되기 시작한다.

이렇게 보면, 르네상스 인문학 이전에는 도덕교육이라는 것과 도덕교육을 목표로 한 교과가 별도로 존재하지 않았음을 시사한다. 르네상스 인문학에 이르러 도덕철학과 수사학이 핵심 교과로 강조된 것은, 도덕교육이라는 것과 도덕교육을 위한 교과가 별도로 출현했음을 가리킨다. 반면에 중세까지는 〈초월세계를 지향하는 것과 분리되지 않은 학문적 탐구를 통해서〉 인간의 덕과 지혜가 길러진다고 생각했다. 신에 대한 경배 행위를 뜻하는 '스콜레(schole)'로서의 여가가 지녔던 의미에서 알 수 있듯이, 고대 이래로 중세인은 사변과 관조적 삶 속에서 인간의 지적·도덕적 완성이 이뤄진다고 생각했고, 초월적 세계와의 교감(交感) 속에서 인간성의 완성(인간다움의 실현)을 이루고자 했다.

르네상스 인문학이 등장하기 이전, 덕과 지혜는 신적인 세계와 대면하려는 과정(過程)에서 인간에게 내려지는 것으로 생각되었기 때문에, 별도로 도덕교육을 직접적인 목표로 삼는 학문과 교과의 영역이 존재하지 않았다. 초월세계를 지향하는 것과 결합된 학문적 탐구 또는 특이한 방식으로 사물을 관조하는 것이 바로 교육이었고, 이 교육 안에서 인간의 덕과 지혜는 길러진다고 생각했다. 그렇다고 해서 지적·도덕적 완성이라는 별도의 목표를 미리 세워놓고서 초월세계에 대한 사변과 관조에 관여하지도 않았다. 반면에 인문주의자들은 초월적 세계에 대한 사변과 관조 없이도 인간의 의도적인 노력과 관여를 통해서, 즉 도덕적 주제를 수사학적 기법을 통해 유려하게 제시함으로써, 인간성의 완성을 실현할 수 있다고 생각한 것이다.

자아의 내향화를 시도한 인문주의자들은, 고전적 인문학에 제시된 〈외향적 자아의 초월적인 실재와의 대면〉이라는 교육적 이상을 밀어내고, 그 자리에 〈내향적 자아의 형성〉이라는 새로운 이상을 들여놓았다. 초월적인 것을 거부하는 현세적인 그들에게는, 밑도 끝도 보이지 않는 신의 경지에 얼마나 다가설 수 있느냐 보다, 인간을 얼마나 도덕적인 존재로 만드느냐가 최고의 관심사였다. 인문주의자들은 고대 사장의 공부를 통해서 이 과업이 온전히 가능하다고 확신했다. 〈도덕철학과 수사학이 결합〉한 것은, 르네상스 시기에 이르러 도덕교육의 성격과 도덕교육의 방법에 대한 관점이 바꿨다는 사실과 아울러 인문주의자에 의하여 새로운 도덕론이 출현한 사실을 명확하게 보여준다.

현상세계를 초월하여 초월세계로 나아가려는 외향적 자세, 진리를 수용하고 받아들이려는 관조의 태도, 신을 경배하고 신께 예배드리려는 고대적 의미의 여가는, 그 자체로서 정당화될 수 있는 인간 본연의 자세였으며, 이러한 외향적인 관조와 신을 향한 여가의 과정에서 〈여분으로 주어지는 것, 혹은 그 과정에서 잉태되는 것〉이 인간의 지적·도덕적 완성이었다. 그렇지만, 덕과 지혜의 고대적 원천으로서의 초월세계를 배제하려는 인문주의자들에 의하여, 최초로 〈덕과 지혜는 인간이 노력하면 언제든지 획득할 수 있는 것〉으로 그 의미가 변화하며, 특별히 인간의 지적·도덕적 완성을 직접 겨냥한 르네상스 인문학이 출현한다.

초월세계에 대응하는 외향적 자아

인문학의 세 가지 유형은 각각 서로 상이한 세계(초월세계·문화세계·일상세계)를 상정하고 있다. 이와 같이 상이한 세계에는 그것과 관련된 각기 다른 자아(외향적 자아·교양적 자아·개별적 자아)가 대응하고 있다.

키케로에 있어서, '인간(*vir*)', 또는 '인간다움(*humanitas*)'은 무엇보다도 사회적으로 가치 있는 덕성(德性), 혹은 미덕(美德)과 관련된 개념이다. 앞에서 보았듯이, 키케로는 '*vir*(인간)'에서 유래된 '*virtus*(덕)'이라는 말을 사용하였는데, '*vir*'의 본질은 고통과 죽음을 하찮게 여기는 강인함(*fortitudo*)이다(*Tusc.*, Ⅱ,18,43). 강인함은 로마 사회가 가치롭게 여기는 덕성이고, 바로 로마인이 되었다는 증표이다. 로마어 '*vir*'는 초개인적(超個人的)이고 규범적(規範的)인 개념이다. 그렇다면 앞서 키케로가 『투스쿨룸 논변』에서 소개한 장군 마리우스는 '*vir*'를 '창조'해 낸 것이 아니라 단지 그 말의 한 '예시(例示)'에 불과한 것이다. 마리우스가 한 일은 단지 진정한 로마인이 되는 한 가지 방법을 보여주었을 뿐이다. 만약 다른 사람이 마리우스를 따라 묶이지 않고 수술을 받았다면, '개인' 마리우스의 행위를 따라서 그렇게 한 것이 아니라, '로마인'이 지닌 강인함이라는 덕성과 규범에 참여하고자 그렇게 한 것이다.

페트라르카가 자신의 삶 속에서 고대 로마에 관한 지식을 활용할 때, 그가 활용할 수 없었고 그 자신의 글 가운데서 빠트린 것은, 로마 사회에서의 개인과 사회 간의 끊을 수 없는 유대(紐帶), 즉 '개인화(個人化)된 표현과 경험'은 오직 '사회적 체제'를 통해서만 가능하다는 로마인의 사고방식이었다. 이로 인해, 마리우스의 범례를 끄집어냈을 때, 페트라르카는 〈사회적 존재(social being)〉로서의 마리우스를 뒤로 제쳐놓고 대신 자율적인 자아를 지닌 〈개별적 존재(individual being)〉로서의 마리우스를 등장시킨다. 페트라르카의 마리우스에 관한 기술에는, 키케로가 원래 언급하지 않았던 개별적 존재로서의 마리우스의 강인함이 언급된다. 페트라르카는 키케로의 글에 원래 없던 '한 인간의 강인함'과 '그 정신의 강인함'을 마리우스에게서 찾아낸 것이다. 이렇게 되면 페트라르카와 그의 글을 읽는 독자에게는, 고대인이 고통과 고난을 타개하고자 할 때 실질적인 작동자(作動者)로 작용한 '*vir*(로마인)'와 '*virtus*(로마인의 덕성)'와는 거리가 먼, '개인 마리우스'와 '그 정신 내부의 투쟁'이 도덕적 영감과 감화력을 갖게 된다.

내향적 자아를 찾아낸 페트라르카가 고대 영웅을 〈공동체 안에서 사회적 규범과 미덕을 현시(顯示)한 자〉에서 〈자율적인 자아를 지닌 자〉로 변형시킨 사실은, 그가 데키우스(Decius) 일가(아버지·아들·손자)의 영웅적 행위를 기술할 때 분명하게 드러난다. 친구 지오반니에게 쓴 편지에서, 페트라르카는 마리우스에 관하여 말한 다음, 이어서 데키우스 일가에 관하여 다음과 같이 기술한다.

"라틴족과의 전투에서, 집정관 데키우스(*Publius Decius*)는 베셀리스강 둔치에서 로마 군대와 로마 시민의 승리를 위하여 자신의 생명을 바쳤네. 말하기는 쉽고 행하기는 훨씬 어려운 것인데, 데키우스는 로마인의 승리를 위하여 자진해서 사지(死地)로 돌진한 것이네. 데키우스의 이러한 본보기는 참으로 감동적이고 인상적이었기 때문에, 삼미트인과 갈리아인의 연합군과 전투에서는, 그의 아들 데키우스(아들 역시 집정관이었네만) 또한 '자신의 아버지'를 본받아 배운 대로, '아버지의 모방자'로서 '아버지의 이름'을 외치면서 용맹스럽게 죽음을 향해 나아갔고, 동포의 안전보다 사소하게 여긴 자신의 죽음을 택한 것이네. 마지막으로 이 가문의 세 번째 희생자가 된 손자 데키우스 역시 피루스족과의 전투에서, 앞선 '아버지와 할아버지를 닮고자' 하여, 집정관이 아니었음에도, 선조의 정신이 지녔던 동일한 용맹과 똑같은 조국애를 품고서 공화국을 위하여 쓰러졌던 것이네." (*Fam.*, Ⅵ,4., pp.315-316)

페트라르카의 기술에 따르면, 전투에서 아들로 하여금 동포를 위해 목숨을 바치도록 감화를 준 것은 아버지 데키우스의 본보기였다. 손자로 하여금 조국을 위해 헌신하도록 한 것도 할아버지와 아버지의 본보기였다. 페트라르카가 독자들에게 주목하도록 한 대상은 데키우스 일가의 '개인들', 즉 아버지, 아들, 손자이다. 그렇지만 페트라르카는 원자료에 본래 기술된 내용과는 다르게 말한다. 마리우스와 데키우스 일가의 영웅적 행위를 기술할 때, 페트라르카는 로마 작가인 키케로와 세네카와는 두 가지 면에서 중대한 차이를 보인다.

(1) 첫 번째 차이는, 페트라르카에 의하면, 아들은 아버지를 모방하고 손자는 아버지와 조부를 모방한다. 이와는 달리 페트라르카가 참고했던 로마 작가의 원자료에서는, 어떤 개인이 다른 사람을 모방하거나 이에 필적하는 것에 관한 것이 아니라, 대신 어떤 개인이 보여준 공적(功績; *eius factum*)이나 미덕(美德)에 주목하고는, 다른 사람이 그러한 공적이나 미덕에 참여하는 것에 관해서 기술하고 있다. 『예언(*De divinatione*), 이하 '*divinatione*'로 표기』에서 키케로는, 라틴족을 쳐부순 것은 데시우스가 로마 사회를 위해 보여준 공적이었고, 아들이 바란 것은 단지 '아버지처럼 되는 것'이 아니라 '아버지와 동일한 영광스러운 죽음', 즉 '아버지가 소유한 로마인의 미덕'을 갖는 것이라고 적고 있다.

"집정관이었을 때, 데키우스는 라틴족의 전열에 뛰어들어 자신의 목숨을 바쳤다. 그의 바로 이 죽음에 힘입어 로마 군대는 라틴족을 제압하고 물리칠 수 있었다. 그의 아들이 똑같이 되고자 간구한 것은 아버지의 이러한 '영광스러운 죽음'이었다." (*divinatione.*, I, 24,51.)

『최고선악론(*De finibus bonorum et malorum*), 이하 '*finibus*'로 표기』에서 키케로는, "만약 아버지 데키우스의 공적이 제대로 찬사를 받지 못했다면 그의 아들 또한 그를 모방하지도 않았을 거야. 아울러 한 가문에서 계속하여 국가에 세 번째 희생을 바친 손자도 태어나지 않았을 것이네"라고 한다(*finibus.*, II,19,61). 또한 한 편지에서 세네카는, "데키우스의 아들은 아버지의 덕을 닮고자(paternae virtutis aemulus) 했다."라고 기술한다(Epistulae., LXVⅡ, 9.).

페트라르카가 고대의 위인들을 또 다른 '개별적 자아'에게 감화력을 주는 '개별적 자아'로 바꾼 사실은, 세네카가 데키우스를 기술한 방식과 비교해 볼 때, 분명하게 드러난다. 세네카는 데키우스의 아들을 "아버지가 지닌 덕의 모방자"(paternae virtutis aemulus)로 기술한 반면, 페트라르카는 "아버지(개인)의 모방자"(paternae aemulus)로 묘사한다. 아들로 하여금 조국을 위하여 목숨을 바치도록 한 것은, 세네카에게는 아버지가 지니고 있었던 '덕성과 미덕', 곧 로마 사회가 가치롭게 여기는 〈보편적 이상과 가치〉였지만, 페트라르카에게는 아버지라는 〈개인〉이다. 더욱이 페트라르카는 원자료에도 없던 구절, 즉 〈공적과 미덕〉을 〈개인의 강인함〉으로 바꾸는 구절을 첨가한다. 앞서 보았듯이 페트라르카는 앞선 글에서, 아들이 "아버지의 이름을 부르면서" 적진에 뛰어들었다고 기술했다. 그러나 당시 로마 군인들은 자신들의 죽음을 이런 방식으로 '개인화할'(개인의 것으로 만들) 수 없었다.

(2) 데키우스의 죽음 이야기에 관한 원자료와 페트라르카의 재진술 간의 두 번째 차이는, 영웅적인 죽음으로부터 각각 다르게 추출해낸 교훈에서 볼 수 있다. 페트라르카는 '한 인간 존재'(곧 개인)는 '다른 인간 존재'의 행위를 관찰함으로써 자기 자신을 알게 되고 자신의 성격을 강화할 수 있다는 교훈을 뽑아낸다. 그렇지만, 키케로와 세네카에서 데키우스의 죽음에 관한 이야기는, 데키우스 일가의 희생적인 죽음 자체가 아니라 '죽음이란 두려워할 것이 아니다'라는 '생각'을 예시하는 것이고, 그 '생각'의 타당함을 증명하는 것이다.

"만약 죽음이라는 것이 실로 두려워할 만한 것이었다면, 루키우스 부르투스는 자신이 축출한 왕의 복위를 막기 위한 전투에 참여하지 못했을 것이며, 아버지 데키우스는 라틴족과의 전투에서, 아들은 에트루리아 사람들과의 전투에서, 손자는 퓌로스와의 전투에서 모두 적의 무기 앞에서 도망치고 말았을 것이다." (*Tusc.*, I ,37, 89.)

또한 세네카는 데키우스의 죽음에 대해 말하길, '숭고한 죽음이란 그 자체로서 가치 있는 것'이라고 한다.

"데키우스는 공화국을 위하여 자신의 생명을 바쳤다. 죽음을 무릅쓰고 말을 박차면서 적진으로 용맹스럽게 뛰어들었다. 아들 데키우스는, 그의 '아버지의 덕(德)'을 닮고자 하여, 대대로 내려오는 가훈(家訓)을 외치면서, 그의 희생이 좋은 징조를 가져올 것이고 장렬한 죽음의 가치만을 생각하고서는, 적진 한가운데로 뛰어들었다. 가장 고귀한 것은 기억될만한 가치가 있는 존재로서 죽는 것이고, 또한 덕(*virtus*)의 바른 실행이라는 사실을 당신은 의심하겠는가?." (*Epistulae*, LXVII, 9)

페트라르카가 참조했던 고대 원자료에는, 〈자율적인 개인〉으로서의 데키우스에 관해서는 한마디의 언급도 없다. 그렇지만 페트라르카는 독자의 시선이 마리우스와 데키우스 개인을 향하도록 한다.

사회의 규범과 미덕에 참여

데키우스에 관해 기술할 때, 페트라르카는 "로마인의 승리를 위하여 '자신의' 죽음을 내놓은 것은, 실행하는 것보다는 말하는 것이 보다 쉽다."라고 했다. 이 말을 사용함으로써, 페트라르카는 자신의 시선을 〈데키우스의 공적(功績)〉에서 이제 죽고자 마음 다짐을 하는

〈데키우스의 안쪽(내부)〉으로 바꾸고 있다. 이 말 가운데서, 페트라르카는 데키우스의 정신 '내부의' 투쟁을 암시한다. 키케로와 세네카는 독자의 시선이 궁극적인 희생(고귀한 죽음)과 공적을 향하도록 하지만, 페트라르카는 인간으로서 자신 내부의 갈등을 극복하고 일치된 마음으로 죽음을 택하는 것이 얼마나 힘든 일인가를 생각하도록 한다. 결국 페트라르카를 읽는 독자는 데키우스를 내적 투쟁을 겪는 '내향적 자아'로 확신하게 된다.

페트라르카는, 마리우스와 데키우스에 관한 원자료를 읽을 때, 그들이 보여준 로마 군인으로서의 용맹성을 일종의 '심리적인' 용맹성으로 바꾸어 인식한다. 페트라르카는, 고대 영웅들이 겪어야만 했던 '내적 투쟁'을 파악하고 모방하는 과정에서, 자신의 내향적 자아를 고무(鼓舞)하고 강화할 수 있는 〈도덕적 영감(道德的 靈感)〉을 얻을 것으로 기대한다. 이렇게 되면, 〈로마 사회의 덕성과 미덕〉이 아니라 〈로마의 영웅 개인들의 내적 투쟁과 심리 상태〉가, 차후 탁월한 행위의 모방을 위한 도덕적 영감과 감화력을 갖게 된다.

중요한 사실은, 르네상스 인문주의자 페트라르카 이후로는, 페트라르카와 다른 방식으로 로마 영웅과 위인들을 파악하는 것이 매우 어렵게 되었다는 점이다. 우리는 페트라르카가 고대 위인을 "모방할 만한" 개인으로 파악한 사실을 확인함으로써, 〈고대 로마인이 르네상스 시대의 사람들과 다름에도 불구하고, 어떻게 그들이 르네상스적인 내향적 자아의 형성과 조성에 그와 같이 핵심적인 모델의 역할을 담당할 수 있었는가〉라는 중대한 의문점을 해소할 수 있다. 인문주의자들에게 고대 위인은 한편으로 〈개별적·내향적 자아〉를 지닌 존재로서 파악되었지만, 다른 한편으로는 현대적 인문학과는 달리 〈자아 형성을 위한 기준이자 모델〉로 인식된 것이다.

로마인들이 사회화된 인간으로 학습되는 전형적인 사례를, 로마인의 장례식에 관해 묘사했던 폴리비우스(Polybius, B.C.202-120)의 글에서 찾아볼 수 있다. 그리스인이었던 폴리비우스는 그리스가 로마에 정복된 후 로마에서 포로로 지내면서 여러 명망 있는 가문과 교제할 수 있었다. 이때 그는 고대 로마인의 성격과 로마 사회의 제도와 의례(儀禮)를 면밀하게 관찰하여 기록해 놓았는데, 특히 그의 로마 장례식에 관한 기술은 젊은 로마인이 자신을 공동체사회의 한 부분으로 인식하는 과정을 생생하게 보여준다.

"어느 저명한 인물이 죽었을 때는 으레 망자의 시신이 잘 보일 수 있도록 똑바로 세워 놓거나, 혹은 흔한 것은 아니지만 눕혀진 채 소위 로스트라(rostra)라 불리는 연단으로 옮긴 후 장례식을 거행한다. 이때 많은 사람이 그 주변에 모여들고, 성장한 아들이 없으면, 가까운 친척이 연단에 올라가 고인의 업적과 미덕에 대해 강연을 한다. 강연을 듣는 군중들의 눈앞에는 고인의 업적이 어른거리게 되고, 마음속으로는 고인의 공적이 떠오른다. 그리하여 고인의 죽음은 가족들만의 슬픔이 아니라 모든 사람의 가슴을 미어지게 하는 공적인 슬픔이라는 사실에 모두가 공감하다. 매장과 평상적인 의식이 끝난 후에는, 망자의 조상(彫像)을 유골 상자가 묻힌 묘당의 가장 잘 보이는 곳에 설치해 둔다. 이 조형물은 가장 충실하게 망자의 형체와 외모를 재현하는 형상이다. 때때로 공적인 의식이 거행될 때면 그 조상을 앞에다 게시하며, 또한 잘 보관해 두었다가 그 가족들 가운데 어느 저명한 인물이 죽었을 때면 그 조상을 장례식장에 가져다가 지금 망자의 조상 옆에 둔다. (중략) 이 조상들은 연단으로 향하는 동안 각각 2륜 마차에 태워진 채, 당시 행정관의 수행 하에 퍼레이드를 벌이며, 연단에 도착하면 모두 상아로 된 의자 위에 안치된다. 명성과 미덕을 꿈꾸는 젊은이들에게는 이 광경 이상으로 그들을 감동시키는 것은 없을 것이다. 왜냐하면 누구를 막론하고 뛰어난 공적으로 명예를 얻게 된 망자의 조상을 보는 순간 감화를 받기 때문이다. 이보다 더 영광스러운 장면이 어디에 있겠는가? (중략) 이런 방식을 통해, 용맹스런 인물의 좋은 평판은 항구적으로 재생되며, 조국에 공헌한 인물의 명성은 세상에 드러나고, 후손에게 유산으로 물려지고, 고귀한 행위를 한 인물의 명성은 불멸의 것이 된다." (*The Historia*, Vol.3, Ⅵ, pp.52-54)

고대사회는, 공동체와 국가 기관이 의식과 기념식을 거행하여 영웅적 행위를 기리는 과정을 통해서, '통합된 공동체'로서 끊임없이 재생할 수 있었다. 이러한 기념식과 의례 속에서 군중은 자신의 '안쪽' 아닌 '바깥'을 바라봄으로써 영감을 받았다. 의례를 통해 로마의 과거 위인들이 재생될 때는, 페트라르카가 감화력이 있다고 믿었던 개별적 자아의 탁월함 같은 것은 없었고, 내적인 투쟁이나 의지와의 투쟁은 원래 없었다. '개별성'에 관한 한, 마리우스와 데키우스 일가는 '백지상태'였다.

고대 영웅과 위인들의 위대한 행위는 그 개인의 특성에서가 아니라 초월세계의 실존과 공동체사회의 미덕에서 유래한 것이다. 영웅과 위인들이 보여준 미덕과 이상 역시 원래 어느 개인의 창조물이 아니다. 그들이 보여준 유덕(有德)한 행위 역시, 단지 이미 그 사회가 전통으로 갖고 있는 사회적 미덕의 한 예시(例示)였고, 한 사례(事例)를 나타낸 것이다. 그렇지만 내향적 자아를 인식하게 된 인문주의자들은 고대인 '개인'을 찬양하며 고대사회의 미덕과 그 이상을 특정한 개인의 '내면적 창조물'로 읽는다. 이렇듯, 우주와 공동체사회를 그 토대로 삼았던 고전적 인문학은 르네상스 시기에 이르러서는 그 근원이 고대인 개인의 탁월한 삶과 그들이 역사적으로 이룩해 낸 교양적 문화로 대치되고 만다. 인문주의자들은 '신과 무지의 굴레로부터 인간성의 회복과 학문의 복원'이라는 그들의 환호성 뒤편에서, 고전과 문화와 학문의 형이상학적 토대였던 초월세계가 망각되고 있음을 깨닫지 못하였다.

3. 현대적 인문학

르네상스 시기를 거치면서 최정점에 이르렀던 인문학은, 교양적 삶의 보편적 실현이라는 그 교육적 이상이 후대로 오면서 약화함에 따라, 쇠락의 과정을 밟는다. 그리하여 르네상스 인문학의 대안으로 현대적 인문학이 새롭게 등장한다.

인문주의자들이 인간성의 조화로운 완성을 위한 교과로 제시한 르네상스 인문학은 어떤 이유로 인하여 후대에 이르러 점차 그 교육적 가치와 영향력이 상실되었을까? 르네상스 인문학이 진공 상태에서 쇠퇴하지는 않았을 것이고, 이러한 쇠퇴에는 르네상스 이후 인문학 안에서 역사적으로 발생한 여러 가지 계기가 있을 것이다. 한 가지 전통으로서의 르네상스 인문학이 퇴보한 데에는, 모든 전통의 퇴보가 그러한 과정을 밟는 것과 같이, 일반적으로 두 가지 요인, 즉 내적 이유(전통 그 자체의 약점)와 외적 원인(전통이 한 부분으로 관여하고 있는 한 사회 내에서의 사회적·문화적 변화)가 있다.

후대로 오면서 르네상스 인문학의 교육적 가치와 영향력이 점차 약화되는 과정과, 르네상스 인문학과는 여러모로 대비되는 현대적 인문학의 특징은 무엇인지 탐색해 본다.

르네상스 인문학이 쇠퇴한 내적 이유

먼저, 르네상스 인문학의 퇴조를 불러온 내적 이유부터 살펴보자. 내적 이유로는 첫째, 스투디아 후마니타스의 학습 과정에서 나타난 가장 일반적인 현상으로서, 고전의 학습을 통한 '교양적 삶의 보편적 실현'이라는 르네상스 인문학의 교육적 이상은 점차 망각되는 반면, '고전의 공부 그 자체'가 목적이 되는 경향을 들 수 있다.

학습과 공부를 수반하는 교육 운동은 그것이 무엇이든지 간에 그것이 추구하고자 하는 교육적 이상(理想) 그것보다는 공부나 학습 그 자체에 목적을 두는 경향, 즉 현학주의(衒學主義)로 변질될 위험을 안고 있다. 이러한 일이 르네상스 인문학 안에서도 실지로 발생한다. 시간이 흐르면서 전문적인 학자와 연구가의 손에 내맡겨졌을 때, 인문학 연구는 점차 문헌학(고전 그 자체를 위한 고전 공부)과 상고주의(尙古主義, 옛것 그 자체를 숭상하는 고물(古物) 숭배주의)로 대치되고 만다. 이러한 예는, 후기 르네상스의 인문학 연구 안에서 고전의 '내용과 정신'보다는 고전의 '문법과 문체'에 집착했던 '키케로주의(Ciceronianism)'가 점차 유행한 사실에서, 또한 도덕성과 문필력의 함양이라는 인문주의자의 교육목표는 약화한 반면에, 고전 고대의 미세하고 지엽적인 사실에 관한 공부를 중시하는 풍조가 점차 팽배해진 사실에서 찾아볼 수 있다. 교양적 삶의 전 사회적인 구현을 목표했던 르네상스 인문학이 '순전히 고전 그 자체를 연구하는 일'로 퇴보한 이유는, 후학들이 고대와 대화를 할 때 없어서는 안 될 특정한 수단과 기법에만 몰두함으로써 본말(本末)을 전도시켰기 때문이다.

고대와 대화를 하려면 누구든지, 무엇보다도 먼저, 고대인의 저술과 그리고 그 저술을 해독할 수 있는 고전어에 관한 지식이 요구된다. 고대인의 저술과 고전어는 후대인이 고대에 접근할 수 있는 최적의 통로이자 유일한 수단이었다. 고전과 고전어에 관한 지식이 필요했던 점은 페트라르카를 위시한 인문주의자들에게도 마찬가지였다. 그러나 인문주의자와 그 후학들을 비교할 때 중대한 차이는, 인문주의자들은 결코 '고전 연구 그 자체'를 목적으로 삼아 고전을 연구하지 않은 점이다. 중세 말기의 문화와 학문의 쇠퇴를 극복하려는 르네상스 인문주의운동 아래서 전개된 인문주의자의 고전 연구는, 그 자체가 목적이 아니라 보다 중요한 목표(곧, 고대 문화의 학습을 통한 교양적 삶의 영위와 탁월한 자아의 조성)를 실현하는 데에 필요한 수단이었다.

교육사를 연구한 켈리(D.Kelly)의 저술은, 스투디아 후마니타스가 후대에 이르러 쇠퇴하게 된 모습을 생생하게 보여준다. 인문주의자의 뒤를 이은 후대의 문헌학자들은, 앞선 인문주의자들보다 문헌 연구와 고전 문법에 있어서 훨씬 더 전문적인 기법을 구사했으나, 그 생각은 협소했고 사고의 범위는 제한적이었다. 그들은 문화적·교육적 관심보다는 고대 문헌 그 자체의 교정과 비평에 관심을 두었다(Kelly, 1970, p.80). 인문주의자 페트라르카와 에라스무스의 고전 연구는 사회 참여와 교육 개혁의 일환으로 전개되었으나, 후세대 인문주의자들은 인문학을 연구할 때, 사회 참여와 교육 개혁에는 등을 돌리고 그 대신 '순수한 고전 연구'에 관심을 보인다. 이로 인해, 16세기에 이르러 유럽의 중등학교와 대학의 교육과정 안에 스투디아 후마니타스가 안착되고 제도화되었을 때, 고전에 관한 공부는 그 자체가 목적으로 변모하기 시작한다. 고대의 문화와 학문의 복원을 통한 교양적 삶의 구현이라는 인문주의자의 교육적 이상이 점차 문헌학이라는 전문적인 연구 안에 매몰되고 만 것이다.

문헌 연구를 중시한 후세대 인문주의자들에 의하여 이렇게 망각된 르네상스 인문학의 교육적 이상은, 18세기 중반 이후 독일의 훔볼트와 영국의 아놀드 등 이른바 '신인문주의자(新人文主義者)'에 의하여 다시금 복원의 과정을 밟는다. 르네상스 인문학의 전개 과정은, 스투디아 후마니타스가 등장한 이후 역사적 전개 과정을 살펴볼 때, 순환사의 특색을 띤다. 르네상스 시기에 최고조에 이른 인문학은 후기 르네상스기에 쇠퇴하였다가 18세기 중반 이후 다시 번성하였으나, 현대 산업사회가 보편화된 19세기 중반 이후 다시 퇴보의 길로 접어든다.

르네상스 인문학이 쇠퇴한 두 번째 이유로는, 르네상스 인문학의 공부와 형식도야이론(形式陶冶理論)의 결합이다. 형식도야이론은 〈교과 공부가 인간의 정신 능력을 길러 준다〉는 이론이다. 형식도야이론이 최초로 등장하는 과정에서, 이 이론은 '실용적 교과의 도전에 맞서 종래의 교육내용이었던 고전어와 전통 교과의 가치를 옹호하려는 목적에서 불가피하게 생겨난 것'이다(이홍우, 1989, pp.25-42). 그러므로 형식도야이론 그 자체가 고전어 공부와 필연적 관련을 맺는 것은 아니다. 그렇지만, 후대로 오면서 교양적 삶이라는 처음의 교육적 이상이 점차 약화되자 르네상스 인문학은 그 자체의 존속과 정당화를 위하여 형식도야이론에 불가피하게 의존하게 된다. 후세대 인문주의자인 프랑스의 꾸르노(Augustine Cournot, 1801-1877)는 자신의 저술『공교육론(De l'instruction publique), 1864』에서 고전어와 고전 문학의 공부가 형식도야에 주는 효과를 이렇게 적고 있다.

"아동기로부터 청년기에 이르기까지 모든 지적 능력을 점진적이고 체계적으로 계발하는 이 과업에서는 고전 문법과 고전 문학의 공부만큼 더 효과적인 것은 없다. 이 공부는 기억력, 분별력, 기호, 그리고 논리적이든 비논리적인 것을 막론하고 모든 형식의 판단과 추론의 힘을 단련시켜 주는 효과가 있다."(Farrar, 1868, pp.113-114.)

꾸르노는 고전 문법과 고전 문학의 공부가 학습자의 여러 가지 정신 능력을 가장 효과적으로 향상시킨다는 주장을 편다. 고전어와 전통 교과는 위에서 볼 수 있듯이 후대로 오면서 형식도야이론에 의하여 교과로서의 가치를 인정받는다. 그렇지만, 형식도야를 주창한 고전 교육의 옹호자들이 고전어와 고전 문학을 공부하는 목적을 〈문필력과 도덕성의 함양〉에서 〈형식도야〉로 대치할 때 간과했던 점은, 이러한 대치로 인하여 장차 학교의 교육과정에서 고전어와 고전 교과들이 그때까지 누리고 있던 막강한 권위가 침해 받을 단초를 제공하고 구실을 불러온다는 사실이었다.

고전어의 공부가 추론하고 사고하는 능력을 계발하는 데 효과가 있다는 형식도야이론이 확산함에 따라, 사람들은 점차 형식도야이론을 '고전어와 전통 교과는 물론이고 심지어 체스 놀이까지 포함하여 모든 교과 공부의 목적은 마음속의 모종의 능력을 계발하는 데 있다'는 뜻으로 확대하여 수용한다. 형식도야이론의 이러한 광범위한 적용은 특정한 목적을 위하여 특정한 교과를 공부해야 한다는 생각(곧, 문필력과 교양의 전 사회적 구현을 위하여 고전어와 전통 교과를 공부해야 한다는 생각)을 약화시켰다. 나아가서는, 현대적 인문학자 시지윅이 제기하는 바와 같이, '고전어 공부와 마찬가지로 수학과 자연과학의 공부도 추론력과 기억력, 민첩성과 판단력을 기른다'(Sidgwick, 1868, pp.125-126)는 주장으로까지 발전한다. 여기까지 이르면, 형식도야이론은 오히려 고전어와 고전 문학의 교육적 가치를 약화시키는 이론으로 변모한다. 왜냐하면 형식도야는 고전어와 고전 문학보다는 수학이나 자연과학과 같은 교과를 공부할 때 보다 더 효과적으로 일어날 수 있다고 인식하였기 때문이다.

르네상스 인문학 쇠퇴의 외적 원인

르네상스 인문학의 쇠퇴를 초래한 외적 원인을 살펴보자. 르네상스 인문학이 후대에 쇠락하게 된 첫째 원인으로는, 아이로니컬하게도 서구 유럽의 학교 교육과정에서 르네상스 인문학이 초기에 번성하도록 했던 직업 지향적인 요인을 들 수 있다. 현대 산업사회로의 전환 이후, 인문학은 특정한 직업이나 일을 위한 준비와는 관계가 없다는 생각이 사회적으로 보편화되었다. 현대사회에서 인문학은 사회적으로 유용성이 없는 비실용적 교과로 인식되고, 이로 인해 인문학의 공부가 위축된 것도 사실이다. 그런데, 르네상스 인문학이 초기에 성공했다가 후기에 쇠퇴하게 된 이유를 파악하고자 할 때 주목해야 할 사실은, 스투디아 후마니타스라는 교육과정 그 자체가 처음 출현할 때부터 〈사회적으로 입신양명과 출세의 기회를 제공할 수 있다〉는 태생적 한계를 안고 있었다는 점이다. 즉 인문학을 공부하는 일이 명망 있는 직업을 준비하고 출세하는 데 좋은 기회를 제공했다는 사실이다.

인문주의자들은, 직업을 준비하는 것과는 무관한, 인문교양 교과로서의 르네상스 인문학의 성격을 처음부터 분명하게 인식하고 있었다. 스투디아 후마니타스에 관한 인문주의자들의 이러한 분명한 인식에도 불구하고, 현대 산업사회가 도래하기 이전 후기 르네상스 시기의 인문학은 '비실용적·비직업적 교과'라는 그 본래의 특성과는 무관하게 '유용한 직업 교과'로서의 기능을 담당하게 된다. 스투디아 후마니타스의 공부는, 그 본래의 성격에는 걸맞지 않게, 그 당대의 명망 있는 직업(예컨대, 법관, 국왕의 관료, 교황청 서기, 외교관, 중등학교와 대학의 교직)을 차지하는 데 크게 유리한 위치에 서도록 함으로써, 처음부터 르네상스 인문학은 직업과 무관한 인문교양 교과라는 그 본연의 성격을 분명하게 드러낼 수 없었다.

그도 그럴 것이, 스투디아 후마니타스는 출현할 당시에 고전어와 고전 문학의 공부는 몇몇 유망한 직업을 꿈꾸는 사람들에게 매우 유용했다. 법률가가 되려는 사람으로서 라틴어로 기록된 로마법을 직접 읽지 않으려면 19세기 후반까지 기다려야 했다. 성직자로서 원어로 기록된 신약성서를 읽으려면 희랍어를 공부해야만 했다. 중등학교와 대학의 교직은 대부분 고전어에 능통한 사람들로 충원되었다. 학자와 외교관들 또한 서구 유럽에서 학술과 외교 분야의 공용어였던 라틴어에 능통해야만 했다. 그리고 고전어와 고전 문학의 공부가 중심이 된 인문교육은 특히 귀족층으로부터 적극적인 호응을 받았다. 절대왕정 국가가 출현하는 근대 유럽 사회에서 스투디아 후마니타스가 몰락해 가는 귀족층의 호응을 얻게 된 까닭은, 고전 공부가 귀족들의 기존 권력을 또 다른 형태로서 보존해 주는 역할을 담당했기 때문이다. 중앙집권화된 국가의 출현과 농노제의 폐지로 인하여 권력의 기반을 상실하게 된 귀족층은 예전부터 누려온 권력을 유지해 나갈 수 있는 새로운 통로가 필요했다. 절대군주들 또한 상비군, 성문법, 관료제 등을 운영해 나가자면, 예전의 성직자

출신과는 다른, 세속인 출신의 새로운 관료들이 필요했다. 중앙정부의 점증하는 집중화와 세속화의 과정에서, 절대군주들은 새로운 관료와 신하들을 봉건 귀족층 안에서 우선 충원하려고 하였다. 이 때 귀족층의 입장에서는 인문교육을 통해 봉건적인 군사 엘리트에서 관료 엘리트로 그 역할을 전환하는 것이 시의(時宜)에 적절했던 것이다.

이러한 시대적 상황에서, 명망 있는 지위를 획득하고 입신양명할 수 있는 가장 좋은 방법은 스투디아 후마니타스가 교육내용의 핵심이 된 〈인문교육〉을 중등학교와 대학에서 받는 일이었다. 절대군주의 입장에서 볼 때, 귀족들에게 스투디아 후마니타스가 제시하는 교육적 가치는, "고대 로마 사회가 중세 봉건 체제에 익숙한 귀족들에게 중앙집권화된 국가의 형태를 분명하게 인식시켜 주며, 또한 국가에 대한 신민의 충성심을 불러일으킨다."는 사실이었다(Hexter, 1961, p.64). 귀족층 역시 공적 봉사에 요구되는 특성인 충성심이 다른 신분층보다 뛰어남을 스투디아 후마니타스의 공부를 통해서 증명해야만 했다. 귀족층은 전통적인 예절과 군사 교육을 포기하고, 예전에 장차 성직과 교직을 희망하는 사람들의 전유물이었던 스투디아 후마니타스가 중심이 된 새로운 교육을 받고자 대학과 인문중등학교로 몰려들었다. 16세기 영국의 헨리 8세의 치세(1509-1547) 때는, 수많은 귀족의 후예들이 옥스퍼드와 케임브리지로 몰려들고 인문중등학교의 좌석을 가득 채움에 따라, "다소 비천한 계층이 인문교육에서 배제되는 결과가 야기되기도" 했다(ibid., p.50).

르네상스 인문학이 이처럼 직업 준비 교과로서 크게 호응을 받고 있을 때, 인문주의자들은, 인문교양 교과로서의 스투디아 후마니타스에 대한 열렬한 옹호자였음에도 불구하고, 고전어와 고전 문학 공부가 직업을 준비하는 데에 유리하고 유용한 교과라는 생각을 거부하지는 않았다. 또한 스투디아 후마니타스를 배우고자 인문중등학교에 몰려들었던 학생들 또한 그것을 공부하는 목적이 교양적 삶의 실현에 있다는 인문주의자의 이상에는 소홀했던 반면에 유망한 직업의 획득이라는 생각에는 더욱 큰 비중을 두었다. 이로 인해, '문필력과 교양의 함양'을 목표로 한 비실용적 교과로서의 르네상스 인문학의 성격은 점차 희박해졌음에도, 인문주의자들의 처음 의도와는 달리, 르네상스 인문학은 직업 교과라는 측면에서 그 가치를 인정받고 사회적인 호응을 얻었다. 그렇지만 후대로 오면서, 특히 현대 산업사회가 도래한 이후로는, 직업 교과로서의 르네상스 인문학의 위치는 동요될 수밖에 없었다. 사회가 분화되고 직업 유형이 다양화됨에 따라 직업을 준비함에는, 르네상스 인문학보다는 사회과학과 자연과학을 공부하는 것이 더욱 유리하다는 생각이 확산되었기 때문이다. 이로 인해 자연과학과 사회과학이 점차 번성하게 된 것과 반비례하여, 르네상스 인문학은 그때까지 직업 교과로서 누리던 호응마저 상실하고 만다.

르네상스 인문학이 쇠퇴한 두 번째 원인으로는, 근대적 행정가와 사회과학의 출현을 들 수 있다. 앞에서 살펴본 대로, '르네상스 인문학의 공부'와 '유망한 직업의 획득'이라는 이 양자의 만남은, 르네상스 인문학으로 볼 때는 매우 불행한 만남이었다. 인문주의자들에게, 스투디아 후마니타스를 공부하는 목적은 원래 덕성과 지적 교양의 함양이었고, 직업의 획득과는 무관한 것이다. 고대의 학문을 복원함으로써 교양적 삶을 사회적으로 구현하는 것, 이점이 스투디아 후마니타스의 교육적 이상이다. 그런데, 후대로 오면서 왜 이러한 이상이 사회적으로, 그리고 인문학 안에서 점차 약화되었을까?

르네상스 인문학의 등장 이후로 근대 산업사회가 도래하기 이전의 서구사회 일반의 세론(世論)에 의하면, 공직을 맡거나 사회의 지도자가 되고자 할 때 요구되는 제일 조건은 다름이 아니라 덕성과 교양을 갖추는 것, 즉 '인문학적 소양'을 함양하는 것이었다. 인문주의자들은, 인문학의 공부는 자신과 타인의 삶을 지배하는 데에 필요한 덕성과 교양을 함양함에 있어서 가장 효과적인 과업이라는 관점을 공유했고, 또한 이러한 관점을 인문교육을 통해서 전 사회적으로 확산시켜 나갔다. 고대 사장을 공부하는 일이 통치자에게 요구되는 인문학적 소양을 쌓는 데 매우 적합하다는 주장은, 인문주의자 베로나[27] (Guarino Verona, 1374-1460)의 저술 안에 분명하게 제시된다. 스투디아 후마니타스의 공부는 사람으로 하여금, 가정과 도시와 국가를 잘 다스릴 수 있도록 그 자신의 열정과 욕망에 대한 지배권을 확립시켜준다는 것이다.

"도덕철학은 운명의 시련에 절망하지 않고 행운의 미소에 자만하지 않는 병기를 제공해 준다. 여기에는 행위에 대한 적절한 지침이 있고 이성의 적인 성급함을 피할 수 있는 묘책이 있다. 도덕철학을 통해서 신념과 인내, 공정함, 대적자에 대한 관대함, 그리고 인간에 대한 존중심을 학습할 수 있다. 도덕철학 안에서 영혼의 숭고한 염원을 배양할 수 있고, 저급한 욕구를 제압할 수 있다." (Sabbadini, 1964, pp.182-183)

또한 베로나는, 볼로냐의 행정관으로서 도시민의 소요 사건을 능

---

27) 구아리노 베로나는 인문주의 교사로서 성공한 사람이었다. 그가 이탈리아의 페라라(Ferrara)에 세운 인문중등학교는 온 유럽으로부터 학생들이 몰려들었다. 이 학교의 교장이었던 그는 키케로의 『의무론(De officiis)』을 주요 교재로 삼아 도덕철학 강의를 직접 담당하였다(Proctor, 1988, p.129).

히 해결해 낸 바 있는 친구 니콜라 살레르노(Nicola Salerno)에게 쓴 서한에서, 문학적·사장적 교과를 공부함으로써 형성된 인문학적 소양이 공적 업무를 수행하는 데에 매우 탁월한 효과가 있음을 확신에 찬 어조로 피력한다.

"볼로냐의 도시 폭동이 일어났을 때, 분기탱천한 대중들의 반항심을 누그러뜨린 자네의 연설과 용기는 군인으로서의 자네로부터가 아니라 문예와 사장을 연마한 자네로부터 우러나왔다고, 나는 확신하고 있네. 이 점에서 자네는 시적 영감에 큰 빚을 지고 있다고 생각되네. 자네가 소년 시절부터 사장(詞章)에 의하여 감명받아 마음이 형성되었고, 사장으로부터 자네 자신과 가족과 도시의 공무를 관리하고 조정할 수 있는 능력을 부여받았다고 믿고 있네. 그러므로 이번 일을 통해서, 시적 영감이 서정시와 노래만 지배하는 것이 아니라 공적 업무까지 관장할 수 있음을, 자네는 시의적절하게 증명해 보인 것이네." (Sabbadini, 1959, p.263.)

오늘날, 공적 업무를 관장하는 행정가와 지도자에게 요구되는 제일의 자격 요건으로 도덕성이나 교양과 같은 인문학적 소양을 내세우는 경우는 거의 드물다. 지도자에게 요구되는 최적의 자질로서의 덕성과 교양이 망각된 사실과 르네상스 인문학이 쇠퇴한 사실은 밀접한 관련을 맺고 있다. 덕성과 교양을 상징했던 르네상스 인문학은 현대사회로 가까이 오면서 사회과학과 같은 소위 '관리의 학'으로 대치되고 만다. 르네상스 시기의 이상적인 지도자는, 행정관과 군사 지휘관을 막론하고 모두, 고대의 사장을 통해 교육받은 사람이었다. 그들은 고대의 문학과 도덕철학, 역사 공부에서 얻은 시적 영감과 인문학적 소양의 토대 위에서 정치와 군사 문제에 관한 판단과 결정을 내릴 수 있었고, 또한 이러한 판단과 결정에 대한 자신의 권위를 사회적으로 인정받았고 정당화할 수 있었다. 그러나 현대사회가 선호하는 지도자나 관리자는, 인문학적 소양을 갖춘 사람이 아니라 이익과 손해를 잘 저울질하는 사람이며, 가장 경제적이고 효율적인 방식으로 수지타산을 맞추는 실무형 인사이다. 현대사회에서 지도자의 판단과 결정은 시장조사와 같은 양적 자료에 근거하여 내려진다. 도력의 기반과 지도자의 권위를 정당화하는 방식이 르네상스 인문학이 등장했던 시기로부터 급격하게 변화한 것이다.

현대사회의 교육과정도 이러한 변화를 반영한다. 르네상스 이후 19세기 초엽까지만 해도 르네상스 인문학은, 고전어와 고대 사장의 공부가 지도자에게 요구되는 덕성과 교양을 함양시켜준다는 사회적 공감대 아래, 서구에서 사회의 지도층을 양성하는 교육과 교육과정에서 그 핵심부를 차지할 수 있었다. 그러나 산업사회가 확대되면서 지도층은 종래의 '지적·도덕적' 탁월성보다는 행정적·재정적 수완과 같은 '실무 능력'에서의 우수성을 요구받는다. 실무 능력의 우수성이 강조되면서 르네상스 인문학이 차지했던 자리는 이제 정치학, 경영학, 행정학과 같은 사회과학에 넘겨주게 된다. 사회과학은, 인간의 행위를 설명, 예측하고 조정할 때 과학적으로 타당한 행위의 법칙을 제공해 준다는 명성을 얻게 되었고, 이로 인해 사회의 지도층을 양성하는 교육과정에서 인문학을 점차 밀어내고 예전에 인문학이 차지했던 자리에 들어앉는다.

지도자의 권위와 능력을 문예와 사장의 공부를 통해 함양된 덕성과 교양에서 찾은 르네상스 인문학의 이상과 목표는, 이제 사회과학적 지식과 이 지식에 해박한 현대적 관리자의 '기술적 전문성'과 '실무적 능력'이 대치한다. 이렇게 보면, 현대사회에서 지도자와 관리자의 권위는 도덕적 품성과 지적 교양과 같은 인문학적 소양에서 유래하는 것이 아니라, 맥킨타이어가 지적하는 바와 같이, '가치 중립적인 방식에서 수지 타산을 맞출 수 있는 실무적 능력'에 토대하고 있다(MacIntyre, 1984, p.145). 오늘날에 이르러, 도덕적·지적 권위가 실무적·전문적 권위로 대치된 예는 대학 안에서도 극명하게 볼 수 있다. 예전의 대학 총장으로는 학문적·도덕적으로 명망 있는 인사가 추대되었지만, 오늘날 대학 총장으로는 행정적·재정적인 수완을 지닌 실무형 인사를 선호한다(Botstein, 1986, p.37).

신인문주의자의 문화와 교양적 자아

인간 내면의 탁월하고 조화로운 완성을 목표로 삼았던 교양적 삶은, 활동적 삶이 현대인의 삶을 지배하기 시작한 18세기 중반 이후에, 훔볼트(Wilhelm Humbolt, 1767-1835)와 아놀드(Matthew Anold, 1822-1888)와 같은 신인문주의자들에 의해 다시금 주창된다. 14-15세기 르네상스 인문주의자들의 이상적 모델이 고대 로마였다면, 19세기 신인문주의자들의 교육적 모델은 고대 그리스였다. 19세기 초반에 이르면, 고전 교육의 옹호자로 나선 신인문주의자들은 르네상스 인문학이 추구했던 교육적 이상인 〈자율적인 내적 자아의 형성〉에 관하여 이론적 정당화를 시도했다. 오히려 르네상스 시대보다 더 분명하게 고전 교육의 목적과 이상을 제시한다고 볼 수 있다.

이보다 앞서 18세기 중반 독일에서는 훔볼트 등에 의해, 고전 고대가 새롭게 부활하기 시작했다. 예술가와 지성인들은 예술과 사고에서의 영감과 모델을 찾고자 고대 그리스의 미(美), 조화(調和), 완전(完全)을 추구하였다. 독일에서 고전 고대가 이처럼 부활한 것은, 르네상스 시기만큼 융성하지는 않았지만, 서유럽과 미국의 교육적 이상(교육 이념)에 끼친 영향력이 대단했다. 대학에서는 고전 문헌학에 관한 강좌가 대거 개설되고 그 연구 열기가 드높았고, 중등학교에서는 고전 교육이 대폭 확대되었다. 19세기 독일의 위대한 사상가인 막스와 니체 등은 모두 중등학교에서 철저하게 고전 교육을 받았다.

독일 인문학과 인문교육의 역사에서 가장 중요한 인물은 신인문주의자인 훔볼트이다. 그는 대학에서 고전 고대를 연구할 것과 중등학교에서 그리스어를 가르칠 것을 역설하고, 독일에서 르네상스 인문학의 교육적 이상을 재현하고자 공을 들인 결과, 그동안 쇠락한 독일의 〈인문교육〉을 되살려냈다. 그는 자신의 저술을 통해, "고대 고전의 학습을 통한 자아의 형성과 조성(forming and shaping), 즉 도야(Bildung)"라는 자신의 교육론을 분명하게 선언하였다(Humbolt, 1963, p.103).

"인간의 진정한 목적, 곧 시류와 순간적인 욕구에서 벗어나고 이성에 의하여 영원하고 절대적으로 주어지는 목적은, 바로 각 개인의 능력을 가장 조화롭고 최상의 것으로 도야(Bildung)하는 일이다." (Humbolt, 1969, p.16)

훔볼트에 의하면, "고대 그리스는 각 개인 능력을 가장 조화롭고 충만하게 계발할 수 있는 이상적인 모델(ideal model)"이다(Humbolt, 1963, p.78). 고대 그리스가 자율적 자아의 내적 완성을 위한 〈모델〉이라는 것이다. 19세기 신인문주의자 아놀드는, 훔볼트를 가리켜 "인생의 제일 목표는 자아를 완성하는(perfect oneself) 것이라고 천명했던 자"라 평가한다(Anold, 1994, [126], p.81). 영국의 아놀드는 그의 유명한 저술『문화와 무질서(Culture and Anarchy),1869』에서, '이 세계에서 사유되고 인지된 가장 훌륭한 것은 인문주의 교수와 학습이며, 인문주의적 교육의 이상은 자아의 조성과 완성에 있다'고 주장함으로써 훔볼트의 사상을 계승한다(Arnold, 1966, [47], p.47). 아놀드는, '문화[교양]는 자신과 마음을 완성시키려는 노력'이라 규정하고(*ibid*, [82], p.61), '교양은 인간의 내적 조건인 순수 인간성의 성장과 도야를 완성시킨다'고 강조한다(*ibid.*, [47], p.47).

19세기 중반에 신인문주의자 아놀드는 르네상스 인문학의 이상인 교양적 삶과 교양적 자아를 다시 살려낸다.『문화와 무질서』에서 아놀드가 강조한 것은, 〈'문화'(곧, 고대 고전에 토대한 문화)의 학습을 통한 '교양'(곧, '인간다움', 또는 '탁월한 인간성')의 획득〉이었고, 그가 배척한 것은 그 당시 산업화된 유럽 사회 안에 만연한 '종교적 삶'과 '일상적 삶'이다. 교양을 갖춘 탁월하고 고상한 삶을 강조하는 아놀드는, 자신이 '편협한 지방주의'라 칭한 종교적 삶[유럽의 청교도주의]과 '물질 위주의 속물주의'라 칭한 일상적 삶[산업사회의 노동지상주의(勞動至上主義)]를 극복하는 치료제(治療劑)로서 〈문화〉를 내세운다. 그는 지방주의와 속물주의에 대한 '치료제'인 문화를 교육의 전면에서 내세웠고, 이러한 문화가 추구되고 영위되는 〈교양적 삶〉을 통해서만, 세상 만물을 외면적·기계적·물질적으로 추구하는 벤덤주의의 속물성을 극복할 수 있고, 또한 종교 하나만을 위하여 그 외 다른 모든 것을 희생시키는 종교의 편협함을 탈피할 수 있다고 역설하였다.

근대 산업사회가 발달하면서 이와 함께 우세해진 이념이 자유주의(自由主義; liberalism)이다. 19세기 영국 사회를 온통 지배한 것은 자유주의였는데, 당시 이 말의 가장 중심적인 의미는 '하고 싶은 대로 하는 것'이다(주영림, 1986, p.4). 19세기 서구의 기계적이고 물질적인 문명과 함께 발달한 자유주의에 관해, 아놀드는 다음과 같은 평가를 내린다.

"[자유주의는] 인간이 오직 '하고 싶은 대로 하는 것'(do as he likes)을 가장 행복하고 중요한 일로 보았고, 반면에 인간이 마음대로 하고 있을 때 '그가 무엇을 하는가'(on what he does)에는 관심을 두지 않았다." (ibid., [55], p.50)

아놀드는 〈완전성과 탁월성〉을 추구하는 문화(文化)의 학습을 통해 획득된 '명지'[明知, 문화의 학습을 통해 형성되고 도야된 정신]만이 자유주의의 맹목적인 자유 추구의 오류를 깨우쳐줄 수 있다고 한다(ibid., [67], p.68). 아놀드는 자유주의의 '멋대로 함'과 '맹목적이고 야수적인 인간성'을 치유하는 치료제로서 새로운 자아, 곧 올바른 이성에 의해 계몽되고 통제된 "최상의 자아"(best self, 곧 '교양적 자아')를 내세운다(ibid, [89], p.64). 그는 문화[교양]의 학습을 통해 형성된 최상의 자아, 즉 '교양적 자아'를 통해서만 산업사회의 속물주의와 기독교의 편협주의를 극복할 수 있다고 한다. 그리고 그는, '자유 그 자체만을 목적으로 삼은 자유의 신봉자들이 "일상적 자아"(ordinary self)에 함몰되어 자유를 기계적으로 숭배할 뿐만 아니라, "문화와 교양적 자아"를 하고 싶은 대로 하는 자유를 억압하는 장애물로 여기고서 이를 부정하고 있다'라고, 강력하게 비판한다(ibid., [85], p.63).

아놀드가 19세기 중반에 문화의 학습을 통한 〈교양적 자아〉를 강조한 것은, 특히 현대 산업사회가 도래한 이후 교양적 삶이 또 다른 삶으로부터 침범을 받아 약화되는 것을 우려했기 때문이다. 아닌 게 아니라, 현대사회에서 르네상스 인문학이 쇠퇴했다는 사실은 교양적 삶이 소시민적인 현대인의 직업적·활동적 삶으로부터 침해받고 있음을 뚜렷하게 보여준다. 아놀드에게 의하면, 교양적 삶과 대비되는 현대인의 삶은 세상 만물을 외면적·물질적인 차원에서 바라보고 추구하는 〈활동적·일상적 삶〉이며, 이러한 외면적·물질적 삶을 추구하고 영위하는 현대인의 '세계'는 인문주의자의 세계인 '고상한 정신세계로서의 문화세계'와 대비되는 〈일상세계〉였다.

현대 산업사회의 도래 이후 뚜렷하게 등장한 일상세계는, 노동과 유용성을 강조하는 현대인의 '활동적·직업적 삶'에 상응하는 '세계'로서, 덕성과 교양을 추구하는 〈문화세계〉와는 대립되는 세계이다. 19세기의 신인문주의자들은, 고전 학문과 문화의 복원을 통해, 자유주의 풍조와 활동적 삶으로 인해 침해받는 〈교양적 삶〉을 보존하려고 했고, 당시 중등학교 교육과정을 고대 고전 중심으로 재편함으로써 교양적 삶과 인문교육을 사회 일반과 교육 일반에 확산하려고 했다. 또한 신인문주의자들은 문화와 교양적 자아를 내세움으로써 〈편협한 종교적 삶〉과 〈속물적인 일상적 삶〉을 극복하고자 했다.

고전 문학과 보편적 문화에 대한 부정

후대로 오면서 점차 쇠퇴의 과정을 겪게 된 르네상스 인문학의 대안으로 등장한 것은 〈현대적 인문학〉이다. 현대적 인문학이 출현하게 된 중대한 계기는, 무엇보다도 현대어와 현대 문학이 제공하는 이념과 교육적 가치를 고전어와 고전 문학이 제공하는 그것보다 우월하게 평가하려는 새로운 교육적 경향의 출현이다.

19세기 중반(1867년) 영국에서는, 9명의 저명한 학자들이 모여 당시 영국의 상류계층이 받는 중등교육의 이론과 실제에 관해 전면적으로 조사하고 평가한 바 있다. 여기에 모인 학자들은 이구동성으로, 그 당시 공립학교 교육과정 안에서 현대 세계의 환경에 보다 적절할 것으로 여겨진 여러 교과를 제치고 핵심적인 위치를 차지한 고전어(희랍어와 라틴어)와 고전 문학의 교육적 효과에 대하여 의문을 제기하였다(Trilling, 1978, p.181). 이 연구의 대표는 파라(F.W.Farrar, 1854-1941)였고, 연구의 결과는 『인문교육론(*Essays on a Liberal Education), 1868*)』으로 출간된다. 이 저술은 서구에서, 적어도 교육이론에 관심 있는 사람한테는, 고전 교육에 대비되는 현대 교육의 출현을 알리는 획기적인 사건으로 여겨진다. 영국의 교육사가(敎育史家)인 아담슨(J.Adamson)은 자신의 『영국 교육사(1964)』에서 이 저술을 가리켜 "새로운 인문주의의 가능성과, 통상적으로 오로지 고대 그리스·로마와 연계된 인문학으로부터 현대적 인문학이 분리될 가능성을 최초로 제기한 역작 중의 하나"(Adamson, 1964, p.30)라고 높이 평가한다. 이 연구의 일원이며 그 저술에 한 편의 논문을 게재한 현대적 인문학자 시지윅(Henry Sidgwick, 1838-1900)은, 특히 양대 고전어가 교육과정에서 여전히 주도권을 잡은 상황을 강력하게 비판하고, '대다수의 일반 학생'을 위해서는 고전 문학을 현대 문학으로 대체할 것을 주장한다(Trilling, 1978, p.182).

19세기 중반 이후로 〈인문교육〉 안에서 고전어와 고전 문학이 점차 퇴조한 반면에 현대어와 현대 문학이 번성한 것은, 바로 르네상스 인문학의 퇴장하고 대신 현대적 인문학이 득세하게 된 상황을 여실하게 보여준다. 현대적 인문학이 어떤 것인가는 르네상스 인문학과 대비해 볼 때, 쉽게 파악된다. 현대적 인문학은, 이하에서 볼 수 있는 바와 같이, 그 자체의 일관된 특징을 지니고 있으며, 또한 르네상스 인문학의 주된 가정(假定)에 대한 부정과 해체를 그 출발점으로 삼고 있다. 르네상스 인문학이 '고대 문화와 학문의 복원'이라는 기치를 내걸고서 중세의 문화와 학문에 반기를 들었다면, 현대적 인문학은 르네상스 인문학에 반기를 들고 출현한 것이다. 현대적 인문학의 특징을 분명하게 파악하려면 먼저 르네상스 인문학에서 규정하고 있는 〈문화〉의 개념에 관한 보다 면밀한 이해가 요구된다. 르네상스 인문학이 내세운 것은 고대 고전에 토대한 교양적 문화였고, 인문주의자들은 고전어와 고전 문학을 가르치고 배우는 전통적인 인문교육 안에서 이러한 의미의 문화를 보존하고 전수하려고 했다.

르네상스 인문주의자들 안에서 문화는 다음과 같은 의미를 지니고 있다. 무엇보다, 문화는 인간의 탁월하고 고상한 삶을 밝혀주는 역사적 유산이다. 교양적 삶을 추구하는 인문주의자들에게, 문화는 인간이 역사적으로 성취해 낸 탁월한 삶의 자취가 모여진 것, 곧 인류가 그간 발휘해 온 사고와 행위에서의 위업이 체계적으로 집산되고 축적된 것이다. 그리고 인간의 탁월한 사고와 행위의 정수(精髓)를 체계적으로 기술한 것이 르네상스 인문학이고 전통 교과였다. 그러므로 인간이 역사적으로 이룩해 낸 탁월한 삶과 위업으로서의 문화를 기술해 놓은 것이 〈스투디아 후마니타스〉였고, 그것을 교육내용으로 삼은 것이 〈인문교육〉이었다. 인문주의자의 관점에서 볼 때, 이러한 문화는 고전(특히 고대의 사장)을 통해서 학습되는 것이고, 이 문화는 인간의 조건을 갖추기 위해서는 누구나 학습하지 않으면 안 되는 보편적인 것이고, 그러면서도 문화는 '과거로부터 내려온 것', 즉 전통이었다.

인문주의자들에게, 과거는 단순히 과거가 아니라 그 이상의 의미를 지니고 있다. 과거, 그중에서도 고전 고대는 현재적 삶의 표준(標準)이다. 인문주의자들이 인간성을 조화롭게 완성하고자 했을 때의 그 〈모델〉은 고전 고대의 교양적 문화이고, 교양적 자아 형성의 〈준거)는 과거로부터 내려온 전통문화이고 과거로부터 물려받은 문화유산이다. 따라서 인문주의자에게 당대의 관점과 당대의 저술은, 아직 그 준거성과 교육적 가치가 검증되지 않은 것으로서, 현재적 삶의 표준이 될 수 없는 것이다. 이렇게 볼 때, 르네상스 인문학이 내세운 문화 곧 전통문화 안에는, 인문학의 공부와 인문교육을 통해서, 탁월한 인간성을 형성하고 고상한 삶을 사회적으로 실현하려는 '도덕의식'(道德意識, 지적·도덕적으로 탁월한 사람이 되자는 생각)과 또한 현재의 삶의 준거를 과거와 전통문화에서 찾으려는 '역사의식'(歷史意識, 현재적 삶의 기준은 과거에 있다는 생각)이 반영되어 있다.

도덕의식과 역사의식을 추구하는 르네상스 인문학과 대비되는 현대적 인문학의 중요한 특징은, 무엇보다 전통문화를 새로운 문화 곧 '현대 문화'로 대치하려는 점이다. 과거와 전통문화를 각각 현재와 현대 문화로 대치하려는 현대적 인문학의 입장에서 바라볼 때, 현재와 현대 문화의 구현에 대한 가장 큰 장애물은 다름 아닌 르네상스 인문학과 전통문화이다. 현대 문화에 주목하여 전통문화를 부정하려는 현대적 인문학의 시각은 트릴링의 저술[28]에서 뚜렷하게 제시된다.

"현대적 인문학[29]'을 정의하는 요체는 '전통으로 물려받은 문화

---

28) 트릴링의 저술『문화를 넘어서(Beyond Culture : Essays on Literature and Learning). 1978』는, 전통적인 인문학에 맞서 현대적 인문학을 옹호하며, 종전의 인문학과 구별되는 현대적 인문학의 특징을 밝히고 있는, 트릴링 자신의 소논문 9편으로 구성된다. 본서에서 주로 참고한 것은 다음 3편의 논문이다. ①On the Teaching of Modern Literature, ②The Two Environments : Reflections on the on the Study of English, ③The Leavis-Snow Controversy.

29) 본서에서 '현대적 인문학', '현대 문학', 또는 '현대 문헌'으로 다양하

그 자체에서 현대 문화를 분리해 내는 것'이다. 이점이 바로 과거의 인문학과 구별되는 현대적 인문학의 본질적 요소이다. 이 본질적 요소는, 최상으로 고도화된 현대적 인문학에서, '지배 문명에 대한 적대감'으로 표출된다. (중략) 현대적 인문학은 '우리 시대 우리 문화'에 대한 가장 분명하고 의미심장한 표현이다." (Trilling, 1978, p.4)

"학문과 연구에서 다뤄야 할 진정한 주제는 현대 세계이다. 인문학과 인문학의 연구는 현대성에 대한 직접적이고 실제적인 관련을 맺고 이뤄져야 한다. 인문학 연구의 실질적인 목적은 학생들로 하여금 과거의 세계가 아닌 현대 세계에 친밀감을 느끼도록 하는 것이다. 그러므로 교육과정을 구성할 때의 실질적인 내용과 주제는 과거의 문제가 아니라 당대의 관심사가 되어야 하며, 교육과정의 적절성을 판단하는 기준 역시 과거의 관점이 아니라 당대의 관점이어야 한다." (*ibid.*, p.5)

현대적 인문학은, 전통문화에서 현대 문화를 분리해 내고 나아가서 전통문화로부터 탈피하는 것을 그 자체의 사명으로 인식한다. 현대적 인문학 안에서 문화는 르네상스 인문학에서의 문화와는 다른 의미를 지닌다. 르네상스 인문학에서 추구된 문화는 수월성과 보편성을 특징으로 하는 전통문화였다. 그렇지만 현대적 인문학에서의 문화는, 〈보편적이고 일원적(一元的)인 것〉이 아니라 〈상대적이고 다원적(多元的)인 것〉이다. 문화는 보편적인 통용성을 지닌 것이 아니라, "개개의 사회 집단 안에서 이루어지는 삶에서의 일정한 경향을 반영하는 것"에 불과하다(*ibid.*, p.151.). 그러므로 하나의 문화만 존재하는 것이 아니라 다양한 문화가 존재하는 것이며, 특정한

게 번역되는, 트릴링의 자신의 용어는 'modern literature'이다. 이하에서는, 이 용어를 문맥에 맞추어 세 가지 의미로 번역하여 사용한다.

계층 안에만 문화가 있는 것이 아니라 사회의 모든 계층 안에 문화가 존재한다는 것이다.

"우리 개개인(個個人)의 삶에서 '좋은, 모든 것은' 문화적 행위라고 볼 수 있으며, 따라서 삶과 예술과 사고에서 '평범하고 수준 이하의 것'일지라도 그것대로 문화적 행위로서 존중될 가치가 있다."(ibid., p.152)

모든 계층 속에 나타나는 다양한 삶과 예술과 사고와 행위를 〈문화〉에 포함하자는 것이 현대적 인문학에서 보는 문화의 개념이다. 이 개념에 따르면, 특정한 문화와 행위만이 문화에 포함되고 그 밖의 다른 문화와 행위는 문화에 포함되지 않는다고 할 수 없고, 대중문화와 엘리트 문화의 구분, 고급문화와 저급문화의 구별은 처음부터 있을 수 없다. 문화는 특정한 사회 계층의 전유물이 되어서는 안 된다는 신념을 현대적 인문학은 분명하게 표방한다.

이러한 현대적 인문학의 문화 개념을 발전시켜 나가면, 르네상스 인문학과 신인문주의자들이 강조하는 전통문화는 보편적인 문화가 아니라 특정한 부류가 추구해 온 하나의 문화에 불과한 것이며, 전통문화는 "특정한 계층의 정치적·사회적 권위를 정당화하는, 그야말로 '지배 문화'로 파악"될 뿐이고, 교양적 삶을 강조하는 "인문주의자는 귀족주의적인 지배 문화의 대변자"로 여겨진다(ibid., p.149). 이처럼, 현대적 인문학은 전통문화를 특정한 계층의 이익을 존속시켜주는 문화로 파악한다. "만약 서구사회가 더욱더 평등하고 발전된 사회로 나아가려면, 기존의 범주와 특정 문화만을 고집하는 인문학은 타파되어야 한다"는 트릴링의 주장 그대로(ibid., p.140), 전통문화는 부정과 해체의 대상이다. 그러므로, 전통문화를 거부하는 현대적 인문학은, '지적·도덕적으로 뛰어난 사람이 되자'는 〈도덕의식〉과 '현재의 삶의 표준으로서의 과거를 인정하려는' 〈역사의식〉을 적극적으로 배척한다. 현대적 인문학자들에게는, 과거와 전통은 이미 지나가 버린 것이고, 남아 있다고 해도 현재와는 무관한 것이다.

"그 시대를 사는 사람들에게는 과거의 문학보다는 당대의 문학이 더욱 쉽게 다가오고 이해될 수 있다. 먼 과거의 문학이 아닌 19세기의 문학을 통해 나는 깊은 공감을 갖게 되었고, 그것은 내 안에 숨겨진 삶의 의미를 발견토록 하였다. 역사상 그 어떤 문학도 우리 시대의 문학처럼 개인에게 절실하게 다가올 수 없다. 과거는 이미 사라진 것이다. 과거는 질서와 가치의 근원이 될 수 없고, 존중의 대상이 될 수도 없다. (중략) 현재를 위한 일반적 기준은 과거에서 찾을 수 없다." *(ibid., p.6)*

일상세계와 개별적 자아의 등장

현대적 인문학에서 접하고자 하는 문헌은 고전도 아니고 과거의 문학도 아니다. 그것은 당대의 저술이고 당대의 문학이다. 과거의 저술을 당대의 저술로 대치하려는 현대적 인문학 안에서, 우리는 르네상스 인문학과 대비되는 새로운 역사의식을 볼 수 있다. 르네상스 인문학과 현대적 인문학 간의 역사의식 차이는, 르네상스 인문학을 옹호하는 아놀드와 현대적 인문학을 대변하는 트릴링이 '현대(modern)'의 의미를 서도 다르게 해석한다는 사실을 통해, 쉽게 알아낼 수 있다.

고전 교육과 전통문화를 옹호하는 아놀드는 '현대'라는 용어를 사용할 때, 그 용어에서 '일시적'이고 '지금, 이곳'을 가리키는 의미를 제거하고는, 그 용어에 '고전 고대의 지적·시민적인 덕과 탁월성'이라는 의미를 부여한다. 따라서 아놀드의 역사의식은, 고전 고대의 관점 안에서 '현대적' 요소를 이해하려는 것이고 고전 고대가 배제된 '현대적' 요소는 무의미하다. 19세기 신인문주의자 아놀드가 인문학과 인문교육 안에서 추구한 교육적 이상은 그 시대 구성원의 〈지성과 도덕성의 계발(啓發)〉이다. 그리고 이러한 교육적 이상은 오직 〈고대 고전〉을 공부할 때 비로소 가능한 것이다. 요컨대, 아놀드에게 고대 고전은 모든 세대의 문명과 문화를 판단하는 유일한 기준이다. 그렇지만, 현대적 인문학자 트릴링의 역사의식은 아놀드와는 상이한 관점을 드러낸다.

"아놀드의 '현대'에 관한 인식과 우리가 생각하는 '현대성'의 의미, 아놀드의 인문주의적 이상(理想)과 우리의 '현대적 인문학'에 관한 인식, 이 양자 사이에는 엄청난 간격이 있다. 인문학에 관한 우리의 관점에 동조하는 모든 사람에게는, 문화에서의 위계질서와 탁월성을 추구하는 아놀드의 이상이, 모든 계층의 삶을 19세기 일부 번영하는 국가의 중산층의 삶의 굴레 속으로 과도하게 속박하는 것으로만, 인식될 뿐이다. 아놀드의 이상은 특정한 문명과 문화만을 중시하는 것이며, 이 점에서 아놀드의 역사의식 또한 확인할 수 있다. 그렇지만 아놀드와 구별되는 현대적 인문학의 역사의식은 과거와 현재의 삶을 냉혹하고 잔인하게 속박했던 문명의 남용과 방종을 처절하게 깨닫고 있다. 그 문화가 이룩해 낸 질서(秩序)와 합의(合意)라고 해도 그것은 개인에 대한 과도한 억압을 제물(祭物)로 삼아, 그리고 묵종의 강요와 불필요한 조용함, 잘난 사람의 자만심과 못난 사람의 소극성을 담보로 해서만 가능한 것이었다." (*ibid.*, 1978, pp.14-15)

그렇다면, 전통문화를 거부하고 현대 문화를 내세우는 현대적 인문학이 장차 의도하는 바는 무엇일까? 그것은 르네상스 인문학과 신인문주의자가 주장하는 교양적 삶과 대비되는 삶의 형식, 곧 현대 세계를 반영하는 새로운 삶의 형식을 중시하는 것이다. 현대적 인문학 안에 등장하는 삶은 바로 〈일상적 삶(ordinary life)〉이다.

19세기 근대 산업사회의 도래로 인해 당시 영국 사회에 만연한 〈일상적 삶〉은 다음과 같은 점에서 〈교양적 삶〉과 대비된다. 일상적 삶은 먼저, 현대사회에서 나타난 모든 다양한 삶에 대한 전면적인 긍정이다. 이 삶 안에서는 탁월하고 보편적인 삶의 형식을 찾아볼 수 없을 뿐만 아니라 그러한 삶을 내세우는 것을 오히려 다양한 삶에 대한 부정과 왜곡으로 인식한다. 또한, 현대인의 삶의 대부분을 차지하고 있는 '직업적·활동적 삶'에 대한 긍정이다. 그러므로 직업과 활동을 위주로 한 일상적 삶이 지배하는 곳에서의 완전한 인간성의 의미는, 〈지적 교양과 도덕성〉의 차원에서 모색하는 것이 아니라 〈노동과 유용성〉의 차원에서 찾게 된다. 인간다움의 의미를, 〈지적 도덕적으로 탁월한 자아의 조성〉이 아닌, 〈직업과 관련된 전문성의 획득과 사회적 필요에의 기여〉에서 모색하는 것이다. 이렇게 되면, 〈직업적·활동적 삶〉을 중시하고 〈교양적·문인적 삶〉을 도외시하기 때문에, '일하지 않는 인간'은 인간으로서 완전한 의미를 가질 수 없게 되고, 그로 인해 고대 고전과 르네상스 인문학은 단지 무용한, 비실용적 교과로 분류될 뿐이다.

현대적 인문학의 또 다른 특징은, 르네상스 인문학에서 강조된 보편성보다는 개별성을 중요하게 여긴다. 개별성을 중시하는 현대적 인문학자 시지익은 과거의 언어인 고전어를 학습하는 것보다는 현대어인 영어와 불어, 독일어를 학습할 것을 권장한다. 그의 주장인즉, 모든 개별 학생들의 문학 공부에 도움이 된다면 어떤 언어라도 가능하다는 것이다.

"영국의 중산층이 편협하고 세련되지 못하고, 인습에 얽매이고, 삶에 있어서 무엇이 진정 선이고 악인지를 구별하는 데 서툴며, 판에 박힌 관념을 가진 고집불통으로서 집단적인 편견의 희생물로 전락했고, 그로 인해 문화의 전파에 장애물이 되었다면, 그 이유는 그들이 문학 교육을 받지 않은 것이 아니라, 그들이 받은 교육이 '문학적으로' 이루어지지 않은 데에 있다. 희랍어와 라틴어의 학습을 통해서 그들의 마음은 단지 여러 가지 '무의미한' 언어적 훈련만을 받았을 뿐이다. 문학을 공부하는 참된 목적은 현대사회의 여러 지적인 생활에서의 유용성에서 찾아야 한다. 따라서 문학을 공부하는 교육과정에서는 고전적인 요소보다는 현대적인 요소를 더욱 많이 포함해야 한다. 학생으로 하여금 문학을 통해서 '진정 유의미한 경험'을 갖도록 하려면, 옛 조상들의 삶과 맞닿아 있는 고대 그리스와 로마의 문학보다는 지금 우리의 삶과 더 밀접하게 관련된 문학, 곧 불어, 독일어, 영어로 쓰인 현대 문학이 교육과정의 중심에 놓여야 한다. 실질적으로 문학 공부가 이뤄질 수 있고 진정으로 문학 공부에 도움이 된다면, 어떤 언어라도 가능하다는 것이 나의 핵심적인 주장이다. (중략) 모든 청소년은 그들 각자의 기질과 개성에 관련 없이 문학을 배워야 할 것이다. 문학을 통해서, 인간 본성의 다양한 개발(開發)은 물론이고 '진정으로 인간화하는 문화'의 원천과 정수를 접촉해야 한다."(Sidgwick, 1868, pp.129-130)

시지윅이 말하는 "진정으로 인간화하는 문화"는 전통문화와 구별되는 현대 문화이다. 시지윅은 문학 공부의 목적을, 학생들의 각기 다른 개성과 기질을 개발하고 표현하는 데에 둔다. 시지윅의 이러한 관점을 근래에 계승한 현대적 인문학자 트릴링은, 이하의 주장에서 볼 수 있듯이, '탁월하고 보편적인 삶'을 제시하는 전통문화와 고전을 오히려 개인마다 각각 다른 그 고유의 사적 삶을 억압하고 왜곡하는 구속으로 받아들인다.

"보편적으로 진리라고 생각되는 것과 '개인으로서의 자기 자신에게 진리인 것'을 구별해야 한다. 우리는 학생들에게 문학을 가르칠 때, 학생들로 하여금 공동체와 타인의 공감을 얻도록 집단 구성원으로서의 태도와 반응을 나타내도록 할 것이 아니라, 개인으로서의 자기 자신의 감정을 표출하도록 해야 한다. (중략) 우리 교사들은 문학을 가르칠 때 학생의 '개인적 요소와 특질'을 염두에 두어야 하며, 그 개인적 특성과 대립하는 '문화적 표준'을 가르쳐서는 안 된다." (Trilling, 1978, p.5)

획일화된 인간상과 특정한 문화만을 소개하는 과거의 문헌이 아닌, 당대의 문헌을 배우도록 함으로써, 학생들이 자신만의 독특하고 고유한 정서와 경험을 발견하고 체험하게 하자는 주장이다. 요컨대, 현대적 인문학의 교육적 이상은 〈공적인 삶과 사회의 보편적 이상〉과 구별되는 학생 자신의 〈개별적인 욕구와 동기〉를 개발하고 촉진하고자 한다.

"문학 교육에 대한 현재 우리의 불만은 문학 그 자체에 대한 부정적인 판단에서 비롯하는 것이 아니다. 그것은 과거의 문헌을 공부하는 것에 대한 불만이다. 과거의 문헌은 그 영향력과 유의미성에서 현대 문헌을 능가할 수 없다. (중략) 우리가 현대 문헌을 통해 알게 되는 것은 '문화 그 자체'가 아니라 '개인으로서의 우리 자신'에 관한 것이다. '개인적 판단'을 개발하고 성장시키는 것 말고 학생들에게 무엇을 가르치겠는가? (중략) 과거의 문헌과 구별되는, 현대 문헌의 가치가 높은 까닭은, 사회적·문화적 측면보다는 '개인적 측면'을 분명하게 밝혀주기 때문이다." (*ibid,* pp.6-7)

트릴링의 위의 주장에 나타난 바와 같이, 현대적 인문학자들이 생각하는 인문학이 나아가야 할 정도(正道)는, 정형화된 인간상과 표준적인 삶을 안내하는 '위대한 문헌(Great Literature)'에서 탈피하여, 사적 삶을 발견하게 하고 개인에게 유의미한 경험을 제공하는 것이다. 또한 인문학의 역할은 "개인성을 억압하는 인습적인 도덕과 사회적 연대감에서 탈피하도록 도와주며, 아울러 현대인의 마음 속 어딘가에 있는 개인적 요소를 경험하도록 촉진하는 일"에 있다 (*ibid.*, p.27).

이렇게 보면, 고전 문학을 가르치는 교사는 학생의 마음속 어딘가에 있을 개인적 요소의 성장을 억압하는 자이고, 학생에게 전통문화를 전수하고 보편적 이상을 가르치는 것은 학생의 사적 삶을 왜곡하는 우를 범하는 것과 같다. 현대적 인문학의 관점에 의하면, 삶과 문화의 표준을 전수하고 보편적 이상을 강요하는 종래의 인문학은, 각기 다른 정서와 욕구를 지닌 학생들 각자의 고유한 경험을 표현하고 개발하는 일에 실패했을 뿐만 아니라 오히려 그 일에 장애물인 셈이다. 결국 현대적 인문학이 내세우는 바는 무엇인가? 그것은 각 개인의 개성과 고유성을 중시하는 현대사회와 현대 문화에 대한 강조이며, '전통문화의 전수'와 '탁월하고 고상한 교양적 삶의 영위'를 모토로 삼은 르네상스 인문학에 대한 전면적 부정이다.

자아의 개발과 표현

인문학과 인문교육 안에서 현대어와 현대 문학이 득세하게 되자, 전통적인 문학, 역사, 수사학 등을 가르치고 공부함으로써 의도적·계획적으로 〈개인의 자아를 완전하고 탁월하게 형성하고 완성〉하려고 한 르네상스 인문학의 이상(理想)과 실제(實際)는 모두 현행 교육 체제 안에서 소멸하고 만다. 자율적·교양적 자아가 소멸한 현상은, 후대로 내려오면서 '자아'에 대한 경험이 변화하고 '자아'를 새롭게 이해하게 된 것과 관련된다. 르네상스에서 시작되어 19세기 말에 이르기까지 유럽과 미국 교육을 지배했던 고전 교육의 전통은 지금은 사라져 버렸다. 이 전통의 사멸을 우리는 '해방'으로 볼 수 있고, 혹은 '새로운 방식으로 과거를 전용(專用)'한 것으로 볼 수도 있다.

현대사회에 이르러 르네상스 인문학이 쇠퇴하게 된 것은 후대로 오면서 〈자아〉에 관한 인식의 변화와 밀접하게 관련된다. 현대적 인문학이 강조하는 바는, 인문학은 공적인 삶과 사회의 보편적 이상과 대비되는, 학생 자신의 〈개별적인 욕구와 동기를 개발하고 표현〉하는 일에 기여해야 한다는 점이다. 이를 위해 현대적 인문학에서는, 정형화된 인간상을 획일적으로 소개하는 고전을 배제하고 다양한 인간상을 소개하는 현대 문학을 권장한다. 현대적 인문학의 〈개발(開發)이나 표현(表現)〉의 개념은, 〈형성과 조형〉의 개념과는 달리, 〈학습자 내면에 있는 것을 밖으로 표출시킨다〉는 의미를 지닌 것으로서, 여기서는 준거나 범례 같은 것은 처음부터 생각할 필요가 없다. 그러므로 현대적 인문학 안에서는 보편성과 사회적 합의를 위한 모종의 기준이라든가 모델 같은 것은 오히려 불필요한 것이고, 더 나아가 타파해야 할 대상이다.

현대적 인문학자 트릴링은 『인문교육의 불확실한 미래』에서, 고전과 전통문화를 준거로 삼고서 보편적인 인간성을 형성하고자 했던 르네상스 인문학의 교육적 이상은 이미 지나긴 시대의 것임을 확신에 찬 어조로 천명한다.

"어떤 외적 기준에 의하여 자아를 형성하고 조성하려는 생각은 개별적인 자아 그 자체를 중시하는 현대적 인문학에는 적합하지 않다. (중략) 한때 서구문화의 가장 현저한 생각이기도 했던 확정된 준거에 의한 '인간 존재의 조형' 또는 '좋은 자아의 형성'이라는 아이디어는 이미 사라져 버린 지 오래다. 준거에 의한 조형과 형성의 관점에서 고안되고 수행되어 온 삶[교양적 삶]은 이미 예전의 것이 되고 말았다. 우리는 그 삶을 빅토리아 시대의 특징이라고 말하고 싶다. 실지로 이러한 생각은 요즘의 모든 문헌과 저술에서 이구동성으로 주장하는 바이다."(Trilling, 1982, pp.174-175)

탁월하고 보편적인 자아를 형성하려는 르네상스 인문학의 교육적 이상이 현대사회에 이르러서 그 영향력을 상실하게 된 연유는, 현대인의 '삶에 대한 새로운 인식'과 '교양적 삶에 대한 비판적 인식'에서 찾아볼 수 있다. 트릴링의 이하 주장에서 볼 수 있는 바와 같이, 요즘 사람들은 자신의 삶을 〈확정된 준거에 의한 순응〉이 아닌, 〈선택의 다양성〉으로 이해하며, 따라서 특정한 삶을 이뤄내고 특정한 자아를 형성하려는 교양적 삶을 오히려 편협한 것으로, 다양한 선택이 가능한 삶을 구속하는 것으로 받아들인다.

"만약 당신이 어떤 자아를 형성하고 어떤 삶을 이뤄내고자 한다면, 당신은 자신을 스스로 특정한 자아와 특정한 삶 안으로 제한하는 것이다. 그렇게 되면, 당신은 자신에게 더 유용할 수 있는 자아를 처음부터 배제하는 것이다. 어쩌면 보다 적합하게 당신 자신의 것이 될 수 있는 다른 선택과 가능성을 서둘러 팔아치우는 꼴이 된다. 그러므로 이러한 제한은 우리 시대의 문화적 성향과 배치된다. 우리 시대의 특징인 부동성(浮動性)은 우리의 무한한 개인적 가능성을 한결같이 기대하고 있다."(ibid., p.175)

개별적 자아의 무한한 선택과 가능성은 현대사회의 특징인 '신속한 변화'와 맥을 같이 한다. 자아의 형성과 교양적 삶의 영위라는, 르네상스 인문학의 이상에 대하여 가해진 이러한 비판과 부정적 태도는, 과거의 범례와 전통문화 그 자체에 대한 인식의 변화와 맞물려 있다. 고전과 전통문화를 준거로 삼아 자아를 형성한다는 르네상스 인문학의 이상은, 사람들이 내향화하여 현대적 인문학에 제시된 개별화되고 다양화된 주인공을 닮아가려고 하자, 결국 그 위력을 상실하는 운명에 처하고 만다. 그리하여 르네상스 인문학의 전통이 쇠퇴한 그 중심부에는 표준 없는 개별적 자아의 변덕스러움이 자리를 틀게 된다.

　아놀드는 현대 산업사회 이후 등장하는 새로운 자아를 〈일상적 자아(ordinary self)〉라고 부른 바 있다. 일상적 자아는, 문화의 학습과 교양의 함양을 통해 형성된 〈교양적 자아(best self)〉와는 대립하는 자아로서, 무한한 선택과 다양성을 추구하는 자아이다. 이 자아가 교양적 자아와 다른 것은, 탁월하고도 보편적인 자아를 망각한 점과, 나아가서 '자아의 형성'을 오히려 '자아의 표현'에 대한 구속으로 간주하여 배척한다는 점이다. 이렇게 볼 때, 〈자아의 형성〉과 〈자아의 표현〉은 르네상스 인문학과 현대적 인문학을 구분하는 중요한 개념이다.

　현대인의 〈일상세계〉에 상응하는 자아는 기준과 범례가 없는 '내향적·개별적 자아(곧, 일상적 자아)이다. 현대적 인문학은 〈직업과 유용성이 지배하는 일상세계 안에서의 일상적 자아의 표현과 개발〉로 규정된다. 현대적 인문학은 학습자로 하여금 일상적·활동적 삶으로 안내하며, 학습자에게 개별적인 욕구와 동기를 개발하고 표현하도록 한다.

III
인문학의 성격

인문학이 역사적으로 추구해 온 그 본연의 성격을 규명할 수 있을 때, 우리는 현대사회에서 인문학이라는 용어가 의미상 겪고 있는 불명료한 상태를 더 선명하게 인식할 수 있다. 고대 고전의 학습을 통한 도덕성과 문필력의 함양을 그 조건으로 내세웠던 르네상스 인문학의 교육목표는 〈도덕의식의 추구〉와 〈수사학적 문필력의 함양〉이다. 그리고 초월세계로의 안내를 교육적 이상으로 삼았던 고전적 인문학 안에는 〈초월세계에 대한 관심〉이 제시된다. 본 장에서는, 르네상스 인문학에서의 도덕의식의 추구와 수사학적 문필력의 함양과, 고전적 인문학에서의 초월세계에 대한 관심을 기본 토대로 하여, 서구 교육사 안에서 인문학이 추구해온 그 본연의 성격을 탐색하도록 한다.

1. 도덕의식의 추구

르네상스 인문학에 이르기까지 인문학은, 그 용어가 시사해주고 있듯이, '사람다움(humanity)'에 관한 반성과 탐색의 학문이었다. 사람다움이 무엇인가에 관하여 의식적이고 체계적으로 이해하려는 학문적 노력이 없을 때, 그리고 사람다움이 어떤 것인가에 관하여 사회적으로 합의할 수 있는 보편적 규준이 없을 때, 우리의 삶과 교육은 일시적이고 즉각적인 필요와 욕구를 쫓아 이뤄지거나 무반성적이고 개인적인 편견의 지배를 받게 된다. 전통적으로 인문학 안에는, 의식적이든 무의식적이든, 사람다움이란 이러이러한 것이라는 전제가 들어 있었고, 또한 인문학을 배우고 가르치는 활동의 목표가 되고 그 목표의 달성 여부를 가늠해 볼 수 있는 사람다움에 대한 보편적 준거를 포함하고 있었다. 그러므로 인문학의 교육적 과제는 무엇보다도 한 사회에서 보편적으로 기대하는 사람다움, 곧 '교육적 인간상'을 제시하는 것으로 규정될 수 있다. 현대적 인문학과는 달리, 르네상스 인문학은 '보편적 문화와 고대 고전'을 규준으로 삼아 교양적 삶을 전 사회적으로 구현하려는 목적의식을 갖고 있었다.

인문학에 관한 정의와 그 본연의 성격을 규명하려는 과제 자체가 미궁에 빠져있고 이에 관한 논의조차 미진한 오늘날, 인문학에 관한 논의가 학술적 토론의 대상이 되는 것은 언제나 '인문학의 위기'라는 맥락 안에서이다. 그렇다면, 현대사회에서 인문학이 당면하고 있는 이러한 위기는 어디에서 유래하는 것일까? 김남두는 오늘날 인문학에 가해진 이러한 위기는 "공동체의 삶에서 '사람다움'의 이념이 흐려지고 다양화됨으로써, 결국 사람다움에 관하여 사회적으로 합의가 불가능하게 된 데서 초래된 인문 정신(人文 精神)의 약화"에서 비롯한다고 한다(김남두, 1995, p.9). 인문학이 전개되어 온 과정을 돌이켜 볼 때, 인문 정신의 약화는 현대사회와 현대적 인문학 안에서 두드러지게 나타나는 현상이다. 그렇다면, 인문학의 중흥기라고 할 수 있는 르네상스 시기의 인문 정신은 어떤 것이었을까? 르네상스 인문학에 나타난 인문 정신이 어떤 것인가는 인문주의자들이 구현하고자 했던 교양적 삶과 교양적 자아의 의미를 규명해 볼 때 분명하게 드러날 것이다.

중세적인 초월적 삶도 아니고 현대인의 활동적 삶도 아닌 인문주의자의 교양적 삶은, 인간으로서 영위하는 탁월하고 고상한 삶이다. 이 삶 안에는 덕성과 교양을 전 사회적으로 함양하고 구현하려는 〈도덕의식〉과 〈역사의식〉이 자리 잡고 있다. 르네상스 인문학에서 추구된 도덕의식과 역사의식은 오늘날 약화된 인문 정신의 실체를 구성하는 것인데, 이러한 양대 의식의 망각이 바로 인문 정신의 약화와 인문학 자체의 모호함을 불러왔다고 보인다. 현대사회에 이르러 인문학이 퇴조하고 인문 정신이 약화된 것은 인문학과 인문교육 안에서 도덕의식과 역사의식이 퇴장한 사실과 직접 관련이 있다. 인문 정신의 약화는, 다음 두 가지 요인이 인문학과 인문교육 안에서 퇴장한 사실에서 비롯된 것이다. 한 가지 요인은 도덕의식과 관련된 것인데 인간의 〈지적·도덕적 탁월성(excellence)〉을 뜻하는 '덕(virtue)'을 잃어버린 것이고, 다른 요인은 역사의식과 관련된 것인데 〈현재적 삶의 표준〉으로서의 '과거(past)'가 사라진 것이다. 〈인간다움을 뜻하는 덕의 상실〉과 〈삶의 표준인 과거의 퇴장〉, 이것을 바로 인문학의 쇠락과 인문 정신의 약화를 불러온 중대 요인으로 규정할 수 있다.

인간으로서의 탁월함 추구

도덕의식은 '지적, 도덕적으로 탁월한 사람이 되자'는 생각이다. 고전적 인문학 이래 인문학의 기본 목표는 '인간다움(*humanitas*)'의 추구, 곧 인간으로서의 '탁월함'(*virtus*; excellence)의 추구이다. 인간으로서의 탁월함은 무엇인가? 그것을 가리키는 용어는 바로 아레테(ἀρέτη; goodness)이고, 아레테는 그리스어로 〈인간으로서의 탁월함〉을 의미한다. 르네상스 인문학을 처음 태동시킨 페트라르카를 위시한 피렌체 인문주의자들이 의도했던 바는, "인간다움을 위한 학문, 즉 인문학은 '탁월함'을 추구하며, '탁월함'을 습득하기 위한 인문학을 배운 결과, 바른 마음(곧 선량함과 덕성)과 행복을 얻게 된다."는 것이었다(김상근, 2016, pp.85-86).

인문학의 어원에 해당하는 후마니타스(*humanitas*)라는 용어는 '인간다움을 훈련하기 위한 학예'를 가리켰다. 고대에서 인간다움은 〈인간으로서의 탁월함을 지닌 것〉을 의미했다. 고대사회에서 인간다운 사람은 덕(*virtus*)을 지닌 사람이었고, 덕은 '인간다움(*humanitas*)' 또는 '인간으로서의 탁월함', 곧 아레테(άρέτη)를 의미하였다.

> "고대의 위인들은 탁월함(virtus)을 습득하고 훈련하기 위해 학예(studiis et litters; 자유교과)의 도움을 받았습니다. 이런 공부는 젊은 사람들의 마음을 각성시키고, 나이 든 사람들의 마음을 행복하게 해줍니다. 이런 공부는 풍요로운 삶을 가져다줄 뿐만 아니라, 우리가 환란에 처해 있을 때 마음의 안식과 평안을 줍니다. 가정에서는 즐거움이 되고, 공적 활동에서도 적합하며, 밤을 새우거나 여행을 할 때도, 또한 휴가 때에도 결코 실망을 주지 않는 친구가 됩니다." (Cicero, *Pro Archias*, 1969, p.156)

고대에서 인문학은 '인간다운 탁월함의 추구'를 의미했고, 인간으로서 탁월함을 추구하려는 생각인 〈도덕의식(moral consciousness)〉이 바로 인문학의 공부 안에 붙박여 있었다. 아리스토텔레스(BC.384-322)는 이러한 도덕의식을, 인간다운 일을 행함에 있어 '지적·도덕적으로 남들보다 더 열심이고 더 앞서고자 하는' 성향으로 보았다.

> "만약 누군가 올바른 일을 행하는 데에, 혹은 절제하는 일에, 혹은 탁월성을 추구하는 일에 다른 누구보다도 열심을 기울인다면, 나는 그를 '자기를 사랑하는 사람'[이기적인 사람]이라 부르지 않을 것이며, 그를 비난하지도 않을 것이다. 따라서 훌륭한 사람은 자기를 사랑하는 사람이어야 하니, 이는 그가 고귀한 일—올

바른 일, 절제하는 일, 탁월함을 추구하는 일—을 행함으로써 자신을 기쁘게 하고 다른 사람들에게 유익을 가져다줄 것이기 때문이다." (*Nicomachean Ethics*, IX, 8)

인간다운 인간은 올바른 일을 행하는 데에, 절제하는 데에 그리고 탁월함을 추구하는 데에 '남들보다 뛰어나려고' 하며, 이러한 〈도덕의식〉을 지닌 자가 바로 인간다운 인간이라는 것이다.

르네상스 시기 인문주의자들 또한 그들의 독특한 도덕의식 아래서 탁월한 인간성을 강조하였고, 또한 〈역사의식〉 아래, 현재적 삶에서의 기준(基準)을 얻고자, 과거의 저술인 고전을 연구하고 고대인과 끊임없는 대화를 나눴다. 인문주의자들은 탁월성을 추구하는 〈도덕의식〉 아래서 르네상스 인문주의운동을 전개하였으며, 스투디아 후마니타스를 교육내용으로 삼은 인문교육을 서구사회 전체로 확산하였다. 르네상스 인문학 안에서의 〈도덕의식〉은 그 안에 두 가지 교육적 과제('완전하고 탁월한 인간성의 실현'과 '수사학적 문필력의 함양')를 포함하고 있다. 인문주의자들은 탁월한 인간성을 형성함에서 특별히 〈수사학적 문필력〉을 중시한다. 그들이 유려한 문필력을 중시한 것은, 문필력을 탁월한 인간성을 구성하는 핵심적인 요소로 이해했고 또한 문필력이라는 효과적인 수단을 통하여 다른 사람을 설득하고 탁월한 인간성을 형성해 낼 수 있다고 확신했기 때문이다.

교양의 추구

인문주의자들은 인간성의 완성을 위한 그 실체와 규준을 얻고자 고대 고전을 연구했다. 인문주의자들이 고전의 복원과 연구를 통해서 찾아낸 것은 '문화' 혹은 교양'[30])과 '문화세계'이다. 문화는 인문주의자들에게 경탄을 불러일으킨 고대인의 찬란한 삶의 형적이었고, 문명화된 인간들이 보여주는 탁월한 삶의 범례였다. 이때 교양은 그러한 문화가 인간의 내면에 구현된 것으로서 지적·도덕적으로 완성된 인간다움의 상태를 의미했다. 그러므로 문화와 교양의 관계를 진술한다면, 문화의 학습을 통해 도야되고 고양된 인간성의 상태가 〈교양〉이었고, 인간성 안에 내면화된 교양의 사회적이고 구체적인 실체를 구성하는 것이 〈문화〉였다.

교육사 안에서 다른 여타의 학문과 구별되는 인문학의 성격은, 그것이 교양(敎養)을 담지한 학문으로 이해되는 점이다. 인문학이 교양의 담지자로서 그 성격을 분명하게 드러낼 수 있었던 것은, 물론 르네상스 인문학과 인문주의자의 공헌이다. 르네상스 인문학의 출현 이래로 인문학이 인문교육의 핵심부에 놓일 수 있었던 것도, 실은 이 교양의 함양에 인문학의 공부가 절대적으로 요구된다는 사실에 있다. 그렇다면, 인문주의자들이 고전과 문화의 학습을 통해서 인간성 안에 구비하고자 했던 교양은 구체적으로 어떤 것이었을까? 이 교양이 가리키는 인간성의 상태를 명확하게 이해할 수 있을 때, 인문주의자들이 추구했던 도덕의식의 의미 또한 더욱 분명하게 파악할 수 있을 것이다.

르네상스 인문학을 근래에 계승한 신인문주의자 아놀드에 의하면, 교양은 무엇보다 '탁월하고 완전한 인간성'(Arnold, 1994, [35], p.42)을 의미한다. 그리고 교양이 그 자체 안에 구비하고 있는 본질적 속성은 '우미'(優美; sweetness)와 '명지'(明知; light)이다. 우미는 '세상 만물 속에서 미와 조화로움을 추구하는 것'이며, 명지

---

30) 영어의 'culture'는 우리 말 안에서 '문화' 혹은 '교양'으로 번역된다.

는 '편벽되지 않는 균형 잡힌 지혜를 추구하는 것'이다(*ibid.*, [37], p.43). 아놀드에 의하면, 먼저 교양을 뜻하는 '탁월하고 완전한 인간성'은 바로 "인간의 삶에 관련된 모든 문제에 관하여, 이 세계의 역사에서 지금까지 사유되고 언명된 것 가운데서 최상의 것을 인식한 마음의 상태"(*ibid.*, [5], p.29)이다. 그래서 교양은 무엇보다 '지적으로 탁월한 인간성의 상태'이다. 그리고 이때 '탁월한 인간성의 실현'은 '고대 고전을 학습하는 일'과 불가분의 관계를 맺고 있다. 아놀드는 "인간이 역사적으로 이룩해 낸 가장 탁월한 위업과 문화유산은 고대 고전 안에 제시되어 있고, 인류가 역사상 일구어낸 최상의 문화는 바로 고대 문화"라고 역설한다(*ibid.*, [37], p.43). 이렇게 볼 때, 르네상스 인문학이 상정하고 있는 문화는, 인간성이 최고도로 발현된 최상의 문화이고, 비천하고 일상적인 것과는 반대되는 것이며, 인간다운 인간의 조건을 구비하기 위해서는 누구를 막론하고 학습하지 않으면 안 되는 보편적인 것이다. 그리고 이 문화를 학습한 결과로 조성된 인간성의 상태가 바로 〈교양〉이었다.

다음으로, 교양 안에서의 '완전한' 인간성은 "원만하고 조화로운 인간성으로 인간성의 모든 측면과 역량이 균형되고 조화롭게 발전한 상태"를 가리킨다(*ibid.*, [8], p.31). 그러므로 완전한 인간성의 실현은 어느 한 역량을 위하여 나머지 역량을 희생시키면서 그 한 역량을 과도하게 발전시키는 것과는 다르다. 인간성을 원만하고 조화롭게 완성시킨다는 점에서 교양은, 먼저 종교적·초월적 삶의 협소함과 편협함을 넘어서려고 한다. 아놀드에 의하면, 종교 일변도의 삶은 그 안에 최선의 광명과 인간 구원의 요체를 갖고 있다고 자부하고 있으나, 인간성 안에서 종교적 측면만을 과도하게 발전시키기 위하여 인간성의 모든 다른 면을 희생하는 것이다. 종교적 삶은, 신양적 측면만이 팽창되고 확대되어 결국은 인간성의 다른 모든 측면을 삼키고, 다른 측면으로 흘러가야 할 영양분을 가로채어 과도하게 흡수함으로써, 인간성의 보다 원만하고 충만한 발전을 가로막는다는 것이다. 또한 교양은, 사물에 대한 기계적 숭배와 외면적 추구와는 다른 것이다. 조화롭고 원만한 인간성을 추구하는 교양은 사물을 외면적·기계적으로 추구하는 속물주의를 치료하고 예방하는 역량을 소지하였다는 것이다.

도덕의식 아래서 완전하고 탁월한 인간성을 추구하는 르네상스 인문학의 입장에서 볼 때, 현대사회와 그 문화는 점점 더 기계적이며 사물의 외면을 추구하는 것으로 비친다. 사물에 대한 기계적·외면적 숭배는 인간성 내면의 완전과 탁월을 고려하지 않고 '사물 그 자체를 목적으로 삼으려는 것'이다. 이것은 교양이 의도하는 완전하고 탁월한 인간성과는 달리 '어떤 사물 그 자체가 목적으로 존중되는 것'이며, 그로 인해 그 사물을 넘어서 있는 진정한 목적을 바라보지 못하게끔 한다. 아놀드에 의하면, 완전하고 탁월한 인간성의 추구와는 상관없이 추구되는 것은 그것이 무엇이든지–신앙, 경제적 부, 석탄 자원, 신체적 건강, 자유 등을 막론하고– 기계적, 외면적 추구에 불과할 뿐이다(*ibid.,* [17-21], pp.34-36). 아놀드에 의하면, 신앙이라고 해도 그 자체가 목적이 되어 그것 이외 다른 모든 것을 희생시키려고 할 때는 기계 신앙으로 전락하고 만다. 또한 행복과 복지가 경제적 부요에 있다고 생각하여 부(富) 그 자체를 인간성의 완성을 위한 목적으로 간주하는 사람이라든지, 18세기 영국이 세계적 강국으로 발전한 그 터전을 정신적 위대함에서 찾는 것이 아니라 풍부한 석탄 자원에서 찾으면서 만약 석탄 자원이 고갈되면 영국의 위대함도 끝장날 것으로 생각하는 사람이라든지, 육체적 건강과 체력 그 자체를 목적으로 삼아 그것만을 과도하게 추구하는 사람은, 아놀드에 의하면, 모두 사물을 외면적·기계적으로 추구하는 자에 해당한다.

또한 아놀드는 자유라고 할지라도, 그것이 추구되어야 하는 목적을 충분히 고려하지 않고서, '하고 싶은 대로 하는 자유 그 자체'가 목적으로 숭배되는 경우를 지적한다. 이런 자유는 개인이 오직 하고 싶은 대로 하는 것을 자유라고 여기며, 하고 싶은 대로 하는 것을 가장 중요하게 받아들이는 것과 다르지 않다. 이처럼 마음대로 하는 것을 자유라고 할 때는, 〈무엇을 하느냐〉는 생각하지 않고 〈마음대로 하는 것〉에만 관심을 두게 되고, 따라서 자유로운 행위 그 자체만 강조되고 그 자유가 발휘되는 대상에 대해서는 무관심하게 됨으로써, 자유는 기계적·외면적 숭배의 대상으로 전락하고 만다. 부와 자원과 체력과 자유를 이와 같이 기계적·외면적으로 숭배하는 부류의 사람들을 아놀드는 일반적으로 '속물'(俗物; philistine)이라 부른다.

아놀드에 의하면, 종교 제일주의를 내세우는 당시 청교도의 삶은 협소하고 일면적이며, 또한 노동과 유용성을 강조하는 산업인의 일상적·직업적 삶은 외면적이고 기계적이다. 지방주의와 속물주의에서 사물을 기계적·외면적으로 숭배하는 이유를, 그는 바로 '교양의 결여', 즉 우미와 명지의 결여에서 찾는다. 그리고 아놀드는 속물들이 교양을 결여하게 된 가장 중요한 까닭을 그들이 고전 안에 제시된 문화와의 접촉이 불가능하다는 점에서 찾고 있다. 그렇다면, 문화의 학습을 통해 인간성 안에 우미와 명지를 구비한 자가 바로 교양인이고, 그것을 결여한 자가 속물에 해당한다. 이때 교양인과 속물은 서로 다른 자아를 가지고 있다. 교양인이 고전과 문화의 학습을 통해서 지적·도덕적으로 형성된 최상의 자아, 곧 〈교양적 자아〉를 소유한 자라면, 속물은 사물을 기계적·외면적으로 수용하는 〈일상적 자아〉를 소유한 자이다. 아놀드에 의하면, 일상적 자아는 다양한 계층에서 서로 다른 모습으로(귀족 계층에서는 '야만인'으로, 중산층에서는 '속물'로, 노동 계층에서는 '대중'으로) 나타난다(*ibid.*, [68-72], pp.56-57).

아놀드는 완전하고 탁월한 인간성을 추구하는 교양 안에서만 사물에 대한 외면적·기계적 숭배를 방지할 수 있다고 한다. 야만인과 속물과 대중 속의 일상적 자아가, 완전하고 탁월한 인간성을 망각하고서 무분별하게 자유를 추구하는 '개별적 자아'라면, 교양적 자아는 문화와의 접촉을 통해 지적·도덕적으로 탁월하게 '형성된 자아'이다. 인문주의자들이 고전과 문화의 형이상학적 토대였던 초월세계를 망각했음에도 불구하고 인간성의 원만하고 조화로운 완성을 위한 그 규준을 고대 고전과 고대 문화에서 찾았다는 사실은, 인문주의자들이 생각하는 '문화와 인간다움'의 개념이 현대적 인문학에서의 그것과는 상이하다는 것을 보여준다.

역사의식과 선도의식

오늘날의 사회·경제 체제는 개인의 가치관 형성에 심대한 영향을 끼치고 있다. 돈의 흐름이 현대인의 쉼 없이 빨리빨리 돌아가는 삶의 기반을 이루고 있고, 돈에 대한 관념과 집착이 현대인의 사고방식에도 중대한 영향을 끼치고 있다. 이제 돈이 우리의 언어를 만들며, 돈이 자아와 세계를 이해하는 기본 개념이 되었다. 그러면서도 지금의 시대는 오직 현재 안에서만 살아갈 뿐이다. 과거는 현재와 단절된 채 이미 사라져 버렸다. 영국의 역사가 플럼브(John Plumb, 1911-2001)는 "현대의 과거에 관한 결핍"을 현대 산업사회의 주요한 특징으로 본다. "산업사회는 더 이상 과거를 필요로 하지 않는다. 지적·정서적 지향점은 보존 아닌 변화를 향하며, 필요한 것은 개발과 소비이다. 그러므로 과거는 단지 호기심과 향수와 애틋한 정조(情調)의 대상일 뿐이다."라고 한탄한다(Plumb, 1969, pp.14-15).

이와는 달리, 인문주의자들은 현재 행위의 표준을 과거 곧 고대에 두었고, 자신들의 시대인 중세는 삶의 기준으로서는 무가치하고 부적합한 것으로 보았다. 그들은 당대 아닌 과거의 삶과 고대의 문화에서 현재적 삶의 표준을 보았고, 과거의 문화를 규준으로 삼아 중세를 넘어서서 근대라는 새로운 시대를 열고자 하였다. 그러므로 근대는 바로 고대에 토대한 것이고 근대는 고대의 복원이고 부활이었다. 페트라르카는 자신이 태어난 시대를 좋아하지 않았다. 『후대인에게 쓴 편지(Letter to Posterity)』에서, "우리 시대의 다른 많은 사람과 같이, 나는 이 시대[중세]를 혐오했기 때문에 특별히 고대를 아는 데 열중했고 무척이나 고대에 애착했다. 나는 다른 시대의 정신 안에 내 생각을 자리 잡게 함으로써 이 시대를 잊으려고 했다. 그로 인해 역사에서 즐거움을 누렸다."라고 하면서, 고대를 극구 예찬한다(Petrarch, 1955, p.6).

페트라르카의 '중세에 대한 멸시와 고대에 대한 찬양'은 고대 부활이라는 새로운 프로그램(곧, 르네상스 인문학)에 자극을 준 것이다. 르네상스 인문학은 기본적으로 교양(인간다움)과 스투디아 후마니타스를 강조하는 문학적·교육적 프로그램이고, 르네상스 인문주의는 바로 이에 기초한 지적·학문적 운동이다. 페트라르카에 의하면, 인간의 궁극적 목표는 교양과 덕성을 함양하는 것이며, 교양과 덕성의 함양은 스투디아 후마니타스를 통해서만 가능한 것이다. 덕성과 교양의 이상형은 고대 고전 속에 들어 있었으므로, 그는 '고전 연구 그 자체가 곧 덕을 사랑하고 교양을 쌓게 한다'고 역설한다. 그는 현세의 불합리함을 극복하고 진리에 도달하기 위한 가장 중요한 수단은, 고대 고전의 연구와 과거 문화의 부활에 있다고 주장한다.

우리 시대에 인문학의 쇠퇴를 몰고 온 중대한 요인 가운데 하나는 〈과거의 죽음〉이다. 현재적 삶의 표준으로서의 〈과거〉가 사라진 점이다. 우리 시대를 뒤덮고 있는 과거에 대한 집단적인 망각증은 현대사회가 직면한 가장 위험한 증세 가운데 하나일 것이다. 많은 사람이 작금의 생활에 심한 불만을 느끼고 있으나 여전히 현재의 관점에 안주해 있고, 이를 타개할 새로운 사고(思考)는 시도조차 못 한다. 무언가에 관해 비판적으로 '사고하는 일'은 '비교'와 '대조'를 통해서 일어난다. 만약 사람들이 현재에 대해 비교하거나 대조할 것이 없다면, 현재와 다르게 생각한다거나 현재와 다르게 생각할 방법조차 갖지 못 한다. 현대사회는 '현재성(現在性)'–지금 이곳에서의 즉각성과 안이함, 평범함에 빠져 현재의 상태에 안주하려는 성향–에 갇혀 있고, 지적·도덕적으로 탁월함을 추구하는 '도덕의식의 부재'로 인하여 현재의 삶에 대한 도덕적인 논의의 가능성을 상실했을 뿐만 아니라, 현재의 삶에 대한 비교와 참조 대상으로서의 〈과거〉를 파괴함으로써, 급기야 현대 산업사회는 비판적 사고를 위한 기반조차 허물어 버린 것이다.

비판적 사고를 상실한 현대사회에서 도덕의식을 복원하려는 시도는, 결국 〈비교와 참조 대상으로서의 과거〉를 생각하게 하는 〈역사의식(historical consciousness)〉의 복원과 궤를 같이할 수밖에 없다. 다시 말해 경제와 돈에 잠식된 현대 산업사회에서 사라진 도덕 의식을 복원하는 유일한 방법은, 〈역사의식〉 아래서 현재 우리 자신을 이해하고 평가할 수 있는 지난 시대의 이상과 관점을 공부하는 것이다. 인문학과 관련지어 말하자면, 인문학의 전통을 회복하고 그 이상을 실현하려는 시도와 목표는, 결국 인문학 안에서 면면히 이어져 온 인문 정신(곧, 도덕의식과 역사의식)을 회복하는 일에 있다.

고대 고전 연구의 선구자인 페트라르카는 고대 고전을 단순히 문학적 모방이 아닌 삶과 도덕의 새로운 지표로 받아들인다. 페트라르카의 고대 고전과 문화의 연구는, 현재적 삶의 기준이 되는 과거에 관해 기록한 역사의 공부를 통해 삶의 지침을 얻겠다는 〈역사의식〉과, 인간다운 탁월함을 추구하려는 〈도덕의식〉에 더하여, 고대의 탁월한 문화와 인간성을 동시대인에게 전파하여 이를 전 사회적으로 구현하려는 〈선도의식(先導意識)〉으로까지 발전한다. '고대 부활'과 '완전한 인간성의 실현'이라는 페트라르카의 새로운 생각은, 이를 지식인 사회에 전파하고 전 사회적으로 확산시키려는 선도자적 의식으로 나아간다. 페트라르카가 바라는 이상적인 인문주의자는 세련된 교양과 수려한 문필력을 구비한 자이면서도, 또한 동시대인을 설득하고 선도하여 고대의 문화로 인도하는 자이다. 이러한 인문주의자를 꿈꾸면서 페트라르카는, 스스로 전원에서의 교양적 삶이라는 새로운 삶을 개척하고 영위함으로써, 당시 현자(賢者)라 불렸던 동시대의 인문주의자들에게 삶의 모범을 현시한다.

인문주의자들이 보기에, 가장 인간다운 인간은 다른 사람을 설득할 수 있는 '문필력'을 구비하고 스스로 '교양적 삶'을 영위하는 가운데, 다른 사람을 자신과 같은 삶으로 이끌고 선도하는 '지사(志士)'이다. 페트라르카는 동시대의 인문주의자들에게 새로운 시대 문화와 새로운 인간다움의 범례를 전파하려는 의도를 갖고서 세속 도시를 떠나 전원에서의 문인적·교양적 삶을 개척하였고, 엄청난 양의 저술과 서한문을 작성하였다. 후배 인문주의자들은 페트라르카의 저술과 서한을 돌려 읽으면서 인문학의 전통 안에 이어져 온 도덕의식과 역사의식에 내면화되었고 인문주의운동에 적극적으로 참여하였다. 페트라르카는 전원에 은거하여 이른바 '고독한 삶'을 살았지만, 마치 조선 시대에 관직에 나아가지 않고 향촌의 서원에 은거하면서도 중앙 정치에 심대한 영향을 끼친 '산림'[山林, 학파와 붕당의 최고 영수(領袖)]과도 같이, 전원에서의 뛰어난 문필 활동을 통해 인문주의운동의 활성화에 절대적인 영향력을 발휘하였다. 조선의 산림은 관직을 맡지는 않았으나 서원에서 공론(公論)을 조성하고, 이를 서원에서 양성한 제자들을 통해 붕당 정치에 반영함으로써 중앙 정계를 좌지우지한 바 있다. 전원 속의 페트라르카는 동시대의 인문주의자들을 향해 수많은 저술과 서한을 작성함으로써 스투디어 후마니타스라는 새로운 교육 이념과 교육적 이상을 제시하고, 후방에서 인문주의운동을 선도하였다.

고대인의 저술과 생애를 통해 영감을 받았던 르네상스인과 그렇지 못한 현대인 사이에는 중대한 차이가 있다. 페트라르카의 개별적 자아에 대한 인식은, 비록 시간상으로는 멀리 떨어져 있지만, 고대 작가와의 심리적인 공동체 의식과 연대감을 잃어버리지는 않았다. 개별적 자율성에 대한 페트라르카의 인식은 고대 위인에 대한 심리적 유대감을 놓치지 않았고, 고대 문화를 향한 역사의식에 의하여 명맥을 유지하고 있었다. 그는 자신을 고대인과 비교하고 견주어 봄으로써 자신이 누구인가를 발견하고자 했고, 자신의 성격을 조성하려고 했다. 그렇지만, 오늘날 페트라르카와 같은 이런 종류의 역사의식을 지닌 사람은 무척 드물다. 현재의 문화가 르네상스 문화와 뚜렷하게 구별되는 경계 지점은 바로 이러한 〈역사의식〉의 부재이다. 현대의 지성인들 가운데 나타나는 일반적인 모습은, 탁월한 행위와 보편적인 문화를 추구하는 〈도덕의식〉을 드러내지 않으며, 자신과 동일한 삶으로 인도하려는 선도의식을 감추려고 한다. 남들보다 앞서고 뛰어난 생각을 제시함으로써 다른 사람으로부터 '잘난 사람'이라든지 '꼰대'라는 비아냥을 듣지 않으려 한다. 현대사회와 그 문화 그리고 지성인들 안에서는, 과거와의 사상적 교류라는 '역사의식'과 동시대인을 같은 문화로 인도하려는 '선도의식'이 대체로 망각되었거나 소멸하고 말았다.

페트라르카는『행운과 불운에 대처하는 법(*De remediis utriusque fortunae*), 1350』에서, "인간이 처한 조건에서 비롯한 불안을 극복함에 있어, 우리가 고결한 작가의 조언에 우리의 마음이 동의할 수 있다면, 고귀한 영혼들이 분투하는 모습과 현자와의 대화가 들어 있는 그런 작가의 저술을, 쉬지 않고 밤을 새워 읽는 일보다 더 나은 것은 없다"(*De remediis.*, vol.1, p.1)고 한다. 개별적 자아가 페트라르카의 사고방식 안에서 중심을 차지하고 있으나, 그럼에도 이 자아는 완전한 외톨이는 아니다. 이 자아는 고대 작가의 지혜와 교훈으로부터 권고와 조언을 받을 수 있기 때문이다. 고대 위인과 대화하고 고전 작가와의 정신적 교류를 통해 삶의 지혜를 얻고자 한 페트라르카의 '현자와의 공동체' 의식은, 페트라르카의 이어진 글에서 선명하게 드러난다. 페트라르카는 고대 작가들을 인생의 안내자로 묘사한다.

"우리는 우리보다 수 세기 전에 이 땅에서 살았던 명예롭고 존경받는 작가들의 신령한 영감과 신성한 가르침에 의존하여 살고 있고 그들과 대화함으로써, 얼마나 많은 은혜를 빚지고 있는 가? (중략) 영혼의 계속된 풍파 가운데서, 마치 진리의 창공에 붙박인 수많은 밝은 별과 같이, 산뜻하고 행복한 미풍과도 같이, 이 근면하고 능란한 항해사들은 폭풍우에 시달려 요동치는 영혼의 키가 결국은 중심을 잡고 정신을 차릴 때까지 우리를 안내한다." *(ibid.*, p.2)

우리는 현재의 문화가 과거와 희박한 관련을 맺고 있는 시대 속에 살고 있다. 급속도로 변천하는 문화적 유행 속에서 과거와의 관계는 거의 망각되었고, 과거가 필요하다면 그때는 잊혀진 과거의 향수를 자극하여 새로운 대중 소비 상품의 상표로 사용하고자 과거의 유산을 드문드문 발굴해 낼 때뿐이다. 그렇지만 초기 인문주의자들은 그리스, 로마의 문화와 제도가 당대의 문화와 제도와 직접 관련된다고 생각했다. 페트라르카는, "로마를 찬양하는 것이 아니라면 그 밖에 어떤 역사서가 존재할 수 있겠는가"라고 했고(Mommsen, 1959, p.122), 브루니는 바티스타에게 현재에 필요한 지침과 교훈을 얻기 위해서 그리스·로마의 역사서를 읽으라고 권고한다. 르네상스 시기에 도시나 국가의 정책 결정은 언제나 고전 고대와 결부되어 내려졌고, 최소한 고대의 교훈과 지침에 의존할 수 있을 때라야 그 결정은 정당화될 수 있었다. 인문주의자들은 과거의 관점에서, 그중에서도 고전 고대의 관점에서 당대를 이해했다. 그들에게 과거는 현재에 대한 비교의 기준이고 해답이었다.

그렇지만 오늘날 우리는 전적으로 현재에만 지배되는 사회에 살고 있다. 과거의 죽음과 함께 르네상스 인문학의 이상도 소멸하였다. 인간답게 사는 기준을 과거에서 찾고자 했고 보편적인 문화를 사회 일반에 확산시키고자 했던 르네상스 인문학의 이상은 현대사회에서 망각되고 말았다. 그렇다면, 오늘날 어디에서 현재적 삶의 기준과 교양과 덕성에 관해 배울 수 있을까? 고전적 인문학에서 르네상스 인문학으로 이어진 인문학의 전통은, 우리에게 고대 고전을 공부하라고 권고한다. 고대 고전에 관한 공부는 현대 문화를 새롭게 이해할 수 있는 시각과 관점을 제시할 수 있기 때문이다.

2. 수사학적 문필력의 함양

인문주의자들은 지적·도덕적으로 구비된 인간성의 조건으로서 〈도덕성과 문필력〉을 제시한다. 르네상스 인문학의 교육과정으로 제시된 5개 교과는 모두 도덕성과 문필력의 함양과 관련된 교과이다. 르네상스 인문학을 내용과 문체라는 두 가지 측면으로 구분하여 생각할 때, 내용과 문체에 각각 상응하는 핵심 교과는 〈도덕철학〉과 〈수사학〉이다. 도덕철학과 수사학은 도덕성과 문필력의 함양이라는 르네상스 인문학의 교육목표 달성에 절실하게 요구되는 교과이다. 르네상스 인문학에서의 도덕철학과 수사학은, 중세 대학의 교육과정을 지배한 〈스콜라철학〉과 〈논리학〉을 각각 대치한 것이다.

중세의 학문과 르네상스 인문학의 대립은, 〈내용〉의 측면에서는 스콜라철학과 도덕철학의 대립이고, 〈문체〉의 측면에서는 논리학과 수사학의 대립이다. 그렇다면, 인문주의자들은 왜 도덕철학과 수사학을 중시하고 스콜라철학과 논리학을 배격하게 되었을까? 인문주의자들이 스콜라철학과 논리학을 배격하게 된 이유는, 무엇보다 그들의 세계관과 삶의 형식이 중세와는 다르다는 점에서 찾아볼 수 있다. 중세인이 바라본 세계와 삶의 형식은 초월세계와 초월적 삶이고, 인문주의자들의 그것은 현상세계와 교양적 삶이다. 세계와 삶의 형식에서의 차이가 결국 학문관의 차이로, 그리고 인문학의 성격에 대한 차이로 나타난 것이다.

중세의 학문은 인간의 현세적 삶의 문제와 개별적 사물에 관한 구체적인 연구보다는 초월적 주제와 사물의 보편적 진리에 대한 추상적 규명에 치중하였다. 정치와 윤리, 교육 등 현세적인 삶의 문제는 중세 학문의 직접적인 관심사가 아니었다. 인문주의자들이 현세적 삶 안에서 새롭게 중시한 덕성과 교양의 문제는 중세 학문의 직접적인 논의의 대상이 아니었다. 스콜라철학은 초월적 주제와 신학적 문제에만 관심을 보였고 인간의 현세적 삶의 문제에는 소홀하였다. 이때 중세 학문의 주된 연구 방법으로는, 연역적 논리를 동원하는 논리학이 선호되었고, 논리학을 통해 초월적·신학적 주제를 논증하고 사변하는 방식이었다. 형이상학적·신학적 주제를 탐구하는 중세의 학문적 경향과 그 탐구 방법으로서의 논리학, 이 양자는 상호 간에 분리될 수 없는 관계에 놓여 있었다. 요컨대, 중세 학문의 성격은 〈초월적 주제와 논리학의 결합〉으로 규정할 수 있다.

반면에 인문주의자들이 르네상스 인문학 안에서 다루고자 한 내용과 주제는 중세 스콜라철학과는 차원이 다르다. 인문주의자들은, 한편으로 스콜라철학에서 중시된 논리학·형이상학·자연철학·신학 등의 형이상학적 교과를 배격하며, 다른 한편으로 법학·의학·수학·천문학·점성학과 같은 중세 대학에서의 전문적이고 직업 지향적인 교과와 자신들이 선호한 고대의 사장(詞章) 곧 스투디아 후마니타스를 엄격히 구분한다.

인문주의자 베르게리오에 의하면, '형이상학적 교과는 인간의 경험과는 거리가 먼 오로지 순수 예지, 즉 직관에 의해 접근할 수 있는 주제를 다루고 있기 때문에, 그리고 전문 교과는 단순한 직업 교과이기 때문에, 자유 교양인에게 적합하지 않은 학문'이다(Vergerio, 1966, p.79). 현세적인 교양적 삶을 중시한 인문주의자들의 학문적 관심은 이처럼 초월적인 중세적 관점과 대비된다. 인문주의자는 인간과 현세적 삶의 문제에 관심을 보이고, 그 가운데서도 덕성과 교양에 초점을 맞춘다. 르네상스 시기의 수사학을 연구했던 김영한은 르네상스 인문학의 성격을 이렇게 규정한다.

"인문주의자의 학문은 그 당시의 독특한 지적 관심의 발로였다. 그들의 관심은 인간과 그에 관련된 실제(實際) 문제에 집중되었으며, 그중에서도 특히 인간의 지적 교양과 도덕적 덕성이 핵심을 이루었다. 예컨대, 모든 학문의 기초가 되는 문법을 제외하면, 시는 픽션을 통해서 도덕적 진리를 제시해 주며, 역사와 도덕철학은 각기 인생의 교훈과 생활의 지혜를 가르쳐 주고 있다. 수사학은 그러한 진리와 지혜를 행하도록 '권장하고 설득해 주는 학문'이다."(김영한, 1989, p.94)

교양적 삶을 추구하는 인문주의자들의 관점에서 볼 때, 초월적 주제와 논리학을 위주로 한 탐구 방식은 수용될 수 없다. 인문주의자들은 중세 스콜라주의자들의 형식화된 추론과 연역적 논리가 인간의 실제적 삶과는 동떨어진 문제를 다룬다고 생각한다. 따라서 그들은 논리학을 공박하는 것과 아울러 덕성과 교양의 문제를 다루는 데에 보다 적합한 새로운 접근 방식을 모색한다. 현세의 실제적 삶과 덕성과 교양을 중시한 인문주의자들에게 최적의 학문과 탐구 방식으로 수용된 것이 수사학(修辭學)이다. 논리학과는 달리, 수사학은 인간의 현세적 삶의 문제, 그중에서도 덕성과 교양의 문제를 직접 다루는 데 적합했다. 중세 학문의 성격과 비교할 때, 르네상스 인문학의 학문적 성격은 〈도덕적 주제와 수사학의 결합〉으로 규정할 수 있다.

말의 곡조와 울림이 지닌 치유 효과

인생 말년에 페트라르카는 아비뇽 교황청의 서기였던 누카 다 펜나에게 편지를 쓴다. 이 편지에서, 페트라르카는 어린 시절 자신이 키케로의 라틴 고전을 처음 접했을 때의 감흥과 키케로의 글이 자신에게 끼친 영향을 회상한다.

> "어린 시절부터, 다른 사람들이 「프로스퍼(Prosper)」와 「이솝(Aesop)」을 낭송하고 있을 때, 본능적으로 그랬는지 아니면 아버지의 강요였는지는 알 수 없으나 항상 키케로의 작품을 품에 안고 있었다. (중략) 그 당시 나는 아무것도 이해할 수 없었으나, 오직 한 가지 분명한 것은 나를 붙잡고 있었던 어떤 소리[말]의 울림과 향기를 내가 알아차렸다는 사실이다. 그래서 [수사학에 뛰어난] 키케로를 제외한 다른 어떤 것을 읽거나 들을 때는, 그것이 무엇이었던지, 항상 거슬리고 시끄럽게만 들려왔다."
> (Petrarch, 1965, vol.2. p.1046)

페트라르카는 어릴 때 이미 말의 의미를 알아채기도 전에, 말의 곡조와 울림에 감동하였다. 그는 키케로의 책과 중세의 인기 있는 라틴 교과서였던 「Prosper」와 「Aesop」을 비교함으로써, 당시 학교에서 가르친 귀에 거슬린 '중세 라틴어'와는 달리, 자신을 감동시킨 '순수 고전 라틴어(pure classical Latin)'의 곡조를 칭송하고 있다. 페트라르카는 커가면서도 울림과 곡조 있는 문장이 주는 느낌을 결코 놓치지 않았다. 문장이 주는 이 느낌은, 그를 위대한 시인과 문필가로 만들었을 뿐만 아니라, 또한 인문학의 역사에 있어서 매우 중요한 점인데, 그가 시대의 문제를 당한 후 겪게 된 절망과 슬픔 가운데서 위안을 받고 고통과 상심을 해소할 수 있는, 모종의 유약(癒藥)과 치료제(治療劑)로 작용했다는 사실이다. 한적한 보클퀴즈에 은둔하던 중, 친구 톰마소(Tommaso)에게 쓴 편지(「웅변에 관해서(On study of eloquence)」)에서 페트라르카는, 우울과 침체감에서 벗어나는 효과적인 방법으로, 고전을 큰 소리로 읽는 방식을 소개한다.

"분명하게 말할 수는 없지만 무언가 친밀하고 귀에 익숙한 소리, 가슴속에 품어왔고 나의 입술을 통해 생성되는 그 소리를 통해, 나는 잠자는 나의 영혼을 깨우는 습관이 생겼네. 더군다나 때때로 나의 글 또는 다른 사람의 글을 반복해서 읽는 일이 얼마나 즐거웠는지 아무도 모를 것이네. 소리 내어 글을 읽는 가운데, 나를 짓누르고 있던 그 처절하고도 무거운 근심이 내 어깨너머로 사라지는 것을 감지할 수 있었네. 자신의 아픈 부위를 잘 아는 외과 의사의 민감한 손이 그런 것처럼, 내가 쓴 글을 낭독함으로써 내 안의 무기력과 권태를 사라지게 할 수 있었네. 책을 읽을 때마다 문장은 나의 귀를 감싸 안았고 어떤 내적인 향기와 달콤함으로 자꾸만 책을 읽도록 했는데, 점차 문장은 나의 내면으로 내려앉았고(sank down inside on me), 그 은밀한 깨우침(hidden point)은 나의 골수 안으로 파고들었네." (*Fam.*, I,9., pp.49-50)

페트라르카의 슬픔과 절망감은 그 시대의 우연적인 사건과 재난을 직접 목도하고 경험한 데서 비롯했다. 그는 자신이 처한 비통하고 절망스러운 상황을 중세의「전면포위 공격법」을 묘사하는 방식을 빌어 은유적으로 표현한다.

"운명의 여신은, 나를 사로잡으려고 사방팔방에서 공격해 왔고, 인간의 조건에서 맞닥뜨릴 수 있는 온갖 비참함을 죄다 끌어모아 포탄을 퍼부어 댄다. 결국 나는 모든 방면에서 공격을 받고 신음을 내뱉었다. 도망갈 곳조차 없고, 자비의 희망도 없는, 모든 것이 위협적인 수많은 적에게 포위되자, 감당할 수 없는 기막힌 슬픔에 빠진다. 모든 대포는 조준되어 있고, 땅 밑으로는 굴이 파이고 있다. 이제 성루는 흔들리고 사다리는 벌써 성벽에 대어 있고 전차는 성벽을 향해 돌진해 오고 불길은 온 바닥으로 번지고 있다. 사면에서 적들의 번쩍이는 검날과 흉악한 형체가 다가오고 있다."(Petrarch, 1955, p.106)

페트라르카는 중세 말 혹독하고 예측할 수 없는 재난 가운데서 그 자신을 사방의 적에게 포위된 사람으로 인식하였다. 그런데, 이런 어찌할 수 없는 매서운 재난에 대한 그의 대응책은 '신앙적이거나 철학적인' 방식이 아니라 '문학적이고 문필적인' 방식이었다. 그는 고전 문장의 소리를 통해 고통과 절망을 벗어날 수 있는 치유책을 찾아낸 것이다. 문장의 소리에 감명받고 문장을 솜씨 있게 다룸으로써, 페트라르카는 자신의 마음을 치유하는 의사가 되었고, 자신의 심리적인 상처를 치유하고 고통을 경감할 수 있었다. 인문주의자들에게 큰 인기를 얻었던 책 『행운과 불운에 대처하는 법』에서, 페트라르카는 "문장은 영혼의 유약(癒藥)"이라고 선언한다(*De remediis*, II, p.114.). 그는 중풍을 앓던 친구 지오반니(Giovanni Colonna)에게 쓴 편지에서, 자신이 고통과 슬픔을 잊고자 행한 것과 똑같은 방법을 추천한다. 그 방법은 다름이 아니라 중풍의 통증이 몰려올 때는 키케로의 『투스쿨룸 대화』를 머리맡에 두고서 소리 내어 읽도록 권하는 방식이었다(*Fam.*, VI, 3., p.308).

페트라르카는 자신이 소리 내어 읽었던 '문장이 자신의 안쪽으로 내려앉았고, 그 은밀한 깨우침이 뼛속까지 파고들었다'고 했다. 또한, 그는 보카치오에 쓴 편지에서, 금과 보석, 비단옷, 구슬로 치장한 말(馬)을 소유하는 데서 얻는 '피상적인 즐거움'과 책의 소유에서 오는 '내면적 즐거움'을 비교한다(*Fam.*, Ⅲ, 18., p.157). 이어서 그는 보카치오에게 로마의 라틴 작가인 버질(Vergil), 호러스(Horaace), 보에티우스(Boetius)와 키케로의 책을 수시로 읽었고, 그들에게 늘 의지했노라고 말한다.

"수천 번 그들에게 의존했고, 온 정신의 힘을 다하여 그들 안에 머물고자 했네. 나는 저녁때 소화해야 할 것을 아침에 먹었고, 어른이 되어 반추(反芻)해야 할 것을 소년 시절에 이미 삼켜 버린 것이네. 그들의 글은 내 안으로 친근하게 다가왔고, 나의 기억뿐만 아니라 내 뼛속에까지 자리 잡았고, 이제는 나의 정신과 하나가 되었네. 심지어 내가 그 문장을 다시 읽지 않더라도, 이미 그것들은 나의 정신 안에 붙박여 있고, 내 영혼의 가장 깊은 곳에 뿌리내리고 있네." (*Fam.*, ⅩⅩⅡ, 2., pp.212-213)

페트라르카는 문장 읽는 것을 '깊이 있는 내적인 경험'으로 인식한다. 그는 문장을 이미 몸으로 느낀다. 이때 낭독이 가져다주는 치료 효과는 자신 바깥으로의 상승(上乘)이 아니라, 자신 내부로의 침강(沈降)에서 발생한다. 낭독의 효과는 외향적 자아가 초월세계와 합일하여 〈신의 말씀〉을 듣는 것이 아니라 내향적 자아가 내면세계로 내려앉은 후 〈고전 작가의 음성〉을 듣는 데서 일어난다. 고전 문장의 울림과 곡조는 페트라르카가 이런 내적인 경험을 얻는데 매우 적합했다. 고통과 슬픔을 잊고자 고대인 키케로가 세상만사를 잊고 초월세계로 상승하여 〈신성한 세계와 합일〉했다면, 내향적 자아를 지닌 페트라르카는 고전 문장을 낭독함으로써 〈내면의 정신이 고전 문장과 하나〉가 되게끔 했다.

도덕적 자극과 감명을 주는 문장

페트라르카는 문장을 읽고 쓰는 동안에 일종의 '도덕적 자극(moral stimulation)'을 얻고자 했다. 그는 고전 문장을 통해 자신의 정신을 각성시킬 수 있는 도덕적 자극을 원했고, 문장의 울림과 곡조를 통해 내향적 자아를 고무하고 내면의 기운을 북돋고자 했다. 그리고 이러한 도덕적 자극과 각성을 얻는 데는 고전 라틴 작가들의 문장만큼 그에게 적합한 것은 없었다.

페트라르카는 『인간무지론(On His Own Ignorance』에서, '윤리학에 관한 아리스토텔레스의 저술을 상당히 읽었고 소상하게 알고 있으며, 심지어 아리스토텔레스의 윤리학에 관한 몇 번의 강의도 수강했다'고 한다. 그렇지만 그는 아리스토텔레스의 저술을 읽음으로써, 윤리 도덕에 관하여 보다 '많이 알게(more learned)' 되었으나, '보다 나은 사람은 될 수 없었다(not better man)'고 고백한다(Cassier, 1948, p.103). 그는 이어서 〈아는 것과 사랑하는 것은 다르다〉고 한다.

"현명하게 말하는 것과 현명하게 사는 것은 별개의 문제이다. 아는 것과 사랑하는 것은 별개의 것이며, 이해(理解)하는 것과 의지(意志)하는 것은 완전히 다른 것이다." (ibid., p.103)

이성으로 이해하는 것과 가슴으로 의지하는 것은 다르다는 것이다. 페트라르카에 의하면, 이해는 〈이성적 사고의 영역〉이고 의지는 〈정서와 감정의 영역〉이었다.

"만일 덕을 알면서도 사랑하지 않는다면 덕을 안다는 것이 아무런 소용이 없고, 죄를 알고서도 그것을 미워하지 않는다면 그것 또한 아무것도 아니다. 현자(賢者)의 생활 태도는 덕에 관한 지식만을 구하는 데 있는 것이 아니라 그것을 실천하는 데 있다. 덕성은 이해되는 것이 아니라 사랑되어야 한다." (*ibid.*, pp.104-105.)

"진리를 아는 것보다 선을 소망[의지]하는 것이 더욱 좋다. 덕성을 습득하는 대신 그것을 알려고 학문에 시간을 소모하는 사람은 잘못이다. 신을 사랑하는 대신 신을 알려고 자신의 시간을 허비하는 사람[스콜라 철학자]은 더욱 큰 잘못을 저지르고 있다." (*ibid.*, p.105.)

덕을 이해하는 것과 덕을 소망[의지]하는 것은 다르며, 덕을 아는 것보다 덕을 의지[실행]하는 것이 중요하다는 것이다. 인간이 덕스러워지고 선해지는 것은 덕과 선에 관해 〈아는 것〉에서 유래하는 것이 아니라 덕과 선을 〈사랑하는 것〉에서 유래한다는 것이며, 덕과 선을 사랑하는 것은 〈정서에 호소하여 의지를 변화시킬 때〉 비로소 가능하다는 것이다. 따라서 인간이 도덕적으로 선해지는 것은, '이성의 차원'이 아니라 '의지의 차원'에 속하는 것이고, 〈이해와 사고〉가 아니라 〈설득과 감명〉으로 가능한 것이다. '이성적으로 이해하는 것'과 '정서적으로 의지하는 것'이 다르다는 이 구분은, 인문주의자들에게 두드러진 생각이었는데, 〈아는 것과 선해지는 것〉의 구분, 〈이해하는 것과 사랑하는 것〉의 구분, 그리고 〈이성과 의지의 구분〉에서 비롯한다. 주목할 점은, 페트라르카가 보았을 때, 아리스토텔레스의 글은 '정서에 호소할 수 있고 덕을 사랑하도록 고무(鼓舞)하고 자극할 힘'인 〈수사와 문장〉을 빠뜨리고 있었다.

"아리스토텔레스는 우리에게 '덕이 무엇인가'를 가르쳐 주지만, 그러나 그의 글은 덕을 사랑하고 악을 증오할 수 있게끔 우리 마음을 자극하고 불을 붙이고 권고할 수 있는 문장을 결여하여 그럴만한 힘을 지닌 것이 아니다." (*ibid.*, p.103-104)

페트라르카는, 라틴 작가인 키케로, 세네카, 호러스, 아우구스티누스 등은 선을 향하도록 마음을 자극하고 권면하는 힘을 지녔다고 한다.

"라틴 로마 작가의 문장은 덕에 대한 이해가 아니라 덕에 대한 사랑을 고무시킨다. 그들의 문장은 우리 가슴속에 가장 예리하고 열정적인 자극으로 다가옴으로써, 게으른 자가 정신을 차리고, 상심한 자가 용기를 얻고, 졸던 자가 잠에서 깨고, 절망한 자들이 새로 일어서도록 하며, 낙심한 자가 숭고한 생각과 선한 열망을 갖도록 한다." *(ibid., p.103)*

로마 작가들의 문장이 지닌 힘과 자극에 열정적인 찬사와 지지를 드러낸 페트라르카는, 나아가 당대의 인문주의자와 학자들에게 고전 라틴어를 공부할 것을 강력하게 권고했으며, 그의 권고는 당대에 인문주의자들에게 상당한 효과를 발휘했다. 초기 인문주의자들은, 단조롭고 거칠고 투박해서 심지어 야만스럽다고 여긴 중세풍의 스콜라적 라틴어가 아닌, 고전 라틴어에 매료되었다. 왜냐하면 인문주의자들은 〈수사학적인 힘〉이 있는 문장, 즉 인간 마음속의 선한 열정(熱情)을 분기(奮起)시키거나 소란한 격정(激情)을 진정(鎭靜)시킬 수 있는 호소력 있고 힘찬 문장을 고대했기 때문이다. .

그렇지만 스콜라적 라틴어는 이 힘을 소유하지 못했다. 스콜라적 라틴어는 당시 대학교에서 시행되던 구두 논쟁(口頭 論爭)에서 생성된 〈기술적이고 조작적인 언어〉로서 명제와 논쟁 과정을 시험하고 평가하기에 효과적인 언어였다. 이 언어는 잘하면 논리적으로 사고하는 데 도움이 되지만, 잘못되면 세세한 것까지 시시콜콜하게 따지는 일에나 필요할 뿐이다. 스콜라적 라틴어의 논리적 추론[엄밀한 삼단논법(ratiocination)]과 고전 라틴어의 강렬한 음악[열광적인 곡조] 간의 차이는, 단조롭고 뼈대만 남은 토마스 아퀴나스와 윌리엄 옥캄의 글을 읽은 후에 고대 작가 키케로나 아우구스티누스의 수려한 글을 읽어보면 쉽게 알아차릴 수 있다.

페트라르카, 살루타티, 브루니 그리고 에라스무스와 모어와 같은 많은 인문주의자는 스콜라철학을 조롱하고 비난한다. 이렇게 비난한 이유는, 스콜라철학이 기술적인 논쟁과 수다거리로 전락했다는 점 말고도, 보다 중요한 이유는 스콜라적 언어와 이 언어에서 생성되고 다듬어진 문장은 인간의 영혼으로 하여금 덕을 사랑하고 악을 증오하게 할 힘과 감화력이 부재했다는 점이다. 인문주의자들에게 중세 라틴어와 고전 라틴어 간의 차이는, 마치 수리와 공식을 연결하여 구성한 통계학 서적과 풍부한 사상과 힘찬 문필로 써 내려간 교양서적 간의 차이와도 같다. 진정한 글은 내용(도덕의식의 추구)과 형식(문체와 어법으로서의 수사학)을 겸하여야 할 것인데, 문장의 곡조와 울림이 주는 도덕적 자극과 감흥에 주목한 인문주의자들은, 〈도덕적 주제와 수사학적 문체〉라는 두 가지 측면에서, 스콜라철학을 폄하하고 비웃었다.

인문주의자들은 언어와 문장에 뛰어난 초기 교부의 작품은 권장하면서도, 수사학을 결여하고 논리학을 위주로 한 중세 교부의 작품은 공부하지 말라고 권고한다. 인문주의 신학자이자 수사학자인 로렌조 발라(Lorenzo Valla, 1407-1457)는, 라틴어에 관한 자신의 광범위한 연구서인 『우아한 라틴어(1444)』에서 말하길, '신을 알고 사랑하기 위해서는 단조롭고 투박한 중세 라틴어와 아리스토텔레스의 논리학과 형이상학에만 집착한 스콜라 신학자의 저술에서 벗어나서, 신·구약성서와 희랍과 라틴 교부의 저술-형이상학적 사변은 없으나 문장의 아름다움을 통해 우리를 신성한 존재에 가까이 다가서도록 하는 특히 제롬과 아우구스티누스의 저술-로 돌아가야 한다'라고 힘주어 말한다(Valla, 1952, p.622). 페트라르카와 그의 계승자들이 당시 스콜라 풍의 대학 문화(형이상학적 교과와 직업 교과에만 몰두하는 풍조)에서 탈피하게 한 요인은, 내향적 자아를 향한 언어와 문장이 지닌 힘과 호소력이었다. 인문주의자들이 스콜라주의에서 벗어나 고대 로마의 라틴 작가들을 공부하려고 한 의도는, 상처 난 마음의 치유(healing)와 더불어 도덕적인 자극과 영감을 얻으려는 데에 있었다.

인문주의자 브루니의 앞선 주장에서 볼 수 있는 바와 같이, 인문학은 〈내용(현세적인 교양적 삶과 도덕의식)과 형식(수려한 문장으로서의 수사학)을 모두 갖춘 것〉이어야 했다(Bruni, 1947, p.7). 먼저 인문주의자들은 형식인 수려한 문장을 배우고자 키케로의 수사학을 목표로 삼았다. 브루니는 그 당시 문장, 즉 수사학에 무지한 스콜라 신학자들의 조잡하고 단조로운 문체를 비난한다. 그는 아름다운 문체가 인간을 완전하게 하고 아름답게 꾸며준다는 생각을 지니고 있었다. 그래서 그는 조야(粗野)하고 곡조와 울림이 없는 문장을 구사하는 스콜라 철학자를 비난한다. 그리고 그는, 사람의 〈글 쓰는 스타일(literacy style)〉이 바로 사고의 올바름과 정신의 강건함을 반영하고 있다고 믿었기 때문에, 위대한 신학자이면서 동시에 학식 있는 문필가인 초대 교부들을 모델로 삼고 그들에게 전폭적으로 의지하려고 한다. 반면에 브루니는 당대의 신학 공부를 '문장이 빈약하고 천박하며 사고만 혼란하게 하는 학습'이라고 비난하는 데에 조금도 주저하지 않았다. 그는 온전한 사고력과 유려한 문필력의 함양에 장애물이 된, 당시 스콜라철학과 논리학에 과도하게 집착하고 몰두하는 대학 풍조를 강력하게 비난하였다. 이렇듯, 수사와 어법을 갖춘 고전 라틴어로 된 문장이 바로 르네상스 인문학의 초기 교육과정을 결정하는 절대적인 기준이었다.

정서에 호소하는 설득으로서의 수사학

페트라르카는, 일관성 있고 논리적인 도덕 이론을 제시하는 것만으로는 도덕적 영감을 불러올 수 없으므로, 결국 도덕적 행위의 실천을 담보할 수 없다고 한다. 논리와 이론상 모순 없는 도덕 이론보다 더 중요한 것이 있다는 것이다. 페트라르카는, 앞선 글에서 단지 내용상 모순 없는 도덕 이론에 접하는 것은, '배우기는 하나 덕스럽게 되는 것은 아니며, 덕에 관해 유식해지기는 하나 덕행을 실행하도록 보장할 수는 없다'고 했다. 선을 좋아하도록 하고 덕스럽게 하는 것은 덕에 대한 이해가 아니라 덕에 대한 사랑에서 비롯한다는 것이다. 그는 덕행의 실행은, 사고(思考) 아닌 정서(情緖)와 관련되는 문제이고, 〈이해(理解)의 확대〉 아닌 〈의지(意志)의 설득(說得)〉에서 비롯하는 것이므로, 덕행을 위해서는 무엇보다 정서에 호소하여 의지가 변화될 수 있도록 〈도덕적 자극과 영감〉을 받고자 했다.

결국 도덕적 자극과 영감을 불러일으키고 도덕적 행위에 진정 참여토록 하자면, 모순 없는 도덕 이론 그 이상의 것이 요구된다. 인문주의자의 구도에 의하면, 하나는 〈유덕(有德)한 행위의 실제적인 모습과 범례를 예시하는 일〉이고, 다른 하나는 〈유덕한 행위를 유려하고 아름다운 문장을 동원하여 매력 있게 권면하고 설득하는 일〉이다. 앞의 것은 바로 유덕한 행위가 지닌 〈예증(例證)의 힘〉을 가리키며, 뒤의 것은 유려한 문장이 지닌 〈수사학적 힘〉을 가리킨다. 인문주의자에 의하면, 문장 안에서 예증(例證)과 수사(修辭)가 함께 제시될 때야 비로소, 독자의 정서에 호소하여 도덕적 자극과 감명을 줄 수 있고 의지를 설득할 수 있으므로, 결국 덕행의 실행을 불러온다는 것이다.

인문주의자들은 중세 스콜라철학에서 중시한 논리학을 거부하고 수사학이 중심이 된 르네상스 인문학을 전개하였다. 인문주의자들에게 수사학이 중요했던 까닭은, 다음과 같은 네 가지 측면에서 찾아볼 수 있다.

첫째, 수사학이 다루는 문제는, 초월적인 진리와 실재(實在)의 영역이 아니라, 인간이 현실 생활 속에서 당면하는 실제(實際)의 영역에 속한다. 논리학과 수사학은 각기 담당하는 지식의 영역에 근본적으로 차이가 있다. 논리학의 영역이 〈형이상학적·교의적 지식〉이라면, 수사학의 그것은 〈현세적·경험적인 지식〉이다. 철학적·교의적 지식은 절대적 진리의 영역에서 속하는 문제이므로 그 진리성을 규명하려면 〈논증(論證)〉이 요구된다. 진리의 문제를 다루는 철학과 신학은 그 지식의 진리성에 대한 명확한 논증이 필요한 데, 이와 관련된 학문은 진리성을 규명하고 논증하는 논리학이다. 반면에 현세적·경험적 지식은, 진리성에 관한 논증과 사변이 아니라 당사자들 간에 합의와 의견 일치에 이르도록 하는, 〈설득과 동의〉가 요구된다. 형이상학적인 절대적 지식과 현세의 경험적 지식 간에 규명 방식이 이처럼 다른 것은, 양대 지식이 다루는 지식의 성격과 영역에 차이가 있기 때문이다.

철학적 진리와 종교적 교리와는 달리 현세에서의 정치와 역사,

교육의 문제는 〈절대성(absoluteness)〉의 영역 속하는 것이 아니라 〈가능성(probability)〉의 영역에 속한다. 수사학의 본래 기능은, "양자택일이 가능한 문제" 또는 보편타당한 과학적 논증이 적용될 수 없는 "가능성의 문제"를 다루는 데 있었다(Aristotle, *Rhetoric*,, Ⅰ,2,1357a. ;Cicero, *De Oratore*, Ⅱ,30, p.218). 인문주의자들이 수사학을 집중적으로 연구하고 중시한 이유는, 수사학은 형이상학과는 달리 절대적인 진리와 관련된 것이 아니었기 때문이다. '양자택일'과 '가능성'의 영역에 속하는 문제의 해결은, 여러 가지 대안 중에서 가장 적합한 것을 선택하여 상대방의 동의를 얻어내는 것이 급선무이다. 가능성의 영역에 속한 현실 문제의 해결은. 진리 여부에 대한 논증과 규명이 아니라 설득과 동의의 확보에 있으므로, 다른 사람의 의지와 정서에 호소하고 동의를 얻어낼 수 있는 기예가 요구된다. 동의와 설득이 필요한 현세의 〈정치와 역사, 교육의 문제〉는, 논리학 아닌 〈수사학〉에 적합한 영역이었다.

또한 초월세계를 배제한 인문주의자들의 진리 개념은 철학적(연역적) 관점도 아니고 과학적(실험적) 관점도 아니다. 인문주의자들은 진리를 주관적인 신념과 합의의 차원에서 파악한다. 인문주의자들에게 진리는 개인에 의존하는 것이고, 그것은 특정인의 마음속에 존재하는가 안 하는가, 그리고 그것을 표현하는가 안 하는가에 달려있다. 그리고 진리를 전달하려면 인간의 정서와 의지를 움직여야 하는데, 정서를 자극하고 의지를 설득하기 위해서는 수사의 방법이 중요하다. 이처럼 수사학은 〈현실 영역의 문제〉를 다루는 데 적합했고, 〈다른 사람을 설득〉하는 데 긴요했다.

둘째, 인문주의자들은 덕성의 함양이 논리학 아닌 수사학과 관련된 것으로 본다. 도덕적 행위는 앎 아닌 〈의지〉에서 오는 것이고, 의지의 변화는 〈도덕적 감응〉에서 비롯하는데, 도덕적 감응은 논리 아닌 유려한 문장을 구사하는 〈수사〉에 의존하는 것이었다. 음악 소리 같은 문장과 수사를 갖춘 고대 작가의 사상과 금언을 통해 감화를 받고, 고대 위인과 영웅의 탁월한 행위를 상상하고 모방하는 것만큼 큰 도덕적 가르침은 없었다. 페트라르카에 있어서, 고전의 곡조 있는 문장을 읽고 문필력을 구사하여 고대 인물에 관해 솜씨 있는 글을 쓰는 일은, 자신의 내향적 자아의 역량을 강화하는 일종의 정신 훈련이었다. 수사에 뛰어난 고전을 읽고 유려한 문장으로 고대 위인에게 편지를 쓰는 일은, 자아와 정신의 도야 과정이고, 동시에 덕성 함양의 과정이었다. 페트라르카에게 있어서나 그의 글을 읽는 독자에 있어서나, 고전을 읽고 쓰는 일은 고대 작가의 문필력으로 감화받고 고대 위인의 정신에 동화됨으로써 고대인이 지닌 덕성과 교양을 내면화하는 학습 과정이었다.

셋째, 인문주의자들에게 〈지적·도덕적으로 탁월한 자아의 형성〉은 논리학 아닌 수사학과 관련된다. 변덕스럽고 무자비한 운명의 횡포에 당당하게 맞설 힘은 강하고 완전한 자아의 조성에서 비롯하는 것이고, 이러한 탁월한 자아는 고대인의 모범적인 행위를 모방하고 이에 필적할 때 형성되는 것이다. 탁월한 자아를 형성하는 과정에서, 내향적 자아에게 감명을 주고 그 의지를 설득하는 데에는 유려한 문필력이 필수적인 것이다. 인문주의자들은 고전 읽기와 쓰기를 통해, 고대 위인·작가와 '상상 속'에서 조우하고 그들에게 동화되었는데, 구체적으로는 이 과정에서 상심하고 상처받은 자아가 위안을 받고 고대인을 닮아야겠다는 강렬한 의욕을 갖게 되는 방식이었다. 특히 고대 위인들에 관해 저술하는 일은, 고대 위인들을 모방하고자 하는 욕망을 갖도록 하며, 자신을 고대 위인과 비슷한 모습으로 형성하는 단련 과정이었다.

　넷째, 인문주의자들에게 수사가 동반된 문필 활동은, 현실의 재난으로 인해 비탄과 절망에 빠진 자아에게 새로운 힘과 추진력을 부여하는 과정이다. 페트라르카에게 있어서, 저술 활동(주로 고대 위인에 관해 저술하고 편지 쓰기)은 환난을 만나 고아처럼 버려지고 상심에 빠진 자아가 위로받고 열정을 회복하는 과정이었다. 페트라르카는 고전을 읽고 고대인을 향해 글을 쓰는 저술 활동을 통해 "자아를 보호하려고"(care for the self) 한다(Zak,G., 2010, p.14). "폐허화된 로마"는 바로 페트라르카 자신의 '자아에 대한 비유'이다(Burkhardt, 1944, p.109). 페트라르카는 시간의 경과로 인해 찬란했던 로마가 사라진 세상(중세사회) 속에서 끊임없는 상실감과 공허함을 느끼고 있었다. 상실감과 공허감은 현실(중세의 세상)과 과거(고대 로마 시대) 모두로부터 버려지고 보호받지 못하고 있다는 고독감으로 나타난다. 그 고독감은 "자기 자신 내부로부터의 고독감"이다(Zak,G., 2010, p.3). 페트라르카의 편지에서 볼 때, 이 고독감은 중세 말의 끊임없는 파괴와 변화의 와중에서 자신이 세상에서 버림받았다는 추방감을 수반하고 있다. 자신이 "세상에서 추방되었고 고대로부터 단절되었다는 생각"이 페트라르카의 마음을 휘감고 있다(*ibid.*, p.3). 그렇지만 문필 활동은 페트라르카로 하여금 고대의 덕과 지혜로 안내할 뿐만 아니라, 또한 그가 처한 상황을 잊도록 하고 그의 마음을 그가 공경하는 로마로 귀환하도록 했다. 슬픔과 무기력에 빠진 페트라르카는, 고전을 읽고 쓰는 동안 고대인으로부터 위로받고 각성함으로써 용기를 내어 의욕적인 삶을 살아갈 수 있는 새로운 힘을 충전 받았다. 특히 글쓰기는, 자아의 역량을 강화하고 도야하는 정신 훈련 과정이었고, 상실감과 공허함을 극복할 수 있는 강하고 의욕적인 자아를 형성하는 과정이었다.

수사학의 힘

서양 교육사에서 수사학은 고대 이래로 철학과 대립하는 학문이다. 수사학과 철학의 대립은 고대 그리스의 소피스트 시대까지 소급된다. 그리스 후반(B.C. 4-3세기)에 이르면, 논리와 변증법을 중시하는 소크라테스, 플라톤, 아리스토텔레스의 철학파와, 수사와 웅변을 중시하는 프로타고라스, 고르기아스, 이소크라테스의 수사학파가 발생하여 서로 대립하였다.[31] 인문주의자에 있어서 수사학의 가치는 무엇보다도 상대방의 의지를 설득하는 데에 있다. 청중에게 선(善) 지향적 의지를 갖게 하려는 고대의 소피스트와 교양적 삶을 전 사회적으로 구현하려는 인문주의자 모두가 갖추어야 할 가장 중요한 자질은, 〈웅변과 문필을 통해 청중과 독자를 감동시키고 설득할 수 있는 능력〉[32]이었다. 고대의 수사가와 르네상스기의 인문주의자에게는, 유창한 웅변과 문필력을 통하여 대중을 지도하고 통솔할 수 있는 역량이 요구된 것이다. 웅변과 문필력이 지닌 이러한 사회성과 대중성은 철학에서의 초월적 지혜와 구분된다. 철학에서의 지혜란 일반적으로 만물의 제일 원인, 제일 원리에 대한 지식으로서 곧 실재(實在)에 대한 지식이다. 이 지혜는 경험적이라기보다는 사변적

---

31) 서양의 지적 전통 가운데서 수사학과 철학의 대립에 관한 체계적인 이해를 위해서는 다음 저술을 참고하길 바랍니다. 김영한(1989), 「수사적 휴머니즘」, 르네상스 휴머니즘과 유토피아즘, 탐구당, pp.85-138.

32) 고대의 소피스트에게 요구되는 것은 청중을 설득하기 위한 웅변이었다. 그렇지만 필경 기술이 발전하고 인쇄술이 보급되기 시작한, 르네상스 시기의 인문주의자에게 보다 요구된 것은 독자와 학습자를 감화하고 설득할 수 있는 수려한 문필력이었다.

이고 논리적이다. 논리학(변증법)이 순수 예지와 이성에 토대를 두고 있다면, 수사는 감정과 정서에 호소하여 인간의 의지를 설득하는 것이다.

페트라르카는 예지(叡智)보다 의지(意志)를, 지식보다 덕성(德性)을 중시한다. 페트라르카의 덕성에 대한 강조는, 그의 도덕론의 전개 방향이 스콜라철학의 교리에 관한 〈이론적·사변적인 지식 탐구〉에서 르네상스 인문학의 〈현세적인 덕성 함양〉으로 전환되었음을 극명하게 보여준다. 인문주의자 살루타티는, '학문의 목적은 박식(博識)이 아닌 덕성의 추구에 있으며, 덕 있는 행동을 유도하는 의지가 예지보다 중요하다. 인간의 행동과 사고의 원초적 발단은 [앎과 관련된] 예지보다 [감정, 정서와 관련된] 의지에서 비롯한다. 인간의 최초 행위는 의지의 동의나 명령 없이 예지[와 사고]에 도달하지 못한다'라고 하여(Trinkaus, 1970, p.22), 인간의 행동은 지식과 이성 아닌 정서와 의지의 산물로 보았다. 그리고 관념과 생각을 행동으로 전환시키는 것도, 이성의 작용이 아니라 정서와 의지의 작용이었다.

키케로는 『웅변가론(De oratore)』에서 역량 있는 수사가(修辭家)의 모습을 웅변하듯 천명한다.

"국정의 가장 중요한 문제에 관해 조언하게 될 때, 인간으로서 권위 있게 그의 견해를 표명할 수 있는 자는 변론가이네. 그의 책무는 해이해진 국민을 각성시키고 무절제한 격정을 억제하는 것이네. 그의 능력으로 인해 비로소 간악한 자들의 기만행위가 제거되고 선량한 자들이 혐의에서 벗어나는 것이네. 웅변가보다 더 강력하게 덕행을 권장해 줄 수 있는 자가 누구이며, 그보다 더 열렬하게 사람들의 악행을 제지할 자가 누구인가? 누가 그보다 더

준열하게 사악한 자를 탄핵할 수 있으며, 누가 그보다 더 뛰어난 시상(詩想)과 문장(文章)으로써 위대한 인물을 찬미할 수 있겠는가? 그의 규탄보다 더욱 강렬하게 무도(無道)한 욕망을 진정시킬 수 있는 것이 그 무엇이며, 그의 즐거운 말보다 더 부드럽게 슬픔을 위로해 줄 수 있는 것이 그 무엇이겠는가?"(*De oratore*, Ⅱ, 9, p.223)

키케로가 의도하는 웅변가는 강력한 설득력으로 인간을 선도(善導)하는 실천인이다. 인문주의자들이 복원하고 모방하고자 한 것은 그들이 고대인 가운데 가장 숭배했던 키케로와 그의 수사학이다. 수사학에 관한 키케로의 관점은 인문주의자의 저술에서 반복해서 등장한다. 인문주의자 브루니는, 키케로의 주장을 답습하여, 웅변가의 진정한 역할을 이렇게 밝힌다.

"나는 그대에게 수사학을 배우는 데 게으리하지 않도록 권고하는 바입니다. 누가 수사가보다 더 강력히 덕을 권장할 수 있으며, 더 철저하게 악을 응징할 수 있겠습니까? 그로부터 우리는 잘한 행위를 찬미하고 악을 증오하는 법을 배우게 됩니다. 우리는 또한 그에게서 위로하고, 권고하고, 자극을 주고, 억제하는 법을 배울 수 있습니다. 이 모든 것이 인간의 예지와 이성에 호소하는 철학자들에 의해서도 가능할 수 있다는 것을 설사 인정한다고 할지라도, 영혼의 분노와 동정, 모든 흥분과 진정은 사실상 인간의 감정과 의지에 호소하는 수사가의 고유 능력에 속하는 것입니다. 암흑의 밤을 비춰주는 빛나는 별과 같이 우리의 어법을 밝혀주며 인간에게 탁월함을 가져다주는 그 문체는 바로 수사가의 유일한 도구이므로, 우리는 그 문체와 어법을 수사가로부터 빌려 받아 상황의 필요에 따라 이용하는 것입니다."(Bruni, 1987, p.246)

브루니의 윗글을 통해, 우리는 인문주의자들의 수사가에 관한 관념을 분명하게 알아챌 수 있다. 수사가는 단순히 어법과 수사의 기술과 재간만을 무기로 삼은 전문적 직업인이 아니다. 수사가는 덕성과 설득력을 겸비한 자로서 최고로 인간다운 인간이며, 인문교육을 통해 길러야 할 교육적 인간상의 모형(模型)이다. 수사가는 덕성과 문필력을 지닌 교양인이며, 다른 사람들을 자신과 같은 삶으로 선도하는 지사(志士)이고 교육자인 것이다.

페트라르카는 인간의 의지를 설득하기 위한 요인으로 두 가지를 제시한다. 먼저, 그는 의지를 움직이고 도덕적 감명을 주기 위해서는 〈유덕한 행위의 범례(範例)〉, 곧 덕에 관한 실제적인 예증을 요구한다. 이 방법은 수범이 될만한 고대 위인과 영웅들의 구체적인 행위와 금언을 도덕교육의 내용으로 삼아 직접 제시하는 방식이다. 인간이 역사적으로 이룩하고 누적시켜 온 탁월한 위업과 유덕한 행위가 생생하게 제시될 때, 비로소 인간의 의지를 움직일 수 있고 도덕적 감화가 일어난다고 생각한 것이다. 덕에 관한 이론적 탐구보다는 덕에 관한 실제적인 예증의 학습을 중시한 인문주의자들은 도덕교육에서 〈예증의 교육적 힘〉을 인정하고 있다.

그렇지만 실제적인 예증을 제시하는 것만으로는 도덕적인 감응을 불러오는 데에는 무언가가 부족하다. 그래서 실제적이고 구체적인 사례를 보여주는 예증 말고도 또 다른 요인이 필요하였는데, 그것이 〈수사학적 문필력〉이다. 페트라르카는 탁월한 행위의 전례가 수려한 문체를 통하여 유려하고 매력 있게 표현될 때, 인간의 정서에 호소할 수 있고, 의지가 효과적으로 설득될 수 있다고 생각한다. 인문주의자들은 명쾌하고 유려한 언어적 표현과 언어의 미적 효과가 인간의 정서와 의지에 끼치는 효과에 주목하였다. 이들은 덕성의 함양과 관련해서는 논리학의 〈딱딱한 형식논리〉보다는 수사학의 〈감미로운 문체〉를 중시하였고, 의지의 설득과 관련해서는 〈진리의 엄격한 논증〉보다는 〈탁월한 문필력이 지닌 힘과 호소력〉을 신뢰하였다.

르네상스 인문학은 유덕한 행위가 수려한 문필력과 결합될 때, 효과적으로 독자의 정서에 호소하고 인간의 의지를 변화시킬 수 있다는 〈수사학의 힘〉을 확신하였다. 인문주의자들에게, 탁월한 인간성은 올바르게 사고하는 능력과 다른 사람을 설득할 수 있는 능력인 수려한 문필력과 관련되어 있었고, 인문주의자들은 인간다운 인간, 탁월한 인간의 증표로서 수려한 문필력을 내세웠다.

3. 총체로서의 세계 지향

르네상스 인문학을 통해 파악된 인문학 본연의 성격은 〈도덕의식의 추구〉와 〈수사학적 문필력의 함양〉이다. 고전적 인문학을 통해 본 인문학 본연의 성격은 〈총체로서의 세계를 지향하는 것〉이다. 실재와 실제, 초월세계와 현상세계가 분리되지 않고 의미 있게 결합된 '총체'로서의 세계 안에서, 인간은 나날이 살아가고 있는 일상세계의 지붕을 뚫고서 초월세계를 대면할 수 있게 된다. 본 절에서는 일상세계를 부정했던 중세와는 달리 일상세계를 초월하려고 했던 고전적 인문학의 실체적 모습을, 먼저 신에 대한 경배를 의미했던 '여가'(餘暇, leisure)와 관련지어 파악한다. 이어서 오늘날 '학문과 대학'을 지칭하는 '아카데믹(the academic)'의 의미를 검토함으로써 총체로서의 세계를 지향하는 인문학 본연의 성격을 밝히도록 한다.

총체(總體)로서의 세계

고전적 인문학에 제시된 세계는 총체로서의 세계이다. 이 세계 안에는 초월적인 실재(實在, reality)와 경험적인 실제(實際, practice)로서의 세계가 모두 포함된다. 총체로서의 세계는 인간의 경험을 넘어선 초월세계(超越世界)와 인간이 경험할 수 있는 현상세계(現像世界)가 의미 있게 결합된 세계이다. 초월세계와 대비되는 현상세계에는, 인문주의자들이 고대 고전의 연구를 통해서 복원하고자 했던 문화세계(文化世界)와 소시민적 현대인의 세계인 일상세계(日常世界)가 속하고 있다. 실재와 실제가 의미 있게 결합된 총체로서의 세계를 지향하는 고대인 안에서 추구된 삶은 〈천상적·초월적 삶〉과 〈현세적·경험적 삶〉이 의미 있게 결합된 〈총체적 삶〉이다. 고대인이 영위했던 이러한 총체적 삶 안에서, 초월세계는 현세적 삶 가운데서 생생하고 구체적 의미를 지니고 있었으며, 현세적 삶은 초월세계에 의하여 질서가 지어지고 그 의미를 부여받고 있었다(Ziederveld, 1970, pp.69-70).

총체로서의 세계[이하 '총체'로 칭하기도 함]를 제시하고 있다는 점에서, 아퀴나스의 스콜라철학을 계승한 피이퍼(J.Pieper)의 세계 인식은 고전적 인문학의 성격을 규명하는 일에 매우 중요한 빛을 비추어 준다(Pieper,『Leisure:The Basis of Culture; The Philosophical Act』, 1952). 고대적 세계관을 계승한 스콜라주의 철학자 피이퍼에 의하면, 인간이 살아가고 있는 총체로서의 세계에는 '세계'와 '생활환경'이 모두 포함된다(Pieper, 1952, p.83). 그의 세계 인식에서 세계와 생활환경이 각각 의미하는 바는, 초월세계와 현상세계, 또는 실재와 실제에 해당한다. 총체로서의 세계를 제시하는 피이퍼의 관점에서 주목할 점은, 인간 본연의 세계는 초월세계이고 실재이나,

현세에서 육체를 지니고서 살아가야 하는 인간의 정상적인 세계로서의 현상세계와 실제 또한 인정해야 한다는 것이다(*ibid.*, p.82).

실재와 실제를 모두 아우르는 총체로서의 고대적(古代的) 세계관과 비교할 때 중세의 사고체계가 지닌 독특성은, 적어도 아퀴나스에 의해 스콜라철학이 정립되기 이전에는, 초월세계만을 추구함으로써 현상세계가 무시되었다는 사실이다. 중세 시대에도 고대의 문화는 초월세계와 분리될 수 없었을 것이므로, 중세사회가 소극적으로 거부한 것은 문화세계이고 적극적으로 거부한 것은 일상세계이다. 피이퍼에 의하면, 고대사회는 일상세계를 〈초월(楚越)〉하려고 했으나, 중세사회는 일상세계를 〈부정(否定)〉하려고 했다는 점에서 단적으로 구분된다(*ibid.*, p.81). 총체적 삶 안에서 일상세계를 〈초월하는 것〉과, 초월적 삶만을 영위하기 위해 일상세계를 〈부정하는 것〉은 전혀 다르다. 일상세계를 부정한다는 것은 오로지 초월세계만을 추구하기 위해 일상세계를 배척하고 죄악시하겠다는 의도가 들어 있다. 이러한 태도는 현실 기피와 금욕주의를 이상으로 삼았던 중세 수도원의 모습에서 볼 수 있다.

아퀴나스에 의한 스콜라철학이 등장하기 이전에, 신플라톤주의(neo-platonism)가 만연했던 중세의 사상은 〈일상세계에 대한 부정〉의 차원에서 파악된다. 중세의 신플라톤주의는 초월세계와 일상세계, 영혼과 육체, 정신과 물질을 〈개념적으로 구분(區分)〉하는 차원을 넘어서서, 양자를 〈사실적으로 분리(分離)〉하는 태도를 내보였다. 이로 인해 양자(兩者) 간의 관계와 구분 방식은, 고대사회와 초대기독교사회에서와 같이 '위계(位階)의 고저(高低)'에서 파악되는 차원을 넘어서서, '선과 악'의 차원에서 파악된다(Holmes, 1991, pp.19-21). 신플라톤주의는, 초월세계와 영혼과 정신은 선(善)하고, 일상세계와 육체와 물질은 악(惡)하다는 이원론(二元論)을 내세우며, 이러한 이원론을 세계와 사물의 인식 전반에 적용하였다. 이때 육체와 물질은 악한 것이므로, 영혼과 정신의 순수한 보존과 발현에 방해물일 뿐이다. 그러므로 물질은 이해의 대상이 아니라 기피와 혐오의 대상이 되며, 육체는 개발의 대상이 아니라 학대와 억압의 대상으로 전락한다.

특히 중세 초기 신플라톤주의의 성립에 절대적으로 영향을 끼친 마니교(摩尼敎, Manichaeism)와 영지주의(靈知主義, Gnoticism)와 같은 이원론의 관점에서는, 선은 악의 제한을 받으며 정신은 물질의 제한을 받는다고 한다. 그리고 중요한 점은 선과 악이 투쟁할 때는, 곧 선과 악이 혼재한 이 현실 세계 안에서는 선이 승리한다는 것을 보장할 수 없다는 사실이다. 따라서 선의 승리를 위한 최적의 방법은 악한 현실에서 벗어나고 도피하는 것이다. 그리고 신플라톤주의의 유출설(流出說)에 의하면, 악은 단지 '선의 유한성(有限性)' 혹은 '선의 결핍'으로 인해 발생한다. 악이 전무(全無)한 온전한 선인 절대신(絕對神)으로부터 천사(天使)의 단계를 지나 점점 선이 적어지는, 다시 말해 악이 점점 많아지는 이 세상의 미물(微物)에 이르기까지의 위계가 성립한다. 그런데 악이 상대적으로 많이 퍼져 있는 이 세상은 궁극적으로 희망이 없다고 본다. 따라서 유일한 희망은 '악의 세상'을 벗어나 '온전한 선의 세계'를 바라보는 것이며, 인간의 구원도 바로 악인 육체와 물질을 기피하고 오로지 선인 정신과 영혼의 정화(淨化)에서만 가능한 것이다. 그러므로 신플라톤주의화된 중세에서는, 흔히 고행주의(苦行主義)와 속세 기피(俗世 忌避)가 권장된다. 속세 안에서는 영혼의 구원을 기약할 수 없으므로, 영혼의 구원을 필연적으로 이루어내려는 의도 아래 고행과 탈속(脫俗)

을 장려한다. 일상세계 안에서는 정신과 영혼이 물질과 육체에 대항하여 승리하리라는 보장도 없을 뿐만 아니라, 나아가서 일상세계 안에서는 오히려 선인 정신과 영혼이 악한 육체와 물질에 오염될 우려가 있으므로, 정신과 영혼의 근본적인 승리를 위해서는 속세를 떠나서 정신과 영혼의 온전한 발현에 적합한 장소인 수도원으로 향하려는 것이다.

그러나 선과 악의 대결에서 선이 당연히 승리할 수 있다는 희망은, 마니교와 신플라톤주의의 유출설과 다른, 초대기독교사회 이래로, 기독교 특유의 사상이다. 신플라톤주의로 대표되는 중세의 편협하고 왜곡된 신학이 장차 초대기독교사회에서 나타난 기독교 특유의 신학과 사상으로 복원될 수 있도록 기여한 아퀴나스 철학의 위대성도 이 점에서 찾을 수 있다. 아퀴나스와 그의 철학을 계승한 피이퍼의 관점과 비교해 볼 때, 수도원으로 상징화된 중세 교회의 편협함과 중세 신학의 한계성은 선명하게 드러난다. 중세에서는 초월적·천상적인 것을 추구하는 일에만 전념했던 결과, 오히려 인간의 초월적 삶을 위한 〈물질적·현세적 기반으로서의 일상세계〉가 인간의 삶과 역사와 학문과 교육의 과정 안에서 배척되고 온전하게 수용될 수 없었다. 그렇지만 중세 이전의 초대기독교사회는, 총체로서의 세계 안에서 사람들이 발 딛고 생활하는 세계인 일상세계를 〈초월〉하려고 했을 뿐, 일상세계를 결코 〈부정〉하려고 하지 않았다. 초대기독교사회는 인간의 현세적·지상적 삶을 위한 물질적 기반으로서의 일상세계를 인정했으며, 물질과 육체는 장차 신성한 것으로 변화되어야 할 대상이었지, 처음부터 죄악시하고 기피하고 억제할 것은 아니었다. 이처럼 중세 이전의 고대사회에서는 총체로서의 세계 안에서 초월세계와 일상세계가 의미 있게 결합하였고, 각각 나름대로 의미를 지니고 있었다.

고대인은 일상세계를 〈부정〉하지 않고 〈초월〉하려고 했다. 일상세계를 초월한다는 것은, 한편으로는 인간의 본질적 삶의 형식은 일상세계라는 지붕을 뚫고 저 넓은 우주와 천상계로 나아가는 것임을 인정하면서도, 다른 한편으로는 일상세계를 인간의 본질적 삶을 위한 육체적·현세적 기반으로서 인정하겠다는 자세이다. 고대사회에서 인간으로서 최고의 행복은 관조적·초월적 삶에 있었다. 고대 공동체사회는 그 구성원들이 관조적 삶을 누리도록 할 때 비로소 최고의 공동체가 될 수 있었고, 초대기독교사회는 성도들이 신 앞에 나아가 진정한 예배를 드리도록 할 때 온전한 공동체가 될 수 있었다. 아리스토텔레스에 의하면, 인간은 철학적 관조를 통해서 인간의 그 고유하고 궁극적인 목적(텔로스; *telos*)을 파악할 수 있게 되고, 개인으로서 누릴 수 있는 최고의 행복(에우데모니아; *eudaimonia*)에 이르게 된다. 그렇지만, 최고의 행복인 관조적 삶을 위해서는 물질적·사회적 조건이 필연적으로 요구된다. 이때 관조적 삶에 불가피하게 요구되는 재화와 용역을 제공하고 있는 가정과 공동체사회는 관조적 삶을 위한 현세적·육체적 기반으로 받아들여진다. 그러므로 재화와 용역을 생산하고 제공하는 일상세계는 고대적 삶에서 결코 떼어낼 수 없는 한 축으로 자리 잡고 있었다(MacIntyre, 1984, p.158).

현재 우리가 몸을 담고 있는 세계이면서 누구나가 부딪치지 않으면 안 되는 세계가 바로 일상세계이다. 이 세계 또한 인간의 정상적인 세계에 속하며 육체를 지닌 인간이 살아가야 하는 현실적 기반으로서의 세계이다. 그러한 세계가 없다면 초월적 삶과 교양적 삶도 불가능할 것이며 철학을 포함하여 어떠한 학문을 한다는 것도 불가능하게 된다. 일상세계를 〈초월〉하는 것은 일상세계로부터 〈떨어져 나가는 것〉이 아니라 일상세계를 총체 안에서 〈새롭게 수용하는 것〉이며, 사물에 대한 통속적인 해석에서 벗어나는 것을 의미한다.

총체로서의 세계를 지향하는 고전적 인문학은, 이와 같이 일상세계 또한 인간이 당면해야 할 기본적인 세계라는 것을 인정하면서도, 그렇지만 일상세계는 인간의 본질적이고 궁극적인 삶의 '세계'가 될 수 없다는 것을 시사한다. 그도 그럴 것은, 일상세계가 인간의 본질적이고 궁극적인 삶의 세계로 받아들여질 때는, 인간은 저 넓은 우주(초월세계)로 나아가지 못하고 생활환경(현상세계)의 굴레에 갇히기 때문이다. 일터와 시장을 가득 채우고 있는 소리, 곧 나날의 생존과 생업에 필요한 소리 가운데서는 일상세계를 초월하여 총체에로 발걸음을 옮길 수 없기 때문이다. 눈에 보이고 귀에 들리는 생활환경에 묶인 일상세계를 넘어서서 저 넓은 '세계'로 나아가려면, 익숙하게 보이는 세계에 대하여 근본적인 의문을 제기하도록 하고, 눈에 보이는 세계가 인간이 누려야 할 최종의 장(場)이 될 수 없음을 깨닫도록 하는, 새로운 외침이 있어야 할 것이다. 그렇다면, 일상의 굴레를 깨뜨리고 열린 세계로 나가도록 하는 것, 이것이 고전적 인문학이 지금까지 담당해 온 학문적 과업이고 교육적 이상이었다. 총체로서의 세계를 지향하는 고전적 인문학은 일상세계의 단편적이고 부분적인 생활환경을 넘어서서 광활한 우주와 마주 보는 위치로 나아가게 하는 도약대였다.

일상세계를 '초월'하는 인문학

기독교의 세계화에 절대적으로 공헌한, 기독교사상의 최고 이론가인 사도 바울은, 신약성서의 골로새서(2:18-23)와 디모데전서(4:1-5)에서 일상세계를 부정하려는 동방의 거짓 교사들(영지주의자와 마니교도)을 누누이 경계한다. 바울에 의하면, 하나님이 지으신 것은 모두 다 선한 것으로서 감사하는 마음으로 받으면 버릴 것이 없으나, 거짓 교사들은 현상세계 안의 모든 것을 죄악시함으로써 혼인을 금하고 음식을 폐하고 육체를 자의적으로 학대하는 등 일상세계를 거부하고 오로지 초월세계만을 추구하는 이단(異端)이다. 중세에서 초월적인 것만을 과도하게 추구한 것도 실은 이런 동방의 사상과 결합한 신플라톤주의가 지속적으로 영향을 미쳤기 때문이며, 중세를 통하여 신플라톤주의가 맹위를 떨칠 수 있었던 것은, 『위(僞)-디오니시우스서』라는 신플라톤주의적 관점에서 쓰인, 한 저술의 광범위한 영향을 받았기 때문이다. 신플라톤주의적인 관점이 농후하며, 사도 바울의 관점과는 뚜렷한 대조를 보이는 이 저술은, 중세 초기에 사도 바울의 직계 제자인 디오니시우스[Dyonysius the Aropagite. 사도행전 17장에 나오는 희랍인으로, 바울의 가르침을 받고 아테네에서 기독교에 귀의한 것으로 기록됨]의 이름을 빌린 누군가에 의하여 집필된 것으로서, 적어도 13세기 아퀴나스 철학이 정립되기 이전까지, 중세의 사상과 신학에 엄청난 영향을 끼쳤으며, 향후 중세 사상을 신플라톤주의적인 경향으로 유도하였다. 이 저술이 중세 사상을 온통 지배할 수 있었던 것은, 중세인들에게 사도 바울의 직계 제자가 쓴 저술로 받아들여졌고, 이로 인해 사도 바울의 사상을 가장 정확하게 소개하고 있는 저술로 인식되었기 때문이다(Kristeller, 1979, pp.52-53). 그렇지만, 기독교사상의 정통 견해에 의하면, 사도 바울의 제자 이름을 빙자한 이 저술은, 후대의 사상가들로 하여금, 사도 바울의 사상을 오해(誤解)하도록 하였으며, 그 결과 중세의 신학과 교회가 초대기독교사회의 순수함을 잃어버리도록 했고, 중세 특유의 편협한 사상과 폐쇄적인 교회 형태를 발생시켰다(Gonzalez, 1988, pp.121-125).

고대사회와 초대기독교사회가 일상세계를 〈부정〉하지 않고 〈초월〉하려고 했다는 점에서 볼 때, 중세와 르네상스는 모두 축소된 세계관과 사고체계를 지니고 있었다. 고대에서 실재와 실제는 개념상으로는 구분될 수 있지만, 사실상으로 분리될 수 없었다. 그러나 중세와 르네상스는 양자를 사실적으로 분리함으로써, 각각 상이한 관점에서, 실제와 실제 양자 중에서 어느 하나만을 전체(全體)로 보았다. 특히 르네상스는 현세적 세계관 아래서 실제를 전체로 보았으며, 그로 인해 르네상스 이후의 삶은 "실제적 관심에 의하여 토막으로 절단된 삶"으로 전환된 것이다(이홍우, 1994, p.9). 반면에 실재를 전체로 받아들인 중세 역시, 초월세계와 현상세계가 의미 있게 착종된 고대의 총체로서의 세계에 대한 축소이고 왜곡이었다.

중세인은 총체적 삶의 한 부분인 초월적 삶을 전체라고 생각했다. 이에 비해 중세를 혐오한 인문주의자들은 현세적 삶을 전체로 보았다. 이는 총체로서의 세계가 인문주의자에 의하여 초월세계는 간과되고 고대 문화 곧 문화세계로만 축약된 것을 가리킨다. 초월적 삶과 교양적 삶이 의미 있게 결합된 고대인의 삶은 〈총체적 삶〉이다. 총체적 삶은, 현세에서 교양적 삶을 살아가면서도 우주와 천상계를 관조하는 초월적 삶으로 발돋움하려는 삶의 양식이며, 그러면서도 교양적 삶을 단지 초월적 삶으로부터 배태되고 산출된 삶으로 인식한다.

초월적 삶과 교양적 삶이 의미 있게 결합된 〈총체적 삶〉에 나타난 인문학의 두 가지 성격은, 〈초월세계에 대한 관심〉과 〈도덕의식의 추구〉이다. 앞엣것이 중세 학문의 성격이라면, 뒤엣것은 르네상스 인문학의 성격이다. 그러므로 인문학의 양대 성격을 모두 포함하고 있는 고전적 인문학(총체적 삶과 총체로서의 세계를 제시하는 인문학) 안에서 인문학의 완전한 형태를 찾아볼 수 있다. 이에 반해, 중세 학문과 르네상스 인문학은 〈고전적 인문학〉에 제시된 인문학의 양대 성격 가운데서 어느 하나만을 수용하고 있는, 따라서 인문학의 완전한 형태에 대해서는 불완전한 이해라고 할 수 있다.

그렇지만 현대사회의 소시민은, 르네상스 이후 전체로 파악된 현세적 삶에 상응하는 두 가지 축인 〈문화세계〉와 〈일상세계〉 가운데서 일상세계만을 수용함으로써, 교양적 문화와 고전의 가치를 인식할 수 없게 되었다. 교양적 문화를 중시한 인문주의자들이 삶의 축을 〈문화세계〉에 두고 있었다면, 문화와 고전을 망각한 현대인은 그 삶의 축을 〈일상세계〉에 두고 있다. 그렇다면, 소시민적 현대인은 단적으로 말해 〈일상세계에 매여 있는 사람〉이다. 그는 즉각적인 생활의 필요에 의해 규정된 일상세계를 궁극적이고 확고한 것으로 받아들이기 때문에, 더 본질적인 세계, 육안과 경험으로 볼 수 없는 보편과 본질의 세계가 있다는 것을 생각할 수 없다. '눈에 보이고 귀에 들리는 이 세계를 넘어서 있는 보편적 질서와 존재자가 있을까?' 이런 물음은 현상세계에, 특히 일상세계에 온전히 갇혀 있는 사람은 제기할 수 없다.

총체와 총체적 삶을 안내하는 고전적 인문학은 이런 사람들의 지적·경험적·정신적 기반에 의문과 충격을 던져줄 수 있다. 고전적 인문학은 일상적인 이성과 경험의 논리가 믿도록 종용해 왔던 세계보다, 이 세계가 훨씬 더 심원하며 광대하며 신비한 것임을 깨닫게 한다. 고전적 인문학의 소리를 들을 때 비로소 소시민은 '세계'에 대하여 경이(驚異)하게 한다. 소시민이 고전적 인문학과의 대면을 통해 세계에 대하여 갖게 되는 경이는 동시에 그로 하여금 일상의 굴레를 넘어서 저 넓은 '세계'를 탐색할 수 있는 여정에 들어서게 한다. 일상세계에 묶인 채 살아가는 소시민은 고전적 인문학의 안내를 받고서야 비로소 일상세계를 둘러싸고 있는 둥근 천장을 깨뜨리고 우주로 한 걸음 더 나아갈 수 있다.

이렇게 보면, 먼저 교양적 삶과 다음으로 일상적 삶은 총체적 삶에 대한 점진적인 축소화 과정으로 파악된다. 인간이 영위하는 삶의 이러한 축소화는 〈자아와 세계의 축소화〉를 반영하고 있으며, 자아와 세계의 축소화는 나아가서 인문학의 여러 유형의 차이로 나타난다. 총체로서의 세계가 문화세계와 일상세계로 축소된 것은 〈세계의 축소화〉이고, 외향적 자아가 내향적 자아(교양적 자아)와 일상적 자아(개별적 자아)로 축소된 것은 〈자아의 축소화〉이다. 고전적 인문학에서 르네상스 인문학, 그리고 현대적 인문학으로 변천되는 과정에서, 세계와 자아의 축소화는 이와 같이 서로 맞물려진 채 동시에 일어난 것이다.

한 개인의 〈자아〉가 지닌 관계능력은 그가 대면할 수 있는 관계영역으로서의 〈세계〉를 제한하고 규정한다. 그러므로 한 자아가 더 높은 차원의 지향성을 갖게 될 때 그 자아가 당면하는 세계는 더 높은 서열의 것으로 확장될 수 있으나, 반면에 낮은 차원의 지향성을 갖게 될 때 그 세계는 낮은 서열의 것으로 떨어지고 만다. 높은 차원의 지향성을 갖는 〈외향적 자아〉는 초월세계뿐만 아니라 그 아래 단계에 있는 문화세계와 일상세계를 대면할 수 있고, 관계영역으로 포섭할 수 있다. 반면에 낮은 차원의 지향성을 갖는 〈일상적 자아〉는 일상세계만을 대면할 수 있을 뿐, 더 높은 단계에 있는 문화세계와 초월세계를 관계영역으로 포섭할 수 없다. 중간 단계에 있는 〈교양적 자아〉는 문화세계와 일상세계는 대면할 수 있으나, 그 위 단계인 초월세계를 관계영역으로 삼을 수 없다. 관계영역(세계)과 관계능력(자아) 사이의 이러한 상호 대응과 위계성은, 인간이 총체로서의 세계를 대면할 수 있을 때, 비로소 생활환경의 굴레에 묶이지 않고 '세계 개방적 존재' 그리고 '세계 개방적 자아'가 될 수 있음을 시사한다. 고전적 인문학이 우리에게 시사하고 있는 바는, 인간이 총체적 삶을 누릴 수 있는 것은 초월세계를 대면할 수 있을 때 비로소 가능하다는 점이며, 인간으로서 총체를 대면할 수 있는 것은 초월세계에 합일되고 참여하려는 외향적 자아 안에서 비로소 가능하다는 점이다.

'스콜레'로서의 여가

서양 문화의 전통 안에서 교육과 학문의 의미를 파악하고자 할 때 두 가지 핵심 개념이 있다. 하나는 '여가(餘暇, leisure)'이고, 다른 하나는 오늘날 '학문'과 '대학'을 지칭하는 '아카데믹(the academic)'이다.[33] 고전적 인문학에서 르네상스 인문학과 현대적 인문학으로의 변화에 대한 이해는, 서양 문화의 전통적 유산이라고 할 수 있는 여가와 아카데믹의 의미 변화를 면밀하게 검토해 볼 때, 보다 구체적으로 가능할 것이다.

---

33) 피이퍼(Josef Pieper, 1904-1997)는 서양 문화와 교육의 전통을 이해하는 두 가지 본질적인 개념을 제시한다. 그것은 '여가'와 '아카데믹'이다. 그는 서양의 전통적인 여가와 아카데믹의 의미를 자신의 저술 『Leisure:The Basis of Culture(1952)[이하에서『여가』로 표기]와『Was Heisst Academisch(1964)』에서 각각 밝힌다. 피이퍼에 의하면, 서양의 전통적인 '여가'와 '아카데믹'의 의미는 르네상스 인문주의를 거치면서 급격한 변화를 겪는다.

여가는 희랍어로 '스콜레(*schole*)', 라틴어로 '오티움(*otium*)'이다. 오티움이라는 단어는 로마 사회에서 의무(義務)나 공무(公務)를 뜻하는 '오피키움(officium)'과 짝을 이루는 개념이다. 로마인은 공동체의 일에 참여하는 것을 의무라고 간주했다. 의무를 수행하지 않아도 되는 기간을 로마인들은 오티움이라 불렀다. 정치가이자 철학자, 변호사이자 인문학자였던 키케로의 파란만장한 인생을 한마디로 압축하면, '공직에 종사한 철학자(*philosophus officiosus*)'라 할 수 있다(안재원, 2006, p.24). 그의 인생은 두 단어로 요약된다. 즉 의무(officium)와 여가(otium)이다. '의무'의 관점에서 키케로는 정치 활동의 동기와 정당성을 찾았고, '여가'에서 '철학적 사고'와 '저술 활동'을 전개했기 때문이다. 여가를 뜻하는 오티움의 기간에, 키케로는 '철학적 관조를 수반한 저술 활동'(*otium litteratum*)에 집중했다. 그의 대부분 저작이 바로 의무를 수행하지 않아도 되는 이 오티움의 기간에 탄생했다. 키케로에게 여가는, 현대인의 개념처럼 〈노동과 노동의 압박에서 벗어난(no work, no stress) 휴식〉이 아니라, 종교적·정신적 활동에 참여하는 기간이며 〈우주를 철학적으로 관조하면서 저술 활동을 하는 시간〉이다. 키케로는 철학적 관조와 저술 활동이 결합된 이러한 여가를 "품위 있는 여가(*otium cum dignitate*)"라 부른다(*Pro sestio*, 1984, 제98장 ; 안재원, 2006, p.65). 그렇지만 키케로의 〈철학적 관조(*contenpolatio philolsopae*)를 수반하는 이러한 저술 활동(*otium litteratum*)〉은, 인문주의자 페트라르카에 의해 〈철학적 관조가 빠진 저술 활동〉으로, 즉 〈초월세계로의 상승과 관조가 빠진 단순한 문필 활동〉으로 바뀐다.

고대인 키케로에게 고전적 인문학에 해당하는 자유학예(*litterae*)를 공부하는 일은 우주를 '관조·모방'하며 우주에 '참여'하는 것이고, 이 공부는 여가와 관련되어 있다.

> "'자유학예(litterae)와 함께하는 여가'(otium litteratum)보다 더 즐거운 일이 어디에 있겠습니까? 저는 여가를 통하여 모든 사물과 자연, 곧 우리 인간사와 하늘과 땅과 바다의 유한함을 깨닫게 됩니다."(Tusc., Ⅴ, 36, 105)

고대인에게 여가는 무엇보다 우주를 관조하거나 총체로서의 세계에 참여하는 것, 또는 초대기독교사회에서 볼 수 있듯이, 신을 알현하고 신께 예배하는 행위를 의미하였다. 그리고 고대인은 이러한 의미의 여가 안에, 인간으로서 누릴 수 있는 가장 궁극적인 행복이 있다고 믿었다. 아리스토텔레스는 『니코마코스 윤리학』에서 '인간의 궁극적이고 진정한 행복(eudaimonia)은 스콜레에 있다'고 하였다.

> "[인식대상의 형상을 탐구하는] 이론적 활동은 스콜레(schole)에 의존한다. 우리가 스콜레를 가지기 위해 현실에서 겪게 되는 여러 가지 고초를 감수하듯이, 그리고 평화롭게 살아가기 위해 전쟁도 불사하듯이, 진정한 행복은 스콜레에서 찾아질 수 있다." (Aristotle, 1989, Ⅹ, 1177a-1177b)

여가의 이러한 고대적 전통을 이어받은 스콜라 철학자 아퀴나스는, "[스콜레를 통한] 관조적 삶을 인간이 누릴 수 있는 최상의 행복, 곧 지복(至福, beatitudo)"으로 받아들였고(Summa Theologiae, Ⅰ, 62, 1), '스콜레를 가장 완전하고 절대적인 행복으로 인식'하였다(김승호, 1996, p.95).

고대적 의미의 여가와 관련하여 우리가 분명히 이해하고 있어야 할 사항은, '여가'라는 것은 어떤 외적 원인, 즉 공휴일, 휴가 등과 같은 '남는 시간'에 의존해서 생겨나는 상태가 아니며, 그것은 모종의

'마음의 태도, 영혼의 상태'를 뜻하는 용어라는 점이다. 그래서 고대에서 가장 적합한 여가의 의미는, 〈초월세계를 관조하고 신을 경배하는 마음의 상태〉를 가리켰다. 관조하고 경배하는 행위인 여가는 초월적인 우주와 신에 대한 인간의 진정한 자세였고, 인간 본연의 모습이었다. 고대인에 있어서 인간 본연의 자세는, 현대인과는 달리, '여가'이고 '노동'은 아니었다.[34]

---

34) 종교개혁을 통해 개신교를 출현시킨 루터(Martin Ruther, 1483-1546)는, 그의 유명한 '직업소명설'(職業召命說 : 모든 직업은 하나님이 부여하신 것이고 인간은 직업을 통해 하나님이 맡긴 일을 하는 것이다. 목회자와 농부는 모두 하나님의 일을 하고 있다.)을 통해 노동을 정당화하였다. 그렇다고 해서 루터가 노동을 인간 본연의 활동으로 주장한 것은 아니다. 루터는 직업소명설을 통해, 한편으로는 노동을 인간의 '정상적인' 활동으로 보며 노동을 육체를 지닌 인간의 현세적 조건으로 인정함으로써, 노동을 소홀하게 취급하고 경제활동을 죄악시하려는 당시 가톨릭의 그릇된 직업관을 바로잡으려고 했다. 또한 다른 한편으로는, 노동이 본래 지닌 독특한 '종교적' 의미(직업과 노동을 통해 신의 일을 수행한다는 관점)를 부각하려고 하였다. 루터의 새로운 개신교적 직업관은 경제활동과 상공업 행위를 긍정함으로써 근대 자본주의의 탄생에 결정적으로 기여했다.

루터의 교의(敎義)에 의하면, 인간 자신이 신으로부터 구원을 받았음을 확인할 수 있는 두 가지 내적 증거가 있다. 하나는 '신령하고 거룩한 삶'이고, 또 하나는 '직업을 통한 사회봉사'이다. 루터는 근면하고 성실한 직업활동과 경제활동을 권장한다. 그러면서도 루터는 인간 본연의 활동은 <신에 대한 예배>이고 결코 <노동>이 아니므로, 하나님께 예배하는 날인 주일(일요일)은 노동을 중지하고 철저하게 신께 바치라고 명령한다. 루터의 관점에 의하면, <노동>과 <신에 대한 예배> 이 양자는 모두 인간의 기본적인 활동이어서 어느 하나라도 제외할 수 없는 것이다. 그럼에도 인간 본연의 활동은 '신에 대한 예배'이므로, 노동은 신에 대한 예배, 즉 '스콜레'를 위한 수단으로 존재할 뿐이다.

신적 경배와 결합된 학문 탐구

여러 유형의 인문학은 우리에게 상이한 삶의 형식(곧, 총체를 대면하도록 하는 총체적 삶, 문화의 학습을 통한 교양적 삶, 개인마다 각기 다른 필요와 욕구를 실현하도록 하는 일상적 삶)을 안내하고 있다. 각 유형의 인문학 안에서, 먼저, 여가는 인간이 누리고자 하는 삶의 형식이 구분되는 것에 상응하여, 각기 다른 의미로 받아들여진다. 서로 다른 삶의 형식에 대응하여 여가의 의미 또한 각기 다르게 구별된다.

고대(중세 포함)에서 '스콜레' 혹은 '오티움'으로 불렸던 여가는 〈총체로서의 세계를 대면하려는〉 인간의 행위를 의미한다. 이 여가는, 외향적 자아 안에서 총체에로 합일하고 참여하려는 자세이고, 인간이면서도 인간임을 초월하려는 특정한 노력과 행위를 가리킨다. 고대인이 '달 너머 세계'를 바라보는 자세, 또는 중세 수도원의 수도승이 수행한 묵상이나 학문적 탐구가 이런 의미의 여가에 해당한다. 이처럼 고대에서 여가는 총체와 긴밀한 관련을 맺고 이뤄졌고, 보다 적극적으로 말한다면, 총체가 배제된 여가란 생각할 수도 없는 것이다. 바로 이 점에서 여가의 시간에 이뤄지는 학문적 탐구 또한 총체를 지향하는 자아의 외향적 자세와 분리될 수 없다. 〈총체를 지향하는 것과 결합된 학문적 탐구〉, 이것이 바로 고대인의 총체적 삶 안에서 여가가 지닌 올바른 의미였고, 학문적 탐구가 지닌 올바른 의미였다.

그렇지만, 르네상스에 이르러 초월세계가 망각된 이후로, 고대적 의미의 여가는 그 본래의 의미를 상실한다. 초월세계를 간과하고 교양적 삶과 문화만을 복원하고 학습하려는 인문주의자에 이르러, 이제 여가는 〈문화와 학문을 탐구하고 공부하는 것〉으로, 그 의미의 전환이 일어난다. 인문주의자들은, 고대 문화와 고전을 학습함으로써 〈내향적 자아를 형성한다〉는 차원에서, 여가의 새로운 의미를 찾아낸다. 이제 여가는 〈총체에 대한 관조와 신에 대한 예배〉가 아니라 〈독서하고 글을 쓰는 문필 활동〉으로 그 의미가 축소되고 변화한다. 인문주의자는 〈총체에 대한 관조와 결합된 저술 활동〉을 〈관조가 빠진 저술 활동, 초월세계가 배제된 학문적 탐구〉로 바꾼 것이다. 인문주의자에 의해 총체와 관조는 사상(捨象)되고 저술 활동과 학문적 탐구만 남은 것이다.

더욱이 현대 산업사회가 도래하면서부터, 여가는 또다시 새로운 의미를 부여받는다. 현대사회에서 여가의 의미는 〈독서하고 글을 쓰고 공부하는 것〉에서 〈일하지 않은 것〉으로 변하게 되며, 그 의미는 오직 〈노동(work)〉과 관련된 채 파악된다. 그래서 현대인의 일상적 자아는 〈노동하지 않는 것(no work)〉을 여가라고 생각하며, 심지어는 총체에로 상승하고 신께 예배드리는 고대적 의미의 여가와는 정반대의 활동인, 대중오락과 쾌락을 추구하는 활동에 시간을 소비하는 것을 여가라고 생각한다.

현대인의 일상적 자아는 여가를 노동과 관련지어 생각할 뿐 아니라 인간의 모든 활동을 노동과 결부하여 생각하기 때문에, 현대사회에 와서는 '정신노동'이라는 말도 출현한다. 더 나아가서는, 듀이의 주장에서 볼 수 있듯이(Dewey, 1987, pp.402-403), 전통적으로 여가는 많은 사람의 노동과 땀에 얹혀서 가능한 것이라고 하여, 〈비노동(非勞動)〉이라는 현대적 의미의 여가만을 받아들이고, 그 외 다른 의미를 지닌 모든 여가의 의미를 배제하려고 한다. 우리가 현대적 의미의 여가관을 받아들일 때는, 고대와 르네상스적 의미의 여가가 배제되는 것은 물론이고, 더 나아가서는 노동과 유용성의 차원에서 벗어나는 모든 학문의 탐구는, 특히 비실용적인 교과인 인문학의 탐구는, 가치를 상실하고 부정될 수밖에 없다.

이렇게 말한다고 해서, 물론 고대적 의미의 여가가 전적으로 노예와 노동 계층의 땀과 노동에 의존하는 자유민과 귀족 위주의 사회경제적 구조와 관계가 없다고 주장하는 것은 아니다. 고대적 의미로서의 여가와 관련하여 분명하게 밝혀져야 할 것은, 스콜레로서의 여가는 불평등한 사회경제적 구조와 본질적인 관련을 맺지 않고도 성립하는 개념이라는 사실이며, 전통적인 사회경제적 지배구조가 스콜레로서의 여가 그 자체의 이상과 가치를 폄하할 수 없다는 점이다. 만약 사회경제적 지배구조가 자유민과 귀족층의 여가를 보장했다는 듀이의 주장이 타당하다면, 모든 사람이 자유민이 된 현대사회에 이르러서는 모든 사람이 스콜레로서의 여가를 누리고 있어야 할 것이다. 그렇지만 사정은 그렇지 않다. 우리가 여가의 진정한 의미를 고대적 의미인 〈스콜레〉로 받아들인다면, 다시 말해 여가를 '학문 활동 안에서 총체로 나아가려는 자세'로 혹은 '신적인 세계에 대한 경배와 분리되지 않는 학문의 탐구'로 생각한다면, 현대적 의미의 여가는 여가 본래의 의미를 극도로 변질시킨 것임을 알아챌 수 있다. 현대인은 신적인 경배로서의 여가는 망각하고 노동만을 남겼으며, 이로 인해 노동을 삶의 전부로 생각한다.

일상적 자아를 소유한 현대인은, 노동 시간과 노동 강도를 경감시켜 주는 수많은 도구의 발명으로 가능해진 풍부한 자유시간을 고대적 의미의 여가에 활용하는 것이 아니라, 대체로 대중오락과 같은 문화의 소비에 쓰고 있을 뿐이다. 총체로서의 세계로 합일하려는 자세와는 극단적으로 대비되는 소비문화의 추구와 향유는 곧 인간 정신의 타락과 쇠퇴, 그리고 지구 자원의 대량 소비로 인하여 생활환경의 파괴만을 초래할 뿐이다. 소시민의 일상적 자아 가운데에는 충분한 자유시간이 주어졌을 때, 현대적 의미의 여가인 대중오락의 향유와 문화의 소비에는 기꺼이 참여하겠지만, 고대적 의미의 여가 활동—예컨대, 회당에 모여 신께 예배드리는 일, 사원에서 신을 묵상하는 일, 총체를 지향하는 것과 분리되지 않는 학문의 탐구, '세계'의 의미에 대한 관조 등—에 참여할 자는 많지 않을 것이다. 이 점에서 볼 때, 스콜레로서의 여가는 사회경제적 구조와 시간의 넉넉함에 비례하지 않으며, 여가의 본질은 겉으로 드러난 외적 활동에서 찾을 것이 아니라 그 활동을 통해서 실현하려는 내적 정신에서 찾아야 할 것이다. 그리고 현대인의 일상적 자아가 자유시간이 풍부할지라도 스콜레로서의 여가에 참여하길 꺼린다거나, 그러한 여가에 참여하는 것이 불가능하다는 사실이 시사해주는 바는, 스콜레로서의 여가는 아무나 할 수 있는 것이 아니며 아무 생각 없이 참여하는 것이 아니라는 점이다.

인문주의자에 의하여 고대적 의미의 여가가 르네상스에 이르러 이렇게 전환된 역사적 사실이 〈학문을 탐구하는 것과 지식을 획득하는 일〉의 성격에는 어떤 변화를 초래하였을까? 이 질문은 르네상스를 기점으로 하여, 학문과 지식의 성격이 변화하였다는 점과 관련해서, 매우 중대한 의미를 지니고 있다. 고대 이래로 중세에 이르기까지 스콜레로서의 여가는 〈총체로서의 세계를 대면하는 일〉과 〈학문과 지식을 탐구하는 일〉, 이 양자를 함께 포함하는 개념이었다. 중세까지 학자들은 〈스콜레로서의 여가와 분리되지 않는 학문적 탐구〉에 참여하였다. 일상세계가 학문 탐구에 가하는 침범을 '제도적'으로 막아주는 것이 〈스콜레로서의 여가〉였고, 학문 탐구를 '이론적'으로 정당화해주는 것이 〈총체로서의 세계〉였다. 그렇지만, 르네상스를 거치면서 초월세계와 외향적 자아를 망각한 인문주의자들의 새로운 여가관으로 인하여, '총체로서의 세계를 지향하는 일'과 '학문과 지식을 탐구하는 일' 가운데서, 앞의 것은 망각되고 뒤의 것만 남게 된다. 초월세계는 망각하고 문화와 학문만을 복원한 인문주의자들은, 〈일상적·직업적 삶으로부터 떨어져 나와, 문화를 학습하고 학문을 탐구하는 것〉을 여가라고 생각한 것이다.

르네상스 이전의 사람들은 스콜레로서의 여가 안에서-외향적 자아가 신적인 세계에 참여하고 합일하려는 과정에서- 덕과 지식은 인간에게 하사(下賜)되는 것으로 생각하였다. 고대인의 외향적 자아가 르네상스인의 내향적 자아와 다른 점은, 추론적 사고(ratio)와 구별되는 직관적 사고(intellctus) 안에서 그 본질을 실현하는 자아이다. 이때 무엇인가를 이뤄내려는 활동에서 벗어나 관조와 묵상의 상태인 여가는, 바로 '직관적인 사고'가 일어나는 순간이며, 신의 신비로운 '은혜가 내려지는 때'이다. 그렇지만 이러한 고대적 의미의 여가에 대하여 최초의 단절을 시도한 인문주의자들에 의하여 〈신적 경배와 결합된 학문의 탐구〉로서의 여가의 의미가 변질되고, 〈신께 예배하는 인간 본연의 자세〉로서의 여가의 의미 또한 소멸하고 만다.

학문과 대학의 고전적 의미

오늘날 '학문' 또는 '대학'을 지칭하는 '아카데믹'의 본질 및 그 결정적인 특징이 무엇인가를 묻고자 하는 사람은, 결국 아카데믹이라는 용어를 최초로 생성해 낸 플라톤과 플라톤의 학원[35]에까지 소급

---

35) 피이퍼에 의하면, 기원전 4세기에 아테네 시민이 플라톤의 학원을 "아카데미아"라고 부르게 된 것은 그 학원이 공간적으로 우연히 아카데모

해 올라가지 않으면 안 된다. 아테네에 있었던 플라톤의 학원(아카데미아)은 무엇보다도 '철학적인' 학원이며, '철학하는 사람들의' 집이다. 그 학원을 내면적으로 특징짓는 것은 철학이고, 철학적인 세계 성찰의 방법이다. 아카데믹한 '학문'이란 철학적으로 학문을 탐구한다는 뜻이며, 아카데믹한 '대학'이란 철학에 바탕을 둔 교육의 장(場)이라는 의미이다. 그렇다면, '철학적'이란 어떤 것인가? 플라톤의 관점에서 이 물음에 답한다면, '철학적'이라는 말이 의미하는 바는 '세계 성찰의 방법'이다. 그것은 사람들이 옛날부터 '이론적(theoria)'이라고 불러온 성찰의 방법이다. '이론적'이라는 말은 '실천적(practica)'이라는 말과 대비된다.

그러면 '이론적' 혹은 '테오리아(theoria)'란 근본적으로 무엇을 의미하는 것인가? 그것은 '관조'로서의 자세 안에서 '사물이 있는 그대로의 모습을 나타내는 것에만 관계하는 태도'이다. 이러한 태도는 '사물의 본질이자 진리인 형상(形相)을 향하는 인식'이며, 이것은 곧 '총체로서의 세계로 접근하려는 자세'이다. 그러므로 '이론적인' 학문의 목적은 사물의 본질(또는 형상)과 총체로서의 세계에 대한 인식이다. 반면에 '실천적인' 학문의 목적은 '어떤 목적'에 대한 실현이다. 어떤 목적에 대한 실현을 추구하는 실천적 학문은 진리를 그 자체로서 혹은 궁극적인 것으로 탐구하지 아니하고, 오히려 진리를 실천에 종속시킨다.

스(akademos) 신전 숲가에 위치한 데서 유래한다. 그러므로 아카데미아라는 이 명칭은 단순히 장소를 가리키는 것으로서, 이 학원의 본질과는 아무런 관계가 없다. 대학과 학문을 뜻하는 오늘날의 '아카데미'(academy)라는 말은, 곧 원래 공간적 장소를 뜻하는 고유명사이었던 것이 일반명사가 된 것이다. 그리고 '아카데믹'(academic)이라는 말 또한 마찬가지로, 오늘날의 대학과 플라톤의 학원 사이의 단순히 외면적인, 자의적으로 갖다 붙인 일치에 기인한다(Pieper, 1964, s.11).

이렇게 볼 때, 학문과 인문학의 성격이 급격한 변화를 겪은 것은, 〈도덕성과 문필력의 함양〉이라는 실천적 목적의 실현을 기하고자 총체로서의 세계를 문화세계와 교양적 문화로 대치시킨 인문주의자들 때문이라 할 수 있다. 내향적 자아 안에서 사물의 형상에 대한 철학적 성찰을 간과한 인문주의자에 의하여 이제 학문은, 진리 탐구라는 이론적 성격을 상실하고는 실천적 성격을 새롭게 부여받는다. 르네상스 인문학이 실현하고자 했던 실천적 목적은 문화와 고전의 학습을 통한 도덕성과 문필력의 함양이다. 이와 같이, 르네상스 인문학에 이르러 학문과 지식은 실천적인 목적으로 그 성격이 한정되고 종속된다. 르네상스 인문학의 출현으로 인하여 아카데믹한 것은 이론적 성격에서 실천적 성격으로 전환되며, 인문학의 성격 또한 총체에로의 접근에서 고전과 문화의 학습으로 전환되고 만다.

르네상스 시기에 이르러, 아카데믹, 즉 '학문'의 성격이 이론적인 것에서 실천적인 것으로 전환된 것은, 나아가서 '학교'와 '대학'의 성격에도 변화를 불러온다. 르네상스를 기점으로 학교의 성격에 나타난 차이는, 플라톤의 아카데미아로까지 소급되는 '고전적 학교'와 르네상스 이후 등장한 '인문주의 학교'를 비교할 때 드러난다. 르네상스를 경계로 한 양대 학교의 성격에서의 차이는, 각각의 학교가 상정하고 있는 삶의 형식(곧, 자아와 세계를 관련짓는 방식)의 차이로부터 유래한다. 총체적 삶을 지향하는 고전적 학교는 〈외향적 자아의 총체에 대한 합일〉을 실현하려는 교육의 장(場)이다. 반면에 교양적 삶을 추구하는 인문주의 학교는 〈내향적 자아의 지적·도덕적 완성〉을 이룩하려는 교육의 장이다. 또한, 양대 학교의 차이는 일상적·직업적 삶이 이뤄지고 있는 일상세계와 각각 대비시킬 때 보다 분명하게 드러난다. 고전적 학교는 일상세계로부터 〈초월〉하려는 교육의 장이나, 인문주의 학교는 일상세계로부터 〈격리(隔離)되고 기피〉하려는 교육의 장이다.

총체적 삶을 지향하는 고전적 학교는 총체적 삶을 보장하고자 일상세계를 '초월'하려고 한다. 반면에 인문주의 학교는 일상적 삶으로부터 교양적 삶에 가해지는 침범을 막고자 일상세계에서 '격리'하려고 한다. 이는 마치 페트라르카가 교양적 삶을 영위하고자 복잡한 세속 도시 아비뇽과 결별하고는 한적한 전원의 보클뤼즈에서 고독한 문필 활동에 전념했던 것과 유사한 양상이다. 일상세계를 초월한다는 것은, 총체적 삶을 누릴 수 있도록 일상세계를 받아들이되, 통속적으로 통용되는 해석에서 벗어나 〈새롭게〉 받아들인다는 의미이다. 이와는 달리, 일상세계에서 격리된다는 것은 교양적 삶을 추구하기 위해서 그러한 삶을 침해하는 일상적 삶으로부터 아예 〈떨어져 나오려고〉 한다. 일상세계로부터의 이러한 격리는 인문주의 학교에서 법학과 의학과 같은 실용적인 직업 교과를 배제하려고 했던 것과 궤를 같이한다.

교양적 삶의 가치가 약화되고 일상적·직업적 삶이 현대인의 삶을 점차 지배하게 된 현대사회 안에서, 르네상스 인문주의와 인문주의 학교의 교육적 이상을 적절하게 설명하고 있는 오우크쇼트(Michael Oakeshott, 1901-1990)의 '후기' 이론[36]에 의하면, 학교나 대학

---

36) 오우크쇼트의 교육사상의 특징은 전기와 후기로 구별되는 자신의 저술 안에서 서로 다른 세계와 자아를 제시하고 있는 점이다. 그의 철학론과 인식론이 제시된 전기 저술(Experience and Its Modes, 1933)에 나타난 세계는 실재(reality)이며, 그의 교육론이 본격적으로 제시된 후기 저술(The Voice of Liberal Learning, 1989)에 나타난 세계는 실제(practice)이다. 실재로서의 세계와 실제로서의 세계는 서로 상이한 모습으로 나타나는 세계로서, 또한 각기 다른 자아의 모습을 상정하고 있다. 실재가 '이론적'인 학문의 탐구 영역이 되는 추상적인 관념(觀念)의 세계라고 한다면,

이 다른 장소에 비하여 특별한 점은, 헤겔이 말한 '지금, 여기(hic et nun)', 즉 눈앞에 벌어지고 있는 삶으로부터의 '격리(seclusion)'이다(Oakeshott, 1989, p.69). 학교 또는 대학 안에서 학생들은 일과 유용성의 이데올로기가 지배하는 일상적 삶의 소용돌이에서 '일정 기간' 벗어남으로써, '유용성'의 관점을 통해서는 도저히 볼 수 없는 문화와 전통 교과를 학습한다. 아이들은 인류의 위대한 역사적 업적으로서의 문화유산을 학교에 와서만 만날 수 있다. 오우크쇼트의 학교관에 의하면, 학교는 일상세계의 굴레에서 일정 기간 떨어져 나옴으로써 인류의 위대한 성취이자 업적인 문화와 전통 교과를 학습하

실제는 인간의 '실제적' 활동이 이루어지고 있는 문화(文化), 즉 관례(慣例)와 행위전통(行爲傳統)의 영역이다.

먼저 전·후기 이론에 나타난, '세계'의 차이는 인간이 누려야 할 삶의 형식이 상이하다는 것을 보여준다. 실재에 상응하는 삶은 총체로서의 세계(관념세계)로 접근하는 삶이다. 반면에 실제에 상응하는 삶은 문화의 습득을 통해 행위전통에 입문하는 삶이다. 그리고 '자아'의 차이는 자아실현의 상이한 과정을 보여준다(차미란,「오우크쇼트의 교육론 소고」, 1997). 실재에 상응하는 자아실현의 과정은 '자기연출(自己演出)'이며, 실제에 상응하는 그것은 '자기현시(自己顯示)'이다. 연출은 실재를 있는 그대로 받아들이려는 수용적 자세이며, 현시는 실제에 변화를 가하려는 능동적 자세이다. 실재를 향한 자기연출의 과정을 통해, 학습자는 그가 처한 우연적 상황의 제약에서 '초월'하여 자기 자신의 존재와 세계의 참모습을 '관조'하며, 인간 행위는 실제적 삶의 지루한 여정(旅程)과 인간 욕구의 광포한 소용돌이에서 해방되어 고요한 적연(寂然)의 세계를 추구하고, 영원불변의 아름다움을 찬미하는 종교적 믿음의 경지로 나아가게 된다. 이와는 달리, 실제 안에서의 자기현시의 과정을 통해, 학습자는 그가 처한 상황에서 자신이 추구할 만하다고 생각되는 욕구와 만족을 실현하고자 하며, 인간의 행위는 자신의 의도와 목적을 실현하는 과정에서 자신과 세계가 더 나은 상태로 변화되기를 기대한다. 자기연출의 과정에서 학문의 성격이 이론적이라면, 자기현시의 과정에서 학문의 성격은 실천적이다. 그러므로 우리는 오우크쇼트의 전기 저술에서 고전적 인문학의 교육이론을, 그리고 후기 저술에서 르네상스 인문학의 교육이론을 시사 받을 수 있다.

는 곳이다. 일상세계로부터 '격리'된 학교의 위대성은 학습자에게 이러한 문화유산과 전통 교과를 전수해 준다는 점에 있다.

그렇지만, 고전적 인문학에 토대한 고전적 학교관에 의하면, 일상세계로부터의 '격리'는 일상세계가 가하는 침범에 대하여 소극적으로 대응하려는 것일 뿐 적극적인 대응이라고 볼 수 없다. 고전적 인문학이 시사하는 학교의 이상은, 일상세계로부터의 '격리와 기피'에 있는 것이 아니라 '초월'에 있다. 다시 말해, 학교는 일상세계로부터 떨어져 나오는 단계에서 그치는 곳이 아니라 일상세계를 초월하는 단계까지 나아가야 한다. 일상세계에서의 격리, 즉 일상세계에서 단지 떨어져 나오는 것은 일상적 삶에서 '도피'하는 것일 뿐, 일상세계의 침범으로부터 문화와 학문을 보호하기 위한 적극적인 대응은 될 수 없는 것이다. 격리로서의 학교는 '일정 기간' 일상세계에서 '떨어져 나온 것'에 불과할 뿐, 학습의 기간이 끝나면 어차피 다시 일상세계를 향해 떠나가야 할 곳이다. 페트라르카의 전원에서의 은둔 생활은 한시적으로 영위되는 삶이었고 독서와 저술 활동이 끝나면 다시 사람들이 사는 세속 도시로 복귀해야 하는 한정된 기간이었다.

반면에, 일상세계에 대한 '초월'로서의 학교는 일상세계에 대한 적극적인 맞대응이 이뤄지는 곳이다. 초월로서의 학교가 일상세계에 정면으로 대응할 수 있는 것은 초월이 격리와는 그 성격이 다른 점에서 가능하다. 격리는 동일한 차원(판:板)에서 일어나지만 초월은 다른 차원에서 일어난다. 일상세계에 대한 초월로서의 학교는 반드시 그 장소가 세속 도시에서 벗어난 한적한 전원으로만 국한될 필요가 없다. 초월은 기피와는 달라서 세속 도시 안에서도 가능하며, 사람들과 어울려 사는 공간에서도 가능하기 때문이다. 초월은, 스콜레로서의 여가가 그러하듯이, 일상의 세계로부터 〈벗어나는 것〉이 아니라 일상의 세계와 〈직교(直交)하는 것〉이다. 초월은 〈떨어져 나가는 것〉이 아니라 〈덧입는 것〉이다. 덧입는다는 것은 예전 옷을 버린다는 것이 아니라 그 위에 새 옷을 껴입음으로써 예전 옷을 새 옷으로 받아들인다는 의미이다. 초월은 중세처럼 일상세계를 버리고 죄악시하는 것이 아니다. 초월은 일상세계와 일상적 삶을 총체적 삶에 필요한 현실적·육체적 기반으로 받아들이지만, 그것을 전체로서가 아니라 총체적 삶의 일부로서 그리고 총체의 가장 아래 단계로 수용하겠다는 의미이다. 그리고 무엇보다도 초월은, 일상적 삶과 일상세계 안에서 일어나는 행위일지라도, 그것들을 〈새로운〉 시각에서 바라볼 때는, 그 안에서도 실재와 형상을 인식하고 소유할 수 있고 총체로서의 세계를 발견할 수 있다는 것을 의미한다.

　역사상 누구도 일상세계에서 온전히 떨어져 나갈 수 없었을 것이다. 일상세계는 초월할 수 있으나, 그것을 기피하거나 부정할 수는 없다. 일상세계를 초월한다는 것은, 일상세계와 문화세계를 포함하는 현상세계의 모든 것을 스콜레로서의 여가 안에서 '새롭게' 발견해 내고, 그것에 '새로운' 의미를 부여한다는 의미이다. 그러므로 고전적 학교관에 의하면, 학교는 일상세계 안에서 살아가는 학습자로 하여금 일상세계를 초월하여 총체로서의 세계를 대면하도록 안내하는 곳이다. 총체를 지향하는 초월로서의 고전적 학교는, 노동과 유용성을 앞세우는 일상적·직업적 삶이, 문화와 학문을 향해 가하는 심각한 침범과 위협으로부터 근원적인 탈피와 해방을 가능하게 하는 교육의 장이다.

4. 인문학
: 고전적 인문학과 르네상스 인문학의 결합

고전적 인문학과 르네상스 인문학의 차이는 양자가 기반으로 삼고 있는 삶의 축이 다른 점에 있다. 중세적 삶이 실재의 축(이른바, 종축)에 기반을 두고 있었다면, 르네상스 이후의 삶은 실제의 축(이른바, 횡축)에 기반을 두고 있다. 실제의 축에서 전개된 르네상스 인문학은 인문학과 교과의 공부 안에서 실제적 목적을 추구하였으며, 인문주의자들은 실제의 축을 기준으로 삼아 인문학과 교과의 성격을 이해하려고 하였다. 그러므로 르네상스를 기점으로 하여 교과의 공부는 실제적 관심 아래서 추구되며, 교과는 실재와는 단절된 채 그 성격이 규정되기 시작한다. 교과가 총체로서의 세계와 단절되어 논의될 때, 교과는 이제 새로운 성격을 부여받으며, 교과를 정당화하는 일 또한 새로운 방식을 모색하게 된다.

고전적 인문학은 총체로서의 세계를 지향하고, 르네상스 인문학은 보편적 문화를 지향한다. 고전적 인문학의 총체로서의 세계와 르네상스 인문학에서 중시된 문화는 어떤 관련을 맺고 있을까? 고전적 인문학과 르네상스 인문학의 관련성은 각각의 인문학이 상정하는 세계인 '총체'와 '문화'의 관계를 규명할 때 파악될 수 있을 것이다. 또한 실재의 축에서 전개된 고전적 인문학이 '철학'을 중심으로 논의되었다면, 실제의 축에서 전개된 르네상스 인문학은 '수사학'을 중심으로 전개되었다. 철학을 중심으로 한 고전적 인문학과 수사학을 중심으로 한 르네상스 인문학은 어떤 관련을 맺고 있는가? 양대 인문학의 관계는 철학과 수사학의 관계를 규명함으로써 밝혀질 수 있을 것이다.

총체와 교과의 관련

르네상스 인문학이 출현하기 이전에, 7자유학과로 대표되는 개별 교과는 총체로서의 세계를 특정한 '관점'과 '관심'에서 바라보았을 때 드러나는 '양상(樣相)'이라 할 수 있다.[37] 교육의 역사를 되돌아볼 때, 인간은 고대 그리스 시대 훨씬 이전부터 세계를 다양한 관심 또는 관점에서 이해하려는 노력을 기울여 왔다. 한 개인의 입장으로 볼 때, 세계를 상이한 관점과 양상에서 바라보는 것은 그 개인의 자아의 성격과 무관하지 않을 것이다. 관계능력으로서의 자아가 관계영역으로서의 세계를 다양한 관점에서 보았을 때 드러나는 것, 바로 그것을 세계의 '측면' 또는 '양상'이라 부를 수 있다. 현재 학교에서 가르치고 있는 전통적 교과들은 총체로서의 세계를 특정한 관점에서 바라보았을 때 드러나는 양상에 해당한다. 이때 다양한 양상으로서의 개별 교과는 그것이 드러내고자 하는 총체로서의 세계 그 자체와 동일한 것은 아니지만, 총체로서의 세계를 대상으로 하여 그것을 특정한 관점에서 각기 나름대로 의미 있게 그대로 '요약'해냈다는 점에서 총체로서의 세계와 다른 것이 아니다.[38] 각각의 교과들은 하나의 총체를 대상으로 하는 만큼, 물리학과 화학에서 볼 수 있는 바와 같이 두 교과가 공유하는 영역을 보유할 수도 있지만, 어느 한 교과를 두고 보면 다른 교과로 환원될 수 없는 특유의 측면과 양상이 존재한다. 그러므로 어느 한 교과가 다른 한 교과로 완전히 대

---

37) '총체로서의 세계'와 그 각이(各異)한 '양상'으로서의 개별 교과, 이 양자의 관계에 관한 생각은 '전기' 오우크쇼트의 이론에서 시사 받은 것이다.(Oakeshott, 1933, pp.69-85.참조.)

38) 총체로서의 세계와 그 양상으로서의 개별 교과, 이 양자의 관련을 비유적으로 설명한다면, 그것은 총체로서의 세계를 하나의 '원형체'라고 할 때, 개별 교과들은 그 원형체를 상이한 관점에서 바라봄으로써 나타나는 여러 개의 '원뿔형'들이다(김승호, 1997, pp.361-367).

체될 수 있는 것은 아니다.

한편으로 인간의 경험에 주어진 원초적 한계는, 총체로서의 세계가 양상으로서의 교과 또는 그러한 교과에 해당하는 매개체에 의존하지 않고 단번에, 통째로, 직관적으로 온전히 이해될 수 있는 것이 아니라는 점이다. 총체로서의 세계는 양상화된 세계(개별 교과를 통해서 이해된 세계)를 통해서 인간의 경험에 알려진다. 총체로서의 세계가 개별 교과가 성립하기 위해서는, 개념적으로 반드시 존재한다고 생각할 수밖에 없는 논리적 가정(假定)이라면, 양상으로서의 교과는 우리가 총체로서의 세계로 접근하는 통로이자 우리를 총체로서의 세계로 안내하는 매개체이다. 이렇게 볼 때, 각각의 교과는 총체로서의 세계 그 자체는 아니지만, 총체로서의 세계를 특정한 관점에서 그 나름대로 빠짐없이 드러내고 있다는 점에서, 부분이 아니라 이것 또한 전체라고 할 수 있다. 르네상스 이전, 총체의 다양한 양상이자 표현으로서의 개별 교과는 총체로의 접근을 위한 통로이자 매개체로서 그 의미를 부여받았으며, 반면에 개별 교과는 총체로서의 세계에 의하여 정당화될 수 있었다. 그렇지만 총체로서의 세계와 단절된 르네상스 이후의 교과는 그것을 배우는 목적을 교과 '바깥에서' 모색하게 되며 그렇게 모색된 교과 '바깥의' 목적에 의하여 교과의 성격이 규정되고 교과는 정당화된다.

실제의 축에서 교과의 성격을 파악한 인문주의자들은 인문학을 배우는 목표로서, 교과 공부의 '실천적' 측면에 해당하는, '도덕성과 문필력의 함양'을 내세운다. 물론 도덕성과 문필력의 함양은 중세의 스콜라철학에서 소홀하게 다루어진 측면이다. 교과 공부의 목표를 교과 바깥의 실천적 측면에서 찾고자 할 때는, 총체로서의 세계를 각기 다른 양상 안에서 접근해 나가려는 개별 교과마다 그 '내면의'

가치(곧, 교과 공부의 '이론적' 측면)는 상실하고 만다. 실천적 목표인 문필력과 도덕성의 함양에 직접 기여한다고 여겨진 교과만 교과의 영역(또는 인문학의 영역)에 포함되며, 이 목표에서 벗어나는 것으로 생각된 교과는 교과의 영역(또는 인문학의 영역)에서 배제되고 만다. 7자유학과를 기본 골격으로 삼아 그 나름대로 총체로서의 세계를 다양한 양상에서 탐색해 왔던 전통적인 교과관은, 이렇듯 교과 바깥의 실천적 목표 아래서 교과의 성격을 규정하려는 인문주의자들에 의하여 붕괴의 길로 들어선다.

총체로서의 세계에 기반을 둔 교과들이 총체와의 관련성을 상실했을 때, 그 성격이 변화되는 것은 어쩌면 당연한 일이다. 인문주의자들이 인문학의 영역에서 수학과 천문학을 제거한 것은, 그들이 내향적 자아 안에서 초월세계를 간과했던 결과의 연장이라 생각된다. 중세 이전의 사람들이 기하학과 천문학이 중시되고 비중 있게 다룬 까닭은, 현상세계 너머 초월세계의 존재를-그들의 용어로 표현한다면, '달 위의 세계'를- 도식적으로 표현함에 있어서 기하학과 천문학보다 더 적합한 교과는 없었기 때문이다. 인문주의자들이 인문학의 영역에서 기하학과 천문학을 제외한 이유는, 요즘의 통념도 그들과 동일하겠지만, 이 교과들이 덕성과 문필력을 함양하려는 목표와는 직접적인 관련이 없다고 보았기 때문이다. 그런데, 중세 이전의 사람들 역시 덕성과 교양의 함양을 교과 선정의 중요한 요인으로 생각하였을 터인데, 왜 그들은 인문주의자들이 후대에 와서 제외했던 이 교과들을 중요시하였을까? 아마도 르네상스 이전의 사람들은 덕성과 교양을 함양시킬 수 있는 근본적인 힘은 초월세계로부터 유래한다고 생각했으며, 기하학과 천문학이 초월세계의 존재를 가장 명시적으로 드러내는 것으로 보았기 때문에 중시한 것이다.

기하학과 천문학을 공부하는 일이 덕성과 교양의 함양과 무관한 것으로 생각하는 것은, 지금 우리의 안목으로 본다면, 오히려 자연스럽다. 그렇지만 덕성과 교양의 함양이라는 교육적 과제를 〈문화의 학습을 통한 내향적 자아의 형성〉에서 모색하는 것이 아니라, 〈외향적 자아의 초월세계로의 합일〉에서 찾고자 했던 중세 이전의 사람들에게는, 뒤의 것이 앞의 것보다 더욱 중요한 과업이었다. 그래서 그들은 덕성과 교양의 함양과 관련지어 교과를 공부하는 것이 아니라 총체로서의 세계와 관련지어 교과를 공부한 것이다.

인문학의 성격을 규정하고 인문학에 속하게 될 교과의 영역을 선정하고자 할 때, 인문주의자에 의하여 새롭게 시도된 것은, 앞에서 살펴보았듯이, 〈덕성과 문필력의 함양〉이라는 기준 아래서 인문학의 성격과 범위를 명확하게 확정하는 점이다. 인문학의 성격과 범위를 이렇게 명확하게 규정하게 되면, 인문학을 공부하는 목표는 문필력과 덕성의 함양이 될 것이고, 문필력과 덕성의 함양에 직접적으로 관련된 교과만 인문학이 될 수 있다고 볼 수 있어, 인문학의 성격과 교육적 가치를 더욱 또렷하게 드러낼 수도 있다. 그렇지만, 지금까지의 논의와 관련지어볼 때, 인문주의자들에 대해 불만족스럽고 우려되는 점은, 그들의 의도대로 인문학이 나아갈 때는 결국 초월세계와의 단절로 인하여 르네상스 인문학에서 가장 중시하는 교양과 덕성의 함양도 미심쩍게 될 뿐만 아니라, 현대인의 눈에는 교양과 덕성의 함양과는 관계없는 것처럼 보일지라도 오히려 초월세계와의 관련성 때문에 보다 근원적으로 교양과 덕성의 함양에 요구되는 교과를 인문학의 영역에서 제외한다는 사실이다.

이쯤에서 인문학과 자연과학의 사이에 놓여 있는 한 가지 교육사 안에서의 오해를 해소할 필요가 있다. 인문학과 자연과학의 관계에 관한 일반화된 관점은, 근대 이후 자연과학이 번성하고 득세함으로써, 자연과학이 인문학의 영역으로부터 분리·독립하였고, 그 결과 자연과학이 인문학의 위상을 하락시키고 그 교육적 가치를 침해하였다는 것이다. 그러나 고전적 인문학의 관점에 서 있는 프록터(R.Proctor)는 이러한 통념과는 전혀 다른 관점을 제시한다 (Proctor, 1988, pp.23-24). 오히려 문필력과 덕성만을 앞세운 인문주의자에 의하여 인문학(곧, 르네상스 인문학)이 사장적·문학적 교과로서 그 성격을 분명히 확립하는 과정에서, 문필력과 덕성의 함양과는 무관한 학문으로 여겨진 자연과학이 불가피하게 인문학의 영역에서 축출될 수밖에 없었다는 것이다.

고대 이래 중세까지의 학문과 구별되는 르네상스 이후 학문의 특징은 '학문의 세분화'와 '학문 간의(특히 자연과학과 인문학 간의) 분리' 현상이다. 총체로서의 세계를 지향하는 르네상스 이전의 학자들은 학문의 세분화를 생각하지 않았고, 인문학과 자연과학 사이의 분리를 시도하지 않았다. 키케로에게 있어서 기하학과 천문학은 자유학예 안에 포함되어 있었고, 르네상스 이후 문학·역사 교과만으로 그 영역이 축소된 고대의 사장 교과 또한 우주와 자연에 관한 탐구를 포함하고 있었다. 총체로서의 세계 안에서 모든 현상계의 통합, 인간과 우주 간의 통합, 그리고 전체 안에서의 부분의 통합이라는 고대적 통합은, 모든 자유학예와 교과 간의 통합에서 그 지적 대위물(知的 代位物)을 찾고 있었다. 모든 개별 교과들 사이의 이러한 통합은, 키케로 안에서는 인간다움의 함양에 적합한 모든 자유학예와 교과들 사이의 "친화성과 연계성"으로 표현된다 (Cicero, 1969, p.148). 그렇다면, 근대 이래 '교육과정의 세분화', '교과 간의 분화'와 '인문학과 자연과학 간의 분리'는 중세까지 지속된 제 학문(諸學問) 간의 통합성이 르네상스를 기점으로 해체된 데서 발생한 것이다.

페트라르카와 브루니와 같은 인문주의자에 이르면, 중세 이전의 사람들이 생각한 모든 존재 간의 통합성(곧, 모든 존재가 그것을 지배하고 통할하는 어떤 이법(理法)의 질서 아래 묶여있다는 관점)을 더 이상 가정(假定)할 수 없었기 때문에, 인간의 영혼이 물질을 초월하고 외향적 자아가 가지계(可知界)와 합일한다는 것을 더 이상 수용할 수 없었다. 르네상스 인문학에서 새롭게 시도된 것은, 중세까지의 개인과 우주 사이의 〈외향적 통합〉과는 대비되는, 새로운 종류의 통합, 즉 개인 내부로 파고들어 내면에서 중심을 찾는 〈내향적 통합〉이다. 르네상스 시기에 출현한 내향적 자아는, 총체의 질서와 이법에 합일하고 총체에 참여하기 위하여 모든 자유학과와 교과를 통합적으로 수용하고 포섭하는 외향적 자아와는 다르다. 내향적 자아는 덕성과 문필력의 습득을 직접 목표로 삼아, 스투디아 후마니타스의 5개 교과만을 협소하게 공부하게 된다. 르네상스 인문학의 관점은, 〈사물과 자연 세계에 관한 공부〉는 인간을 지적·도덕적으로 향상하도록 하는 데에, 그리고 인간 내면에 관한 지식이나 인생의 목적을 파악하는 데에, 도움이 되지 않는다고 생각한다. 〈사물과 자연 세계에 관한 공부가 인간 내면의 이해와 덕성과 문필력의 함양에 무의미하다〉는 인문주의자 페트라르카의 주장은, 인문학과 자연과학 간의 관계에 있어서 역사적 신기원을 이룬다.

학자들의 대부분은 인문학과 자연과학이 분리된 계기를, 현대사회로 가까이 오면서 자연과학의 명성이 올라가고 과학적 방법론이 세력을 강화해온 사실로 알고 있다. 그렇지만 르네상스 인문학의 성격과 그 출현 과정을 돌이켜 볼 때, 이 사실은 부정확하다. 인문학과 자연과학의 학문 안에서의 분리는, 실지로 갈릴레오에 의한 근대 과학의 탄생보다 시기적으로 선행하기 때문이다. 양대 학문 사이의 분리는 이보다 앞서 14세기에 르네상스 인문학이 탄생한 것과 그 시점을 같이하고 있고, 17세기 과학혁명보다 몇 세기 앞서서 이미 시작되었다. 그러므로 인문학과 자연과학 간 학문상의 분리는 르네상스를 시점으로, 외향적 자아 안에서 「개인-우주-공동체사회」 사이의 근본적인 조화와 유대와 합일이라는 고대 그리스·로마적인 경험과 사유체계를 망각한 데서 기원한다고 볼 수 있다.

르네상스 인문학은, 고전적 인문학에서의 우주와 공동체사회를 지향하는 '외향적 통합성'을 '내향적 통합성'으로 대치하였고, 그 과정을 촉진하였으며, 개별적이고 개인적인 삶에 의미와 목적을 부여하였다. 르네상스 인문학의 이러한 내향화한 사고의 영향을 받아, 자연과학은 〈개인과 우주의 통합〉이라는 고대적 경험의 해체로 인하여-곧, 영혼과 우주의 분리, 자연과 인간의 단절, 총체로서의 세계에 대한 망각으로 인하여- 손쉽게 인문학의 영역에서 분리하고 인문학에서 독립할 수 있었다. 요컨대, 르네상스 인문학은, 갈릴레오와 데카르트의 근대 과학에 대한 이론화 작업보다 몇 세기 앞서서, 모든 것이 통합된 고대적 우주관을 대치한 근대적 우주관에 사람들이 손쉽게 적응하도록 도와주는 학문관과 교육과정을 제공한 것이다. 이로 인해 아이러니컬하게도 르네상스 인문학은 장차 인문학의 위상 하락과 교육적 가치의 실추를 초래하게 될 과학혁명의 발생을 스스로 예비하고 자초하였다. 르네상스 시기에 이르러 인문주의자들은 자신들이 내세운 실천적 목적에 입각하여 교과와 인문학의 성격을 재단(裁斷)하기 시작한 것이다. 교과 공부의 목표를 덕성과 문필력의 함양으로 축소한 인문주의자들의 관점에 따르면, 수학과 자연과학은 원칙상 인문학의 영역 안에-보다 넓게는, 인문교육의 교과 영역 안에- 들어올 수 없는 것이다.

한편으로, 르네상스 후기에 이르러 수학 교과와 자연과학이 뒤늦게 인문교육의 교육과정 안으로 재편입되었을 때, 이 교과는 고전적 인문학에서 이 교과가 정당화되는 것과는 다른 방식으로 정당화될 뿐만 아니라, 르네상스적 사고방식의 세례를 받은 결과, 새로운 교육적 가치를 부여받는다. 총체에로의 접근이라는 본래의 가치가 아니라, 수학은 형식도야이론의 관점에서, 그리고 자연과학은 실용성의 관점에서, 인문교육의 교육과정 안에 편입된다. 후대에 이르러 수학과 자연과학이 인문교육의 주요 교과로서 사장 교과를 능가하여 확고하게 자리 잡게 되었지만, 이 교과들은, '후기' 오우크쇼트가 말한 바 그대로, 그 교육적 가치가 불분명한 채 "약간은 억지로 받아들여진" 것이며, 그 이후 이 교과들은 인문학에 대해서는 "친구의 모습으로 가장한 적의 상태"(Oakeshott, 1989, p.30 ;차미란, 1992, p.158)를 불식시킬 수는 없었다.

그렇지만 고전적 인문학의 관점에 의하면, 자연과학을 포함하여 모든 전통 교과는, 〈하나의 총체에 대한 다양한 양상〉이라는 차원에서 인문학과 인문교육의 영역에 포함될 수 있고, 총체에로의 접근을 위한 상이한 통로라는 점에서 교과로서의 동등한 가치를 부여받는다. 특히, 덕성과 교양의 함양조차 총체로서의 세계와의 대면에서 이루고자 했던 고전적 인문학의 관점에서는, 특정한 교과만 덕성과 교양의 함양과 관련을 맺는 것이 아니다. 〈스콜레로서의 여가의 성격〉을 유지할 수 있다면, 모든 교과가 교양과 덕성의 함양에 관련된다. 그리고 교과 공부에서 더욱 중요한 점은, 〈특정한 교과를 공부하느냐〉가 아니라 그 교과 공부가 〈고대적 의미의 여가의 성격을 보존할 수 있느냐〉의 여부이다. 고전적 인문학의 관점에 서 있는 피이퍼에 의하면, 참다운 교양은 총체로서의 세계와의 대면이 분명히 이뤄질 때 비로소 함양된다. 그의 말인즉, "참으로 교양있는 인간이란, 자신이 총체로서의 세계에 대해서 어떠한 관계에 있는지를 알고 있는 사람"이다(Pieper, 1964, s.92).

총체로서의 세계에 의하여 정당화되었던 고전적 인문학의 관점에서 볼 때, 르네상스 인문학은 어떻게 그 성격이 규정될 수 있는가? 고전적 인문학의 관점에서 볼 때, 르네상스 인문학에 속한 5개 교과는, 그 자체의 논리적 개념체계를 갖고서 총체로의 접근을 그 특징으로 하는 교과도 아니며, 총체에 대한 다양한 양상으로서의 개별 교과도 아니다. 그것은 고대 문화를 담지한, 즉 고대 위인과 작가의 탁월한 위업과 금언을 체계적으로 기술해 놓은, 사장 교과에 불과할 뿐이며, 도덕성과 문필력의 함양이라는 실천적 목표 아래 고전적 인문학을 축소해 낸 것에 불과하다. 결국, 르네상스 인문학은 고전적 인문학을 왜곡하고 축소한 것이며, 또한 실천적 목적에 의하여 교과의 성격을 새롭게 규정한 것이다. 교과의 성격에 대한 실천적 목적에 의한 규정은 결국 교과를 정당화하는 방식에서도 변화를 불러온다. 르네상스 인문학은 교과에 대한 종래의 '형이상학적' 정당화를 '실제적' 정당화로 대치한 것이다.

총체와 문화의 관련

고전적 인문학의 관점을 따른다면, 교양적 문화의 학습에 토대를 둔 르네상스 인문학은 어떻게 그 성격이 규정될 수 있을까? 중세와 고대의 '실재론적 문화관'에서는, 문화를 "본래부터 있는 실재(實

在)의 구체적인 표현 혹은 역사적 발현 그 이상으로 생각하지 않는다"는 점이다(손봉호, 1997, p.18). 손봉호의 문화관에 의하면, 역사적으로 문화를 바라보는 관점은 시대에 따라 세 가지로 분류된다. ①신이 중심이 된 고대와 중세의 '실재론적 문화관', ②인간이 중심이 된 르네상스 이후의 '인본주의적 문화관', 그리고 ③포스트 모더니즘화된 현대사회의 '탈인간적-탈문화적 문화관'이다. 이러한 세 가지 문화 분류의 방식은 그 시대의 주도적인 세계관과 인간관에 밀접하게 결부되어 있다. 문화에 대한 인간의 위치는, 실재론적 문화관에서는 '우주와 자연에 순응하는 자'의 모습으로 나타나지만, 인본주의적 문화관에서 '문화 창조의 주체'로 등장한다. 그러므로 중세 이전에서의 문화는 '본체인 실재의 외적 발현물'에 불과하지만, 르네상스 이후의 문화는 '인간 정신의 내면적 창조물'로 파악된다 (*ibid.*, pp.18-28).

문화를 시대별로 세 가지로 분류하는 손봉호의 구분 방식은, 〈세계와 자아의 관련. 속에서 인문학을 세 가지 유형으로 구분하는 본서의 관점과 다르지 않다. 인문학의 여러 유형 안에서 문화를 바라보는 관점 또한 마찬가지로 세 가지로 분류될 수 있다. ①고전적 인문학에 나타난 〈총체론적 문화관〉, ②르네상스 인문학에서의 〈인문주의적 문화관〉, 그리고 ③현대적 인문학에서의 〈탈규범적 문화관〉이다. 고전적 인문학의 총체론적 문화관에서의 문화는 실재와 근본적으로 다른 것이 아니고 다만 '실재의 연장, 실재에 이미 주어진 것을 역사적으로 구현해 놓은 것에 불과'하다. 손봉호의 실재론적 문화관에서의 문화는, 그 자체가 "우연적인 것, 비본질적인 것"이며, 따라서 본질인 실재에 대해서는 "열등한 것"으로 여겨진다(*ibid.*, p.20). 그러므로 문화의 궁극적인 성격은, 인문주의자 안에서 볼 수 있는 바와 같이 인간이 역사적으로 이룩해 낸 탁월한 위업과 문화유산을 물려받는 데에 있지 않다. 그것은 문화의 형이상학적 근원인 "실재 그 자체로 돌아가는 것"이며, 인간의 문화 활동의 궁극적인 목적은 "문화 활동을 통하여 장차 문화를 극복하는 것"이다(*ibid.*, p.20).

그렇다면, 우리가 고전적 인문학의 입장에 선다고 할 때, 문화는 부정하고 배척해야 하는가? 문화를 배척하고 부정하는 것은 신플라톤주의가 주도했던 중세의 관점이다. 세상 만물에 대한 관조적 태도 안에서 총체로서의 세계를 지향하려는 고전적 인문학의 관점은, 문화와 교양을 '초월'하는 것이지 '부정'하거나 '제외'하는 것은 아니다. 또한 초월세계를 추구한다고 하더라도 인간의 경험에 의해 역사적으로 그 타당성이 확립된 문화와 교양을 부정하거나 배제하는 것은, 총체로서의 세계를 온당하게 추구한다고 말할 수 없다. 문화를 부정하고 문화를 억제하는 태도는, 초월주의가 극단적으로 강성했던 중세의 폐단으로 지적될 수 있으며, 이 폐단에 강렬하게 항거하고 문화를 복원하려는 의도에서 르네상스 인문학이 탄생한 것이다.

문화에 대한 르네상스 인문학의 의의는 바로 총체의 '현세적·역사적 구현물'이라고 할 수 있는 〈문화의 복원과 학습〉에 있다. 그리고 이 문화는 신체와 감각을 지닌 불완전한 인간이 총체로서의 세계로 나아가는 데에 요구되는 외적 버팀목이고 현실적 길잡이다. 총체로서의 세계는 인간의 경험으로 직접 알 수 있는 것도 아니며, 인간에게 현재 주어져 있는 것도 아니다. 총체로서의 세계는 문화의 안내를 받고 문화가 체계적으로 조직·기술된 르네상스 인문학을 학습함으로써 장차 나아가야 할 세계이다. 현재 인간에게 주어진 것은, 르네상스 인문학의 내용을 이루는 인류의 역사적 위업으로서의 문화이다. 인간에게 현재 남겨진 것은 초경험적인 실재나 세계관으로서의 전통이 아니라 경험적으로 접근이 가능한 문화—곧, 역사와 전통으로부터 물려받은 위업(偉業)과 사상(思想)과 제도(制度)와 관례(慣例)—이다. 그렇다면, 무시간적(無時間的) 차원에서는 실재가 문화의 형이상학적 토대, 논리적 가정이 되겠지만, 시간적 차원에서는 문화의 학습을 통해서, 문화를 매개로 하여 장차 실재(實在)로 나아가는 것이다.

문화를 통로로 하여 총체로서의 세계로 접근한다고 볼 때, 인간이 역사적으로 이룩해 낸 문화는, 장차 총체로서의 세계로 나아가도록 안내하는 역사적·경험적 매개체이고, 총체적 삶을 영위하는 데 요구되는 현실적 길잡이이다. 또한 이러한 문화의 학습을 내세우는 르네상스 인문학은, 총체로서의 세계 그 자체는 아니지만, 학습자의 입장에서는 총체로서의 세계로 나아가고 총체적 삶을 누리려고 할 때는 선수적(先須的)으로 배워야 할 수단이다. 그러므로 총체로서의 세계를 지향하는 고전적 인문학의 관점에 의하면, 르네상스 인문학에서 강조된 문화와 사장 교과는 배제될 것이 아니라 오히려 중시되어야 할 것이다. 고전적 인문학의 입장은, 문화를 제거하려는 것이 아니라 문화를 완전하게 하려는 것이며, 문화의 가치를 폄하하는 것이 아니라 문화가 보존될 수 있는 궁극적 토대를 제공하는 것이다. 그리고 나아가서는 문화의 학습과 전수를 통하여 현세에서 인간이 살아가야 할 보편적 삶의 형태인 교양적 삶을 전 사회적으로 구현하려는 것이다.

문화의 학습과 전수를 중시하는 르네상스 인문학의 중요성은, 인간이 〈문화와 교양〉을 학습하지 않고는 현실 사회 속에서 총체적 삶을 온전하게 누릴 수 없다는 점에서 찾을 수 있다. 그럼에도 불구하고 간과할 수 없는 사항은, 인문학이 최초로 그 분명한 모습을 드러낸 르네상스 인문학 안에서는, 〈문화의 본질이고 실체인 실재와 초월세계〉는 배제되고, 〈실재와 초월세계의 외양이자 역사적 발현이고 구체적 표현〉인 문화와 사장 교과만 강조한다는 사실이며, 인문학을 공부하고자 할 때 실재와 초월세계를 지향하는 〈스콜레로서의 여가의 정신〉을 망각한 채, 〈독서하고 저술하는 문필 활동〉만 중시한다는 사실이다.

외양과 구체적 표현으로서의 문화와 사장 교과만을 중시하고 실재를 망각한 문필 활동에의 종사, 바로 이 점에서 르네상스 인문학의 한계성은 드러난다. 르네상스 인문학의 한계는 '실재와 문화', '초월세계와 고전'을 각각 분리함으로써, 실재와 초월세계는 망각하고 문화와 사장 교과만을 복원하였다. 이로 인해 르네상스 인문학은, 〈문화와 고전의 형이상학적 토대인 실재와 초월세계〉를 인문학 안에서 사상(捨象)시킴으로써, 현대사회에 이르러 르네상스 인문학이 붕괴되는 계기를 스스로 불러온 것이다. 르네상스 인문학에서 강조된 교양적·보편적 문화와 사장 교과는, 총체로서의 세계로 나아가는 중간 과정이지 종착지는 아니다. 그렇지만 인문주의자들은, 인문학 안에서 초월세계와 스콜레로서의 여가를 망각함으로써, 장차 활동적·직업적 삶과 일상세계로부터 인문학과 인문교육에 가해지는 침범을 스스로 자초하였다.

고전적 인문학과 르네상스 인문학의 관계는 서로 대립되는 관계로 볼 수 없다. 르네상스 인문학에서의 고전과 문화의 학습을 매개로 하여 고전적 인문학의 실재(實在)로 나아갈 수 있기 때문이다. 그렇지만 르네상스 인문학만으로는, 고전적 인문학에 대한 불완전한 이해이고 불완전한 형태의 복원에 불과하다. 반면에 고전적 인문학은, 르네상스 인문학의 형이상학적 토대가 되고, 르네상스 인문학이 보호받을 수 있는 이론적 울타리가 된다. 그렇다면 인문학의 의미가 불분명하고 인문학 자체가 정체성을 읽어버린 지금의 상황에서, 인문학의 르네상스 인문학과 고전적 인문학의 관계는 어떻게 설정되어야 하는가? 인문학이 그 본연의 성격을 회복하고 정체성을 찾기 위해서는, 인문학 안에서 〈실재를 지향하는 고전적 인문학과 문화의 학습을 중시하는 르네상스 인문학의 결합〉 안에서 그 답을 찾을 수 있다.

 실재를 지향하는 고전적 인문학과 실재의 외양이자 표현인 문화를 구현하려는 르네상스 인문학이 결합되었을 때, 오늘날 쇠락한 인문학은 새롭게 복원될 수 있고, 인문학 본연의 교육적 이상과 교육적 과업이 실현될 수 있을 것이다. 〈양대 인문학이 결합〉될 때, 총체로서의 세계 안에서 실재와 문화는 이제 적절한 관련을 맺을 수 있고, 자아와 세계 또한 적절한 관계를 맺을 수 있다. 양대 인문학이 결합된 인문학 안에서, 인간이 영위할 삶의 형식(곧, 초월적 삶과 교양적 삶)은 총체적 삶 안에서 조화를 이룰 수 있고, 현세에서 교양적 삶을 살면서도 총체적 삶으로 발돋움하게 된다. 양대 인문학이 결합된 총체적 삶 안에서, 초월적 삶과 교양적 삶이 조화를 이루게 될 때, 문화와 교과는 실재를 지향하는 삶에 대한 현실적·경험적 길잡이가 되며, 실재는 문화와 교과를 학습하는 이론적 근거가 되고, 실재는 문화와 교과를 정당화해주는 형이상학적 토대가 된다.

철학적 전통과 수사학적 전통

고전적 인문학을 대표하는 학문은 '이성과 논증'에 관한 〈철학〉이고, 르네상스 인문학을 대표하는 학문은 '덕성과 문장'에 관한 〈수사학〉이다. 고대에서 철학은 크게 형이상학과 자연철학, 변증법(논리학)으로 분류되었으나, 중세의 철학은 형이상학적·교의적 진리에 관한 변증과 논증을 담당하는 〈논리학〉이 중심이 되었다. 인문주의자들은, 논리학의 대안으로서, 중세에 쇠퇴한 고대의 〈수사학〉을 복원하려고 하였다.

일반적으로 교육사에서 수사학에 대한 태도는 비호의적이다. 고대에서도 '수사적'이라는 표현 속에는 '내용 없는 형식화'이고 '궤변'이라는 비난의 뉘앙스가 강하게 들어 있다. 이런 비난은 고대의 수사학이 타락하여 쓸데없이 언어의 희롱만을 일삼았던 데에 기인한다. 인문주의자들이 볼 때, 진정한 의미의 수사는 '덕성과 문체'의 결합, 즉 '내용과 형식'의 연합이고, '도덕의식과 수사학적 문필력'의 결합을 의미하였다. 이때 수사의 목적은 인간으로서의 탁월함의 추구, 곧 덕성과 교양을 함양함에 있었다.

인문주의자들의 수사학 개념은 고대 수사학으로부터 직접적인 영향을 받았다. 아리스토텔레스의 정의를 따르면, 수사는 논리의 대응물(다른 한 쌍)이다. 논리와 수사의 구분은 인식론 및 형이상학의 체계에 따라 결정되었다.

"논리가 다루는 명제는 보편적인 테제[thesis : 논리 전개를 위한 최초의 명제]인데 반하여 수사는 특수적인 가정(hypothesis)을 다룬다. 논리는 '질문과 대답의 형식'을 사용하며 그것의 논증은 '삼단논법'에 의거한다. 수사는 계속적인 '연설형식'을 사용하며 그것의 논증은 '생략 삼단논법'[enthymemes : '생략 추리법'

으로, 화자(話者)가 주요 전제 중 하나를 생략하거나 명확하게 제시하지 않고 암시하는 기법]에 의존한다. 논리의 목적은 화자의 의도를 상대방에게 '강요'하는 데 있으며, 수사의 목적은 판단자들을 '설득'시키는 데 있다." (R.McKeon, 1942, pp.10-11 ; 김영한, 1989, p.116)

그리스의 소피스트들은 절대적 진리와 항구 불변의 존재를 부인하고, 존재하는 것은 오직 감각적 경험뿐이라고 생각했다. 감각세계의 지식만을 인정할 경우, 감각의 주체인 인간이 모든 지식의 기준이 된다. 모든 지식은 개인의 경험에 의존하므로 상대적일 수밖에 없다. 상대적 지식의 전달은 상대방에게 '그렇게 보이도록 만드는 것이며, 그렇게 믿도록 설득하는' 것이 제일이었다(*Phaedrus*, 2009, 260a). 소피스트들에 의하면, 수사는 "언어에 뛰어나게 만드는 학예(art)"이고(*Gorgias*, 2008, 450b), "영혼의 설득을 가져오는 학예"이었다(*Phaedrus*, 2009. 271b). 논리와 달리, 수사의 목적은 상대적 지식을 믿도록 설득하는 데 있었다.

전통적으로 수사는 〈절대적 진리〉가 아닌 〈가능적 진리(*eikos*; probable truth)〉를 추구한다는 점에서, 논리와 차이가 있다. 가능성의 세계에서는 절대적 선과 덕은 존재하지 않는다. 따라서 가능성의 세계에서 절대적 진리와 불변의 지식을 추구하는 것은 무의미하다. 다만 덕이 있는 것처럼 믿게 하여 덕을 사랑하게 하고 선지향적 의지를 갖게 하는 것이, 덕 그 자체보다 중요한 것이다(김영한, 1989, p.117). 수사가(修辭家)인 프로타고라스에게 인간이 만물의 척도였다면, 철학자인 플라톤에게는 실재(idea)가 만물의 척도였다. 가능성의 세계를 배제하는 플라톤에게, 수사는 사물의 본질과 선악의 시비에 관한 올바른 인식 방법이 될 수 없었다. 그렇다면 플라톤에 있어서 인식을 위한 최선의 방법은 무엇인가? 그것은 사물을 분석하고 이를 다시 체계적으로 종합할 수 있는 변증법(dialetic)이었다(*Phaedrus*, 2009, 266c). 변증법은 이성(사고)에 의해 궁극적으로 실재에 도달하려고 할 때 사용되는 지성적 논리[실재를 이성으로 체현(體現)하는 논리]이며, 이데아 중의 이데아인 '선(善)의 이데아'에 도달하기 위해 요구되는 마지막 과정이었다(Nettleship, 1989, pp.160-162).

그러나 아리스토텔레스는, 이성에 의해 파악되는 '절대적 진리'와 이성적 사유만으로는 불충분한 '가능적 진리'를 모두 인정하였고, 수사학의 필요성은 현실에서 있어서의 〈가능적 진리〉를 추구하는 데 있다고 선언했다. 특히 아리스토텔레스는 수사학이 갖는 중대한 의의를, 정치와 윤리, 교육 등 실제 생활에서 직면하는, 양자택일이 요구되는 문제들을 효과적으로 처리한다는 점에서 찾았다(*Rhetoric*, Ⅰ, 2, 1357a).

또한 아우구스티누스에게, 수사학의 중요성은 신학적·형이상학적인 진리를 〈인간의 경험에 와닿게 표현하고 전달하는 것〉, 그리고 그 결과 〈인간 영혼의 설득에 도움을 주는 것〉이었다.

"우리가 수사학을 배우는 목적은 무엇을 '이해'하는 데 있다기보다는 우리가 이해한 바를 '전달'하는 데 있다. 하지만 결론을 내리고 정의하고 분류하는 학문인 논리학이 우리의 이해를 돕는 것은 사실이다."(Augustine, *De magistro*, 2019, Ⅱ, 37(55))

"수사학적 기예를 통해서 참된 것에 대해서든, 거짓된 것에 대해서든 다른 사람을 '설득'하게 된다."(*ibid*., Ⅳ, 2(3))

예컨대 미묘한 성서 내용의 유추 해석, 성서 해석에 따른 종교법의 제정, 신학 문제에서 명백히 모순된 사항을 해결하기 위한 성서 문구의 해석 등에서 수사학의 역할은 매우 컸다. 아우구스티누스는 수사학이 지닌 중요한 의의를, 수사를 통해 인간 경험을 벗어나 있는 초월적·교의적 진리와 명제를 〈인간이 납득하고 이해할 수 있는 수준〉으로 설명하고 해석하는 데서 찾았다.

그러나 아우구스티누스는 생애의 후반부에서 신학의 논리화, 즉 객관화를 시도한다. 그 결과, 중세에 들어와서 크리스트교 신학의 체계가 확립됨에 따라 수사학의 위치는 완전히 격하되고 만다. 왜냐하면 모든 진리는 '계시'를 통해 나타나고 '이성'을 통해 인식할 수 있다는 신념이 당시 사상의 주류를 이루었기 때문이다. 따라서 수사학을 포함하여 실용성과 개연성을 띤 학과는 중세 학문의 가치서열 체계에서 낮은 위치에 처하게 된다. 오로지 관심의 초점은, 확실성의 최고 형태인 신의 존재를 증명하는 일과 신학적 난제를 논증하고 이해하는 논리학에 두었다. 이로 인해 중세에서는 고대의 수사학은 사라지고 논리학이 대세를 이룬다(김영한, 1989, pp.120-121).

중세의 논리학은 12세기경 솔즈베리시대, 신학적으로 어려운 문제에 대한 방법적 논증의 원리로 발전하였다. 그리고 13세기의 스콜라철학은 아리스토텔레스의 철학(논리학)을 기초로 하여 그 체계를 확립하였다. 그러나 오로지 신만이 절대적 진리라고 믿은 스콜라철학은 아리스토텔레스 철학의 〈방법적 측면〉에만 관심을 표명하였고, 아리스토텔레스와는 달리 〈인간 생활의 실제적 분야〉와 〈가능적 진리〉는 회피하였다. 스콜라 철학자들은 현실 세계의 가능적 진리를 배제하고, 오로지 신과 신학에 관한 절대적 진리를 이해하고 논증하기 위한 추론(삼단논법)에만 몰두하였다.

13세기에 이르러 대학이 태동할 때, 상공업 시민층이 형성된 남유럽(이탈리아 볼로냐)에서는 법학이 발전했고, 북유럽(프랑스 파리)은 신학이 발전하였다. 법학이나 신학이 그 학문 발전의 출발점이 7자유학과(liberal arts)에 있었던 점은 동일하다. 그러나 이탈리아에서는 실제 생활의 필요 때문에 수사학이 가장 중요한 학문이 되고 그것을 법률에 적용하는 것이 학자들의 주된 관심사가 된 데 비하여, 교회가 교육을 전적으로 장악한 북쪽에서는 변증법 곧 논리학이 우위를 차지한다. 북유럽에 있어서는 7자유학과의 3학 중에서 고전의 내용을 다루는 문법은 종교적 이단으로 의심의 대상이 되었고 수사학은 문예의 수준이 낮았던 당시에는 무관심의 대상이 되었으며 오직 논리학만이 특별한 문제가 없이, 지식을 갈망하는 학생들의 지적 요구를 만족시켜 줄 수 있었다(Boyd, 1994, p.201).

철학적 전통과 '논리학'이 '이성과 논증'을 통한 학문의 논리적 체계를 확립하려는 중세 '스콜라철학' 교육과정의 기초가 되었다면, '수사학'은 '수사와 문장'에 의한 덕성과 교양의 함양을 중시하는 '르네상스 인문학' 교육과정의 토대가 되었다. 스콜라철학이 현세의 문제를 도외시하고 초월적·신학적 주제만을 다룬 것에 대한 인문주의자들의 근본적인 문제의식은, 결국 논리학을 멀리하고 수사학에 역점을 두는 학문적 방법론의 전환을 야기한다. 한편, 인문주의자들이 형이상학과 논리학을 배제했지만, 그렇다고 인문주의자들은 기존의 완성된 철학 체계를 대체시킬만한 그 자체의 지적 체계와 논리를 지니지도 못했고, 기독교의 교리를 전면적으로 부정할 입장에 서지도 못했다.

"인문주의는 새로운 철학도 아니며, 이탈리아 인문주의자들은 철학자도 아니다. 인문주의운동은 철학적 연구도 아니고, 과학적 연구도 아니다. 인문주의는 고대에 관한 문법적·수사학적 연구에서 비롯한 것이다."(Kristeller, 1995, p.191).

크라이슬러의 주장에 의하면, 인문주의는 실재와 추상적 논리를 다루는 철학적 연구도 아니고 사물과 인간을 실험적으로 다루는 과학적 연구도 아니다. 결국, 인문주의는 고대 문화와 덕성과 생활윤리를 배우려는 문법적 연구이고, 가능성의 세계에서 발생하는 문제에 대해 해결책을 찾고 다른 사람을 설득하는 수사학적 연구인 것이다. 인문주의가 철학이 아니라는 사실은, 특히 인문주의자들이 고대 문화를 그토록 찬양하면서도 고대 문화를 논리적으로 체계화하여 설명하거나 이론적으로 정당화할 수 없었다는 점에서 단적으로 엿볼 수 있다. 인문주의자들은 철학적인 토대 없이 막연하게 고대 문화를 찬양했고 이론적 정당화를 생략한 채 고대 문화를 복원하고자 했다. 그러므로 현대사회에서 이르러 고대 문화와 보편적 문화가 망각되고, 배척되는 실질적 상황에 대한 일차적인 책임을 인문주의자들의 지적 안이함에 물릴 수 있다. 인문주의자들은 고대 문화에 대한 이론적 체계화 없이, 단지 중세에 대한 성급한 거부감과 고대의 위대함이라는 강력한 신념에만 집착하여 고대 문화를 찬양하고 복원하려고 한 것이다.

철학과 수사학의 관련

철학의 초월적 지혜와 수사학의 웅변이 지닌 결함은 각각 상대방에 의하여 지적된다. 먼저, 초월적 지혜에 대한 변증 그것만으로는 인간의 현실 생활에 영향을 줄 수 없었다. 수사가 동반되지 않는 초월적 지혜는 인간이 경험할 수 있는 것이 아니므로, 초월적 지혜 그것만으로는 〈인간의 현세적인 삶의 문제로 표현하고 전달하는 데〉에 문제점이 노출되었다. 인문주의자들의 중세 학문에 대한 비판은, 논리학 위주의 탐구 방식이 초월적 지혜에 대한 변증에만 몰두함으로써 인간이 납득할 수 있는 수준으로 표현되지 못하여, 이로 인해 초월적 지혜가 덕성과 교양의 함양에 도움을 주지 못한다는 점이었다. "진리가 존재하더라도 그것이 제대로 전달되지 않으면 아무런 소용이 없으며, 명쾌하게 표현되지 않는 진리는 이해할 수 없다."(Vergerio, 1966, p.77)는 베르게리오의 말에서, 수사가 빠진 초월적 지혜의 한계를 읽어낼 수 있다.

인문주의자의 시각에서 볼 때, 현세의 인간에게 진리는 〈인간의 소리〉로 인간을 설득할 수 있을 때 존재하는 것이고, 인간이 〈납득하고 수긍할 수 있는 어떤 것〉이다. 이때 모든 진리의 정당화는 〈인간의 동의〉를 필요로 했고, 다른 사람의 동의를 얻는 데 필요한 것이 〈수사〉였다. 수사라는 형식을 빌릴 때, 진리는 보다 명쾌하게 표현되고 효과적으로 전달될 수 있었다. '경험 세계의 진리를 통하지 않고는 천상의 진리라 할지라도 아무런 진리를 내포하지 못할 뿐만 아니라 인간에게 이해되기 어렵다'는 페트라르카의 말속에는(Petrarch, 1911, p.191), 두 가지 의미가 들어 있다. 하나는 인간은 절대적인 진리 없이 〈가능적 진리〉만으로도 현세를 충분히 살아갈 수 있다는 것과, 다른 하나는 초월적인 진리가 존재하더라도 인간에게 납득이 되려면 〈경험 세계의 진리에 의하여 재조명·재해석되어야 한다〉는 것이다. 암흑과 무지의 시대로 평가된 중세는, 신학과 형이상학에서 다루는 절대적 진리와 철학적 예지가 인간의 현세적 삶의 문제로, 즉 덕성과 교양의 문제로 표현되고 전달되는데 효과적인, 〈수사〉가 결여된 시대였다.

그렇지만 설득과 전달만을 내세우는 수사는 사악한 목적과 궤변에 이용될 우려가 늘 붙어 다녔다. 고대에서 철학자들이 소피스트들을 위험시한 이유도 여기에 있다. 수사 없는 지혜가 그 자체만으로 인간의 현세적 삶에 도움을 줄 수 없는 것 이상으로 더 심각하게, 잘못되고 오도된 수사는 지혜와 사회에 해독을 끼치는 것이다. 이러한 결함을 극복하기 위해 제시된 학문적 이상이 바로 〈철학과 수사학의 결합〉이다. 철학과 수사학의 조화로운 결합을 시도한 대표적인 인물로는, 먼저 고대 로마의 키케로를 들 수 있고(Rusk, 1977, pp.35-36), 또한 비유와 은유로 된 성경 말씀을 유추·해석하여, 인간이 〈경험할 수 있는 언어〉로 기술함으로써 기독교 신학의 최고 핵심인 삼위일체론(三位一體論)을 정립해 낸 아우구스티누스이다.

키케로는 자신의 『주제설정법(De Inventione)』에서, 〈웅변가의 수사〉와 〈철학자의 변증〉을 다 같이 적절하게 사용할 때 청중을 성공적으로 설득할 수 있으므로, 웅변가에게 요구되는 것은 〈수사〉뿐만 아니라 〈일관성 있는 철학적 견해와 교훈〉이라고 역설한다.

"수사 없는 철학적 지혜는 시민 생활에 별로 도움이 되지 못하며 지혜에서 벗어난 수사는 큰 해독을 가져온다. 오로지 양자를 결합시킨 사람만이 자기 자신은 물론 그의 동료들에게 참된 이익을 가져다줄 수 있다."(De Inventione, I,1, p.3)

이어서 키케로는 단적으로, "지혜 없는 수사는 공허하고 수사 없는 지혜는 무익하므로 양자의 결합만이 진정한 수사가의 기본 요건"(ibid., I, 1, p.3)이라고 강조한다. 키케로가 의도하는 웅변가는 철학적 지혜를 지니고 있을 뿐만 아니라, 그 지혜를 청중과 대중이 알아들을 수 있는 용어로 표현함으로써 그들을 설득하고 선도할 수 있는 자이다.

초대기독교사회의 사도 바울은, 고린도 교회의 성도에게 보낸 편지에서, '자기 자신'조차 알아들을 수 없는 '방언'[方言 : 성령에 힘입어 기독교 신자들이 자기도 모르는 외국어로 말하거나 기도하는 것]을 다른 사람 앞에서는 금할 것을 당부한다. 사도 바울은, 회중(會衆)이 그 뜻을 알아들을 수 없고 오직 하나님과 자기 자신만이 소통하는 방언은 회중에게는 전혀 이롭지 않으므로 금지하라고 하며, 방언으로 말하려면 반드시 사람들이 알아들을 수 있는 말로 해석해 주는 통역자를 두라고 한다.

"내가 방언으로 기도하면 나의 영은 기도하지만, 나의 마음(정신)은 아무런 열매를 맺지 못합니다."(고린도전서 14:14)

"그러나, 나는 교회에서 방언으로 만 마디 말을 하는 것보다도, 다른 사람들을 가르치려고 내 마음(정신)으로 다섯 마디 말을 하는 것을 원합니다."(고린도전서 14:19)

"만일 누가 방언으로 말할 때는, 둘 또는 많아야 셋이서 차례로 말하고, 한 사람은 통역을 하십시오. 통역할 사람이 없거든, 교회에서는 잠잠하고, 자기와 하나님께만 말하십시오."(고린도전서 14:27-28)

방언으로 말하는 것은 자기 자신에게나 세상으로나 아무런 유익이 없고, 또한 통역을 두지 않고 방언을 하게 되면 회중이 방언의 뜻을 이해할 수 없으므로, 사람들 앞에서는 방언하지 말고, 혼자 있을 때 하나님께만 방언으로 기도하라는 것이다. 사도 바울이 당부하는 바는, 초월적인 계시일지라도 자기 자신과 사람들이 이해할 수 없을 때는 아무런 의미가 없다는 것이며, 〈천상의 진리〉일지라도 자기 자신과 사람들에게 납득이 되려면 〈경험 수준의 언어로 표현하는 수사〉가 요구된다는 것이다.

키케로와 아우구스티누스, 그리고 사도 바울의 주장 안에서 공통적으로 제시되는 점은, 〈절대적 진리〉와 〈수사〉가 모두 요구된다는 것과 아울러 수사학의 중요성은 〈절대적 진리를 인간의 경험에 와 닿게 표현하고 전달함으로써 인간이 이해하고 납득하도록 도움을 준다〉는 것이다. 요컨대, 세 사람은 모두 〈진리와 수사의 결합〉, 〈철학과 수사학의 결합〉을 주장하고 있고, 절대적 진리와 수사학이 결합할 때 비로소 형이상학적 진리가 인간에게 전달되고 납득될 수 있다는 것이다.

르네상스 인문주의자들이 복원하고 모방하고자 한 것은, 그들이 고대인 가운데 가장 숭배했던 키케로와 아우구스티누스이고 그들의 수사학이다. 그렇지만 인문주의자 페트라르카와 브루니는, 키케로와 아우구스티누스의 철학과 그들의 철학적·초월적 지혜를 빠뜨린 채, 고전 작가들로부터 '탁월성을 추구하는 도덕의식'과 '설득의 기예로서의 수사학'만을 뽑아냈다.

"만일 그대가 수사가의 칭호를 얻고자 한다면, 그리고 진정한 수사가의 영예를 구하고자 한다면, 그대는 무엇보다 고대 고전 공부를 통해 얻는 '덕과 인간다움'에 관심을 가져야 한다." (Petrarch, 1948, p.69)

"암흑의 밤을 비춰주는 빛나는 별과 같이 우리의 어법을 밝혀주며 인간에게 탁월성을 부여하는 그 문체는 바로 수사가의 유일한 도구이므로, 우리는 그 '문체와 어법'을 수사가로부터 빌려 받아 상황의 필요에 따라 이용하는 것입니다." (Bruni, 1987, p.246)

인문주의자들은 인문학 안에서 〈도덕적 주제와 수사학의 결합〉을 내세운다. 그러나 여기서 주목해야 할 사항은 인문주의자들과 고대 키케로 사이에 있는 간극이다. 양자 모두 수사학을 중시하고 있으나, 키케로에서 〈철학적 지혜와 수사학의 결합〉이 인문주의자에 이르러서는 〈도덕적 주제와 수사학의 결합'〉으로 전환된 점이다. 키케로 안에서, 수사가가 대중을 선도할 수 있는 그 지혜와 힘은 초월세계로부터, 즉 초월세계를 지향하는 자아의 외향적 자세로부터 부여받은 것이다. 키케로에게 수사학자는, 수사가이기에 앞서 관조와 사변을 통해 초월세계로 합일하려는 자이며, 초월세계와의 이러한 합일을 통해서 천상으로부터 내려지는 신령한 은총에 의하여 현세에서의 고통과 유혹을 능히 극복해내고, 나아가서 대중을 의로운 길로 선도하는 자였다.

그러나 자아의 내향적 자세 안에서, 초월세계를 배제하고 고대 위인과 영웅의 위업과 금언에 주목한 인문주의자는, 철학적·초월적 지혜를 결여한 수사가를 복원하려고 한다. 그러므로 고대 철학자와 인문주의자가 생각하는 수사가는, 설득하는 기예로서의 수사의 특성은 공유하고 있으나, 그 수사를 통해 표현하고 전달하려는 목표는 각기 다르다. 고대 철학자 안에서 수사가는, 철학적 지혜를 현세적인 삶과 도덕의 문제로 해석·번역한 후 이를 전달하는 과업을 부여받고 있었다. 그러나 인문주의자가 생각하는 수사가는, 철학적·초월적 지혜와 관련 없이 고대 위인과 영웅의 탁월한 삶과 위업을 미화하고 전달하려는 자일뿐이다.

인문주의자들은, 키케로와 아우구스티누스를 복원하고 답습한다고 하면서도, 고대 철학의 내용에 해당하는 〈절대적·초월적 진리〉는 거부하고 그 형식에 해당하는 〈수사와 문장〉만을 받아들였다. 인문주의자들은, 가능적 진리를 다루는 수사만을 인정하고 절대적 진리를 배제했기 때문에, 키케로와 아우구스티누스 수사학에서의 중요한 대목을 빠뜨린 것이다. 〈절대적·초월적 진리〉를 인간이 알아들을 수 있는 〈인간의 소리〉로, 인간이 납득할 수 있는 〈경험 수준의 언어〉로 표현하고자 했던 고전적 수사학의 본질을 놓쳐버린 것이다.

주목할 점은, 〈수사〉라는 표현 수단이 없다면 〈진리〉는 침묵할 수밖에 없게 되고, 따라서 전달이 안 되는 진리나 마음(정신)에 와닿게 표현되지 않은 지식은, 인간의 경험과 현실 생활에 아무런 쓸모가 없다는 사실이다. 그럼에도, 수사 그 자체는 어디까지나 형식이고 표현의 수단이지, 내용이 될 수 없고 진리일 수는 없다. '내용 없는 수사는 공허(空虛)'하며, '내용 없는 수사는 도락(道樂)'에 머물 뿐이다. 수사 없는 절대적 진리가 그 자체만으로 인간의 현세적 삶에 효용성을 줄 수 없다는 것 이상으로, 잘못되고 남용된 수사는 진리 규명과 현실 사회에 해독을 가져다주고 궤변으로 취급받을 뿐이다. 그럼에도, 중세 스콜라철학은 아리스토텔레스의 철학에서 방법론인 논리학만을 채택하고, 현세에서의 가능적 진리는 배제했다. 반면에 인문주의자들은 절대적 진리와 논리학을 거부하고, 가능적 진리만을 다루는 수사학만을 수용한 것이다.

서양 교육사를 볼 때 철학과 수사학은 서로 대립해 왔으나, 이 양자가 서로 결합될 때 그 교육적 효과는 증폭될 수 있었다. 현세적 삶에 직접 도움을 줄 수 없는 절대적 진리의 문제, 내용 없는 공허한 수사의 문제, 이러한 결함을 극복하려면, 〈진리와 수사의 결합〉, 〈철학과 수사학의 결합〉이 요구된다. 아리스토텔레스 철학은 절대적 진리를 다루는 논리학과 가능적 진리를 다루는 수사학을 모두 수용한다. 또한, 절대적 진리와 수사학을 모두 인정하는 키케로와 아우구스티누스 관점에서는, 인간의 경험을 벗어난 절대적 진리를 인간의 경험에 와닿게 해석하고 인간이 납득할 수 있는 언어로 설명하는 수사학의 역할을 중시하고 있다.

결국, 철학과 수사학이 결합될 때, 인문학의 교육적 가치와 교육적 이상은 최대화될 수 있다. 〈철학과 수사학의 결합〉은, 고전적 인문학과 르네상스 인문학이 관련될 수 있는 관건이기도 하다. 양대 인문학이 적절하게 관련을 맺게 될 때, 철학적 지혜는 현세적 교양과 덕성을 함양하는 데 효과적으로 작용할 수 있고, 또한 현세적 덕성과 교양의 함양에는 철학적 지혜와 절대적 진리가 이론적·형이상학적 토대를 제공할 수 있다. 고전적 인문학에서 중시된 철학과 르네상스 인문학에서 중시된 수사학의 결합을 통해, 인문학은 그 본연의 성격을 분명하게 드러낼 수 있고, 인문학의 교육적 효과는 극대화될 수 있다.

IV
현대사회와 인문교육

르네상스 인문학이 제시하는 인문학의 성격은 '도덕의식과 수사학적 문필력의 함양'이며, 이점이 바로 인문학이 오늘날의 인문학과 인문교육에 시사하는 중요한 교육적 이상(理想)이다. 고전적 인문학에 나타난 인문학의 성격은 '총체로서의 세계에 대한 관심'이다. 고전적 인문학의 교육적 이상은, 일상세계와 일상적 자아의 협소함에서 벗어나 인간으로서 총체적 삶을 누릴 수 있도록 총체로서의 세계를 대면하도록 하는 것이다. 〈도덕의식과 문필력의 추구〉, 〈총체로서의 세계 지향〉, 이러한 인문학의 양대 성격이 상호 간에 분리될 성질은 아니다. 도덕의식의 추구는 인간이 총체를 지향하고 총체적 삶을 영위하는 데 현실적·경험적 길잡이가 되며, 반면에 총체로서의 세계에 대한 관심은 도덕의식의 추구와 학문 탐구에 대한 형이상학적 토대를 제시해 주기 때문이다.

본 장에서는 '도덕의식과 문필력의 추구'와 '총체로서의 세계 지향'이라는, 인문학이 역사적으로 추구해 온 이러한 근본 성격에 비추어, 현대사회에서 인문학과 인문교육이 처해 있는 상황을 검토하려고 한다. 먼저 도덕의식과 문필력의 함양, 총체로의 지향이라는 인문학 본연의 성격에 비추어, 현대적 인문학의 성격과 한계를 밝혀 보려고 한다. 아울러 현대사회에서 인문학과 인문교육이 침해당하고 있는 실상과 현대사회 속의 인문교육과 학교의 위상을 점검해 본다. 그리고 마지막으로, 현대사회에 이르러 실종 상태에 이른 인문학과 인문교육이 복원될 가능성을 고전적 인문학의 관점에서 모색해 본다.

1. 현대적 인문학의 성격과 한계

　현대적 인문학은 고전적 인문학 안에 제시된 초월세계를 배제하는 것은 물론이고, 나아가서 르네상스 인문학에서 제기된 도덕의식의 추구마저 거부하려고 한다. 현대적 인문학은, 보편적 문화와 탁월한 자아를 오히려 다양한 동기와 욕구를 지닌 개별적인 자아의 개발과 표현을 간섭하고 왜곡하는 것으로 간주하며, 도덕의식의 추구와 수려한 문필력의 함양에 대해서는 학습자의 자유롭고 창의적인 사고 활동을 방해할 뿐만 아니라 다른 사람의 생각과 가치관을 맹목적으로 주입하는 것으로 보고 부정적인 태도를 드러낸다. 이러한 태도로 미뤄볼 때, 총체로서의 세계를 배제하고 도덕의식의 추구마저 부정하는 현대적 인문학을, 과연 인문학으로 볼 수 있는가의 여부를 확인해 볼 필요가 있다. 또한, 초월세계와 도덕의식으로부터 멀어진 현대적 인문학에 이르면, 세계와 자아에 대한 새로운 인식 아래 '자유교육'과 '자아실현'의 의미 또한 이전과는 다르게 파악된다. 본 절에서는 현대적 인문학 안에서 등장한, '자아'와 '문화'에 대한 새로운 관점 및 '자유교육'과 '자아실현'의 의미가 변화된 양상을 탐색해 본다.

보편적 문화와 보편적 자아에 대한 부정

　현대적 인문학은 총체로서의 세계에 대한 관심에서 멀어져 있는 것은 물론이고, 보편적 문화의 학습을 통해 탁월한 자아를 형성하려는 도덕의식 추구에 대해서도 부정적인 시각을 갖고 있다. 르네상스 인문학 안에서 문화는 일상적이고 비천한 것과는 반대되는 것, 인간다운 조건을 갖추기 위해서는 누구나 학습하지 않으면 안 되는 〈보편적인 것〉이다. 인문주의자들은 이 문화의 학습을 통하여 인간으로서의 〈지적·도덕적 조건〉을 구비할 수 있다고 생각했고, 또한 이러한 문화의 기준 안에서 보편적인 〈사람다움의 의미〉에 관한 사회적 합의를 구할 수 있었다.

그렇지만 현대적 인문학 안에서, 문화는 〈상대적·다원적인 것〉이며, 개개의 사회 집단 안에서 이루어지는 삶에서의 일정한 경향을 반영하는 것에 불과할 뿐이다. 그러므로 사회적으로 보편화할 수 있는 하나의 문화가 존재하는 것이 아니라 〈다양한 문화〉가 존재하는 것이며, 특정한 계층 안에만 문화가 있는 것이 아니라 〈사회의 모든 계층 안에 문화가 있다〉는 것이다. 한편, 르네상스 인문학에서 추구된 고대의 문화와 사장은, 비록 고대의 초월세계와 단절되었음에도 불구하고, 르네상스 이후 인문교육 안에서 인간의 지적·도덕적 완성을 위한 기준과 규범이 되었을 뿐만 아니라, 또한 교육을 통해 양성해야 할 인간상(人間像)에 대한 사회적 합의를 가능하게 하는 규준이었다.

르네상스 인문학을 대치한 현대적 인문학은, 인문학 안에서 다양한 문화와 가치, 개별화된 경험을 주장함으로써, 〈자아의 지적·도덕적 완성〉이라는 르네상스 인문학의 교육적 이상을 약화시켰음은 물론이고, 인문교육 안에서 양성해야 할 인간상에 대한 사회적 합의조차 불가능하게 하였다. 현대적 인문학의 등장으로 인해 발생한 교육 실제에서의 변화된 모습은, 인문교육 안에서 〈고전의 학습을 통한 인간성의 완성〉이라는 교육적 과제가 망각된 점에서, 그리고 인문학의 공부를 통해 자아를 지적·도덕적으로 탁월하게 형성한다고 할 때 그 기준이자 모델이었던 〈고전과 보편적 문화〉가 퇴장한 점에서 여실하게 볼 수 있다.

이렇듯 현대적 인문학의 등장과 함께, 〈교육받는다〉는 것의 보편적 의미와 〈인간이 된다〉고 할 때의 그 기준과 척도는 다양화되었다. 현대적 인문학에 와서는, 개인 '바깥'의 기준에 의한 〈완성과 형성〉이라는 교육적 아이디어가 이제 개인 '안의' 개별화된 요소에 대한 다양한 〈개발과 표현〉으로 바뀐다. 현대적 인문학은 모델과 기준으로서의 고전과 문화를 망각하고 오직 〈개별적 자아〉와 〈일상세계〉만을 생각한다. 고전과 문화라는 기준과 모델을 상정한 인문주의자의 내향적 자아(곧, '교양적 자아')는, 현대적 인문학에 와서는 기준과 모델은 상실한 채, 개별적 자아마다 독특성과 다양성을 추구하는 내향적 자아(곧, '일상적 자아')로 전환되고 만다. 〈일상적 자아〉만을 환기하고 개별적인 자아의 〈표현〉을 중시하는 현대적 인문학 안에서, 이제 문화와 전통 교과는 침해당하고 도외시될 수밖에 없다. 문화와 전통 교과에 대한 거부는, 르네상스 인문학에 대한 부정이면서, 또한 인문교육 안에서 추구해야 할 〈탁월한 인간성('인간다움')〉과 〈현재적 삶의 지침으로서의 과거〉에 대한 망각을 의미한다. 결국 현대사회의 인문학과 교육 안에서는, 교육활동이 목표로 삼는 인간상은 다양화된 반면, 교육활동을 통해 정작 양성해야 할 보편적인 인간상은 소멸하고 만다.

인문주의자들에게 본래 문화와 전통 교과는 인간의 지적·도덕적 완성을 위한 보편적 이상과 준거를 제시하는 과업을 담당했다. 그리고 인문교육은 이 문화와 전통 교과의 전수와 학습을 통해 사회 구성원의 덕성과 교양을 함양하고자 했다. 인문교육은 이 문화가 체계적으로 집산되고 요약된 전통 교과의 전수와 학습을 통해, 개인적으로는 속물근성과 지적 야만과 도덕적 무지 상태에서 벗어나 인간다운 조건을 구비하도록 했고, 사회적으로는 문명화된 사회를 유지하려고 했다. 그렇다면, 문화와 르네상스 인문학에 대한 배격은 다름 아닌 '자아를 지적·도덕적으로 형성'한다고 했을 때의 그 〈보편적 기준에 대한 부정〉이라고 할 수 있다.

현대적 인문학은 '개별적 자아'만을 인식하고 있을 뿐, 그 자아의 형성을 위한 보편적 기준과 모델을 제시하지 못하고, 심지어 그 기준과 모델을 배격하려고 한다. 이렇듯, 현대적 인문학에 제시된 일상적 자아는 〈자신의 욕구의 원리〉 이외에는 다른 도덕률(道德律)을 알지 못하고 있다. 그로 인해 교육 실제에서는, 〈자아의 지적·도덕적 완성〉이라는 아이디어가 망각되고, 그 완성 여부를 판단할 수 있는 기준인 〈고전과 문화〉가 축출되고 만다. 현대적 인문학은 자아의 형성을 위한 모델과 기준을 제시하지 못하며, 설사 제시한다고 해도, 그 안에는 막연하고 다양한 갈등을 겪고 있는 주인공들이 등장할 뿐이다.

맥킨타이어에 의하면, 문학 속에 등장하는 주인공은 본래 그 시대의 문화적·도덕적 이상을 대표하는 인물이며, 당대에 풍미하는 도덕성의 수준을 현시해주는 존재이다. 현대적 인문학이 등장하기 이전의 주인공은, 영국의 경우 '빅토리아 시대의 공립학교 교장, 탐험가'이고, 독일의 경우 '빌헬름 시대의 프러시아 공무원, 대학교수, 사회운동가'이다. 그렇지만, 현대적 인문학이 등장한 이후로는 점차 도덕성에 대한 우월과 열등의 구분은 무의미하게 되었다. 그리고 이 구분이 무시되고 의미를 잃게 되었을 때, 문학 속에 등장하는 주인공은, 지적·도덕적으로 탁월한 인물이 아니라 다양한 개성과 욕구를 가진 인물, 즉 도덕적·문화적 이상을 결여한 인물로 출현한다(MacIntyre, 1984. pp.24-30). 맥킨타이어는 현대 문학에 나타난 주인공을 세 가지 유형(①향락을 추구하는 부유한 심미가, ②효율성을 앞세우는 관리자, ③기법을 만병통치약으로 생각하는 심리치료가)으로 분류한다. 그리고 그는 현대 문학에 나타난 주인공이 지닌 특성을 세 가지(ⓐ도덕의식과 도덕적 이상의 결여, ⓑ사회적 연대의식과 결별한 자아, ⓒ도덕적 상대주의로 발전될 가능성)로 제시한다(*ibid*, pp.32-34).

문화와 전통 교과를 부정하는 현대적 인문학은 여기서 한 걸음 더 나아가서, 트릴링의 다음 주장에서 볼 수 있는 바와 같이, 과거로부터 내려온 학문체계를 부정하고 새로운 학문체계를 구성하려고 한다.

"대학이 그 스스로 자유로워지고, 그리하여 현대적 삶에 관심을 두게 됨에 따라, 몇 가지 공인된 학문을 통해서는 제대로 감지해 낼 수 없었던 새로운 정서를 이제는 교육받은 계층들이 감지하게 되었다. 오로지 그것만이 진리인 양 거들먹거리는 '학문적 게임'을 나는 원하지 않는다. 이제까지 감지할 수 없었던 새로운 힘을 찾아내야 한다. 그러나 전통적으로 대학의 공부는 오로지 옛날의 학문에만 매달리고 있으며, 옛날의 학문에 순응함으로써 스스로 고전에 속하려고 애를 쓴다. 대학이 나아가야 할 바른 방향은 이것과는 사뭇 다른 방향이어야 할 터인데, 그것은 바로 과거의 것을 현대의 것으로 바꾸는 일이다. 우리 시대의 문헌과 저자를 공부함으로써 대학은 이러한 과정을 촉진시킬 수 있으며, 이로 인해 급진적이고 혁신적인 저술이 고전으로 자리 잡게 된다. 대학이 이 일을 해낼 수 있는 그 역량은 지금까지 소위 '비학문적'이라고 불리어왔던 것에 민감하게 반응할 수 있는 그 정도에 비례하여 소유하게 될 것이다."(Trilling, 1978, pp.9-10)

현대적 인문학을 인문학으로 볼 수 있는가

 인문학에 관한 교육사적 탐색을 통해 밝혀진 인문학 본연의 성격을 '총체로서의 세계에 대한 관심'과 '탁월성을 추구하는 도덕의식의 추구'라고 규정짓는다면, 이 기준에 비추어 볼 때 현대적 인문학은 과연 인문학이라고 볼 수 있는가? 현대적 인문학은 총체로서의 세계를 망각하고 있음은 물론이려니와 또한, 보편적 문화와 탁월한 자아조차 배격한다. 또한 현대적 인문학이 무엇보다도 〈사람다움〉에 대한 보편적 기준을 제시할 수 없다는 사실, 이 점이 바로 현대적 인문학을 인문학의 영역에 포함하는 데 주저할 수밖에 없는 중요한 이유이다.

 현대적 인문학 안에 그 일관된 특징이 있다면, 그것은 도덕의식과 보편적 문화를 부정하고 해체하려는 것과 다른 것이 아니다. 그러므로 우리는 현대적 인문학이라는 것이 과연 있느냐는 것부터 생각해 보아야 한다. 현대적 인문학이라는 것이 만약 있다고 해도, 그것은 인문학이 일반화되었으면서도 혼돈 상태에 처해 있음을 구체적으로 보여주는 용어일 뿐이다. 현대적 인문학은, 탁월한 삶을 추구하는 '도덕의식'과 현세적 삶의 지침과 기준을 과거에서 찾고자 한 '역사의식'을 표방했던 르네상스 인문학이 현대사회에 이르러 망각되고 쇠락했음을 단적으로 보여주는 표상이고 징후일 뿐이다.

 인문주의자 페트라르카는 중세 말(中世末)로 불리는 자신의 시대 안에서 문화와 문명의 쇠퇴를 한탄하고 비판했으나, 반면에 프로이트(S.Freud, 1856-1939)는 문화와 문명을 개인마다 다양한 개성과 욕구의 표현에 대한 구속이라 간주하고는 오히려 문화와 문명이 야기(惹起)하는 폐해를 독자에게 고소한다(Proctor, 1988, p.151). 프로이트의 관점에 의하면, 문명과 보편적인 문화는 사회 안에서 개인의 기본적인 욕구와 대한 〈억압과 승화〉의 기제로 작용하고 있다. 그렇지만 페트라르카와 인문주의자들은 그 시대의 문화적 쇠퇴로부터 문화를 복원하고자 했으며, 문화적으로 암흑상태인 중세로부터 탈피하고자 문화와 문명에 적극적으로 의존하였다.

이렇게 보면, 르네상스 이후 등장한 내향적 자아는 일종의 역동적인 긴장 상태에 놓여 있었다. 이 내향적 자아는 한편으로는 고대 위인의 탁월한 자아와 자신의 자아를 상호 비교함으로써 〈바람직한 자아를 형성(形成)하려는 성향〉과, 다른 한편으로는 자아 내부로 파고듦으로써 〈철저한 자기도취(自己陶醉)로 침하(沈下)하려는 성향〉이라는, 이중적 경향을 안고 있었다. 그렇지만 현대적 인문학이 출현한 이후에 분명하게 볼 수 있는 바와 같이, 일단 〈고대 고전의 학습〉과 〈자아의 형성〉이라는 이 양자 사이의 특정한 관계가 붕괴되었을 때는, 언제든지 르네상스 인문학의 〈내향적 자아〉는 문화와 문명의 요구와 결별하여 자아 내부의 분석(分析)으로 침강(沈降)할 위험을 안고 있었다.

르네상스 시기에 등장한 내향적 자아가 후대로 오면서 결국 프로이트의 심리학에서 보듯 〈자아 내부의 분석〉으로 침하했다는 점에서 볼 때, 〈내향적 자아〉를 처음 등장시킨 르네상스 인문학은 태생적으로 현대적 인문학의 출현을 예비한 것이다. 이 점으로 볼 때, 르네상스 인문학은 고전적 인문학에 대하여 현대적 인문학보다 더 근본적인 침범을 가한 것이다. 그럼에도, 르네상스 인문학은, 이미 상실해 버린 총체로서의 세계에 대한 자아의 외향적 통일성을 메우기 위하여 내향적 자아의 〈형성〉을 통해 자아의 내향적 통일성을 찾고자 한 시도였다는 점에서 큰 교육적 의의가 있다. 르네상스 시기에 등장한 내향적 자아는, '초월세계와 문화의 분리', '총체와 자아의 분리'로 인해 파생된 것이면서도, 이와 동시에 이러한 분리 상태를 '탁월한 자아의 형성'을 통해 극복하려는 의도에서 탄생한 것이다.

그러므로 현대사회에서 더욱 분명해진 〈개인과 공동체사회의 분리〉, 〈개인과 총체로서의 세계 사이의 분리〉가 다시 복원되기까지, 우리는 그 앞 단계로서 고전과 문화의 학습을 통해서 탁월한 자아를 형성하고자 했던 인문주의자의 시도를 답습할 필요가 있다. 탁월한 자아와 유덕한 행위를 수사학적 문필력을 동원하여 기술해 놓은 고전 작품을 공부하고 그 수려한 문체를 배우는 일은, 우리 안에 덕과 지혜를 향한 탐구의 열정에 불을 지필 수 있기 때문이다. 우리는 르네상스 이후 망각의 길로 접어든 고전적 인문학을 복원하기에 앞서 그전 단계로서, 르네상스 인문학에서 추구한 〈도덕의식〉과 〈역사의식〉을 우선 회복해야 한다. 당대 삶의 기준을 '과거'에 두며 '지적·도덕적으로 탁월한 자아의 완성'을 시도한 르네상스 인문학을 통해, 우리는 〈지적·도덕적인 자극과 영감〉을 받는 일이 선수적(先須的)으로 요구되는 것이다. 그러기 위해서는, 먼저 르네상스 인문학 안에서 분명하게 시도된 바와 같이 〈고전과의 대화〉와 〈문화의 학습〉에 참여함으로써 현대적 인문학 안에서 표방된 〈보편적 문화로부터의 소외〉와 〈자기도취적 개별성〉을 극복해내야 한다. 고전과의 대화와 문화의 학습에 참여할 때는, 르네상스 인문학으로부터 물려받은 도덕의식과 역사의식-곧 '지적·도덕적으로 탁월한 사람이 되자'라는 의식과 '현재적 삶의 지침과 기준을 과거에서 찾으려는' 경향-보다 더 큰 도움을 주는 것은 없을 것이다.

자유교육과 자아실현의 의미 변화

다양한 문화와 개별적 자아를 내세우는 현대적 인문학의 등장으로 인해, 인문교육 안에서 전통적으로 추구해 〈자유교육〉과 〈자아실현〉의 의미에도 큰 변화가 일어난다. 일반적으로 자유교육(liberal education)은, 전문적 능력이나 기술을 익혀 특정한 직업적 분야에 종사할 것을 전제로 하는 '전문 교육'이나 '기술 교육'과는 구별되는 교육활동, 다시 말해 사회적 유용성과 관계없이 인간 본연의 삶을 영위하는데 요구되는 교육활동을 가리키는 말로 규정되고 있다.

대다수의 자유교육론자는 자유교육을 고전을 가르치는 일로 좁게 이해하는 방식, 또는 학문과 지식을 일상적인 유용성과는 무관하게 그 자체의 가치 때문에 가르치는 일로 다소 넓게 규정하는 방식 가운데서 어느 하나를 취하는 경향이 있다. 두 가지 경향 가운데서 어느 것을 막론하고 현대사회에서 이러한 자유교육관은, "고전 혹은 고답적인 지식의 체계에 대해서는 높은 교육적 가치를 부여하고 특정한 계층의 고답적 삶을 정당화하는 데에 기여하면서도, 인간의 일상적 삶의 상황에서 요구되는 실용적 문화에 대해서는 다소 경시하거나 경멸하는 귀족주의적 편견을 지닌다."는 비판에 직면하고 있다(이돈희, 1990, p.339). 이러한 비판적 입장에 의하면, "고답적인 지식을 추구한다고 해서 자유교육이 아니며, 그리고 실제적 실용성과 무관하게 추구되기 때문에 자유교육이 아니라, 개인을 모든 구속으로부터 자유롭게 하는, 자유인을 위한 교육이 바로 자유교육에 해당하는 것"이다(ibid., p.357). 전통적인 자유교육의 의미에 대한 이러한 비판은, 고전 안에 제시된 문화의 학습을 통해서 탁월하고도 보편적인 인간성을 형성하려는 르네상스 인문학의 교육적 이상을 오히려 개인의 다양한 필요와 동기의 실현에 대한 구속과 왜곡으로 간주하고 있는 현대적 인문학의 관점과 궤를 같이하고 있다.

역사적으로 전개된 인문학의 여러 유형에 비추어 본다면, 자유교육이 갖는 의미는 고전적 인문학 이래로 어느 한 유형의 인문학에서 실현하고자 하는 이상적인 교육 형태를 가리킨다. 다시 말해, 어느 한 유형의 인문학에서 실현하고자 한 교육의 이상적인 형태에 '자유교육'이라는 명칭을 부여해 온 것이다. 그러므로 세 가지로 구분되는 각 유형의 인문학은 세 가지 서로 다른 '자유교육'의 의미를 제시하고 있다.

우리가 인문학 안에서 다양하게 나타나는 자유교육의 의미를 파악하고자 할 때, 우선 검토해 보아야 할 것은 자유교육을 나타내고자 특별히 사용된 '자유(liberal)'라는 말이 의미하는 바이다. 원래 '자유'라는 말이 직접적으로 가리키는 의미는 '구속을 가하는 무엇인가에서 벗어나서 자유롭게 되는 것'이다.

자유의 의미를 이렇게 규정할 때는, 먼저, 고전적 인문학에서의 '자유'는 다름 아닌, 인간이 총체적 삶을 누리는 데에 장애가 되는 〈현세의 일상적 삶과 유용성의 굴레로부터 초월하는 것〉을 의미한다. 활동적·직업적 삶과 유용성의 굴레로부터 탈피하도록 하는 것은 바로 스콜레로서의 여가(곧, 총체로서의 세계를 지향하는 일과 학문의 탐구가 결합된 것)였고, 이러한 〈스콜레의 정신 아래서 이뤄지는 교육〉이 바로 자유교육이었다.

그렇지만, 초월세계를 간과하고 교양적 문화와 고전만을 복원한 르네상스 인문학에 이르러서는, 고전적 인문학에서 제시된 '자유'의 의미는 변화를 겪는다. 르네상스 인문학에서, '자유'는 인간성 안에서의 〈모든 속물근성과 지적 무지와 도덕적 야만상태에서 탈피하는 것〉을 의미한다. 인간을 구속하는 것을 지적 야만과 도덕적 무지라고 생각하며, 인간의 자유는 이러한 무지와 야만상태로부터 해방될 때 가능한 것으로 본다. 그러므로 르네상스 인문학에서의 자유교육은 고전과 문화의 학습을 통해 〈인간성을 지적·도덕적으로 완성하는 교육〉이며, 문화의 학습을 통해 탁월한 자아를 형성하는 교육을 가리키는 것이다.

반면에, 현대적 인문학 안에서 자유는 천부인권(天賦人權)의 차원에서 논의된다. 현대적 인문학에서의 '자유'는 "타인의 의지에 의한 종속으로부터 자유롭게 되는 것"으로서, '정치·문화적으로 구속과 간섭이 없는 상태'를 가리킨다(MacPherson, 1962, p.263). 그러므로 현대적 인문학 안에서는 〈자유로운 행위 그 자체를 목적으로 삼아 자유를 기계적으로 숭배하는 것〉이 바로 '자유'의 본질적 의미가 된다. 자유에 대한 이러한 외면적·기계적 추구는, 자유가 욕구되어야 하는 진정한 목적을 충분히 고려하지 않고 〈자유 그 자체를 목적으로〉 삼고 숭배하는 것과 다를 것이 없다. 특히 소시민의 일상적 자아는 〈그 자유를 가지고서 무엇을 하느냐〉에는 무감각하면서도 〈자유로운 행위 그 자체〉에만 관심을 갖는다. 그러므로 현대적 인문학에서의 자유교육은 말 그대로 자유롭게 하는 교육으로서, 〈개인 자신의 고유한 삶을 억압하는 보편적 문화와 문명의 굴레에서 벗어나서, 개인마다 다양한 사적 삶을 발견하고 추구하도록 하는 교육〉이다. 르네상스 인문학 안에서 인간성의 완성과 자아의 형성을 의미하는 자유교육은, 현대적 인문학에 이르러서는 개인성의 다양한 표현이나 개발을 의미하는 것으로 변하게 되고, 심지어 프로이트의 정신분석이론에 이르면 자유교육은 분석과 치료와 같은 의미까지 지니게 된다.

각 유형의 인문학 안에는, 교육학적 논의에서 중요한 주제라고 할 수 있는 '자유교육'의 의미와 '자아실현'의 의미가 상호 긴밀하게 연관된다. '자유'의 의미에 대한 각기 다른 이해로부터 자유교육의 의미가 각각 다르게 규정되는 것과 마찬가지로, 각각의 인문학에서 상정하고 있는 '자아의 성격'에 대응하여 '자아실현'의 의미 또한 각기 다르게 파악된다. 자유교육의 의미를 어떻게 받아들이느냐에 따라 자아실현의 의미 또한 다르게 규정되며, 역으로 자아실현의 의미를 어떻게 규정하느냐에 따라 자유교육의 성격 또한 다르게 파악되는 것이다.

먼저, 내향적 자아가 새롭게 등장하는 르네상스 인문학을 중심으로 놓고서 그 이전과 이후에서 자아실현의 의미가 서로 다르게 규정된다. 중세를 포함하여 고전적 인문학 안에서 자아실현은 〈외향적 자아가 초월세계에 합일하는 것〉, 또는 〈부분으로서의 개인이 전체인 사회의 미덕과 규범에 참여하는 것〉을 가리켰다. 특히 고전적 인문학의 관점에서 자아실현은 '인간(*vir*)이 되는 것'을 의미하였다. 고대인에게서 '인간이 된다'는 것은, 총체로서의 세계에 귀일함으로써 온갖 인간사를 하찮은 것으로 볼 수 있게 되고, 전체인 공동체사회의 규범과 미덕에 참여함으로써 부분인 자기 자신을 사상(捨象)하는 것이었다. 결국 고대와 중세에서의 자아실현은 〈부분인 개인이 전체로서의 우주와 공동체사회에 합일하는 것〉을 가리켰다.

그러나 르네상스 인문학에 이르면, 자아실현은 고전과 문화를 공부함으로써 〈인간(인간다움)의 조건을 갖추는 것〉, 즉 고대 위인의 탁월한 삶과 행위를 기준으로 삼아 〈내향적 자아를 지적·도덕적으로 완성하고 형성하는 것〉을 의미한다. 이때 인간으로서 〈지적·도덕적 조건을 갖추는 것〉과 〈자아실현〉 사이에는 간격이 없다. 〈지적 무지와 도덕적 야만상태에서 벗어나는 것〉, 이것이 바로 '자유'의 의미이고 '자아실현'을 의미한다. 르네상스 인문학에서의 자아실현은, 조선 시대의 '교육적 인간상으로서의 선비'가 지향했던 자아실현의 의미와 유사하다(이창국, 1987, pp.49-61.). 선비의 자아실현은 환로(宦路, 벼슬길)에 오르거나 부귀와 영예를 얻는 것이 아니었다. 선비로 불리기에 합당한 수기(修己)의 실현, 즉 지적·도덕적 조건과 품성을 갖추는 것이 자아실현이었다.

그렇지만 현대적 인문학에 이르면, 자아실현은 〈개별적 자아의 표현과 개발〉, 즉 개인마다 각기 다를 수밖에 없는 〈주관적인 욕구와 동기의 실현〉으로 파악된다. 따라서 이때의 자아실현은, 인문주의자의 관점에서 볼 때, 덕과 교양에는 관심이 없고 오직 세상 만물을 외면적·기계적으로 추구하는 일상적 자아의 변덕스러운 필요와 욕구를 충족하는 것과 다를 것이 없다. 개인마다 다양한 동기와 욕구의 실현, 또는 다양한 개성의 발현과 신장이 바로 현대적 인문학이 알리고자 하는 자아실현의 의미이다.

2. 인문학과 인문교육의 위기

현대사회가 인문학과 인문교육에 대하여 가하는 침범의 배후에는 일과 유용성을 중시하는 노동지상주의(勞動至上主義)가 웅크리고 있다. 노동을 만사의 근본으로 생각하는 노동지상주의 아래서 인문학은 인문교양 교과로서의 그 성격과 위상이 위협받을 수밖에 없다. 도덕의식을 표방함으로써 탁월한 인간성을 실현하고자 했던 르네상스 인문학의 종말을 재촉한 것은, '자아 형성'의 관념 그 자체를 근원적으로 부정하는 무의식이론(無意識理論)이다. 본 절에서는 현대사회 안에서 인문학의 가치를 침해하고 인문교육을 위기상태로 몰아가고 있는 노동지상주의의 실상과 무의식이론의 특성을 살펴본다.

현대사회의 노동지상주의

현대 산업사회가 도래한 이후, 소시민의 일상적 자아가 당면하고 있는 세계는 일상세계이다. 이 세계는 일의 세계이며, 효용과 유용성의 논리가 지배하는 세계이고, 직업에 따라 세분화된 세계이다. 그 안에 거주하는 소시민은 항상 성취해야 할 목표에 쫓기고 있다. 날이 갈수록 일의 세계가 현대인의 유일한 세계가 되고 있다. 일의 세계는 인간을 통째로 삼켜버리려고 위협하며, 일의 세계가 요구하는 것들은 점점 더 거세져서 마침내 인간 존재 전체를 짓누르고 있다. 〈노동〉이 인간의 본질적인 활동을 드러내는 개념이 되었고, 〈노동자〉란 말이 인간으로서의 완전한 의미를 향유하고 있다. 이와는 반대로, 노동하지 않는 인간은 진정한 인간으로 보기에는 무엇인가 부족하다는 의미를 갖게 된다. 일의 세계가 지배하는 이러한 오늘날의 시대를 가리켜 피이퍼는 자신의 저술 『여가』에서 "노동지상주의"(total work)가 지배하는 시대라고 한다(Pieper, 1952, p.36). 노동을 인간의 본질적 활동으로 규정하며 완전한 인간의 모습을 노동자에서 찾으려는 노동지상주의 영향을 받게 됨에 따라, 인간의 본질적인 존재 방식과 '인간이 된다'는 말의 의미는 급격하게 변화하고 있다.

현대사회에 이르러 일과 일상세계가 점차 소시민의 유일한 세계로 자리 잡은 것과는 별도로, 르네상스 이후로도 여전히 인문학과 인문교육이라는 영역은 오랫동안 특권적 지위를 부여받은 것으로 인식되어왔고, 특히 육체노동과 대비시킬 때, 일하지 않아도 괜찮은 영역 같은 것이었다. 그러나 오늘날은 사변적인 철학의 영역까지를 포함하는 모든 지적 활동과 학문 활동이, 노동의 개념과 그리고 그 노동의 개념이 포함하고 있는 유용성의 논리에 의하여 정복당하게 되었다. 일상적 노동의 세계가 일방적으로 우리의 삶을 지배하면 할수록 인문학과 인문교육은 이제 어쩔 수 없이 점점 낯설고 우리의 삶과 동떨어진 것으로 인식된다. 이러한 세계 안에서는 모든 종류의 초월적인 방식이나 태도가 메말라 버리지 않을 수 없고, 특히 직업적·일상적 삶과 대비되는 인문학과 인문교육은 지적인 사치의 현시(顯示)로 받아들여진다. 노동과 유용성이 지배하는 일상세계 안에서 비직업적·비실용적 교과로서의 인문학은 점차 그 교육적 가치가 소멸할 뿐만 아니라, 이렇게 불리해진 여건에서 인문학을 가르치고 배우는 일은 쓸모없는 행위이고 심지어는 '비도덕적인 행위'라는 평판도 받게 되며, 급기야는 양심의 가책을 느끼면서 수행해야 할 것으로 여겨진다.

오늘날에 이르러 인문학의 성격이 불분명해지고 인문학이라는 용어의 의미가 모호해졌다는 사실은 바로 르네상스 인문학의 위상과 그 교육적 가치가, 〈노동과 유용성〉을 최고 가치로 삼고 있는 현대인의 일상세계로부터 침범을 받고, 극도로 실추되었음을 보여주는 하나의 예증일 것이다. 특히 노동지상주의가 만연하고 현대적 인문학이 위세를 떨치게 되자, 도덕의식 아래서 추구된 〈보편적 문화와 교양〉의 의미는 망각되었고, 〈보편적인 인간성과 인간상〉이라는 관념에 회의(懷疑)가 거세짐에 따라, 〈인문학과 인문교육〉은 이제 현대사회와 현대 교육 안에서 그 위치와 가치가 위태롭게 되었다.

노동지상주의가 가하는 침범과 위협으로 인해 인문학의 위상과 교양적 삶의 가치가 이처럼 약화했다고 주장하는 것은, 결코 노동의 가치와 노동자의 위치를 덮어놓고 폄하하려는 것은 아니다. 노동과 전문적인 직업에 종사하는 것이 인간에게는 언제나 '정상적인 활동'이라는 사실과, 그리고 노동하고 직업에 종사하는 것이 이 '세계' 안의 인간에게 주어진 '정상적인 역할'이라는 것은, 말할 필요도 없이 옳은 생각이기 때문이다. 아닌 게 아니라, 노동은 인간으로서 지극히 '정상적인 행위'이며, 인간에게는 노동하는 날이 '보통의 날'이다. 그렇지만, 문제의 핵심은 이 정상의 세계, 곧 노동의 세계가 인간이 누려야 할 세계의 전체의 세계로 받아들여질 수 있는가 하는 점이다. 인간은 과연 노동자로서, 직능인으로서 최대한의 인간성을 실현하고 인간적 발달을 기약할 수 있는가? 이것 외에는 아무것도 없는가? 매일매일 일만 하는 것이 인간다움의 전부인가?' 이와 같은 질문들을, 이 글의 맥락에 맞춰 고쳐서 진술하자면, 그것은 〈인문교양 교과로서의 인문학이라는 개념은 성립하는가〉라는 하나의 질문으로 모아질 수 있다. 노동지상주의의 입장을 지지하는 사람들의 대답은 〈인문학은 성립할 수 없다〉이다. 시종일관 '노동과 유용성'의 세계만을 추구하는 곳에서는 학문의 자유로운 탐구는 물론이고 비실용적인 인문학과 비직업적인 인문교육이 들어설 여지가 없다.

그렇지만 인문학이 성립하지 않는 세계는, 그 모든 경제적·물질적 풍요에도 불구하고 '프롤레타리아(proletarier)'가 지배하는 세계에 불과하다. 그렇다면, 인문학의 개념과 단적으로 대비되는 프롤레타리아는 무엇을 가리키는 것인가? 먼저, 프롤레타리아가 가난한 사람과 동일한 것은 아니다. 프롤레타리아가 아닌 사람도 가난할 수 있기 때문이다. 중세에서 걸인과 탁발승은 물론 프롤레타리아가 아니었고, 비록 가난하다고 해서 철학자를 가리켜 프롤레타리아라고 칭하지 않는다. 또한 프롤레타리아가 반드시 가난한 것도 아니다. 노동지상주의가 보편적으로 지배하는 세상 속의 '전문가' 또는 '기술자'는 분명히 프롤레타리아에 속한다. 마지막으로, 프롤레타리아는 그 계급이 모종의 특별한, 국한된 사회 계층에 속해 있다는 사실로부터 비롯하는 것이 아니다. 신분이 높은 자도 프롤레타리아가 될 수 있고 신분이 낮은 자도 프롤레타리아에서 벗어날 수 있기 때문이다. 그렇다면, 결론적으로 무엇이 프롤레타리아인가? 이에 대한 대답은 다음의 말로 집약될 수 있다. 프롤레타리아는 〈일과 유용성을 가장 가치 있는 것으로 삼으려는 노동지상주의에 예속된 사람〉이다.

노동지상주의 아래서는 모든 것들이 유용성과 사회적 필요의 충족을 위해 사용되며, 〈유용성과 사회적 필요의 충족〉에서 벗어나는 것은 어떤 것이든 받아들일 수 없다. 노동지상주의 아래서 소시민이 이렇게 노동과 유용성의 굴레에 갇히게 될 때, 그는 〈내적·정신적 황폐화〉로부터 자유로울 수 없다. 이런 상황 속에서 자신의 생활을 완전히 〈일과 직업〉으로만 가득 채운 사람이 바로 프롤레타리아이다. 프롤레타리아의 의식 안에서는 자기가 하는 일(혹은 직무) 이외에 의미 있게 할 수 있는 것이 없다는 사실에서, 그리고 아마 그런 것이 있다는 것을 인식하는 것조차 불가능하다는 사실로 볼 때, 노동지상주의 아래의 소시민은 저 넓은 '세계'로 나아가지 못하는 것은 물론이고 내적으로 피폐하고 정신적으로 위축되어 있다.

내적 피폐와 정신적 황폐화를 재촉하는 노동지상주의는, 우리의 삶과 그리고 우리의 자아와 세계로부터, 인문학과 인문교육을 점점 더 이질적인 것으로 인식하게끔 한다. 그리고 노동지상주의는 여기서 한 걸음 더 나아가 점점 거세져서 이제는 소시민으로 하여금 그 자신의 '일과 업무'에 완전히 만족하도록 하는 사회적 분위기를 조성해 내며, 그 일과 업무 속에서 '충족되고 완전한 삶'을 누린다는 환상을 갖게 한다. 이로 인해 결국, 일과 유용성을 최고 가치로 삼고서 이것들을 제외한 그 어떤 것이라도 받아들이기를 거부하는 노동지상주의 아래서, 인문학과 인문교육의 개념은 성립할 수 없게 되고 존재감을 잃고 만다.

프로이트의 무의식이론

최초 인문주의자 페트라르카의 저술은 근대적인 자아의 기원과 그 특성을 이해할 수 있는 가장 좋은 자료이다. 이 근대적인 자아는 탁월함을 추구하는 '도덕의식'과 현세적 삶의 기준을 과거에서 찾는 '역사의식'을 지니고 있다. 근대적인 내향적 자아가 지닌 역사의식은, 바로 인간다움의 근거를 과거로부터 물려받은 보편적 문화에서 찾고자 하며, 현재적 삶이 나아갈 바른 방향을 과거의 지혜와 과거인이 주는 지침에서 얻으려는 자세이다. 근대적인 자아는 일종의 과거 문화유산을 물려받은 자아이며, 과거와 긴밀한 유대를 맺고 있었다.

현대적 인문학이 등장하는 19세기에 이르러 고대의 고전과 그 교육적 이상은 퇴장하였으나, 〈자아 조성(혹은 형성)〉의 아이디어는 자아 안에 여전히 남아 있었다. 하나의 교육적 이상으로서 자아 조성이라는 아이디어는, ①교육은 '가치 있는 마음을 조성'할 수 있는 훈련의 기회를 제공하며, ②문학 공부는 학생들을 '인간답게 만들어 주며' 심지어는 '도덕적인 사람이 되게 한다'는 일반적인 주장과 함께, 비교적 늦게까지 존속해 왔다. 그렇지만 문학과 교육을 통한 이러한 자아 조성의 아이디어는 이제 〈인간의 자아를 알 수 없다〉는 프로이트의 무의식이론에 이르게 되면 종말을 고하고 만다.

탁월한 자연과학자였던 프로이트는 본질적으로 '역사의식이 없는' 자아, 보다 구체적으로 말하면 '역사와 결별한'(ahistorical) 인간의 마음[혹은 인간의 심리(human psyche)]을 이해하고자 했다. 역사의식을 망각한 프로이트는 인간을 '육체(body)' 그 자체로만 이해하려는 것인데, 그의 이론에 의하면, "인간 마음(심리)의 기본적인 구조와 작용은 모든 역사를 통틀어 동일하다."는 관점이다(Proctor, 1989, p.83). 〈인간의 심리와 그 마음의 중심인 자아의 근본적인 구조와 작용은 고대인이나 현대인이나 구별할 필요도 없이 모두 똑같다〉는 생각이다. 다시 말해, 프로이트는 '현재' 인간의 마음 작용과 심리 구조를 파악함으로써 시대를 불문하고 '모든 세대 모든' 인간의 마음 작용과 심리 구조를 알아낼 수 있다는 신념을 갖고 있었다. 프로이트의 이러한 신념은 결국 '심리학사(心理學史)'라는 세분화한 학문을 탄생시킨다. 이 학문은 인간 심리에 관하여 〈현재 알고 있는 지식〉이 〈과거 인간 행위의 동기〉를 찾는 데에 결정적인 도움을 줄 수 있다는 가정에 기반하여 성립하였다.

현대 산업사회가 도래한 이후에도 인문학과 인문교육을 옹호했던 신인문주의자들이 고전어와 고전 문학의 공부 안에 앞세운 교육 목표는, 르네상스 인문학에서 태동한 '내향적·개별적 자아의 형성과 조성'이었다. 이와 동시에 프로이트와 같은 또 다른 사상가들은 르네상스 이후 등장한 이 자아를 새롭게 검사(檢査)하고 분석(分

析)하기 시작했다. 이 자아에 대한 계속된 검사와 분석은 '고전의 공부를 통한 자아의 형성'이라는 르네상스 인문학의 과제를 〈심리 분석을 통한 자아의 분석〉이라는 새로운 과제로 대체하고 만다. 현대적 인문학의 등장과 함께, 문화와 교양의 교육적 가치는 쇠락하였고 인문교육을 통해 길러내야 할 보편적 자아에 대한 신뢰는 대부분 상실했다고는 해도, 19세기 중반까지 인문학 안에는 〈자아 형성〉이라는 교육적 아이디어는 여전히 남아 있었다. 현대적 인문학이 비록 모델과 기준을 상정하고 있는 르네상스 인문학의 자아 형성의 관념에서 벗어났다고는 해도, 여전히 인문학이 모종의 자아를 '형성'하는 데에 작용한다는 것을 어렴풋이라도 의식하고 있었다. 본래 현대적 인문학에서의 자아 형성의 관념이 르네상스 인문학에서의 그것과 다른 점은, 후자에서의 자아 형성은 모델과 기준을 갖고 있으나, 전자에서의 자아 형성은 모델과 기준이 없다는 점이다. 그렇지만 현대적 인문학은 '자아 형성'의 관념을 어렴풋이라도 인식하고 있기 때문에, 정형화된 인간상을 소개하는 고전은 배척했지만, 현대 문학 안에 등장하는 '다양한 인간상'을 독자에게 소개하려고 하였다.

그러나 다양한 인간상을 소개하려는 현대적 인문학에서 한 걸음 더 나아간, '무의식적 자아(unconscious self)'를 내세우는 프로이트의 정신분석이론은 결국 인문학 안에서 '자아 형성'의 관념마저 완전히 허물어 버린다. 우리는 인문학과 인문교육이 변질되고 왜곡된 최악의 형태를 〈무의식으로서의 자아〉에서 찾을 볼 수 있고, 또한 무의식(無意識)의 관념 안에서 인문학과 인문교육의 종말을 재촉하는 사람들의 자아관을 엿볼 수 있다. 르네상스 인문학이 처음 성립된 과정을 돌이켜 보면, 프로이트의 정신분석이론은, 모든 인간 존재의 중심부에 독특한 〈내향적 자아〉가 있다는 르네상스적 신념이 장차 도달할 수밖에 없었던 〈최종적 결과이자 필연적인 결과〉라고 생각된다. 특히 프로이트가 수행했던 정신분석은, 정신분석이라는 개념 자체가 내향적 자아가 의식적으로 형성되고 조성될 수 있다는 르네상스적 신념에 정면으로 도전했고 그 신념을 축출한 결과를 가져왔기 때문에, 후대에 이르러 르네상스 인문학의 전통이 말살되었음을 보여주는 가장 뚜렷한 예시이고 증거가 된다.

누구든지 인간의 마음 안에 형성할 무엇이 있다고 믿어야만, '바깥의' 기준을 택하여 자신의 마음을 조성하려고 할 것이다. 그러나 프로이트의 무의식에 관한 주장, 곧 '자신의 진정한 자아를 실지로 인식할 수 없다'(Hjelle & Ziegler, 1981, pp.32-33)라는 생각이 등장하면서, 이제 '형성'해야 할 자아는 불확실하고 의심스러운 것으로 변해버린다. 인간의 진정한 자아를 무의식으로 보는 프로이트에 의하여, 자아를 의식하는 일은 이제 〈무의식을 의식하는 일〉로 바뀌고 만다. 프로이트의 무의식이론은 자아를 세 가지(id, ego, superego)로 나눔으로써 인간의 마음에 관한 이해를 복잡하게 만들었을 뿐만 아니라, 자아 가운데 '의식되지 않은 부분'이 있으며, 또한 의식되지 않는 부분이 의식되는 부분에 '적대적(敵對的)'이라는 매우 심각한 아이디어를 제공하였다(ibid., pp.33-34). 마음에 관한 이러한 생각은-'만약 우리의 실질적인 자아가 의식할 수 없는 것이고 의식화되더라도 매우 적대적인 것이라면, 그 자아는 틀림없이 조성하거나 완전하게 만들 수 없을 것이다'라는 생각은-, 결과적으로, 자아를 탁월하게 형성하려는 르네상스 인문학의 교육적 이상을 그릇된 것, 시대에 뒤떨어진 것으로 보게 한다. 그러므로 무의식의 발견과 함께 새롭게 등장한 교육적 이상은, 〈외적 기준에 의한 자아의 조성과 형성〉을 모색하는 것이 아니라, 오히려 〈무의식적인 힘과 욕구에 대한 조화와 타협을 모색〉하게 된다.

마음 내부의 무의식적인 힘과 욕구에 대하여 조화와 타협을 시도하는 이러한 생각은, 무의식적 자아를 탐구하는 '정신분석'과 같은 특이한 기법을 요구하는 반면에, '조성과 형성'이라는 르네상스 인문학의 교육목표를 아예 쓸모없는 것으로 취급한다. 이로 인해 외적 기준에 근거하여 의식적으로 탁월한 자아를 형성하려는 종전 인문학의 교육목표를, 〈자아에 대한 억압〉이라 간주하고 배척한 프로이트는, 그 대신 '양면가치의 존중(tolerance of ambiblalence)'과 '관여의 유동성(fluidity of commitment)'의 원리로 알려진 '자아분석(self-analysis)'의 기법을 내놓는다(Rieff, 1966, pp.50-51).

자아분석을 통한 심리치료에서는, 〈피치료자의 모든 욕구와 환상〉까지도 고려와 존중의 대상이지만, 〈자아 형성〉이라는 르네상스 인문학의 교육적 이상은 오히려 피치료자에게 해로운 것이다. 보편적인 옳고 그름을 배척하고 그 대신 '도덕적인 중립(morally neutral)'을 시도하는, 즉 '양면가치의 존중'과 '관여의 유동성'의 원리를 앞세우는 무의식이론은, 덕성과 교양의 함양이라는 르네상스 인문학의 이상을 전면적으로 부정하려 든다. "사람은 더 나아지는 것 없이, 심지어는 도덕적으로 더 타락되면서도, 건강해질 수 있다. 건강하지 않고 편안하지 않은 삶은 좋은 삶이 아니다."라는 것이 바로 무의식이론에 바탕을 둔 '심리치료의 기준(standard of psyche therapeutic)'이었다(*ibid.*, p.58).

무의식으로서의 자아를 상정하는 이러한 관념은, 나아가 〈개방적 태도와 평등〉 이외에 어떠한 기준과 원리도 거부하는 '도덕적 상대주의'(道德的 相對主義)로 발전한다. 보편적 문화와 인문교육을 옹호하는 알란 불룸(Allan Bloom, 1930-1992)은 미국 사회 전반에 팽배한 도덕적 상대주의의 실상을 이렇게 밝힌다.

"요즈음의 학생들을 하나로 묶어 주는 관념은 '상대주의'와 '평등사상'이다. 현재 미국 사회의 도덕적인 전제와 자유로운 사회를 위한 조건은 상대주의(모든 것을 용납하는 개방적 태도)와 평등이다. 개방적이려면 상대주의가 필요하다. 모든 것에 대한 개방은 현대사회가 낳은 중대한 발견이다. 모든 것에 대한 개방은 잘못을 고쳐 진정으로 올바르게 되고자 하는 데에 초점을 두는 것이 아니라, 오히려 내가 옳다는 생각은 아예 하지 말자는 데에 초점을 맞춘다. 이러한 관점을 견지한 사람들은, '무슨 권리로 내가 또는 그 누구라도 이것이 저것보다 낫다고 말할 수 있는가'라고 반문(反問)한다. 최근의 개방 교육은 모든 절대적인 주장을 거부하려는 태도를 권장한다. 요즘 교육 일반은 개방적이고 진보적인 것이며, 모든 전통적인 이상과 전래해온 가치를 부정하려고 한다. 절대적인 것과 보편적인 것을 배척하는 상대주의는 모든 유형의 인간상, 모든 형태의 생활양식, 모든 이념에 대해 개방적이다. 모든 사람을 개방적으로 받아들이지 않는 사람을 제외한다면 오늘의 학생들에게는 아무런 적이 없다. 따라서 그들에게 무차별은 도덕적 의무가 된다." (Bloom, 1987, pp.26-27.)

도덕적 상대주의는 인간으로서의 탁월성을 추구하는 도덕의식과는 정반대의 자리에 위치하는 것으로, 〈잘난 사람은 없다〉는 개방주의라는 새로운 서구적 도덕관의 출현과 맞물려지면서, 보다 확대되고 발전한다. 모든 것에 대한 개방과 상대주의는, 르네상스 인문학이 출현하게 된 교육적 계기이자 그 목표인 〈교양적 삶의 영위와 탁월한 인간성의 실현〉을 처음부터 아예 말살하려고 한다. 그렇지만, 모든 것을 허용하며 옳고 그름조차 상대적으로 파악하려는 개방적 태도는 실상 개방이 아니라 위대한 세계와 문화에 대한 폐쇄로 귀착

된다. 그것은 인문교육의 발전을 가져오는 것이 아니라, 인문교육의 폐지를 촉진하며 인간으로 하여금 문명의 종말을 향해 다가서도록 종용할 뿐이다. 사회의 도덕적 가치가 개방적 태도와 평등이 될 때는, 어떤 유형의 인간이 가장 바람직한 인간인가 하는 점에 대하여 사람들의 의견은 다양화하게 되고 합의에 이를 수 없게 된다. 이는 곧 사회 안에서 보편적인 인간다움을 추구하는 〈인문 정신〉의 망각으로 나타나며, 결국 인문학의 쇠락과 인문교육의 퇴장을 재촉하는 것이다.

프로이트의 정신분석이론은, 지난 세기 동안에 인문학이 쇠퇴한 것에 대한 대안으로 출현한 것이면서 동시에 과거와 역사가 제공하는 이상과 기준 없이 살아가려는 중대한 시도이며, 르네상스 시기에 스투디아 후마니타스의 출현으로 시작된 후 계속된 사고의 전개 과정에서의 최고봉, 가장 최종적인 형태라고 할 수 있다. 요컨대 프로이트의 심리 분석과 무의식이론은, 한편으로 외향적 자아의 초월세계로의 합일이라는 고전적 인문학의 이상을 망각한 르네상스 인문학의 〈내향적 자아에 대한 분석〉이면서, 다른 한편으로는 도덕의식과 역사의식을 추구했던 르네상스 인문학에 대한 극단적인 부정이자 인문학과 인문교육의 종말을 재촉하는 하나의 자아 이론이다.

3. 인문학과 인문교양교육의 실상

본 절에서는, 현대사회에 이르러 자연과학과 사회과학의 득세와 현대적 인문학의 대두로 인하여, 예전의 위상을 상실하게 된 인문학과 인문교양교육의 실태를 살펴보려고 한다. 또한 노동과 유용성이 중시되는 오늘날의 사회와 대학 안에서, 그 입지를 구축한 자연과학과 사회과학과는 달리, 학문적 위기상태에 처한 인문학의 실상을 검토하려고 한다. 그리고 현대적 인문학의 출현으로 인해, 그 본연의 성격과 이상을 상실한 고전과 전통의 의미를 밝혀보려고 한다.

인문교양교육의 실태

대학에서의 인문교양교육은, 대학에 들어온 학습자가 일상세계 너머의 보다 넓은 '세계'를, 그리고 일상적 자아의 협소함에서 벗어나 인간으로서 탁월한 '자아'를 탐색할 수 있는 4년간의 자유로운 기간이다. 인문교양교육을 받는 동안은, 졸업 후 그를 기다리고 있는 활동적·직업적 삶의 굴레 속에 그가 매몰되지 않도록, 노동과 유용성의 압박에서 떨어져 나와서 총체로서의 세계를 대면할 수 있도록 제도적으로 '유예(猶豫)된' 기간이며, 또한 인류가 역사적으로 이룩해 낸 지적·도덕적 위업으로서의 문화와 교과를 습득할 수 있는 귀중한 시기이다. 대학에 들어온 학습자는 이 짧은 기간에 일상세계 너머에 위대한 '세계'가 있다는 것을 배워야 하며, 그가 앞으로 당면해야 할 사막과 같은 일상세계 안에서 견디어 내기 위해 더 넓은 '세계'를 인식해야 하고, 탁월한 '자아'를 탐색해야 한다.

인문교양교육을 받는 기간은, '지금, 이곳(now, here)'의 세계에서 유행하는 것과 장래의 직업에 구애받지 않고서, 위대한 인간성에 접근해 볼 수 있고, 인간으로서 추구해야 할 본질적인 것을 탐색해 볼 수 있는 아주 매혹적인 시기이다. 인류가 역사적으로 이룩해 낸 위대한 문명을 직접 접해볼 수 있는 최적의 시기가 바로 이때이며,

인간성을 탁월하게 조성하며 인간으로의 지적·도덕적 조건을 갖출 수 있는 시기도 바로 이때이다. 전통적으로 대학의 인문교양교육은 인문학를 가르치고 배우는 과정을 통해 이러한 교육적 과제를 담당해왔다. 그러므로, 인문교양교육 기관으로서의 대학의 교육은, 활동적·직업적 삶을 준비하는 직업 훈련과 구별되는, 그 자체의 특성이 있어야 할 것이다.

직업 훈련과 대비되는 대학 교육의 특성을 인정하려고 하지 않을 때는, 대학 바깥의 일상세계에 존재하는 모든 야비한 것들이 대학 안에서도 번창하게 되고, 대학은 전문적인 직업 훈련에 더욱 몰두하게 됨으로써, 대학인으로 하여금 점점 더 노동지상주의의 요구에 순응하게끔 할 것이다. 예컨대, 미국의 코넬 대학의 계획(포드 재단의 지원을 받아, 고등학교 시절에 이미 확고한 직업을 선택한 학생들을 대상으로 하여 전문 분야의 박사학위를 취득하도록 하는 6년제 대학 과정)에서 볼 수 있듯이(Bloom, 1987, pp.339-340), 대학의 교육을 직업교육 일변도로 운영하는 것은 대학 안에서부터 학생들의 직업지향 의식과 물질주의 성향을 부추기는 것과 다를 것이 없다. 이처럼 대학 안에서부터 직업교육의 깃발을 내거는 일은, 르네상스 이후 대학이 전통적으로 꿈꾸어온 인문교양교육의 이상을 아예 봉쇄하려는 것이며, 돈이라든지 그밖에 대학이 동원할 수 있는 모든 명예를 앞세워 출세 제일주의를 대학 중심부까지 끌어들임으로써, 인문교양교육을 향한 대학인의 이상을 처음부터 말살하려는 것과 다름이 없다.

대학이 인문교양적 성격을 상실하고 직업 훈련과 대비되는 그 자체의 특성을 보여주지 못할 때, 학생들은 대학에서 인문교양교육을 받겠다는 의도는 애초에 포기해 버리고, 전문직업 분야의 길로 나아가려는 생각을 더욱 굳히게 된다. 인문학을 공부하는 것과는 달리, 전문직업 분야를 공부하는 것에는 전도유망한 장래와 직업이 보장되어 있기 때문이다. 그러나 전문직업 분야의 공부에 그렇게 매진하는 과정에서, 학생들은 위대한 세계와 인생의 신비를 접하지 못할 뿐만 아니라, 지금까지와는 다른 탁월한 자아를 발견하기조차 어렵게 된다. 학생들이 인문학보다는 직업 선택에 유리한 공부에 매진하는 모습은, 바로 인문교양교육 기관으로서의 그 전통적 특성을 상실하고 점차 전문직업교육으로 치닫고 있는 대학의 현대적 위상을 여실히 보여주고 있다.

인문학의 학문적 위기

현대 산업사회의 도래 이후, 학문의 여러 분야 가운데서 가장 위축된 분야가 인문학이다. 노동과 유용성이 중시되는 오늘날의 사회와 대학 안에서 자연과학은 순풍 맞은 돛단배처럼 순조롭게 나아가고 있다. 그러나 자연과학이 끝나는 곳에서 인문학의 문제는 시작된다. 과학혁명 이후의 자연과학은 인간의 문제에 이르면 끝이 나고, 더 정확히 말해서 그것이 무엇이든 인간의 육체와 상관이 없는 문제에 이르면 끝이 난다. '문화와 교양의 학습, 도덕성과 문필력의 함양, 일과 유용성을 앞세우는 일상세계의 굴레에서 벗어나는 일', 이 모든 것이, 르네상스 인문학이 등장한 이후로는, 자연과학의 영역 밖에 놓이게 된다.

사회과학은, 자연과학의 과학적 방법론을 차용함으로써 학문의 탐구 방식에 놀라운 변화를 가져왔을 뿐만 아니라, 일상적·직업적 삶의 문제를 그 탐구 영역 안에 끌어들임으로써 자연과학 못지않게 오늘날의 대학 안에서 그 위치를 구축하고 있다. 사회과학과 자연과학은 이런저런 방식으로 일상적 삶과 장래의 직업 준비에 유용하다는 점을 과시함으로써 대학 안에서 상당한 위치를 확보할 수 있었으나, 인문학의 입장에서는 유용성과 직업 훈련을 내세운다는 것이 처음부터 불가능한 일이었다.

이제 인문학은 사면초가의 위기에 봉착해 있다. 인문학은 자연과학으로부터는 '비과학적 학문'이라는 비판을, 사회과학으로부터는 일상적 삶의 세계에서 벌어지는 상황과는 초연한 '공리공론'이라는 비판을, 직업 교과로부터는 직업 훈련과 유용성과는 무관한 '비실용적 학문'이라는 비판을, 그리고 종교와 신학으로부터는 인간 영혼의 존재와 자연의 신비를 거부하는 '인본주의적(人本主義的)' 학문이라는 비판을 동시에 받고 있다. 현대사회에서의 인문학은, 르네상스 인문학이 등장한 이후 한때는 학문의 왕도적 위치에서 다른 여타 학문의 성격과 가치를 평가하고 규정하기도 했으나, 오늘날은 그때와는 정반대의 위치에 놓여 있다.

인문학이 여러 가지 비판에 직면한 이후로, 과학적인 연구방법론을 받아들여 새로운 변모를 시도한다거나, 또는 직업 교과로서의 성격을 조금이나마 드러낼 수 있는 몇몇 분야를 제외한다면, 인문학은 대학 안에서 명맥을 유지하는 일조차 어렵게 되었다. 오로지 실용성과 과학적 접근 방식만이 통용되는 상황에서는, 자연과학의 방법론을 수용하여 과학으로 변신한 인문학의 분야(고고학과, 역사학의 몇몇 하위 영역), 협소한 전문 분야로 파고든 인문학의 분야(인류학과 미학), 외국어와 언어를 배움으로써 장래의 직업 준비 면에서 그 유용성을 인정받고 있는 언어계통 교과를 제외한다면, 오늘날 대학에서 인문학을 배우고 가르쳐야 하는 이유를 확신 있게 변호할 수가 없다.

　오늘날 인문학이 당면하고 있는 이처럼 불리한 여건은, 인문학이 역사적으로 추구해 온 본연의 성격과 교육적 이상(곧, 도덕의식과 문필력의 함양, 그리고 총체로서의 세계를 지향하는 것)이 오늘날의 대학과 학문 연구 안에서 점차 망각된 사실로부터 야기된다. 대학과 학문 연구 안에서 인문학 본연의 성격과 교육적 이상의 망각은 결국, 전통적으로 최정상의 위치에 있던 학문인 인문학을 위기상태로 몰아갔고, 대학 안에서조차 문명과 문화의 가치가 소멸하고 실종 상태에 이르게 한다. '대학의 직업 지향적 경향으로 인하여 인문학이 대학인들의 관심에서 멀어진 것', '고전 문학이 현대 문학으로 대체된 것', '인문교양교육 안에서 정확하고 수려한 문장을 쓸 수 있는 문필력의 가치를 망각한 것', '인문학에 대한 일반 대중들의 참여와 동조가 부족한 것', 이 모든 것은 전통적으로 위치가 확고했던 인문학이 예전의 위상을 잃게 되자 인문학과 인문교양교육 안에 출현한 군상(群像)이라고 할 수 있다.

　인문학에서의 위기가 누적되고 심화되면, 인문학과 인문교양교육은 그 본연의 이상과 본분을 망각하고는 직업 지향적 교과와 직업 준비 교육과정으로, 혹은 전공 공부를 위한 예비 교과 내지, 예비 과정으로의 변모를 시도하게 된다. 이렇게 인문학의 공부가 직업 준비의 과정에 영합하게 되면, 인문교양교육의 명목 아래서 제공되는 강좌라고 해도, 그 공부는 탁월한 인간성의 탐색이라든가 인간으로서 당면하게 될 본질적인 문제를 탐구하는 그 본연의 역할을 수행하지 못할 것이다. 그리고 이렇게 제공되는 강좌는, 사실상 학생들에게는, 전문 분야의 공부를 위한 과정의 부분 또는 전문 분야의 공부를 위한 예비 과정의 일부로만 받아들여질 뿐이다. 이런 식의 인문교양교육은, 탁월한 문필력의 함양이라든가 지적·도덕적으로 탁월한 인간성을 함양하려는 도덕의식의 추구와도 관계가 없으며, 일상의 굴레로부터 탈피할 수 있도록 총체로서의 세계를 지향하는 것과도 거리가 있다. 알란 불룸은 현대사회에서 예전의 명성을 잃어버리고 초라해진 인문학의 위상을 이렇게 토로한다.

"가라앉은 옛 아틀란티스와 같다고 할 수 있는 것이 인문학이다. 거기에는 질서 비슷한 것도 없고, 어느 것이 이 분야에 속할 수 있고 또 어느 것이 이 분야에 속할 수 없는지를 진지하게 밝히려는 해명도 없다. 이 분야의 학과들은 무엇을 달성하려 하고 또 그 목표를 어떻게 달성하겠다는 주장도 없다. 인문학은 비우호적인 정부에 의해 직장과 조국에서 쫓겨난 천재들이, 하는 일 없이 또는 천한 일이나 하며 허송세월 보내는 난민 수용소와 같다. (중략) 인문학 안에서 유용성을 추구하는 것과 인문학이 과학으로 변신을 시도하는 것은, 결국 인문학의 종말을 재촉할 뿐이다. 인문학자들은 나그네쥐가 바다로 뛰어드는 것과 같이 바다를 향해 치달으면서, 그러한 추구와 변신을 통해 자신들을 새롭게 하고 생기를 회복할 수 있으리라고 믿었다. 그렇지만 그들은 결국 익사하고 말았다. (중략) 인문학 분야의 교수들은 어려운 처지에 놓여 있고, 자기 자신과 동료들이 하는 일에 대해 확신을 갖지 못하고 있다. 좋든 싫든 그들은 근본적으로 고대 고전을 해석하고 전수하는 일을 맡고 있고, 전통 그 자체가 특별한 특권을 누리지 못하는 민주적인 질서 안에서 우리가 전통이라고 부르는 것을 보존하는 일을 떠맡고 있다. 명백하게 실용성만이 통하는 곳에서 그들은 한가롭게 아름다운 것을 지지하는 일당들이다. '지금, 여기'의 활동만을 요구하는 환경 속에서도 그들의 본질적인 과제는 불변하는 것을 '관조(contemplation)'하는 일이다." (Bloom, 1987, pp.352-353, 371)

노동과 일상적 삶이 모든 것을 지배하는 시대적 상황 속에서, 인문학은 생존을 위해 문화와 교양과 문필력의 담지자라는 그 전통적 성격마저 상실한 채 자연과학과 사회과학을 쫓아 새로운 변신을 시도했지만, 결국은 남아 있는 것마저 몽땅 빼앗기고 빈털터리로 전락하고 말았다.

인문학 안에서 고전과 전통의 상실

오늘날의 인문학에 나타난 가장 두드러진 변화로는 고전과 전통에 대한 확신과 신뢰가 갈수록 줄어드는 경향을 들 수 있다. 본래 인문학 자체가 고전과 전통에 대한 확신과 헌신을 요구한다는 점은 말할 필요조차 없는 사실인데, 현재 인문학에 관여하는 자들은 대체로 이러한 확신과 헌신을 결여하고 있다. 그러므로 그들은 학생들에게 인문학을 공부하는 일이, 더 넓은 세계를 지향하고 위대한 인간성을 탐색하며 탁월한 자아를 형성하고자 할 때, 결코 없어서는 안 될 중대한 과업임을, 당당하게 밝히거나 설득할 수도 없다. 인문학이 유용성을 추구하는 시대적 요구에 영합하려 했고 과학으로의 변신을 시도한 것도, 인문학에 관여하는 사람들이 자신이 하는 일에 대해 가치와 확신을 갖지 못하고 있다는 사실을 역설적으로 보여주는 것이라 하겠다.

현대 교육 안에서 고전과 형이상학과 보편적 문화가 취급받고 있는 상태가, 바로 인문학의 현주소를 알려주며, 인문학이 당면하게 된 위기의 원인이 무엇인가를 생각나게 한다. 현대적 인문학이 등장하기 이전에, 인문학은 고전과 문화와 전통을 저장하는 보고(寶庫)였다. 대부분 고전은 총체로서의 세계와 '세계' 안에서의 인간의 위치를 탐색하는 것이고, 인간의 삶을 규제하는 전통과 제도와 관례의 형이상학적 의미를 제시하는 것이다. 그러므로 오늘날 인문학 연구의 확대와 그 존속 여부는, 무엇보다도 〈고전의 입신(立身)〉과 〈전통과 형이상학의 부활〉에 달려 있을 것이다. 그럼에도 불구하고, 안타까운 것은 오늘날의 인문학이 고전 본래의 정신과 전통 본래의 의미와는 아무런 상관이 없다는 식으로 연구되는 점이다. 더군다나 르네상스 인문학의 위상이 하락하면서부터, 인문학 연구와 인문교양 교육 안에서 고전과 형이상학이 대거 퇴장하고 말았다.

고전적 인문학을 복원하기 위한 그 앞 단계로서, 르네상스 인문학을 재건하는 유일하고도 진정한 해결책은 고전 작품을 읽도록 하는 것인데, 그렇지만 현대적 인문학에서는 고전 작품을 사적인 삶에 대한 구속이고 다양성을 추구하는 일상적 자아에 대한 억압으로 간주하여 처음부터 배척하고 도외시한다. 또한 고전을 공부한다고 하더라도 고전은 이전과는 달리 새로운 방식으로 다뤄진다. 본래 고전은 총체로서의 세계와 인간이 당면하는 삶의 세계의 본질을 알려주는 것이다. 그렇지만 일상적 삶의 추구와 일상적 자아의 다양한 표현을 앞세우는 현대적 인문학의 입장에 동조하여, 고전이 인문교육 안에서 전통적으로 누려온 이러한 교육적 과업과 가치를 인정하려고 하지 않을 때는, 고전을 공부한다고 하더라도 그 고전 작품과 고전 작가의 사상을 원래 그대로 그리고 진지하게 읽을 수 없게 된다. 한편, 고전에 나오는 내용은 오늘날에 와서 그 사실성(事實性)을 변호하기가 특히 어려워진 것이 사실이고, 따라서 그렇게 된 고전을 연구하는 사람들조차 고전이 말하고자 하는 바의 사실성에 대한 관심이 엷어진 것도 사실이다. 이로 인해 고전 작품을 공부하기는 하되 그 안에 담긴 내용의 사실성에는 아무런 관심이 없다는 식으로 고전 작품이 다루어진다. 예컨대 기독교의 성경 안에 제시된 진리에 관심을 두지 않고 성경을 접하려는 태도는, 성경이 전하고자 하는 진리를 처음부터 무시하는 것과 진배없다.

성경에 담긴 진리에는 관심이 없을 때, 인문학의 연구 안에서 성경은 다음과 같은 두 가지 방식 중 어느 한 가지 방식으로 다루어진다. 하나는 '고등비판'이라 불리는 소위 '과학적' 분석에 입각하여, 성경을 일일이 분해하고 경전이 어떻게 만들어지는가를 밝히려 하며, 경전이 주장하는 것과 경전의 사실성은 별개라는 방식으로 분석하고 설명하는 방식이다. 이러한 방식은 아우구스티누스나 단테의 저술을 읽으면서도 그 저자가 했던 말의 진실성은 중요하지 않게 여기는 것과 다를 바 없다. 고전의 저자들이 제시하고 있는 신비로운 사상은, 고전을 과학적으로 비판하고 분석하려는 연구자들로 인해 박제된 동물과 같은 처지로 전락해 버리고, 고전 작가들이 제시한 '세계'의 질서와 인간의 본질적인 문제에 관한 웅대한 사상체계는 처음부터 차단되고 만다.

다른 하나는 '비교종교' 과목에서 성경을 다루는 방식이다. 여기서 성경은, 다른 종교의 경전과 비교의 대상으로 다뤄지거나, 혹은 신화(神話)의 성립 기원과 구조를 파악하는 데에 활용되는 수준이다. 이렇게 되면 성경은, 총체로서의 세계를 보여주는 '계시'로서 교수(敎授)되는 것이 아니라 신화의 성립 기원을 밝히는 데에 소용되는 하나의 자료로 활용된다. 또한 성경은 신으로부터 인간에게 내려진 절대적 진리가 담긴 경전이 아니라, 나사렛의 어부들이 예수라는 한 위대한 역사적 인물의 금언을 기록한 교훈서로 받아들일 뿐이다.

오늘날 인문학 연구에서 고전의 내용에 관한 진실성으로부터 멀어진 현상은, 고전의 본문보다는 연구자의 해석과 비평에 더욱 큰 비중을 두려는 연구 풍조에서 더 명확하게 볼 수 있다. 해석과 비평을 내용보다 중시하는 경향은 특히 문학 연구에서 두드러진다. 해석과 비평을 강조하는 문학 연구는 그 내용의 진실성에 대한 탐색에서 벗어나 자연스럽게 비교문학 연구로 발전하고 만다. 비교문학 연구에서는 본문 자체보다도 해석자의 창의적 사고가 더 중시되므로, 본문은 없고 해석만 남아 있다. 이로 인해 고전의 본문이 제공할 수 있는 혜안(慧眼)은 가려지고, 다시 말해 총체로서의 세계와 인간의 본질적인 문제를 탐색하는 데에 필요한 정수(精髓)는 사장(死藏)되고, 시대의 요구와 연구자의 선호에 따라 다양하게 표출되는 비평과 해석만 난무할 뿐이다. 일상적 삶의 굴레로부터 탈피할 수 있도록 고전의 본문이 우리의 자아에 들려줄 수 있는 위대한 소리는, 이런저런 해석자들의 주관적이고 창의적인 자아의 재단(裁斷)에 맡겨짐으로써 처음부터 가로막히고 만다.

그 어느 때보다도 우리는 작금에 이르러 아우구티누스와 단테를 읽음으로써 인간으로서 더 진실하고 충실한 삶을 살 수 있을 것이다. 그 저자들을 읽을 때, 총체로서의 세계를 대면할 수 있고, 인간이 당면하는 근본적인 문제에 대한 하나의 해명(解明)에 참여할 수 있으며, 일상적 삶의 틀 안에서 직면하게 되는 익숙한 문제들과 우연적인 사건들을 새로운 시야(視野)와 더 넓은 '세계'의 차원에서 바라볼 수 있게 된다.

4. 인문교육의 성격과 학교 본래의 위상

오늘날과 같이 변화하지 않으면 무엇인가 잘못되어 가는 것이고, 개혁하지 않고서는 발전 과정에서 낙오될 수밖에 없다는 조바심이 가히 전 사회적인 차원에서 사람들의 생각을 사로잡고 있는 시점에서는, 교육 또한 이러한 변화와 개혁의 요구에서 자유로울 수 없다. 아닌 게 아니라 즉각적인 만족과 현재의 관심사에 압도되어 과거와 전통에 대한 회피와 망각을 미덕으로 알고 있는 현대사회의 풍조 아래서, 교육에서의 변화와 개혁은 그야말로 가장 화급하게 해결되어야 할 시대적 과제로 등장한다. 교육에 대한 이러한 변화와 개혁의 요구는, 특히 현대사회에서 발생하는 여러 가지 개인적·사회적 필요와 결합함으로써, 전통적으로 교육(敎育)과 학교(學校)가 담당해 온 역할에 대한 불만감을 고조시키며, 지금까지 학교에서 가르쳐 온 교육내용에 대한 개편의 필요성을 증폭시킨다.

종전과는 다른 근래의 큰 변화로는, 초등학교 교육과정에서 통합 교과의 도입, 중학교 교육과정에서 진로교육의 강화와 자유학기제 실시, 고등학교 교육과정에서 필수교과의 축소와 선택교과의 확대 및 학점제 실시, 대학에서 인문교양 과정의 소멸과 직업교육 과정의 강화, 그리고 교육의 단계를 불문하고 인터넷과 첨단 기자재를 활용하는 새로운 수업방식과 교수법의 도입, 심지어는 수업 AI의 활용을 들 수 있다. 이러한 변화는 말 그대로 우리가 교육 대변혁의 시대에 당면하고 있음을 실감하게 한다. 교육에서의 이러한 변혁의 추세는 요즘 유행하는 말인, '학습자의 꿈과 끼를 키우는 교육', '개별화된 학습', '학습자 주도의 수업' 혹은 '배움 중심 교육'이라든가, '수요자 중심의 교육과정'과 '교육 혁신', '학교 경영' 등으로 구체화 된 모습을 드러낸다.

기존의 교육과 학교의 모습을 바꾸려는 이러한 일련의 변화와 개혁의 추세는 노동과 유용성을 중시하는 현대사회의 교육관을 통해서, 그리고 이러한 교육관을 반영하여 개편된 교육과정을 통하여 점차 구체화된다. 현대사회의 교육관과 그 교육과정이 드러내는 특징은 무엇보다 〈개인과 사회의 필요〉라는 관점에서 기존의 교육과 학교의 성격을 새롭게 이해하고 규정하려는 점이며, 이로 인해 '필요'라는 관점에서 교육의 성격과 학교의 위상에 일대 혁신을 가져오겠다는 분명한 의도를 드러내고 있다.

  그렇지만 〈필요〉의 관점에서 학교와 교육의 성격에 일대 혁신을 가져오려는 새로운 교육과정이, 장차 타파하고 대체하고자 하는 〈교육 본래의 성격〉과 〈학교의 전통적 위상〉이 무엇이었는지 먼저 확인해 볼 필요가 있다. 교육의 성격과 학교의 위상에 대한 새로운 규정과 급격한 변화가 야기하고 있는 부작용과 폐해 또한 무시할 수 없을 것이지만, '필요'를 앞세우는 새로운 교육과정이 필연적으로 초래할 수밖에 없는 근본적인 문제는, 다름 아닌 〈인문교육〉이라는 형식 아래서 우리가 이제껏 영위해 온 교육적 이상이 소멸하고 〈학교 본래의 모습〉이 말살될지도 모른다는 점이다. 특히 근래의 교육 대변혁 과업에 참여하고 동조하는 사람들이 놓치고 있는 문제의식은, 〈학교와 교육이 이제껏 담당해 온 인문교육이 과연 어떤 것이었고, 무엇을 추구하는 것이었는가〉와, 〈학교와 교육 안에서 인문 정신이 소멸하였을 때, 학교와 교사의 위상은 장차 어떻게 변모하겠는가〉라는 점이다.

인문 정신을 상실한 중등학교의 실상

교육의 역사를 되돌아볼 때, 교육과 학교와 교사의 중요성을 아는 모든 사회에서는, 동서양을 막론하고 〈인문교육〉이 교육의 골간을 이루어 왔으며, 이러한 인문교육 안에서, 교사와 학교는 사회를 하나의 공동체로 통합시키는 데 필요한 공통된 가치관을 갖도록 하며 사회 구성원이 합의할 수 있는 보편적 인간상을 길러내는 것으로 인정받아 왔다. 그렇지만 〈필요〉의 관점에서 교육의 성격과 학교의 위상을 새롭게 재단해 보려는 현대사회와 그 교육관 아래서, 인문교육과 그 교육적 이상은 침해받고 위축되었고 급기야는 그 존재 이유조차 불명확하게 되었다.

오늘날 그 성격이 모호해져 가고 있는 인문교육과 그 교육적 이상에 대한 분명한 이해를 위해서는, 이에 앞서 〈교육이란 무엇인가〉라는, 보다 근본적인 질문을 해 보아야 한다. 우리 인간이 영위하고 있는 여러 가지 활동들 가운데서 〈교육〉이라는 활동이 지닌 특성은, 인간의 삶이 당면하고 있는 불가피한 조건과 상황에서 찾아볼 수 있다. 인간의 삶이라는 것은 우리의 의도와는 상관없이 늘 왜소하고 나약한 것, '지금, 이곳'에서의 즉각적인 만족을 요구하는 것, 그리고 평범하고 쉽게 얻을 수 있는 것에 둘러싸여 있다. 이로 인해 우리가 힘써 노력하지 않는다면, 우리 인간의 삶은 항상 그야말로 나약하고 왜소한 삶으로, 즉각적인 만족을 찾는 삶으로, 그리고 용이하고 안이한 것을 추구하는 평범한 삶으로 전락할 위험에 직면하게 된다. 이로 볼 때, 〈교육〉이라는 인간의 활동은, 인간의 삶이 늘 대면해야 하는 왜소성과 즉각성, 평범함에 빠지지 않고, 무언가 탁월하고 위대한 것을 추구하려는 인간의 의지에서 시작되었다고 볼 수 있다.

〈교육〉에 대한 이러한 설명은 인문교육에도 그대로 적용된다. 〈인문교육〉은, 인간의 삶이 늘 직면해야 하는 왜소하고 즉각적이고 평범한 것을 탈피하고 장차 탁월하고 위대한 것으로 도약하려는 인간의 여망에서 비롯된 교육의 형식이며, 인류가 오랜 역사를 통해 존속시켜 온 하나의 전통이고 제도이다. 탁월하고 위대한 것을 추구하고 영위하려는 삶은, 그러한 삶에 상응하는 〈인간의 조건〉을 갖출 것을 요구한다. 이때 요구되는 인간의 조건은, 다름 아닌 〈인간다운 '마음'을 형성하는 일〉, 곧 〈인간다운 성품과 심성을 갖추는 일〉이라고 보아도 틀리지 않는다. 그렇다면 인문교육이라는 이 제도는 바로 인간다운 성품을 형성하고 심성을 함양하는 교육적 과업을 이제껏 담당해 온 것이다.

〈인간다운 심성을 함양〉하려는 인문교육의 관점에서 볼 때, 〈개인과 사회의 필요〉라는 것은 시시각각으로 변하는 것이고, 시대와 환경에 따라 각기 다른 모습으로 출현한다. 반면에 인문교육을 통해 길러내야 할 〈인간다운 심성과 인간상〉은 언제나 동일한 것이며, 시대와 환경이 바뀐다고 해서 변하는 것이 아니다. 다시 말해, 지금부터 수백 년 전의 사람들이 당면했던 개인적·사회적 필요는 요즘 사람들의 그것과는 다르다고 할지라도 그때의 교육에서 기르고자 했던 인간다운 심성과 보편적 인간상은 지금의 교육에서 기르고자 하는 그것들과 하등 다르지 않을 것이다. 시시각각으로 변하는 개인과 사회의 필요에서 벗어나 인간다운 심성을 함양하려는 인문교육 아래서의 〈학교 본래의 모습〉 또한, 지금 우리가 생각하는 학교와는 다른 모습을 갖고 있었다. 본래 〈학교〉라는 장소는, '필요'가 모든 것을 지배하는 일상적 삶의 소용돌이로부터 학습자가 '일정 기간 격리되고 떨어져 나와' 인간다운 심성을 함양하고 탁월하고 위대한 것을 대면할 수 있도록, 특별히 마련된 공간으로 인식되어왔다.

앞의 논의를 통해서, 우리는 교육의 성격과 학교의 위상에 대한 두 가지 상이한 관점을 볼 수 있다. 하나는 현대사회의 교육관에 제시된 것으로서 〈개인과 사회의 필요〉라는 관점에서 교육의 성격과 학교의 위상을 새롭게 규정하고 개혁하려는 입장이고, 다른 하나는 전통적으로 이어져 온 인문교육 안에 붙박여 있는 것으로서 〈인간다운 심성의 함양〉이라는 관점에서 전통으로부터 물려받은 교육의 성격과 학교의 위상을 더 분명하게 이해하려는 입장이다. 필요를 앞세우는 관점은, 교육과 학교를 〈사회와 개인의 필요를 충족시키기 위한 수단〉으로 삼고자 한다. 반면에 인간다운 심성의 함양을 중시하는 인문교육은, 필요와는 무관하게, 교육과 학교가 〈전통적으로 지녀 온 그 본연의 이상과 목표를 추구〉하고자 한다.

인문교육과 대비하여 볼 때, 현대사회의 교육관은 인간다운 심성의 함양이라는 '교육 내적'인 관점보다는 개인과 사회의 필요라는 '교육 외적'인 관점에 입각해 있다(유한구, 1998, pp.53-72). 현대사회의 교육과 학교는 교육활동에 본질적으로 담겨 있는 〈교육의 내재적 목적〉은 망각하고, 교육활동을 수단으로 삼아 무언가를 이뤄내려는 〈교육의 외재적 목적〉을 실현하려고 한다. 특히 인문 정신을 상실한 현대사회의 교육관에서는, 교육과 학교 본래의 성격과 위상을 이해하고 구현하려는 〈교육적 고려〉보다는 정보화시대의 〈사회적 필요〉를 우위에 두고서, 교육과 학교 본래의 성격과 위상에 변혁을 가하려고 한다. 이에, 현대사회의 교육관이 의도하는 교육과는 대립하는 인문교육의 성격을 분명하게 이해하고, 필요를 앞세운 새로운 교육과정의 시행으로 인해 장차 망각하게 될지도 모르는 학교 본래의 위상을 탐색해 보는 작업은 상당한 의미가 있을 것이다.

심성의 도야와 자아의 형성

인문교육의 성격이 무엇인지는 근대 인문교육의 모태가 된 르네상스 인문학의 성격을 통해 파악해 볼 수 있고, 인문교육에 대한 개혁을 시도하는 새로운 교육과정의 방향은 르네상스 인문학을 대치하고 등장했던 현대적 인문학의 성격을 통해 파악할 수 있다.

서양에서 인문교육(인문중등학교 교육)은 페트라르카를 위시한 일단의 인문주의자들에 의하여 추진된 르네상스 인문주의운동의 영향 아래, 하나의 교육제도로서 자리 잡는다. 이 운동은 고대의 고전과 문화를 새롭게 복원하려는 운동이었고, 덕성과 문필력의 함양을 통해 교양적 삶을 영위하려는 교육적 이상을 드러냈다. 르네상스 인문학에 나타난 인문교육은, 〈내용〉의 측면에서는, 실용적인 직업교육과는 대비되는, 인간다운 심성과 탁월한 자아를 형성하려는 〈인문교양교육〉이라는 의미를 담고 있었다. 또한 〈형식〉의 측면에서는, 연구방법론과 논증 기법에만 몰두함으로써 빈약한 내용과 투박한 문체를 탈피하는데 역부족이었던 중세식 교육 방법을 탈피하며, 언어와 문장 위주의 공부를 통해 〈바른 사고력과 수려한 문필력을 함양〉하고자 했다.

르네상스 인문학, 곧 〈스투디아 후마니타스〉는 말 그대로 〈인간성 함양을 위한 공부〉를 뜻한다. 주목해야 할 점은, 함양시켜야 할 대상으로서의 인간성은 선천적으로 타고나는 자연적 본성이 아니라 교육을 통해 장차 획득해야 할 후천적 가능성이라는 점이다. 인문주의자 피코 미란돌라의 저술『인간의 존엄성에 관하여(1486)』에는, 신과 종교에 예속된 중세의 인간관과도 다르면서도 개인과 사회의 필요를 앞세우는 현대사회의 인간관과도 다른, 인문교육의 근간이 되는 인간관이 제시되어 있다.

"다른 피조물의 성질은 제한되어 있고, 우리[삼위일체의 하나님]가 각자에게 준 법칙에 구속되어 있다. 너[인간]만은 아무 제한에도 구속되어 있지 않다. 우리가 너에게 맡긴 자유의지에 따라서 너는 네 본성을 형성해도 무방하다. (중략) 우리는 너희 인간들을 완전히 천상적 존재도 아니고 완전히 지상적 존재도 아닌 것으로, 불멸의 존재도 아니고 멸망의 존재도 아닌 중간자적이고 미결정의 존재로 만들었다. 그것은 네가 어떤 형태를 택하건, 선택의 자유와 명예를 가지고 너 자신의 창조자, 형성자가 되도록 하기 위함이다. 너는 최하의 피조물인 금수로 타락할 수도 있고, 숭고한 신의 영역으로 상승할 수도 있다." (Pico Mirandola, 1948, pp.224-225)

피코 미란돌라에 의하면, 인간은 처음부터 결정된 존재인 다른 피조물과는 달리, 자신의 판단과 자유의지에 따라 자신을 형성해 나가는 존재이다. 미리 주어진 본성에 따라 이미 결정된 길을 따라가는 것이 아니라, 가능성만을 가지고 태어난 인간이 장차 금수로 전락하는가 또는 신에 가까운 존재로 상승하는가는, 인간 개인의 노력과 의지에 달려 있다. 이때 인간이 스스로의 삶을 창조할 자유를 부여받았다는 것은 인간이 아무렇게나 행동해도 괜찮은 것을 의미하지 않는다. 아무렇게나 행동할 때, 인간의 삶은 금수의 삶으로 떨어지기 때문이다. 이러한 위험에서 벗어나기 위해서, 인간의 타고난 본성에는 〈도야(陶冶)와 형성(形成)〉이 필연적으로 요구되었다.

인문교육의 관점에서 볼 때, 인간은 태어나는 대로 사는 존재가 아니라 도야되어야 할 존재다. 인간은 인간의 모습으로 태어났다는 것만으로 인간답다고 할 수 없고, 도야되었을 때 비로소 〈인간의 조건〉을 갖추게 된다. 교육을 받지 못해 도야되지 않은 인간은 사실상 인간이라기보다는 금수와 구별되지 않는 존재이다. 교육의 영향력에서 벗어난 인간이 동물들보다 더 조야하고 야만스러운 존재로 전락할 수 있다는 사실, 이 점이 바로 인간에게 도야가 필요한 이유였고, 따라서 인문교육에서 '교육'은 바로 〈인간성의 도야〉를 의미했다. 인간은 심성의 도야와 조형을 뜻하는 교육을 통하여 인간을 동물보다 더 저급하게 만드는 정서와 욕구들을 제어해야 할 의무를 지닌 존재였고, 가능성만을 지닌 채 태어난 인간성의 도야와 형성에 필요한 교육이 바로 〈인문교육〉이었다. 요컨대, 인간다운 심성의 함양은 인간 각자에게 부과된 의무였고, 동시에 인문교육의 과제였다. 서구 교육사를 볼 때, 르네상스 인문주의운동 아래서 인문주의자에 의하여 전 유럽에 세워진 인문중등학교는 〈인간 도야의 장(場)〉으로서의 역할을 담당했고, 인문교육은 바로 〈인간 도야의 과정(過程)〉이었다.

인문주의자들이 인문교육을 통해 형성하고자 한 인간성의 실체는 인간의 마음, 보다 구체적으로 말하면 인간의 '자아'이다. 그들은 인문교육을 통해 〈지적·도덕적으로 탁월한 자아를 조성〉하려고 했다. 그런데 무엇인가를 형성하고 조성할 때는 모종의 범례와 준거가 요구된다. 인문교육 안에서 자아 형성의 기준이 된 것은 '문화'(혹은 문명)라고 불리는 인간이 역사를 통해 이룩하고 누적시켜온 탁월한 성취였다. 인간의 성취물이자 후대에 물려줄 정신적 유산으로서의 이 문화는, 인류가 역사적으로 이룩해 낸 위업과 사고를 담지한 것으로서, 스투디아 후마니타스를 중심으로 한 전통 교과안에 체계적으로 집약되고 기술되어 있었다.

인문교육에서의 교과는 처음에는 고전어와 고전 문학, 역사와 수사학 같은 사장 교과만을 포함하였으나, 후대로 오면서 수학과 자연과학, 그리고 음악과 미술, 체육, 지리와 같은 전통 교과를 포함한다.

인문교육의 교과를 구성하게 된 이 전통 교과들은 〈인간다운 심성의 도야〉에 기여한다고 생각된 교과였고, 또한 〈인간의 조건〉을 구비하기 위해서는 누구든지 배워야 하는 보편적 교과였다. 인문교육의 교과를 구성하는 전통 교과는, 〈필요〉를 고려하는 현대적 교과관과 비교할 때, 다음과 같은 차이를 볼 수 있다.

먼저, 고전을 포함하는 전통 교과는 인간다운 심성의 도야를 위한 내용을 담고 있고, 교육을 통해 양성하려는 인간상에 대한 사회적 합의를 가능하게 하는 규준이다. 전통 교과는, 인간의 조건을 갖추기 위해서는 누구나 필수적으로 학습해야 할 보편적 교과였다. 다음으로, 전통 교과는 '과거로부터 내려온 것', 곧 과거의 문화(오우크쇼트가 말하는 행위전통과 관례)가 체계적으로 집약되고 적재(積載)된 것이다. 전통 교과에서 말하는 '전통'이라는 말은 단순히 과거의 것이라는 뜻이 아니라, 그 이상(以上)의 의미를 지닌다. 그것은 바로 현재적 삶이 따라야 할 〈보편적 기준〉이라는 의미이다. 전통 교과가 현재적 삶의 기준이 된다는 사실은, 당대의 관점과 저술은 학교 교과의 영역 안에 포함될 수 없다는 점을 시사한다. 당대의 관점과 저술은, 아직 그 준거성과 교육적 가치가 아직 검증되지 않은 것으로서, 현재적 삶의 기준으로 합당하지 않기 때문이다.

본래의 학교 : 심성 도야의 장(場)

심성 도야의 장으로서의 학교는, 현대사회의 교육과정에서 바라보는 학교와는 다른 양상을 보인다. 점차 활동적·직업적 삶이 현대인의 삶을 지배하게 된 현대사회 안에서, 인문교육과 이에 입각한 학교의 교육적 이상을 매력 있게 피력한 오우크쇼트에 의하면, 학교가 다른 장소에 비하여 특별한 점은, 헤겔이 말한 '지금, 이곳(hic et nun), 즉 개인과 사회의 필요에 따라 눈앞에 급박하게 벌어지고 있는 일상세계와 활동적 삶으로부터의 '격리'(隔離; seclusion)에 있다(Oakeshott, 1967, p69). 학교는 학습자의 눈앞에 전개되는 한정된 세계, 학습자의 즉각적인 관심, 이런 것들에서 떨어져 나와 인류의 탁월한 문화유산과 위대한 정신을 대면할 수 있도록, '별도로 마련된' 장소이다. 학교에 들어옴으로써 학생들은, 일과 유용성의 이데올로기가 모든 것을 지배하고 있는 활동적·적업적 삶의 소용돌이에서 '일정 기간' 벗어나게 되고, '유용성'의 관점을 통해서는 도저히 볼 수 없는 문화(혹은 문명)를 학습하게 된다. 이 문화유산은, 아이들이 집안에서 지내거나 골목길에서 놀고 있는 동안에는 그런 것이 있다고는 결코 상상할 수도 없는 것으로서, 반드시 학교에 와야 만날 수 있는 그런 것이다.

학교가 이와 같이 인류의 위대한 성취물로서의 문화가 체계적으로 집약된 교과를 가르치고 배우는 곳이라면, 교과를 가르치는 교사(教師)는 바로 이 문화를 소유한 자로서 다음 세대를 이어갈 학습자들에게 이 문화를 전수하는 일을 맡고 있다. 학습자들은, 문화의 담지자이자 문명의 대리인인 교사의 도움을 받아 전통 교과안에 집약된 문화유산을 상속받게 되었을 때, 〈전통과 문명의 세계로 입문〉할 수 있게 되며, 이때 비로소 〈인간의 조건〉을 갖추게 된다. 요컨대, 학교의 중요성과 교사의 위대성은, 학습자에게 전통 교과를 가르침으로써 인류의 탁월한 위업인 문화유산을 전수(傳授)한다는 점에 있다.

고전과 전통 교과를 가르치는 인문교육에서의 교수법이 지닌 특징은, 〈연구방법론과 교수 기법〉보다는, 〈언어와 문장〉 그 자체를 중시하는 점이다. 인문교육에서 〈언어〉 그 자체의 이해와 그것의 올바른 표현으로서의 〈문장〉을 강조하는 까닭은, 언어와 문장 속에 인류 공동의 문화유산이 담겨 있다고 생각하며, 그 문화유산은 언어와 문장을 가르치고 배우는 형식을 통해 학습자에게 온전하게 전수되는 것으로 생각했기 때문이다. 인문주의자에 의하면, 언어와 문장을 올바르게 사용하지 않고서 정확하게 사고한다는 것은 있을 수 없으며, 따라서 도야된 자와 도야되지 않은 자의 차이는 그 사람이 사용하는 언어와 문장에서 확인된다. 따라서 인문교육에서 말하는 심성의 도야는, 바로 언어와 문장의 공부를 통해 바르게 말하고 생각하는 능력을 키워주는 〈언어적 도야〉였고, 문명의 대리인으로서의 교사가 학습자에게 가르쳐야 할 교육내용은 바로 이런 의미의 〈언어와 문장〉이었다.

교육내용이 〈언어(言語)〉라는 사실은, 다시 말해 교사가 학습자에게 언어(개념)를 가르쳐야 한다는 주장은, 교육내용이 〈사물(事物)〉이라는 관점[39]과는 심각한 차이를 갖고 있다. 교육내용이 사물(경험)이라고 할 때, 이때의 교육내용은 학습자가 직접 〈눈으로 보고 경험하는 것〉이고 스스로 〈찾아내고 구성하는 것〉이다. 따라서 수업의 주체는 교사가 아니라 〈학습자〉이며, 이러한 수업사태에서 중시하는 교육 방법은 학습자에 의한 〈발견과 구성〉이고, 반면에 교사의 관여는 최소화되어야 한다. 이와는 달리 교육내용이 언어(개념)라고 할 때는, 교육내용은 학습자가 찾아내는 것이 아니라 누군가가 〈일러주고 가르쳐야 하는 것〉이고, 누군가로부터 〈물려받아야 하는 것〉이다. 따라서 수업의 주체는 〈교사〉이며, 이러한 수업사태

---

[39] 르네상스 인문주의운동의 말기에 베이컨(Francis Bacon, 1561-1626)과 같은 경험론자들은 학습자가 배워야 할 교육내용은 '언어가 아니라 사물'이라고 주장한다.

에서 강조하는 교육 방법은 학습자가 각자의 다양한 관심과 흥미와 필요에 따라 스스로 찾아가고 구성하도록 가만히 놔두는 방식이 아니라, 교사의 적극적 관여를 뜻하는 〈시범과 전수〉이다. 교육내용이 사물(경험)이라고 할 때 교사의 위치는, 학습자에게 수범과 모방의 대상인 〈스승과 전수자〉에서 〈정보 제공자, 동료 학습자, 학습 도우미, 학습 촉진자〉로 급격하게 변화한다. 요컨대, 전통 교과를 가르치는 인문교육은, 학교라는 별도로 '구분된 공간' 안에서, '문화유산의 담지자이자 구현자인 교사'의 적극적 관여 아래, '시범과 전수'의 방식을 통해 '전통 교과'를 가르침으로써, 학습자의 심성을 도야하는 교육활동을 의미했다.

사회적 필요와 노동지상주의가 우리의 삶과 의식을 지배하게 되면, 일하고 직업을 갖는 것이 인간이 갖추어야 할 필수적인 조건처럼 인식된다. 이렇게 되면 일하지 않는 인간은 인간으로서의 완전한 의미도 지닐 수 없게 되며, 인간다운 심성의 도야를 목표로 삼았던 고전과 전통 교과는 그 교육적 가치를 상실하고 단지 무용한·비실용적 교과로 추락하고 만다. 활동적·직업적 삶이 중시될수록, 학교에서 가르쳐야 할 교과의 성격 또한 급격한 변화를 겪을 수밖에 없다. 학교의 교과는 이제 〈활동적 삶의 영위와 직업의 준비〉라는 측면과 관련을 맺게 된다. 학교 교과의 이러한 성격상의 전환은 나아가서 전통적인 학교의 위상에도 변화를 일으킨다. 이제 학교는 더 이상 인간성 함양을 위한 도야의 장이 될 수 없고, 사회적 삶을 준비하고 전문적 기능을 배우는 곳으로 인식된다.

사회적 삶과 전문적 기능을 준비하는 곳으로의 학교의 위상 변화, 이것이 정보화시대의 〈사회적 필요〉에 부응하는 학교의 모습이며, 〈학습자 위주의 수업〉과, 〈학습자의 다양한 꿈과 끼를 개발하는 교육〉이 장차 도달할 수밖에 없는 학교의 모습이다. 이런 형태의 학교 안에서는, 학교와 사회 간이나 학교와 가정 간에 어떤 거리가 있을 수 없다. 학교는 일상적 삶의 세계에서 '격리'되어 학습자를 문명의 세계로 입문시키고자 특별히 마련된 〈도야의 장〉이 아니라, 단지 사회와 가정의 연장선에 있는 곳으로서, 사회적 삶에서 필요로 하는 지식과 기능을 가르치는 〈보통의 장소〉일 뿐이다. 그렇지만 인문교육에서 학교의 교육활동이 지향하는 바는, 〈인간으로서의 지적·도덕적 조건〉을 갖추는 것을 사회와 개인의 당면한 〈필요〉를 충족하는 것보다 우선으로 한다. 인간다운 심성의 도야를 다른 무엇보다 우선으로 한다는 점, 이 점이 바로 〈인문교육〉과 그 밖의 활동을, 그리고 〈학교〉와 그 밖의 다른 장소를 구분하는 경계 지점인 것이다.

필요를 앞세우는 현대적 교육관에서는, 보편적인 인간성보다는 개별화된 인간성을, 그리고 〈보편적인 자아의 형성〉보다는 〈개별적인 자아의 표현〉을 중시한다. 필요와 표현을 앞세우게 될 때, 학교에서 가르치는 교과의 성격은, 〈보편적인 인간상과 표준적인 삶을 안내하는 것〉에서, 〈학습자의 개인적인 필요와 동기의 충족, 독특하고 고유한 경험과 정서의 표현, 그리고 개인적인 꿈과 적성의 개발에 기여하는 것〉으로 바뀌고 만다. '전통적인 인문교육'과 '필요와 표현을 앞세우는 교육' 간의 차이는, '심성의 도야'와 '필요에 부응', '자아의 형성'과 '자아의 표현'으로 각각 구분된다. 현대적 인문학에서는 마음의 개발과 발달을 개인의 내적 가능성의 성장으로, 독자적인 경험의 성장으로 이해한다. 그러므로 필요와 표현, 개발에 부응하는 관점에서는, 교육받는다는 것을 〈개별적인 자기표현의 과정〉이자 〈개별화된 자아실현의 과정〉으로 파악된다. 반면에 도야와 형성을 표방하는 인문교육에서는, 교육받는다는 것을 전통 교과 속에 집약되고 체계화된 〈문화유산의 획득〉으로 이해한다. 인문교육에서는, 자연 상태의 인간은 지적인 무지와 저급한 정서로부터 자유롭지 못하므로, 오직 문화유산이 체계적으로 집약된 전통 교과의 공부를 통해서만 비로소 인간다운 자아를 형성할 수 있다고 생각한다.

학습자의 〈자아〉에 대한 상이한 이해와 이로 인한 자아의 〈형성〉과 〈표현〉의 차이는, 바로 교육 방법에도 심각한 차이를 가져온다. 인문교육에서는 '시범과 전수'로 상징되는 교사의 적극적인 관여 아래, 〈전통 교과를 사고와 이해의 기준으로 삼아 자아를 형성〉하려 한다. 이와는 달리 '필요와 표현의 교육'이 의도하는 '학습자 중심의 수업'은, 〈학습자의 자연적 성향과 자기표현을 존중〉하고, 이에 맞는 학습 방법을 고려한다. 학습자의 자연적 성향과 자기표현을 존중할 때 우려되는 점은, 학습자의 〈자연적 충동과 제멋대로의 성향〉을 장차 〈교과와 사고에 입각한 지적인 선택과 도야된 지성〉으로 바꾸려는 노력이 처음부터 배제된다는 사실이다. 학습자 주도의 수업, 이른바 〈아동 중심의 교육〉이 장차 도달할 수밖에 없는 그 폐단을 김안중은 이렇게 지적한다.

"학습자는 자신의 흥미와 필요에 따라 배우고 싶은 것만 배우며, 학습의 과정에서는 어떤 외적인 강제도 받아서는 안 된다. 그의 학습은 충동이 이끄는 대로, 아무런 중요한 것도 구별하지 못하는 혼동 속에서 그가 '발견'한 것이면 무엇이든지 '최상의 학습'으로 진행된다. 따라서 '말(馬)이 달려야 할 정해진 길'로서의 '교육과정(curriculum)'이 있을 수 없고, 교사의 사전 계획도 큰 의미가 없다. 교사는 특히 말(곧 언어)로서 '일러주거나' 가르치지 않도록 요구되며, 학생들은 정확한 사고와 이해 곧 '사고하고 말하는 것'보다 '하는 것과 보는 것'이 권장되며, 학습자마다 개별화된 학습을 촉진시키기 위한 '탐구와 발견'은 그 결과와 관계없이 가치를 갖는다. 반면에, 학습의 과정에서 교사의 적극적 관여를 뜻하는 '시범과 전수'는 금기의 사항이며 또한 모든 학습의 근본이라고 할 수 있는 '암기와 모방'은 굴종과 억압의 표상으로 인식될 뿐이다. 학습자의 표현은 어법과 문법에 관계없이 '창의적'이기만 하면 존중된다. 학습자의 환상은 '상상력'으로 오인되고, 충동적이고 우연적인 자기표현은 그 지적 정확성과는 상관없이 '훈련된 지성'과 혼동된다. 그로 인해 학교는 교사의 도움을 받아 문명 세계로 입문하는 곳이 아니라 학습자의 미숙한 행동과 길들어지지 않은 성향을 마음껏 추구하도록 방치하는 아수라장으로 변한다. 문화유산의 전달자로서의 교사의 위치는 사라지고, 대신 그 자리에는 컴퓨터 화면을 통해 이뤄지는 수업을 보조하는 단순 기술자로서의 교사의 모습만 남아 있게 된다." (김안중, 1988, pp.18-20)

인문교육의 필요성

지금까지 전통 교과들이 인문교육의 이상 아래 보호받고 보존될 수 있었던 것은 그 교과들이 지닌 사회적 유용성 때문이 아니었다. 오히려 인문교육은 사회적 필요에 부응하는 유용한 교과를 제쳐 놓고 그 대신 전통 교과를 필수교과로 삼았다. 이처럼 전통 교과가 필수교과로 자리 잡을 수 있었던 이유는, 그 교과가 인간다운 심성의 도야와 관련되었기 때문이다. 인문교육의 관점에서 볼 때, 우리나라의 교육과정이 개편되어온 방향은 인문교육의 이상과는 거의 정반대라고 할 수 있다. 〈활동적·직업적 삶〉과 〈학습자와 사회의 당면한 필요〉를 교육내용 선정의 기준으로 삼은 것이 그 개편의 방향이었다. 이로 인해 전통 교과가 교육과정 안에서 차지해왔던 영역과 비중은 갈수록 축소되고 낮아질 수밖에 없다.

　인문교육을 태동시킨 인문주의자들은, 개인과 사회의 필요에 부응하고 학습자마다 개별적인 자아를 표현하도록 교과를 선정하지 않았고, 그러한 의도 아래 교과를 가르친 것도 아니다. 인문주의자들이 생각한 교과와 학습자 사이의 관계는 〈전통 교과의 학습을 통한 심성의 도야와 보편적 자아의 형성〉으로 해명할 수 있다. 인문교육과 그 교육적 이상 안에서, 직업 준비와 일상생활의 문제는 경계하고 기피할 대상이다. 인문교육 안에서 교과 공부의 목적은, 이 잡다한 일상사와 성인의 삶에서 벗어나 넓은 세계와 위대한 정신과 만나는 것이고, 이로 인해 인간다운 심성을 함양하려는 것이다.

　개인과 사회의 필요를 앞세울 경우, 교사의 역할은 방법적 효율성에 의해 평가될 것이고, 교사 또한 더 효율성이 높은 매체로 대체될 것이다. '학습자 주도의 수업'이라는 것은, 문화유산의 전달자로서의 교사의 위치가 컴퓨터 화상을 통해 이뤄지는 수업을 보조하는 기술자로 대체되는 과정과, 학습자가 자신의 흥미와 관심에 맞춰 주도적으로 찾아가는 '사이버 텍스트와 수업 AI'가 교과서와 교사를 대신하는 과정을 더욱 촉진할 것이다. 이때 우려되는 점은, 〈교사의 개입 없이 학습자가 과연 혼자 힘으로 적절한 정보를 '선택'해낼 수 있느냐〉는 것과 또한 〈이렇게 스스로 선택한 정보를 과연 심도 있게 '해석'해낼 수 있느냐〉는 것이다. 그도 그럴 것이, 첨단 기자재를 동원하여 이뤄지는 학습자 주도의 수업이, 학습자에게 다양하고 혼돈스러운 정보의 다발을 제공할 수는 있으나, 그것을 적절하게 '선택'하고, 심도 있게 '해석'할 수 있는 안목까지 가르쳐주는 것은 아니다. 첨단 기자재를 동원하여 학습자에게 풍부한 정보를 제공하고 스스로 정보를 선택하고 해석할 수 있는 권한을 부여한다고 해서, 그에게 정보에 대한 선택과 해석의 눈을 갖도록 할 수는 없는 것이다.

정보를 적절하게 선택해 내는 능력이 없을 때, 학습자의 눈은 위대하고 탁월한 것이나 문명의 세계를 바라보는 것이 아니라, 자신들의 주변에 있는 우연적이며 즉각적인 만족을 가져오는 것을 우선시하게 된다. 정보에 대한 이러한 선택과 해석의 눈은 자연적 본성으로 주어지는 것이 아니며 학습자가 스스로 개발하거나 표현해내는 것도 아니다. 그것은 교사의 적극적인 관여와 시범 아래 전통 교과를 학습하고 문화유산을 전수(傳授)받는 과정을 통해 형성된다. 또한, 학생들이 아무리 첨단 기자재를 잘 다루고 컴퓨터를 활용한 편집과 디자인의 기능에 숙달하게 될지라도, 그러한 기능의 숙달을 통해 〈바르게 사고하고 정확한 어법을 구사하는 능력〉까지 기를 수는 없다. 지금의 학생들에게, 보다 시급하고 절실하게 요구되는 것은 정확한 사고력과 올바른 문장력이지, 기자재나 컴퓨터를 능숙하게 다루는 기능이 아니다. 이 점이 교과 학습의 과정에서, 교사의 적극적인 관여와 시범이 절대적으로 요구되는 이유이며, 교과 학습이 교사의 주도하에 이루어져야 하는 이유인 것이다.

사람들 대부분은 학교를 사회적 삶을 선택하고 준비하는 곳, 즉 학생들이 장차 사회적 삶에 필요한 기능을 습득하고 미래의 직업을 탐색하는 장으로 인식한다. 이렇게 되면, 넓은 세계와 탁월한 자아를 탐색하고 인간다운 심성을 도야하는 장(場)으로서의 학교의 위상은 망각되고, 대신에 학교는 학원이라든가 그 밖의 다른 장소와 아무런 구별이 없게 된다. '열린 교육, 사이버 학교'라는 말에서 볼 수 있는, 일상적·직업적 삶의 세계로부터 격리되지 않은 학교는, 학생들을 문화유산의 상속자 곧 문명인으로 키우는 것이 아니라, 단순한 생활인으로 키우며 그들의 욕망만을 부추길 뿐이다. 모든 일상사로부터 '유예'되어 넓은 세계와 자신의 진정한 자아를 탐색해야 할 학창 시절에, 벌써 인생과 세상에 대하여 확신감을 갖게 되었거나 어떤 인생이 성공한 인생인가에 대해서 고정된 인식을 갖는 청소년들이 점차 늘어나고 있다. 이러한 현상은 이미 학창 시절부터 직업의 준비라든가 그 밖의 일상적인 필요를 충족하는 일에 그들의 마음이 정복당해버렸기 때문이다. 이로 인해 진지한 사상이나 철학, 문학과 예술과 사회봉사에 평생을 바치겠다는 학생들은 줄어드는 반면에, 사업계나 연예계에 종사할 것을 꿈꾸면서 성장하는 학생들의 숫자는 나날이 늘어나고 있다.

학창 시절은 직업을 준비하고 기능을 숙달하기 위해 서둘러 보내야 할 시기가 아니다. 졸업 후 학생들을 기다리고 있는 활동적·직업적 삶의 굴레 속으로 매몰되지 않으려면, 학생들은 교육을 받는 동안만이라도, 노동과 유용성의 압박에서 떨어져 나와, 인류의 탁월한 위업으로서의 문화유산을 담지한 고전과 전통 교과를 공부해야 한다. 문화유산으로서의 고전과 전통 교과를 공부하는 〈인문교육〉을 통해, 학생들은, 일상의 세계 너머에 문명의 세계가 있다는 것을 배워야 하며, 졸업 후 당면하게 될 노동지상주의에 매몰된 일상의 직업 세계 안에서 주눅 들지 않고 견뎌낼 수 있도록, 〈넓은 세계〉를 인식해야 하며 〈탁월한 자아〉를 탐색해야 한다.

우리가 분명하게 의식하지 못하고 있지만, 〈인문교육〉이라는 제도와 〈학교〉라는 장소는, 우리가 나약하고 왜소한 삶으로 전락하지 않기 위해 당연히 따라야 할 보편적인 삶의 이상을 밝혀주고 탐색하도록 하는 교육의 형태이자 학습의 공간이다. 그렇지만 사회적 필요와 학습자의 당면한 관심사만을 앞세우는 현대사회와 그 교육관 아래서, 인문교육과 학교 본래의 모습은, 우리가 분명하게 의식하지 못한다는 바로 그 점 때문에 부정되거나 망각될 가능성이 농후하며, 특히 필요와 유용성이 모든 것을 지배하는 현대사회의 풍조는 그 가능성을 더욱 촉진하고 있다. 현대사회에 이르러 인문교육이라는 제도가 소멸하고 학교라는 특별한 장소가 훼손된 것은, 바로 인문교육에서 가장 핵심적인 관심사라고 할 수 있는 인간다운 심성, 곧 교육받은 사람의 심성에 대한 보편적인 관념이 망각되었음을 극명하게 보여주는 징후이자 조짐이다. 겨우 문맹의 상태를 벗어나 생업과 직업의 준비에 필요한 전문 지식을 습득한 사람을 가리켜 교육받은 사람이라 부를 수는 없을 것이며, 사회적 삶에 필요한 기능을 연마하고 직업을 준비하는 장소를 가리켜 학교라고 부를 수는 없다. 인문교육의 관점에서 볼 때, 근래 개편된 교육과정은 교육 본연의 성격과 학교 본래의 위상에 대한 이해의 부족을 나타내고 있으며, 당면한 시대적 관심사와 필요의 충족을 최우선으로 삼고서 교육 본연의 성격을 심각하게 침해하고 학교 본래의 위상을 근원적으로 허물어뜨리고 있다.

5. 인문학의 복원 : 고전적 인문학

르네상스 인문학이 노동지상주의와 소시민의 활동적·직업적 삶으로부터 침범을 받아 쇠락한 역사적 사실은, 오늘날 르네상스 인문학과 그 교육적 이상을 다시 내세우는 일, 그것만으로, 〈인문학과 인문교육을 향하여 가해지는 위협과 침범을 실질적으로 방어해낼 수 있겠는가〉에 관해 의문을 갖게 한다. 르네상스 인문학과 인문주의를 주창하는 것만으로는, 현대사회에서 실종 상태에 이른 인문학과 인문교육을 소생시키는 것이 불가능할지도 모른다는 생각이다. 본 절에서는, 고전적 인문학의 교육적 이상과 관련지어, 인문학과 인문교육이 복원될 가능성을 탐색한다. 먼저 르네상스 이후로 인문학과 인문교육을 정당화해 온 방식의 타당성을 검토해 본 후, 다음으로 노동과 유용성이 모든 것을 지배하고 있는 현대사회 안에서, 인문학과 인문교육이 보호받고 보존될 방안을, 고전적 인문학의 복원과 관련지어 모색해 본다.

인문주의만으로는 인문학과 인문교육을 수호할 수 없다

르네상스 이후로 인문학과 인문교육을 정당화하는 방식은, 대체로 다음과 같은 두 가지 방식으로 시도되었다. 하나는 교양적 삶을 표방함으로써 노동과 유용성의 논리가 지배하고 있는 〈일상세계로부터 격리된 학문의 탐구와 학교의 위상 확립〉을 주장하는 것이고, 다른 하나는 고전과 전통 교과의 학습을 통해서 〈탁월한 자아의 형성과 보편적 문화의 정립〉을 주장하는 방식이다.

첫 번째의 정당화 시도는, 듀이의 지적에서 볼 수 있듯이, 노동에서 벗어난 특수한 계층이 정치·문화적으로 주도권을 장악하고 있었던 전근대화된 사회에서는 그런대로 통용될 수 있었다(Dewey, 1987, p.400). 그러나 노동과 유용성이 만사의 핵심이 되고 '평등사회'를 표방하는 현대사회와 현대적 인문학의 관점 아래서, 그러한 정당화는, 트릴링이 앞에서 지적한 바와 같이, 단지 정치·문화적으로 특권을 누리고 있는 계층의 이익을 유지하는 '지배 이데올로기'로 간주될 뿐이다. 그러므로 일상세계로부터의 '격리'(혹은 기피)를 주장하는 것만으로는, 노동지상주의와 유용성의 논리가 만연된 현대사회로부터 인문학과 인문교육에 가해지는 위협과 침범을 온전히 막아낼 수가 없다. 직업적 삶과 일상세계를 아예 기피하겠다는 생각은, 일상세계로부터 떨어져 나와서 인문학과 인문교육을 추구하겠다는 소극적인 방어일 뿐이고, 일상세계에 정면으로 맞서려는 적극적인 대응은 될 수 없기 때문이다. 두 번째의 정당화 시도 역시, 인간성 안에서의 탁월성과 보편성을 추구하는 도덕의식을, 오히려 다양한 인간성의 실현에 대한 왜곡이며 구속이라 간주하여 부정하고 해체하려는 현대적 인문학 안에서는 제대로 받아들여지지 않는다. 인문학과 인문교육을 정당화하려는 이러한 시도가 현대사회 안에서 적절하게 수용될 수 없었다는 사실은, 르네상스 인문학에서 추구된 교육적 이상(곧, 교양적 삶의 영위와, 도덕의식 추구와 문필력의 함양)이 현대사회로 가까이 올수록 더욱 외면당하고 있는 교육 현실을 통해, 그리고 현대사회 안에서 인문학과 인문교육이 위기상태에 처한 모습을 통해서 여실히 확인할 수 있다.

현대 산업사회가 인문학과 인문교육에 대하여 가하는 이러한 위협에 맞서서 고전 교육과 전통적인 인문교육을 수호하려는 노력은, 19세기 중반에 실용적 교과와 직업교육의 교육적 가치를 폄하하고 부정하려는 분명한 의도를 갖고서, '인문주의(humanismus)'라는 구호로서 이미 시도된 바 있다. 인문주의, 곧 〈학문 그 자체를 위한 학문〉을 수호하고자 했던 이 입장은 어느 정도까지는 타당성이 있었지만, 단지 세상 만물을 유용성의 관점에서 파악하는 보편적 공리주의로부터 학문과 예술의 영역을 분리해 내려는 소극적인 격리와 기피에 머물렀을 뿐, 적극적인 대책이 될 수 없었다. 〈교양적 삶의 영위와 문화의 학습〉을 내세우면서 일상세계로부터 격리되고 활동적·직업적 삶의 영역으로부터 초연하려고 했던, '인문주의' 그것만으로는, 노동지상주의와 유용성의 논리에 맞서기에는 역부족이었다. 이러한 사실은, '인문주의'라는 구호가 19세기 중반에 등장한 이후로도 인문학과 인문교육이 점점 더 쇠락해 온 역사적 과정을 회고해 보면 쉽게 드러난다. '인문주의를 내세우는 일' 그것만으로는, 인문학과 인문교육을 수호하는 것이 역부족이고 미봉책에 불과했다는 사실을, 피이퍼는 『여가』에서 분명하게 밝히고 있다.

"[일상세계가 가하는 위협에 맞서 싸우기 위한] 역사의 진정한 전선(戰線)은 우리 시대에 와서 단지 복고적인 것만을 찾는 미봉적인 해법에 뒤덮임으로써, 상당히 불투명한 상태에 처한 것이 사실이다. 이런 미봉적인 해결책 가운데는, 단순히 '전통'으로 복귀하자는 것, 고전 고대의 상속자로서의 우리 자신의 의무를 강조하는 것, 그리고 대학의 '아카데믹'한 성격과 중등학교에서 고전 교육을 힘써 보존하려는 분투 등이 있는데, 이는 한마디로 '인문주의'라고 부를 수 있다. 인문주의는 이미 위협받고 위기상태로 떨어진 한 형태의 교육이 자신을 방어하기 위하여 스스로 설정한 명칭이다. 문제는 노동지상주의의 풍조가 만연한 현대사회에서, 이러한 인문주의의 주장이 존속될 수 있는가와, 그러한 위협으로부터 학문과 교육을 지켜내는 일에 '인문주의'가 과연 적절한 구호가 될 수 있는가이다. 여기서 적절하다는 것은, 큰소리로 외치는 절규라든가 또는 사람들을 전쟁터로 불러 모으는 벽보와도 같이, 심리적, 정서적으로 적절하다는 것이 아니라, 형이상학적인 완벽한 개념으로 적절하다는 의미이며, 나아가서 궁극적으로 신뢰할 만한 개념으로서 역사의 흐름을 바꾸어 놓을 수 있는 진정한 힘의 원천을 제공할 수 있다는 의미이다. 그러므로 실질적인 질문은 노동의 세계가 가해오는 독단적 횡포의 면전에서 단순하게 '인문주의'에 의뢰하는 태도가 과연 적절한 대책이 될 수 있느냐이다."(Pieper, 1952, pp.46-47)

그렇다면, 노동지상주의에 맞서 인문학과 인문교육을 궁극적으로 정당화할 수 있고, 인문학과 인문교육이 소생할 수 있는 진정한 힘의 원천을 가져다줄 수 있는 것은 무엇인가? 피이퍼의 논의에 의하면, 단순히 교양적 삶을 내세우고 고전 교육을 복원한다는 의미로서의 인문주의는, 근본적인 해결책이 될 수 없다는 것이다.

"단지 '아카데믹'(곧, 학문)이라는 이름으로 고전 고대를 들이대는 것은 요즘과 같은 시대에서는 의미 없는 일이다. 단순히 고전 고대에 의뢰하는 방식은, 노동지상주의가 안팎으로 가해오는 엄청난 압력을 막아내기에는 역부족이다. 플라톤을 들먹이는 것도, 만약 플라톤의 근본(根本)을 건드리지 않는 한, 더 이상 효과가 없다. 왜냐하면 우리가 당면하고 있는 사태는 선례(先例)나 후광(後光)에 관한 것이 아니라 근본에 관한 것이기 때문이다. 철학의 전통이 플라톤의 아카데미아에서 비롯되었음을 강조하는 것도, 만일 원래의 '아카데미아'가 지닌 종교적 성격을 동시에 수락하지 않는다면, 쓸모가 없기는 마찬가지이다. 왜냐하면, 플라톤의 아카데미는 진정한 종교적 결사체였기 때문이다. 예컨대, 아카데미아의 구성원 각자는 명확하게 분담된 제단(祭壇)의 일을 맡고 있었다."(*ibid.*, pp.60-61)

인문학과 인문교육 복원의 가능성 : 총체로서의 세계 지향

근대 산업사회의 도래 이후의 역사적 과정을 돌아볼 때, 덕성 함양과 교양적 삶을 표방하는 것, 단순히 고전과 문화를 내세우는 것, 이것만으로는 현대사회 안에서 인문학과 인문교육을 수호해 내는 것은 역부족이었다. 그렇다면, 현대사회에서 실종 상태에 이르게 된 인문학과 인문교육을 복원해낼 수 있고, 오늘날 형해화된 인문학과 인문교육에 새로운 힘과 활력을 가져다줄 수 있는, 그 원천은 어디에서 찾을 수 있을까?

인문학과 인문교육이 현대사회에서 소생(蘇生)할 가능성은, 바로 총체로서의 세계를 지향하는 고전적 인문학 안에서 찾을 수 있다. 피이퍼는, 학문과 문화와 교육이 진정으로 보호받고 정당화될 수 있는 때는, 그것들이 '스콜레'로서의 여가의 기반 위에 올려 놓일 수 있을 때라고 한다. 스콜레로서의 여가는, '르네상스 인문학이 등장하기 이전'의 여가를 가리키는 것인데, 그 의미는 '신적인 세계에 대한 경배, 신적인 세계와의 합일', 또는 '신적인 경배와 학문의 탐구가 결합 된 것'[40]을 뜻한다. 특히 스콜레로서의 여가가 추구하는 정신은, 외향적 자아 안에서 초월세계를 관조하고 초월세계가 지닌 온전하고 신성한 덕과 지혜에 참여하려는 태도인데, 이러한 태도는 르네상스 이전 중세까지의 삶의 자세이며, 이러한 태도는 바로 고전적 인문학이 추구해 온 교육적 이상이었다.

스콜레로서의 여가의 의미는, 〈총체로서의 세계를 지향〉하는 고전적 인문학에서 〈교양적 문화와 학문〉만을 뽑아낸 르네상스 인문학 안에서, 축소되고 변질되고 말았다. 고대인과 중세인은, 신에 대한 경배와 분리될 수 없는 지식을 탐구하는 일을 통해서 노동과 유

---

40) 키케로의 여가(otium)에는 '철학적 관조와 학문의 탐구가 결합'되어 있다. 그렇지만 인문주의자 페트라르카는, 키케로의 여가인 '철학적 관조를 수반하는 저술 활동'(otium literarum)을 '관조 없는 저술 활동'(otium cum dignite; '품위 있는 여가')으로 바꾸었다. '독서와 저술 활동'을 의미하는 페트라르카의 여가 관념은, '노동에서 벗어난 휴식'을 뜻하는 현대사회의 여가의 의미와 비교해 볼 때, '품위 있는 여가'로 비쳐질 수 있으나 '신에 대한 경배와 철학적 관조'는 배제된 것이다.

용성이 지배하는 일상적 삶의 영역에서 벗어나 '영원한 안식' 속으로, 좁다란 일의 세계에서 벗어나 우주의 심장부 안으로 몰입할 수 있었다[41]. 그러므로 인문학을 인문학답게 하는 것은, 또한 진정으로 인문교육을 수호하는 일은, 단순히 '학문과 문화의 복원'에 있는 것이 아니다. 인문학을 인문학답게 해주며 인문학을 진정으로 보호하는 것은, 바로 〈스콜레로서의 여가의 정신 안에서 총체로서의 세계를 지향하는 것〉이다. 인문학과 인문교육을 보호하는 일은 〈스콜레로서의 여가와 분리되지 않는 학문의 탐구〉에서만 근원적으로 가능한 것이다.

그렇지만 '초월세계'와 '학문과 문화'를 각각 별개의 것으로 생각한 인문주의자들은, 그로 인해 〈신에 대한 경배〉와 〈지식(학문)의 탐구〉를 각각 별도의 일로 생각하였고, 그 결과 초월세계는 망각되고, 르네상스 인문학만, 곧 '순수' 학문만 남았다. 르네상스 인문주의 안에서의 '순수' 학문이란 말은, 보다 더 깊은 이해가 필요한 개념이다. 인문주의자들이 말하는 '순수' 학문이란, 어떤 학문의 탐구가 유용성과 일상세계로부터 '격리'되었다는 의미에 불과하다. 그러므로 인문주의에서의 '순수' 학문이라는 의미는, 총체의 각이(各異)한 양상으로서의 개별 교과안에서 총체로서의 세계를 지향하는 고전적 인문학에서의 〈이론적·철학적 성찰〉이라는 의미와는 다르다. 이처럼 인문주의자들은 '순수' 학문에 관한 본래의 의미를 변질시킨 것이다. 그들이 말하는 '순수' 학문이라는 것은 르네상스 후기의 '현학주의'와 '키케로주의'에서 두드러지게 나타나는 일종의 학문 연구

---

41) 스콜레로서의 여가 안에서, 고대인과 중세인은 일상적인 일의 세계에서 벗어나 신인합일(神人合一)의 신성한 경지, 아퀴나스의 표현을 빌려 말하면, 인간으로서 누릴 수 있는 지고지선(至高至善)의 지복(至福)으로 승화할 수 있었다(김승호, 1996, pp.94-104).

방법과 같은 것으로서, 그것은 단지 〈교과 공부 그 자체가 목적〉이 된 경우에 불과하다. 고전적 인문학에서 '순수' 학문이란 의미는, 〈총체로서의 세계를 지향하는 학문의 탐구〉라는 의미이며, 〈개별 교과마다 내면적 가치를 고려한 학문의 탐구〉라는 의미이다. 이렇듯, 르네상스적 사유 방식이 출현하기 이전에, 〈신적인 세계에 대한 경배〉라는 진정한 여가의 정신은, 순수 학문의 탐구와 문화 그 자체가 스스로 살찌우고 생동감을 유지해나가는 〈힘의 원천〉이고 〈형이상학적 토대〉였다. 그러므로 르네상스 인문학의 출현은 바로 학문과 문화와 교육의 근원적인 원천과 이론적 토대에 대한 망각이고 절연(絶緣)이라고 할 수 있다.

르네상스 이전에, 스콜레로서의 여가는 일상세계로부터 인문교육에 가해지는 침범에 대한 근원적인 대처이고, 스콜레와 결합 된 교과 공부와 학문의 탐구는 인문학과 인문교육을 근원적으로 옹호하고 보호하는 것이다. 그렇지만, 학문과 지식의 실천적인 목적을 중시한 르네상스 인문학으로 인하여 학문적 탐구 안에서는 총체로서의 세계에 대한 이론적·철학적 성찰이 배제되었으며, 외향적 자아 안에서 총체로서의 세계를 관조하려는 스콜레로서의 여가의 정신은 망각되고 말았다. 이로 인해, 결국 현대사회에 이르러 일상세계가 가하는 침범으로부터 인문학과 인문교육을 수호하는 일에 적극적인 대응이 불가능하게 되었고, 형이상학적이고 이론적인 대처가 불가능하게 되었다.

고전적 인문학 안에서 학문과 교과를 탐구할 때의 '이론적·철학적' 성찰이라는 것은 총체로서의 세계에 대한 어떤 근본적인 태도를 의미한다. 이러한 태도는 〈학문적 탐구 안에서 초월세계로 합일하려는 외향적 자아의 자세〉와 밀접하게 관련되어 있다. 고대와 중세에서 세계 성찰의 방법이란, 총체로서의 세계를 어떤 의미에서 '신성한 것', 따라서 '그 자체가 경외할 가치가 있는 것', 실천적인 목표 아래서 인간 활동의 단순한 소재가 아니라, 항상 그 이상의 다른 의미로 보는 것이다. 그러므로, 총체로서의 세계에 대한 이러한 '외경적(畏敬的)' 자세의 망각과 학문 탐구에서의 '이론적·철학적' 태도의 상실이, 바로 현대사회에 이르러 인문학과 인문교육에 대한 침범이 거세지고 학문의 자유가 위태롭게 된 근본적인 이유라고 생각된다. 그렇다면, 현대사회에 이르러 인문학과 인문교육이 실종 상태에 이르게 되고 순수 학문과 문화가 쇠락하게 된 현상은, 일상세계와 활동적·직업적 삶으로부터의 침범에서 발생한다기보다는, 보다 근본적이고 형이상학적인 침범에서 일어난 것이다.

인문학과 인문교육에 대하여 가해진 이 근본적인 침범은 다름 아닌 르네상스 인문학의 성립에서 시작된다. 르네상스 인문학을 기점으로 하여 학문적 탐구 안에서 총체로서의 세계를 지향하려는 고전적 인문학의 이상(곧, 신성한 경배와 학문적 탐구가 결합된 스콜레로서의 여가의 정신)이 망각되었기 때문이다. 현대사회에 이르러 인문학과 인문교육이 실종 상태에 이르게 된 근본적인 이유는, 바로 르네상스 인문학의 성립으로 인해 인문학과 인문교육 안에서 〈총체로서의 세계〉를 상실했기 때문이다. 그러므로 노동지상주의가 만연하고 일상세계가 소시민의 유일한 세계가 된 현대사회 안에서, 〈인문주의〉를 외치는 것만으로는, 즉 단순히 문화와 '순수 학문'을 내세우고 단지 르네상스 인문학의 이상을 다시 복원하자고 하는 주장하는 만으로는, 쇠락한 인문학과 인문교육이 소생할 수는 없다. 〈인문주의〉만으로는, 인문학과 인문교육이 당면하고 있는 이 난국을 극복하는 데에 역부족이라는 사실을, 피이퍼는 이렇게 밝힌다.

"신적 경배가 모든 구성원에게 공감을 얻고, 그것에 의해 전체 사회 집단이 통합되었던, 더 나아가 그 신적 경배를 모든 사람이 타당한 것으로 여겼던 시대에는, 여가의 근본[근본정신]에 관해서 드러내 놓고 논의하는 일이 불필요하였을 것이다. 만약 이러한 시대에 여가를 정당화하는 일이 필요했다고 한다면, 그것은 단순히 '인문주의적' 논의에 의뢰하는 것만으로도 충분했을 것이다. 그렇지만, 오늘날과 같이 더 이상 '문화'의 본질이 이해조차 되지 못하게 된 시대, 동시에 '일의 세계'가 인간 실존의 모든 영역을 포함하거나 뒤덮고 있는 시대에 이르렀을 때는, 여가의 궁극적인 정당화를 회복하기 위해서는 여가의 근본으로, 곧 '총체로서의 세계'로 되돌아가야만 한다. (중략) 아마도 '순수 학문적인 것'이 진부하고 초점이 없고 비현실적인 것으로 전락한 이유도 사실은, '학교(schola)'가 종교적 기반과 신성한 경배의 정신을 상실했기 때문이다. 그 결과, 우리는 도처마다 '학문의 전당(殿堂)'과 '지극히 거룩한 장소'를 세웠음에도 불구하고, 실재(實在) 대신 겉치레의 세계, 지적인 속임수와 문화적 잔재주로 가득한 세상을 갖게 되었다." (*ibid.*, pp.60-61)

결국 일상세계와 노동지상주의가 모든 것을 지배하는 현대사회에서, 인문학과 인문교육을 복원하는 일은, 나아가 학문과 문화와 교육 본래의 가치를 되살려내는 일은, 문화와 학문과 교육의 형이상학적 토대인 총체로서의 세계를 지향할 때 비로소 가능한 것이다. 피이퍼의 말을 이어받아 말하자면, '문화와 학문은 신적인 것에 대한 경배를 통해 종교에 뿌리를 내리고 살아가고 있으므로, 문화 그 자체가 위협을 받고, 문화 그 자체가 의문시될 때, 할 수 있는 일은 오직 한 가지뿐일 것인데, 그것은 문화의 원천, 문화의 근본 토대인 총체로서의 세계로 돌아가야만 한다'는 것이다(*ibid.*, p.61). 고전적 인문학에 제시된 '여가'와 '세계'를 지향할 때, 즉 스콜레로서의 여가 안에서 총체로서의 세계를 지향할 때, 그때 비로소 학문과 문화와 교육이 형이상학적으로 보호받을 수 있고 실질적으로 보존될 수 있다.

현대사회에 이르러 인문학과 인문교육이 쇠락하게 된 상황은, 일상세계와 노동지상주의가 학문과 문화를 향해 자행한 표면적인 침범에서 유래한 것이 아니라, 근본적이고 본질적인 침범에서 일어났다. 학문과 문화에 대한, 그리고 인문학과 인문교육에 대한, 이 근본적인 침범은, 다름 아닌 총체로서의 세계를 망각한 르네상스 인문학과 인문주의에서 시작된 침범이며, 인문학과 인문교육에 대한 이론적·형이상학적인 침범이다. 그러므로 일상세계와 노동지상주의가 모든 것을 지배하는 현대사회 안에서 인문학과 인문교육을 복원하고 수호해 낼 가능성은 르네상스 인문학의 복원이 아니라 고전적 인문학의 복원에서 모색할 수 있다. 고전적 인문학의 정신 안에서, 즉 문화와 학문과 교육의 형이상학적 토대인 총체로서의 세계를 지향하는 학문적 탐구 안에서, 인문학과 인문교육은 비로소 이론적으로 온전하게 보호받고 정당화될 수 있으며, 유용성의 논리와 노동지상주의가 가해오는 침범으로부터 자유를 누릴 수 있기 때문이다.

요컨대, 현대사회에서 인문학의 정신과 가치를 복원하는 일, 인문교육을 보존하고 유지하는 일은, 보편적 문화의 정립과 내향적 자아의 형성을 내세웠던 르네상스 인문학의 교육적 이상의 복원을 주장하는 것만으로는, 근본적인 대책이라고 할 수 없다. 현대사회와 그 교육 안에서 인문학과 인문교육을 근원적으로 가능하게 하는 것은, 학문적 탐구 안에서 총체로서의 세계를 지향하는 것이며, 학문적 탐구와 신적인 경배가 결합된 스콜레로서의 여가의 정신을 회복하는 것이다. 결론적으로, 오늘날 쇠락한 인문학과 인문교육을 소생(蘇生)시키고 복원하는 정도(正道)는 〈총체로서의 세계를 지향하는 것〉과 〈학문적 탐구〉가 결합된 고전적 인문학과 그 교육적 이상을 복원하는 일이다. **

참고 문헌

고영준, *지식과 에로스:플라톤 '향연'의 교육학적 해석*, 서울대학교 대학원 석사학위 논문, 1997.

김남두, 「인문학의 성격과 한국 인문학의 과제」, 이성원 외 편저, *인문과학의 이념과 방법론*, 성균관대학교 인문과학연구소, 1995.

김상근, 「인간에 대한 학문, 인문학을 말하다」, *나는 누구인가*, 21세기 북스, 2016.

김승호, 스콜라주의 교육목적론, 서울대학교 대학원 박사학위 논문, 1996.

_____, 「교과의 근본이념으로서의 '여가'(schola)」, *교육학연구(제35권 1호)*, 한국교육학회, *1997*.

김안중, 「교사의 미덕으로서의 여가」, *교육이론(7, 8권)*, 서울대학교 교육학과, 1994.

_____, 「학교의 본질 : 오늘날 학교의 기능은 그 본질에 충실한가?」, *교육학연구(Vol.33)*, 한국교육학회, 1995.

김영한, *르네상스 휴머니즘과 유토피아즘*, 탐구당, 1989.

김영호 외, *인문학의 새로운 패러다임*, 경상대학교 인문학연구소, 1996.

김효신 역, *페트라르카 서간문 선집*, 작가와 비평, 2020.

손봉호, *철학의 문화관*, 미출판논문, *1997*.

안재원 편역, *수사학:말하기의 규칙과 체계*, 도서출판 길, 2006.

유한구, 「교과와 생활」, *교육과정이론*, 방송대학교 출판부, 1995.

이광주, *교양의 탄생*, 한길사, 2009.

이돈희, 「자유교육의 재음미」, *한국교육학의 성찰과 과제*, 교육과학사, 1990.

이성원, 「인문학의 특성, 인문학의 위기」, *인문과학의 이념과 방법론*, 성균관대학교 인문과학연구소, 1995.

이창국, *연암 박지원의 교육사상 연구*, 서울대학교 대학원 박사학위 논문, 1987.

이홍우, 「형식도야이론의 매력과 함정」, *교육이론(4권)*, 서울대학교 교육학과, 1989.

_____, 「교과와 생활의 관련 : 센스와 넌센스」, *교육이론(7, 8권)*, 서울대학교 교육학과, 1994.

주영림, *Matthew Arnold의 문화관과 교육과정*, 서울대학교 교육학과 석사학위 논문, 1886.

진영석, *교육의 선험적 정당화의 형이상학적 측면*, 서울대학교 교육학과 석사학위 논문, 1991.

진원숙 역, 휴머니즘과 르네상스 유럽 문화, 혜안, 2002.

차미란,「오우크쇼트의 교육론 소고」, 교육이론(10권 1호), 서울대학교 교육학과, 1996.

_____, 오우크쇼트의 교육이론, 성경재, 2003.

차하순, 르네상스의 사회와 사상, 탐구당, 1991.

Adamson.J., *Eglish Education:1789-1902*, Cambridge University Press, 1964.

Anselm, *Opera omnia*, in Francis S Schmitt ed., *Opera omnia Vol. I*, Edinburgh : Thomas Nelson & Sons, 1946.

Arnold.M., *Culture and Anarchy*, Yale College, 1865,in Samuel Lipman, ed., Yale University Press, 1994.

Augustine, *De doctrina Christiana*, in James Shaw(Paperback) trans., *On Christian Doctrine*, Independently Published, 2019. (김광채 역, 기독교 학문론, 북랩, 2004.)

_____, *Confessiones*, Vernon J. Bourke trans. *Confessions*, Catholic University of America Press, 2008.(성염 역주, 고백록, 경세원, 2016.)

_____, *De magistro*, in Wernet Verena C trans. *Augustinus und sein Werk De Magistro*, Grin Verlag, 2013. (성염 옮김, 교사론, 분도출판사, 2019.)

_____, *De vera religione*, in Edgar Eldred, *On True Religion : How It Is to Be Sought, and How It Is to Be Secured*, Trieste Publishing, 2018.(성염 옮김, 참된 종교, 분도출판사, 2014.)

_____, *De trinitate*, in Edmund Hill trans., *The Trinity:De Trinitate*, New City Press, 2015.

Aguzzi-Barbagli.D.(1988), *Humanism and Poetics* in Albert Rabil, ed., *Renaissance Humanism*, Pennsylvania University Press, 1988.

Aquinas Thomas, *Summa Theologiae*(정의채 역(1993),『신학대전(Ⅰ,Ⅱ,Ⅲ권)』, 성바오로출판사.)

Aristotle, *Nicomachean Ethics*, in Terrence Ingram trans., Cambrige:Hackett Publish Co, 1989.(최명관 옮김, 니코마코스 윤리학, 도서출판 창, 2008.)

_____, *Rhetoric*, in J.H.Freese trans., *Art of Rhetoric*, Chicago University Press, 2020.

_____, *De anima*, in R.D.Hicks trans., *Aritotle de Anima*, Literrary Licening, 2014.

Bantock.G.H., *Studies in the History of Educational Theory, vol. I*, George Allen and Unwin, 1984.

Bloom.A., *The Closing of the American Mind*, Penguin Books, 1987. (이원희 역, 미국 정신의 종말, 범양사출판부, 1989.)

Botstein.L., *Christian Science Moniter*, 1 December 1986.

Bullock.A., *The Humanist Tradition in the West*, New York:W.W.Norton, 1985.

Boyd.W., *The History of Western Education*, Adam & Chales Black, 1921.(이홍우, 박재문, 유한구 공역, 서양교육사, 교육과학사, 1994.)

Bronowski.J. & Mazlish.B., *The Western Intellectual Tradition: From Leonard to Hegel*, MIT, 1960.(차하순 역, 서양의 지적 전통, 학구사, 1986.)

Bruni..L., De studiis et litters, in James Hankins, trans.& ed., *The Humanism of Leonardo Bruni*, Binghamton, 1987.

_____,「A Letter to Niccolo Strozzi」, in James Hankins, trans.& ed., *The Humanism of Leonardo Bruni*, Binghamton, 1947.

_____, *Humanitisch-philosophisch Schriften*, in Hana baron ed. Wiesbaden : Sädig, 1969.

_____, *In Prosatori latini del Quattrocento*, in Eugentio Garin ed., Millan : Ricciardi, 1952.

Brubacher.J.S., *A History of the Problems of Education*, MacGraw-Hill Book, 1966.

Burckhardt.J., *Die Cultur der Renaissance in Itaien*(1860), in S.G.C.Middlemore, trans., *The Civilization of the Renaissance in Italy*, London : Phaidon Press, 1944. (이기숙 옮김, 이탈리아의 르네상스 文化, 한길사, 2003.)

Cassirer.E., *Renaissance Philosophy of Man*, Chicago University Press, 1948.

_____, *Individuum und Cosmos in der Philosophie der Renaissance*, Darmstadt, 1987. (박지형 역, 르네상스 철학에서의 개체와 우주, 민음사, 1996.)

Charles G. N., *Humanism and Culture of Renaissance Europe*, Cambridge University Press, 2009.(진원숙 옮김, 휴머니즘과 르네상스 유럽 문화, 혜안, 2012.)

Cicero(1969),「*Pro Archias : In deffence of The Poet Aulus Licinius Archias*」, *Selected Political Speeches*, in M.Grant, trans., Penguin Classics, 1969.

_____, *Pro Sestio, in Vatinium* Translated by R. Gardner, Cambridge : Harvard University Press, 1984.

_____, *Ad Brutus*, in Robert E. Proctor cited, *Education's Great Amnesia*, Indiana University Press, 1988.

_____, *De divinatione* in Celia Schultz, *The Commentary on Cicero, De Divinatione*, Michigan University Press, 2014.

_____, *De finibus bonorum et malorum, in* Johan Nicolai Madvig, *Cicero De finibus bonorum et malorum*, Cambridge University Press, 2010.(김창성 옮김, 키케로의 최고 선악론, 서광사, 1999.)

_____, *De inventione*, in H.M.Hubbel, trans., *De inventione*, Cambridge Mass : The Loeb Classical Library, 1967.

_____, *De oratore*, in E.W.Sutton, trans., *De Oratore*, Cambridge Mass:The Loeb Calssical Library, 1967.(전영우 옮김, 연설가에 대하여, 민지사, 2013.)

_____, *De republica*, in Niall Rudd trans., *The Republic and the Laws*, Oxford Univ Press, 2008.(김창성 옮김, 국가론, 한길그레이트북스, 2021.)

_____, *De natura deorum*, in P.G.Walsh, trans., *The Nature of the Gods*, Oxford University Press, 1997.(강대진 옮김, 신들의 본성에 관하여, 나남, 2012)

_____, *Laelius de amicitia*, in Armin Muller ed., Aschendorff Verlag, 2002. (김성숙 옮김, 우정에 대하여, 동서문화사, 2017.)

_____, *Tusculanae Disputationes*, in Bernhard Koch trans., *Investigations to Cicero Tusculanae Disputationes*, Franz Steiner Verlag Wiesbaden, 2010.(김남우 옮김, 투스쿨룸 대화, 아카넷, 2014.)

Commission on the Humanities, *The Humanities in American Life*, California University Press, 1980.

Cournot, *De l'Instruction publique*, recited from F.W.Farrar, ed., *Essays on a liberal Education*, London:MacMillan, 1868.

Dante, *Purgatorio* in C.S.Singleton trans., *The Divine Comedy*, Princeton University Press, 1975.

David L.W., *The Seven Liberal Arts in the Middle Ages*, Indiana University Press, 1983.

Dewey.J., *Democracy and Education*, New York:MacMillan, 1916.(이홍우 역, 민주주의와 교육, 교육과학사, 1987.)

Farrar.F.W, ed., *Essays on a Liberal Education*, London:MacMillan, 1868.

Ferguson.W.K., *The Renaissance in Historical Thought*, Houghton Mifflin Company, 1948.(진원숙 역, 르네상스사론, 집문당, 1991.)

Frederick.B.A., *The Mind of the Middle Ages*, Chicago University Press,1965.(홍성표 역, 중세의 문화유산, 보진재, 1993.)

Gellius A., *Auli Gelli Noctes Atticae : Libri XI-XX*. in Leofrane H. Strevens, *Attic Nights, Books 11-20*, Oxford, 2019.

Gilson.E., *Being and Some Philosophers*, Toronto:The Pontifical Institute of Mediaeval Studies,1949(정은해 역, 存在란 무엇인가, 서광사, 1992.)

Gonzalez.L, *A History of Christian Thought*.Vol. II .,Abingdon Press, 1971.(이형기, 차종순 공역, 기독교사상사(II), 대한예수교장로회출판국, 1988.)

Harold.E., *Education, Work and Leisure*, New York:Humanities Press, 1970.

Hexter.J., *Reappraisal in History*, London:Longmans, 1961.

Heuzinga.J., *Herbst des Mittelalters*, 1919.(최홍숙 역, 중세의 가을, 문학과 지성사, 1988.)

Hirst.P.H., Liberal Education and the Nature of Knowledge, in R.S.Peters, ed., *The Philosophy of Education*, Oxford University Press, 1973.

Hjelle.L. & Ziegler.D., Sigmond Freud:A Psychoanalytic Theory of Personality, *Personality Theories*, MacGraw-Hill Book Company, 1981.

Holmes.A.F., *Contours of a World View*, Grand Rapids:Erdmanns, 1983.(이승구 역, 기독교 세계관, 도서출판 엠마오, 1991.)

Humbolt.W., *Ideen zu einem Versuch, die Grenzen der Wirksamkeit des Staats zu bestimmen*', in J.C.Coulthard. Rev.J.W.Burrow trans., *The Limit of state Action*, Cambrige University Press, 1969.

_____, *Humanist without Portfolio : An Anthology of the Writtings of Willhelm von Humbolt*, in Marianne Cowan, trans., Wayne State University Press, 1963.

Jaeger.W., *Paideia:the Ideals of Greek Culture.Vol. I* , in Gilbert Hightet trans., *Archiaic Greece : The Mind of Athens*, Oxford university press, 1970.

Jenks C., *Culture*, London:Routledge.(김윤용 역, 文化란 무엇인가, 현대미학사, 1996.)

Jonas.H., *The Gnostic Religion*, Boston:Beacon Press, 1963.

Kelly.D., *Foundations of Modern Historical Scholarship:Language, Law and History in the French Renaissance*, New York:Columbia University Press, 1970.

Kerenyi.C., *The Religion of the Greeks and Romans*, New York, 1962.

Kohl.B.G., Humanism and Education, in Albert Rabil, ed., *Renaissance Humanism*,   Pennsylvania University Press, 1988.

Kren.C., Astronomy, in D.Wagner, ed., *The Seven Liberal Art in the Middle Ages*,   Bloomington:Indiana University Press, 1984.

Kristeller.P.O., *Renaissance Thought and the Arts*, Princeton University Press, 1990.

_____, *Renaissance Thought and Its Sources*, Columbia University Press, 1979. (진원숙 역, 르네상스의 사상과 그 원천, 계명대학교 출판부, 1995.)

_____, *Eight Philosophers of the Italian Renaissance*, Stanford University Press, 1964.

_____, 'General Introduction' in E.Cassirer, ed., *Renaissance Philosophy of Man*, Chicago University Press, 1948.

MacGrath.A., *Reformation Thought*, Blackwell Publishers, 1987.

MacIntyre.A., *After Virtue*, Notre Dame University Press, 1984.

MacPherson.B., *The Political Theory of Possessive Individualism:Hobbes to Locke*, London:Oxford University Press, 1962.

McKeon.R., Rhetoric in the Middle Ages, Chicago UniversityPress, 1942.

Maritain.J., *True Humanism*, Butler & Tanner LTD, 1938.

Marrou.H., *A History of Education in Antiquity*.Vol. Ⅰ, in George Lamb, trans., New York:A Mentor Book, 1964.

Mommsen.T.E., 「Petrarch's conception of the 'Dark Ages'」, *Speculum*, XⅦ, recited from W.K.Ferguson, *The Renaissance in Historical Thought*, Houghton Mifflin Company, 1948.

_____, *Meadival and Renaissance Studies*, in Eugene F. Rice ed., Cornell University Press, 1959.

Nachod.H.,「*Francesco Petrarch*」in E.Cassirer, ed., *The Renaissance Philosophy of Man*, Chicago University Press, 1948.

Nettleship.R., *The Theory of Education in Plato's 'Republic'*, Oxford University Press, 1935. (김안중 역, 플라톤의 교육론, 서광사, 1989.)

Oakeshott. M, *Experience and Its Modes*, Cambridge University Press, 1933.

_____, *The Voice of Liberal Learning*, edit., T.Fuller,Yale University Press, 1967.(차미란 역, 교육진흥(제5권 2호:1992,제6권 2호:1993.), 중앙교육진흥연구소)

Petrarch. F., *Familiariarium Rerum Libri*, in Aldo S. Bernardo trans., *Letters on Familliar Matters* Ⅰ-XXⅡ, New York University Press, 2005.

_____, *De vita solitaria*, in Samuel Daniel's trans., *PETRARCH'S DE VITA SOLITARIA*, Modern Humanities Research Association, 2014.

_____, *Letter to Giacomo Colonna*, cited in Murray A. Potter, *Four Essays*. Palala Press, 2016.

_____, 「*The Ascent of Mont Ventoux*」 in Aldo S. Bernardo tran., *Letters on Familliar Matters* Ⅰ-XXⅡ, New York University Press, 2005.

_____, 「Coronation Oration」in Ernst H.Wilkins, *Studies in the Life and Works of Petrarch*, Literary Licensing,LLC, 2011.

_____, *On His Own Ignorance*, in H.Nachod from, E.Cassirer,ed., *The Renaissance Philosophy of Man*, Chicago University Press, 1948.

_____, *Prose*, in G.Martellotti, P.G.Ricci etc. ed., Milan and Naples:Ricciardi, 1955.

_____, *De remediis utriussque fortunae, in* Conrad H. Rawski trans.,

Petrarch's Remedies for Fortune Fair and Foul(Vol.1), Indiana University Press, 1991. (임희근 옮김, 행운과 불운에 대처하는 법, 유유출판사, 2020.)

_____, Letters to Boccaccio(1366), in J.Robinson & H.Rolfe, *Petrarch : The First Modern Schola and the Man of Letters*, New York, 1989.

_____, *Petrarch's Letters to Classical Authors* in Alpha ed.,, Alpha Editions, 2020.

Pieper.J., *Leisure:The Basis of Culture*, trans., Alexander Dru, Pantheon Books, 1952.(Includes *The Philosophical Act.*)

_____, *Was Heisst Academisch:Zwei Versuche über Die Chance der Universität heute*, München : Kosel-Verlage, 1964.

_____, *Wahrheit der Dinge*, München:Auflage,1966. (허재윤 역, 哲學이란 무엇인가?, 이문출판사, 1986.)

Pico Mirandola.G., *Discorso sulla dignita dell'uomo*(1486), in E.Cassier, trans.& ed., *The Renaissance Philosophy of Man*, Chicago University Press. 1948.

Plato, *Plato's Republic*, Columbia University Press, 1988.

____, *Gorgias*, in Robin Waterfield trans., Oxford University Press, 2008.(김인곤 역, 고르기아스, EJB출판사, 2011.)

____, *Phaedrus*, in Robin Waterfield trans., Oxford University Press, 2009.(조대호 역해, 파이드로스, 문예출판사, 2004.)

Plumb.J., *The Death of Past*, London:Macmillan, 1969.

Polybius, *The Historia*, in Hampton trans., *The General History of Polybius Vol.3.*, Literary Licensing, LLC. 2014.

Proctor.R.E., *Education's Great Amnesia*, Indiana University Press, 1988.

Rabil.A., *Renaissance Humanism,* Pennsylvania University Press, 1988.

Rieff.P., *The Triumph of the Therapeutic:Use of Faith After Freud*, New York : Harper & Row, 1966.

Rudolf P., *History of classical scholarship from 1300 to 1850* in trans., Oxford University Press, 1976.(정기문 옮김, 인문정신의 역사, 도서출판 길, 2011.)

Rusk.R., *Doctrines of the Great Educators*, in James Scotland, ed., MacMillan Press, 1977.

Sabbadini.R., *La scuola egli studidi Guarino Verona*, in M.Sancipriano, ed., *Guariniania,* Turin:Bottega d'Erasmo, 1964.

_____, *Epistolario di Guarino Veronese*, in M.Sancipriano, ed., *Guarino Guarini*(Vol. I), Turin:Bottega d'Erasmo, 1959.

Salutati.C., De Nobilitate Legum et medicinae, recited from C.Trinkaus, *In our Image and Likeness*, vol. I , Chicago University Press, 1970.

Seigel.J.E., *Rhetoric and philosophy in Renaissance Humanism*, Princeton University Press, 1968.

Seneca, *Epistulae morales*, in John Henderson trans, *Morals and Villas in Seneca's Letters*, Cambridge University Press, 2007.(김천운 옮김, 삶의 지혜를 위한 편지, 동서문화사, 2016.)

Sidgwick,H., The Theory of Classical Education in F.W.Farrar, ed.,*Essays on a liberal Education*, London:MacMillan, 1868.

Spitz.L., *The Renaissance and Reformation Movement*, Chicago University Press, 1979.

Trilling, L., *Beyond Culture : Essays on Literature and Learning*, in New York and London : Harcourt Brace Jovanovich, reprinted, 1978.

_____, 「The Uncertain Future of the Humanistic Educational Ideal」, *Essays and Review*, Oxford University Press, 1982.

Trinkaus.C., *In our Image and Likeness*, vol. I , Chicago University Press, 1970.

Vergerio.p., *De Ingenius Moribius et studiis Liberalibus* recited from Weinstin, *The Renaissance and the Reformation:1300-1600*, New York, 1966.

Ullman.B.L.(2008), *The Humanism of Coluccio Salutati*, ACLS History E-Book, 2008.

Wagner.D., *The Seven Liberal Art in the Middle Ages*, Blomington:Indiana University Press, 1984.

Woodward.W.H., *Studies in Education during the Age of the Renaissance*, Columbia University Press, 1967.

Zak. G, *Petrarch's Humanism and The Care of the Self*, Cambridge University Press, 2010.

Zijderveld.C.A, *The Abstract Society:A Cultural Analysis of Our Time*, Penguin Books, 1970. (윤원일 옮김, 추상적 사회, 종로서적, 1983.)

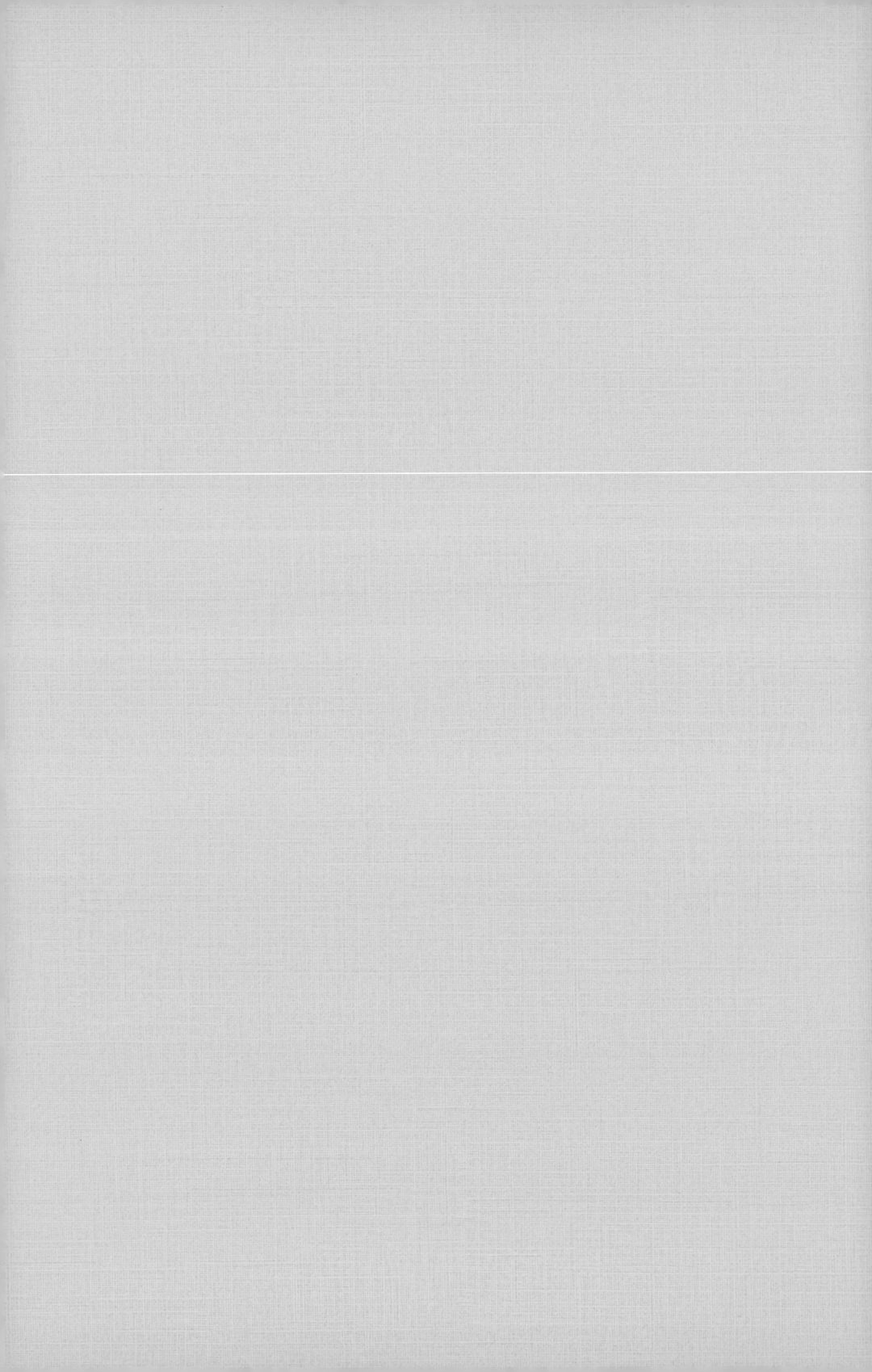